La Grande Aventure des chemins de fer

DU MÊME AUTEUR

Les Maîtres de Forges, saga d'une dynastie lyonnaise (1736-1886), Albin Michel, 1996.

Napoléon IV, un destin brisé, Albin Michel, 1997.

André Citroën – Louis Renault, un duel sans merci, Albin Michel, 1998.

Terre d'inventeurs, Tallandier, 2000.

De Gutenberg à Bill Gates, Tallandier, 2001.

L'Appel de l'Afrique, Perrin, 2002.

Les Peugeot, deux siècles d'aventure, Flammarion, 2006.

C'était Georges Pompidou, Fayard, 2007, Prix Robert Christophe de l'Association des écrivains combattants.

Alain Frerejean

La Grande Aventure des chemins de fer

Flammarion

ISBN : 978-2-0812-0436-2

En souvenir de mon père, qui ne quittait jamais le train sans aller serrer la main du chauffeur et du mécanicien.

Prologue

On a déjà beaucoup écrit sur les chemins de fer, souvent avec amour, parfois avec passion. Surtout à propos des locomotives à vapeur et des trains mythiques, l'Orient-Express, le Transsibérien et quelques autres. Nostalgie de rêves d'enfants, fantasmes de brèves rencontres. La *Pacific 231* a inspiré un film et même une symphonie célèbres, le *Train Bleu* un roman policier et un ballet. *Last but not least*, la série télévisée *Des trains pas comme les autres* continue d'emmener les téléspectateurs enchantés à la découverte des quatre coins du monde. Ce sont bien sûr ces trains de jadis et d'ailleurs qui ont éveillé, stimulé ma curiosité. C'est le point de départ, l'initiation.

À partir de là, pour mieux comprendre l'envers du décor, le monde tellement à part des cheminots, leurs joies et leurs peines, leur fierté, leur solidarité, leur identité, je me suis replongé dans les œuvres des grands maîtres, *La Bête humaine*, de Zola, *La Vie quotidienne en chemin de fer au XIXe siècle* ou *Les Mémoires d'un enfant du rail*, d'Henri Vincenot, et *La Bataille du rail*, de René Clément. Alors là, on se sent happé, on ne résiste plus. C'est ainsi que, pris au jeu, j'ai commencé à rassembler des notes pour écrire *La Grande Aventure des chemins de fer.*

Bien sûr, j'ai été horrifié par le sort des serre-freins courant sur le toit glissant des trains, des atteleurs aux doigts amputés par le choc des wagons fous, des mineurs descendus au bout d'une corde en panier pour poser les explosifs et faire sauter des morceaux de falaises. Et j'ai, en revanche, trouvé beaucoup d'amusement à suivre les jeux de stratégie des *Barons voleurs* ou les épisodes de la course-poursuite du *Mécano de la General.*

Pourtant, ce qui m'a le plus étonné, ce sont deux aspects relativement moins connus de l'histoire du rail. Tout d'abord l'aventure humaine, tellement inattendue et fertile en suspense, d'une trentaine d'individus, souvent d'origine modeste, qui ont imaginé la locomotive, les chemins de fer, les signaux, les freins, les bogies, les wagons-lits, la traction électrique, les viaducs en charpente métallique, la dynamite, les tunneliers. Ou qui, encore plus fabuleux, ont construit des transcontinentaux avec l'argent des autres. Quoi de plus ludique que l'aventure de *La Bande des Quatre* quincailliers et épiciers de Sacramento auxquels l'Amérique doit le Central et le Southern Pacific ? Ils n'étaient rien et ils ont réussi l'impensable.

C'est ensuite la révélation du rôle capital que le chemin de fer a joué pendant un siècle dans l'histoire des peuples et qu'il joue à nouveau. Nul doute que, sans lui, le Canada et les États-Unis n'existeraient pas en tant que nations. Que les Nordistes n'auraient pas gagné la guerre de Sécession, les Prussiens aussi facilement envahi la France en 1870 et que les Soviets auraient été submergés par les Russes blancs.

Et, aujourd'hui, le développement si impressionnant des pays émergents, la Chine, la Corée, la Russie, le Brésil, serait impossible sans les interminables trains qui s'étirent sur des kilomètres en Colombie-Britannique, au Brésil, en Sibérie et en Australie-Occidentale pour apporter les matières premières indispensables à leur industrie. Au point que, depuis quelques années, les Chinois ont inventé une nouvelle forme de colonisation consistant à construire des chemins de fer en Afrique pour s'approprier ses minerais.

Que le lecteur se rassure. Plus qu'une histoire de viaducs, de tunnels et de locomotives, d'individus imaginatifs et de nations en marche, cette *Grande Aventure des Chemins de fer* est surtout une succession d'anecdotes illustrant les différentes facettes d'un phénomène au cœur de l'Histoire. Sa seule ambition est de donner le goût d'en savoir davantage.

Première partie

L'ÉPOQUE HÉROÏQUE

1804-1850

D'abord simple moyen de transport du charbon de la mine à la voie navigable, le chemin de fer s'est ouvert au public, avec des gares et des horaires, en 1825 en Angleterre et en 1830 aux États-Unis. Une véritable railway mania *s'empare de l'Angleterre dans les années 1840. À la différence des routes, les chemins de fer y sont construits et exploités par des compagnies privées. Les Anglais exportent bientôt leur savoir-faire dans toute l'Europe.*

Tout commence par un pari

Depuis l'aube de la civilisation, l'homme se déplaçait à la vitesse du cheval. La Grande Armée de Napoléon n'allait guère plus vite que les légions de César. Les routes avaient de dangereuses fondrières où les diligences, hautes et instables, risquaient de verser. Toutes les six lieues environ, il fallait changer de chevaux. À force de les fouetter pour aller plus vite que les concurrents, il arrivait que des cochers leur brisent les pattes. Après deux ou trois mois à ce régime, le pauvre animal était souvent bon pour la boucherie.

L'Almanach général des Postes en France pour 1782 nous apprend que le voyage prenait six jours de Paris à Bordeaux, cinq de Paris à Lyon et trois de Paris à Calais. La malle-poste galopait un peu plus vite, mais n'avait que deux ou trois places. On s'éclairait à la bougie ou à la flamme vacillante d'une lanterne à huile. L'obscurité provoquait tant d'accidents qu'il fallait s'arrêter au coucher du soleil et repartir à l'aube. Les voyageurs subissaient les cafards et les punaises des relais de poste, et certains aubergistes profitaient du sommeil de leurs clients pour les dévaliser ou leur couper la gorge. Les ouvriers, eux, se déplaçaient à pied. Voyager, c'était courir l'aventure. Pour en accepter les risques et les dangers, il fallait un motif impérieux.

En 1830, les choses n'avaient pratiquement pas changé. Or, voilà que, d'un coup, cette même année 1830, des deux côtés de l'Atlantique, en Angleterre et en Amérique, apparaît un mode de transport révolutionnaire, le chemin de fer. En trente ans, il va offrir à tous, et non plus seulement à de rares privilégiés, un moyen de se déplacer dix fois plus vite. En facilitant les échanges, il va supprimer les disettes. Atténuer les barrières entre classes sociales. Permettre de peupler des terres nouvelles, de forger des nations.

Cette révolution s'est faite en deux temps. C'est un autodidacte qui a d'abord eu l'idée d'associer aux rails, invention très ancienne, la machine à vapeur, invention récente, pour réaliser un moyen de transport industriel, une locomotive tirant des wagonnets sur des rails. Vingt ans plus tard, un autre autodidacte est allé plus loin, en créant un véritable service public de chemins de fer, tant pour les voyageurs que pour les marchandises.

Le rail est connu depuis longtemps. Sur une gravure de la *Cosmographia universalis* de Sebastien Münster, parue à Bâle en 1544, on voit distinctement des mineurs de Leberthal, en Alsace, pousser des wagonnets de minerai sur des rails en bois. Curieusement, à l'origine, ces rails n'ont pas l'allure saillante d'un boudin en relief, ce sont au contraire des ornières où les roues s'enfoncent assez profondément. Les voies grecques ou romaines offrent maint exemple de ces rigoles creusées dans la dalle. Lorsque les légionnaires de Marcellus s'emparèrent de la ville grecque de Syracuse, ils y admirèrent les « chemins à rainures ». Deux chevaux y galopaient côte à côte en tirant des chariots, sans que les roues se trouvent dans la continuité des empreintes de sabots. Les rainures étaient espacées de façon que les chariots se croisent sans se gêner. Par la suite, de nombreuses voies romaines ont adopté ce système.

Vers 1600, on s'aperçut qu'en plaçant au fond et sur le côté des ornières des chevrons de bois évidé un cheval pouvait tirer une charge plus lourde. Cependant, le frottement des roues de fer des wagonnets usait ces ornières de bois. Aussi, un certain Richard Reynolds, qui travaillait en 1763 aux houillères de Coalbrookdale, dans le Shropshire, imagina de les revêtir de lamelles de fonte et, pour leur éviter de se remplir de terre ou de boue, remplaça leur profil en creux, en « U », par un profil saillant, en « I ».

Avantage supplémentaire : ce profil saillant, le rail, économise la matière. En revanche, il constitue un obstacle au franchissement. Inconvénient mineur tant que le chemin de fer se cantonne à un trajet au fond des mines ou entre la mine et la voie navigable, sur une propriété privée. Le problème se posera le jour où il traversera le domaine public.

Dans les galeries de mines, le rail facilite le roulement de wagonnets attelés par des chaînes à des chevaux, pauvres bêtes aveugles à force de passer leur vie entière dans les ténèbres. On décharge le minerai au pied du puits d'extraction, puis le chargement est repris par des seaux suspendus à des treuils. Au sommet, on recharge le minerai sur d'autres wagonnets qui, toujours tirés par des chevaux, descendent à la rivière ou au canal. Un câble sur une poulie en haut d'un plan incliné relie le convoi montant au convoi descendant. Les wagonnets pleins aident à remonter ceux qui reviennent à vide[1].

Beaucoup plus tardive que le rail, la machine à vapeur, elle aussi, est liée au travail de la mine. Peu de mines se trouvent à ciel ouvert, il faut forer des puits jusqu'à ce qu'on atteigne un filon, puis enfoncer des pieux pour boiser des galeries. Le travail au fond est pénible et dangereux. À tout moment, on risque de percer une poche d'eau et de créer une inondation subite susceptible d'emporter des vies humaines. Plus on creuse profond, plus on se heurte à ce problème, plus il faut pomper pour évacuer l'eau. Et c'est pour mécaniser le pompage dans les mines, pour remplacer le travail des chevaux, qu'en 1712, Thomas Newcomen, un quincaillier de Dartmouth, en Cornouaille, à la pointe sud-ouest de l'Angleterre, a inventé la machine à vapeur.

Le principe consiste à alterner la pression de la vapeur d'eau et celle de l'atmosphère[2]. Tour à tour, la pression de la vapeur élève un piston suspendu par une chaîne au bras d'un balancier et la pression atmosphérique l'abaisse. L'arbre moteur de la pompe à eau, suspendu de la même manière à l'autre bras, effectue le mouvement inverse.

Dans toutes les Cornouailles, région battue par la mer, connue pour ses naufrages et ses pilleurs d'épaves, mais réputée, dans l'Antiquité, pour ses filons d'étain, les mines de cuivre sont encore en pleine activité. Et ces machines à vapeur s'y multiplient depuis 1770, non plus seulement pour puiser l'eau mais aussi pour monter des charges, actionner des soufflets et des martinets de forges, ou hisser des wagonnets sur des plans inclinés. Car un homme du Nord, James Watt, est venu en améliorer le rendement. Au lieu de faire condenser la vapeur à l'intérieur du cylindre, ce qui le refroidit inutilement, il la condense dans un compartiment extérieur. Et il admet la vapeur sous chacune des deux faces du piston et non plus seulement sous sa face inférieure. Ses machines sont entièrement mues par la pression de la vapeur. La pression de l'atmosphère ne joue plus aucun rôle.

Le spectacle des bras de géant de leurs balanciers, de leurs allées et venues à la cadence de cinq ou six mouvements par minute a de quoi fasciner Richard Trevithick, un enfant du pays né en 1771 à Illogan, petite paroisse de Cornouailles. C'est le fils d'un des mécaniciens chargés d'installer et de réparer ces machines à vapeur, les Captains, comme on les appelle. Sa curiosité pour la technique et son indépendance de caractère le poussent à déserter très tôt les bancs de l'école pour aller travailler avec son père. À force de démonter et de remonter ces machines, elles n'ont bientôt plus de secrets pour lui et, à dix-neuf ans, il devient le mécanicien attitré de plusieurs mines.

Curieux homme, ce Captain Dick, comme on surnomme le jeune Richard. Très grand, les épaules larges, la tête carrée, il n'a pas son pareil pour soulever les poids et mérite bien sa réputation d'athlète. Les histoires de sa force physique font le tour des Cornouailles. Chacun se souvient qu'après une soirée bien arrosée, il a saisi par la ceinture un autre géant, Captain Hodge, et lui a si bien mis la face au sol et les pieds en l'air qu'il a laissé au plafond de la salle l'empreinte de ses chaussures. Lorsque Captain Dick se querelle, il n'hésite pas à menacer ses adversaires de les flanquer au fond d'un puits. Mais c'est aussi un excellent conteur, un joyeux compagnon, gai, sans prétentions. Le sourire charmeur de ses yeux bleus a une expression indéfinissable où la gentillesse se mêle à la fermeté.

En tout cas, il est d'une énergie exubérante et a la tête sans cesse pleine de projets. De projets ingénieux ou farfelus ? Qui sait ? Cela dépend des cas, il n'est pas toujours aisé de le savoir. L'homme en avance sur son temps passe souvent pour farfelu, et Richard Trevithick, justement, sera toujours en avance sur son temps. Il ne se contente pas de réparer les machines à vapeur, il les perfectionne.

Un jour, justement, il en invente une à haute pression, si compacte qu'il peut la faire tenir sur un chariot. Alors, pour s'amuser, il lui fait faire le tour de la cuisine sous le regard émerveillé de Lord et Lady de Dunstanville, les propriétaires d'une mine des environs. Du coup, il se demande si elle ne pourrait pas propulser un véhicule ou une barque. A-t-il connaissance du fardier à vapeur de Nicolas Cugnot[3], qui a remorqué un canon sur quatre kilomètres en 1769 ? Du bateau à roues à aubes de Jouffroy d'Abbans[4], qui a remonté la Saône sur la même distance, en 1783 ? C'est peu probable.

En tout cas, en 1801, Richard Trevithick monte sur quatre roues une de ses machines à vapeur et réussit à la faire rouler à 13 km/h sur une route de Cornouaille. Faute de différentiel, il a cependant du mal à donner la même direction aux deux roues avant. Au bout d'un ou deux kilomètres, il perd le contrôle de son engin, qui va s'écraser contre un mur. Qu'importe ! Il se console avec des camarades à l'auberge voisine, sans réfléchir que l'eau continue de bouillir dans la chaudière. Quand elle a fini de s'évaporer, la chaudière, chauffée au rouge, explose, et avec elle la machine. Il n'est pas démoralisé pour autant.

C'est alors que Richard Trevithick reçoit une invitation d'un client, Samuel Hamfray, un maître de forges de Penydarren, près de Merthyr Tydfil, au sud du pays de Galles. Il lui a déjà fourni plusieurs machines à vapeur pour ses soufflets et ses martinets, et il espère bien l'intéresser à son nouveau modèle à haute pression.

La sidérurgie prospère dans la région. Afin d'expédier sa production de fer et de fonte, Samuel Hamfray s'est associé avec trois autres maîtres de forges pour creuser un canal de quarante kilomètres, avec quarante-neuf écluses, de Merthyr Tydfil à Cardiff, le Glamorganshire canal. Les canaux sont alors très à la mode en Angleterre. Pour les creuser, on trouve autant de terrassiers que l'on veut. Jetés à la rue par la privatisation des terres communales, quantité de paysans forment une réserve abondante de main-d'œuvre bon marché. En tout cas, sur le Glamorganshire Canal, le trafic est très actif. Et, pour descendre leurs fers de Pennydarren jusqu'à Abercynon, sur le canal, Samuel Hamfray a construit avec deux associés un chemin de fer privé de seize kilomètres à faible pente, 7 ‰. Ses rails de fonte sont cloués à des pièces de bois insérées dans des cubes de pierre. Il les a assez espacés pour laisser de l'espace libre aux sabots des chevaux qui tirent les wagonnets, à l'aller comme au retour.

Pour Richard Trevithick, ce rendez-vous avec Samuel Hamfray est l'occasion de montrer tout le potentiel de sa nouvelle machine. Ne pourrait-elle remplacer les chevaux et tirer les wagonnets sur les seize kilomètres du petit chemin de fer, jusqu'au canal ? Sans doute ne lui vient-il pas à l'esprit que le chemin de fer puisse un jour remplacer les canaux, la merveille du siècle. Ce ne peut être tout au plus qu'un émissaire, un affluent de la voie d'eau. D'ailleurs, la plupart des chemins de fer miniers de l'époque ont des écartements différents, personne n'imagine qu'ils soient un jour reliés les uns aux autres pour former un réseau.

Richard Trevithick n'a aucune prétention de révolutionner les transports. Il rêve simplement de perfectionner et de compléter la mécanisation des mines et des forges. Il songe à une nouvelle machine industrielle, voilà tout. Encore faut-il, pour mettre ses idées en pratique, un client ouvert à ses innovations. Samuel Hamfray, par exemple.

Les deux hommes sympathisent. Ils se mettent d'accord sans difficulté pour construire un *tram wagon*, une machine à vapeur montée sur rails et la faire circuler sur la voie ferrée qui mène au canal.

Samuel Hamfray en parle avec enthousiasme à Richard Crawshay, l'un de ses associés. À elle seule, assure-t-il, cette machine mobile fera mieux que cinq chevaux. Elle tirera cinq wagons chargés de dix tonnes de fer sur les seize kilomètres de leur voie ferrée.

Crawshay répond par des ricanements : « Vantardise, elle patinera, jamais elle ne réussira à démarrer. »

Chacun campe sur ses positions. Grands amateurs l'un et l'autre de courses de chevaux, ils sont joueurs. Les voilà prêts à parier une grosse somme. Une très grosse somme : cinq cents guinées, l'équivalent cinq cent vingt-cinq livres sterling. Les enjeux sont consignés auprès de Richard Hill, lui aussi maître de forges, et leur associé dans le canal et le chemin de fer.

Quelques semaines se passent, la machine, la première locomotive de l'histoire, est construite chez Hamfray, à sa fonderie. Ce n'est après tout qu'une simple machine à vapeur haute pression, comme Richard Trevithick en a déjà installé dans des forges ou des mines. La nouveauté est que, montée cette fois sur un chariot, elle va peut-être le faire avancer. Le moteur comprend un foyer, une chaudière où se forme la vapeur, un cylindre horizontal où cette vapeur pousse alternativement un piston dans un sens puis dans l'autre, et un énorme volant qui maintient le piston en mouvement chaque fois qu'il passe au point mort en fin de course. La transmission se compose d'une bielle, d'un arbre de renvoi et de roues dentées solidaires des essieux. Quatre roues motrices de 1,10 m de diamètre sont accouplées deux par deux de chaque côté du châssis.

Richard Trevithick commence par faire fonctionner son *tram wagon* sans les roues, afin de tester le moteur. Les essais s'avérant concluants, il le met sur roues et sur la voie ferrée. À nouveau, *le tram wagon* se comporte très bien, descend et même remonte les pentes facilement. Après avoir renouvelé l'expérience, prenant bien garde chaque fois à ne pas se laisser écharper par l'énorme volant et à baisser la tête sous le va-et-vient des transmissions, il décide de se lancer.

Le 21 février 1804, c'est le grand jour. Captain Dick monte sur son *tram wagon.* Va-t-on assister à un tour de passe-passe ou à un coup de génie ? Le personnel des quatre forges de la région est là au complet, attroupé devant la chaudière horizontale, emmanchée d'une longue cheminée. Beaucoup, sans doute, prennent des paris. Patinera ? Patinera pas ? Et, en route pour l'aventure !

« Ce jour-là, raconte Richard Trevithick, nous avons transporté sur cinq wagonnets dix tonnes de charbon, sans compter soixante-dix ouvriers qui s'étaient juchés par-dessus afin de ne pas manquer pareille expérience. L'engin a roulé à six miles à l'heure mais, comme il était plus haut et large que les wagonnets, il a fallu s'arrêter souvent pour couper des branches, si bien que nous avons couvert les dix miles en quatre heures et cinq minutes. Somme toute, c'était plus facile que de manier les chevaux. »

Pari gagné. Avec les soixante-dix ouvriers, cela fait bien quinze tonnes. La cuve de la chaudière est suffisamment dimensionnée pour dispenser de se ravitailler en eau en cours de route. L'inventeur omet de dire qu'au retour un boulon de la chaudière a cédé et que toute l'eau s'est perdue. Du moins a-t-il démontré qu'une locomotive à roues lisses pouvait tirer une charge sur des rails lisses.

Hélas ! son invention n'intéresse personne. D'ailleurs, au bout de quelques jours, on entend craquer et se fêler les rails de fonte sous le poids de la locomotive. Ils ne vont pas tenir longtemps. Alors, se disent les quatre maîtres de forges, puisque cet engin se borne à faire le travail de trois ou quatre chevaux, gardons les chevaux plutôt que de remplacer seize kilomètres de rails.

M'attrape qui peut

Le cerveau toujours en ébullition, Richard Trevithick se lance alors dans tout autre chose, la construction d'une machine pour remorquer les navires et décharger leur cargaison. En 1808, il livre cependant une locomotive à Christopher Blackett pour la mine de Wylam, sur le bassin houiller de la Tyne, au nord-est de l'Angleterre. Mécaniquement, elle fonctionne bien mais, comme à Pennydarren, elle arrache les rails qui, pour comble, sont en bois. La malchance de Richard Trevithick est d'avoir inventé la locomotive avant que l'on sache fabriquer des rails de qualité. Lorsque Blackett se rend compte que la machine est trop lourde pour ses rails de bois, il lui en commande une plus légère. Mais déjà, Richard Trevithick a une nouvelle idée.

Plutôt qu'un outil de travail, il croit que la vraie vocation de ses locomotives est de devenir une attraction, un spectacle, comme les courses de chevaux. Un moyen de faire prendre des paris, locomotive contre cheval. Et il organise à Londres un spectacle étonnant. À Euston square, à l'emplacement de la gare actuelle d'Euston Road, il construit, à l'abri d'une palissade qui la cache aux resquilleurs, une voie en circuit fermé où il fait circuler une locomotive, la *Catch me who can*, « M'attrape qui peut ». Puis il lance un slogan : « La machine bat le cheval » et invite le public à prendre place dans un wagon découvert et à faire pour un shilling un tour à 20 km/h. Ce sont les premiers voyageurs payants jamais transportés sur un chemin de fer. Hélas ! il a beau remplacer les coussinets de pierre par des longerons en bois sous les rails de fonte, au bout de quelques semaines, l'un d'eux casse, la locomotive déraille et se renverse.

La persévérance n'est pas son fort. Au lieu d'essayer de mettre au point des rails plus résistants ou d'alléger sa machine, Richard Trevithick consacre le reste de sa vie à quantité d'autres inventions, une drague à vapeur pour désensabler le lit de la Tamise, des docks flottants, un brûlot à vapeur pour incendier la flotte d'invasion que Napoléon rassemble à Boulogne. Finalement, il s'embarque pour aller au Pérou moderniser l'extraction du cuivre et de l'argent. Poursuivi par la guigne, il se trouve pris entre deux feux pendant la guerre d'Indépendance des colonies espagnoles[5]. Insurgés et Espagnols, persuadés, à tort d'ailleurs, qu'il a aidé leurs adversaires, saccagent de fond en comble ses installations. Puis il invente une cloche de plongée avec laquelle il récupère la cargaison d'un navire coulé au large de Callao, et il part courir d'incroyables aventures au Costa Rica. Dans quantité de domaines, Richard Trevithick est en avance sur son temps. Presque toutes ses idées seront un jour reprises et exploitées par d'autres.

Il n'est plus question de locomotives jusque dans les années 1811-1812, date où l'Angleterre, engagée simultanément dans deux conflits, l'un contre Napoléon, l'autre contre les États-Unis, réquisitionne les chevaux et l'avoine pour sa cavalerie et ses transports d'artillerie. Au moment où le développement de Londres, dont la population approche le million d'habitants, accroît la demande de charbon, les exploitants des houillères ne savent plus comment acheminer leur production jusqu'aux voies navigables. La locomotive peut-elle régler le problème ?

Le directeur de la mine de Middleton, dans le Yorkshire, John Blenkinsop, fait alors construire par John Murray un chemin de fer pour livrer le charbon à Leeds. Une locomotive légère ne serait pas assez puissante, une plus lourde casserait les rails ; à chaque voyage, il faudrait emporter des sections de rails de rechange pour les remplacer. Afin d'augmenter le pouvoir de traction sans alourdir la machine, Blenkinsop et Murray s'inspirent alors de la mécanique horlogère, la mieux connue à l'époque, et construisent une locomotive à cinq roues, deux à droite et trois à gauche. La roue du milieu, à gauche, est dentée, ses saillies engrènent dans le creux d'une crémaillère posée le long d'un des rails. Le premier essai a lieu le 24 juin 1812, sur trois kilomètres, avec huit wagons de charbon sur lesquels ont grimpé cinquante spectateurs. C'est un succès. Cette locomotive à crémaillère, la première de l'histoire, restera vingt ans en service, à tirer à 6 ou 7 km/h vingt-sept wagons chargés au total de quatre-vingt-quatorze tonnes de charbon.

Sur ces entrefaites, Christopher Blackett, le propriétaire de la mine de Wylam, celui-là même qui s'est intéressé à la locomotive de Richard Trevithick, remplace ses rails de bois par des rails de fonte en forme de L et, après la disparition de Trevithick, fait faire une locomotive par un de ses collaborateurs, William Hedley, qui reprend une idée de Trevithick, la bielle d'accouplement. En accouplant les deux roues du même côté, il utilise tout le poids de la locomotive pour l'empêcher de patiner ; si l'une des roues patine, l'autre compense.

Son moteur à un seul cylindre produit trop peu de vapeur, il a des temps morts et ne fonctionne que par saccades. William Hedley construit alors en 1813 une seconde locomotive, à deux cylindres cette fois, qui tire 50 tonnes à 8 km/h. Sa fumée abondante et son violent bruit d'échappement lui valent le surnom de *Puffing Billy*, « Billy l'asthmatique ». Cette locomotive et sa petite sœur, la *Wylam Dilly*, resteront cinquante ans en service à la mine de Wylam. On peut encore les voir au Science Museum, à Londres, et au Royal Museum, à Édimbourg.

Mais bientôt, dans le bassin houiller du Northumberland, un homme va s'intéresser à la fois aux rails et à la locomotive.

Stephenson père et fils

À Wylam, village enfumé du Northumberland, au bord de la rivière Tyne, près de Newcastle, au nord-est de l'Angleterre, vit alors un certain George Stephenson, qui tranche sur ses prédécesseurs par sa persévérance, son esprit de suite, mais aussi sa vision d'ensemble. Tout à la fois concepteur, constructeur, ensemblier et entrepreneur, ce sera l'inventeur, non pas d'un composant, la locomotive, dont le mérite revient à Richard Trevithick, mais véritablement du chemin de fer dans son intégralité. C'est-à-dire d'une industrie et d'un service public, destinés aussi bien aux voyageurs qu'aux marchandises, comportant à la fois locomotives, wagons, gares, viaducs, tunnels, passages à niveau, ateliers de réparation, personnel qualifié, tarification, billetterie, signaux, procédures et horaires.

George Stephenson, donc, est né à Wylam en 1781. Avec ses parents et ses sept frères et sœurs, il habite l'unique pièce que la mine alloue à sa famille dans la modeste maison partagée avec trois autres familles de mineurs. À la mine, son père touche douze malheureux shillings par semaine à charger des pelletées de charbon dans le foyer de la machine à vapeur qui actionne la pompe. Presque un privilège par rapport à tant d'autres, hommes ou enfants, qui travaillent quinze ou seize heures d'affilée, le dos courbé dans les galeries et, l'hiver, ne voient la lumière du jour que le samedi et le dimanche. En tout cas, chaque fois que le propriétaire ferme une mine, tout le monde doit déménager.

À huit ans, George gagne deux pence par jour à empêcher le bétail de divaguer sur le chemin de fer qui descend à la Tyne les tombereaux de charbon et qui passe juste devant la maison. Les rails sont montés sur des rangées de dalles, assez espacés pour laisser de la place aux chevaux qui tirent les wagonnets sur le plat. Chaque fois qu'on remonte une colline, un plan incliné actionné par une machine à vapeur reprend la main.

Longtemps, George ne connaît rien d'autre que ce paysage minier. Successivement trieur de charbon, conducteur de chevaux et assistant chauffeur, il gravit les échelons jusqu'à devenir mécanicien, puis conducteur de la pompe. Chaque fois qu'il en a le loisir, il démonte et remonte les machines afin d'en maîtriser le fonctionnement.

À seize ans, on lui confie la machinerie du monte-charge, un travail délicat pour réussir à freiner en douceur. Mais il ne sait toujours ni lire ni écrire, ses parents n'ont pas eu les moyens de lui offrir l'école. Or, il n'ignore pas que, sans un minimum d'instruction, il ne pourra continuer à progresser. Alors, il occupe ses samedis à réparer des montres et à ressemeler des chaussures afin de gagner de quoi se payer le soir les cours d'un instituteur. De fil en aiguille, son intelligence, son sérieux, sa ténacité attirent l'attention de Lord Ravensworth, le propriétaire de la mine de Killingworth, qui lui confie tout son parc de machines.

Une catastrophe survient, en 1812, dans une mine des environs. La flamme d'une lampe de mineur, au contact avec une poche de gaz méthane, déclenche une explosion. On compte quatre-vingt-douze morts, dont beaucoup d'enfants. Pour éviter le renouvellement de pareil drame, hélas assez fréquent à l'époque !, on lance un concours, doté d'un prix de deux mille guinées. C'est à cette occasion qu'un illustre savant, Sir Humphry Davy[6], conçoit la lampe antidéflagrante qui porte son nom.

George Stephenson, déjà témoin de deux drames semblables, s'est intéressé lui aussi au sujet. Dépourvu de connaissances en chimie, il parvient cependant, par des méthodes empiriques, à mettre au point, une semaine avant le grand homme, une lampe encore plus perfectionnée et en fait la démonstration devant les propriétaires de toutes les houillères du Northumberland. Son procédé consiste à admettre l'air au fond de la lampe par une série de petits trous qui fractionnent l'arrivée du gaz et à entourer la flamme d'un haut tube de verre, qui rend l'appareil moins brûlant à porter. Tout aussi performant, son appareil est bien plus pratique que celui de Sir Humphry Davy, à qui le prix est néanmoins décerné.

Indignés de cette injustice, les témoins de son expérience achètent sa lampe à George Stephenson et se collectent pour lui offrir une gratification de mille guinées, au grand dam de sir Humphrey et de l'establishment londonien, qui traitent l'autodidacte d'imposteur.

Ce pécule permet à notre héros d'inscrire Robert, son fils unique, au meilleur collège de Newcastle et de lui offrir un mulet pour les seize kilomètres de l'aller et retour quotidien. Chaque soir, le jeune homme rapporte à son père ses livres de sciences et lui en lit quelques pages. Des échanges grâce auxquels George Stephenson complète sa formation. Cet argent lui permet aussi de s'associer avec un maître de forges, William Losh, pour fabriquer des rails en fonte et même des locomotives pour les mines des environs. De 1814 à 1823, ils seront les seuls constructeurs de locomotives au monde, avec seize modèles successifs, de la *Blücher*[7] – un nom d'actualité – à la *Locomotion*, chaque fois plus perfectionnés que les précédents.

Jusqu'en 1821, les chemins de fer ne servent qu'à transporter le charbon. C'est alors que deux hommes d'affaires quakers – en réalité des négociants en linge de table –, Edward Pease et Thomas Richardson, pénétrés des notions de service public et d'égalité entre les citoyens, ont l'idée d'ouvrir entre Stockton et Darlington, dans le Durham, une ligne dédiée non seulement au transport du fret – et principalement du charbon – mais aussi à celui du public.

La distance entre ces deux villes étant plus longue – quarante kilomètres – que les habituels chemins de fer des mines, la ligne traverse cette fois, outre le domaine privé des houillères, la voirie publique et des propriétés privées. On doit donc clôturer la voie par des haies ou des murs et surtout négocier des droits de passage avec les propriétaires fonciers dont certains, comme Lord Darlington, n'ont d'autre souci que de protéger leur chasse au renard. Le droit de propriété est sacro-saint en Angleterre. Tant qu'on n'a pas en poche un acte du Parlement, aucune mesure ne peut être prise sur des propriétés privées sans l'accord des propriétaires.

La Chambre des Lords commence par refuser la concession. Pourtant, après force pots-de-vin, elle se déjuge et autorise son exploitation « par hommes, chevaux ou tout autre moyen ». Le matériel roulant appartiendra au concessionnaire, mais les particuliers pourront faire circuler le leur, moyennant paiement d'un péage. Un horaire régulier de circulation devra être prévu et affiché.

George Stephenson n'est encore connu qu'au nord-est de l'Angleterre, et encore seulement dans le milieu minier. Cependant, il a fait si forte impression sur Edward Pease que celui-ci lui écrit aussitôt pour lui annoncer la bonne nouvelle et lui confier l'étude et la construction de la ligne. Faut-il un tracé direct mais accidenté ou bien un tracé plat mais sinueux ? Une voie simple ou double ? Des courbes avec ou sans dévers pour compenser la force centrifuge ? Des rails en fonte ou en fer forgé ? Où construire les ponts, comment vont-ils supporter la charge des locomotives ? Adressée à « George Stephenson Esquire, Engineer, Killingworth », la lettre manque de se perdre. Ne trouvant personne de tel à Killingworth, le messager va s'en retourner lorsque la femme d'un mineur se demande si ce ne serait pas par hasard George, le mécanicien.

George Stephenson accepte avec joie mais, devant la multitude des problèmes à résoudre, il appelle à l'aide son fils Robert qui accourt, ravi de quitter un stage dans la mine pour effectuer au grand air les relevés de terrain. Le cahier des charges impose la traction animale, sous réserve de quelques machines fixes pour hisser les wagons en haut des rampes les plus fortes. Toutefois, les Stephenson caressent l'espoir d'utiliser un jour des locomotives. Aussi tiennent-ils à donner à la ligne un profil compatible avec cette éventualité. Le père et le fils sont bien les seuls à envisager cette hypothèse car, même si ce nouveau chemin de fer doit, pour la première fois, être accessible au public, ce n'est aux yeux de tous qu'un chemin de fer comme les autres, bon à être tiré par des chevaux. D'ailleurs, les locomotives que Stephenson emploie sur ses chemins miniers ne dépassent pas 7 km/h, guère plus que les chevaux et moitié moins vite que les bateaux à vapeur qui font la liaison maritime entre Newcastle et Londres.

Un choix qui va se révéler engageant pour l'avenir est celui de l'écartement entre les rails. Tous les chemins de fer miniers et tous les essieux de voitures à cheval n'ont pas le même écartement. Les Stephenson se sont probablement contentés de reprendre celui des voies minières qu'ils connaissent le mieux, celle de Killingworth par exemple, soit 1 435 mm de large. Selon certaines sources, ils auraient été si absorbés par les problèmes de chaudière de la locomotive que le châssis aurait été sous-traité à un carrossier. Et c'est ce carrossier qui aurait repris l'écartement des roues des coches de la région. Pourquoi faire différent ? Pourquoi un autre plutôt que celui-là ? D'autant que c'est exactement l'écartement normalisé par les Romains pour déplacer rapidement leurs légions d'un bout à l'autre de l'Empire. Le mur d'Hadrien, justement, passe près de Wylam, le village natal de George, et ses portes sont dimensionnées pour barrer le passage à des chariots plus larges. Reprenant ce même écartement pour le Stockton and Darlington, les Stephenson n'auront aucune raison de le changer, surtout lorsqu'ils seront devenus les premiers exportateurs mondiaux de locomotives. De fil en aiguille, ce standard de 1 435 mm sera généralisé à l'Europe entière, à quatre exceptions près : l'Espagne, le Portugal, le duché de Bade et la Russie, attentifs à ne pas se laisser à nouveau envahir par un émule de Napoléon. Un plaisantin a pu dire que l'écartement de nos voies de chemin de fer repose sur la largeur du derrière des chevaux romains.

De préférence au rail en fonte de 1,20 m de long, George Stephenson opte pour le rail en fer forgé de six mètres. Cela réduit des quatre cinquièmes le nombre de joints entre deux rails successifs et rend la voie beaucoup plus douce. Le fer laminé présente encore d'autres avantages sur la fonte : plus élastique, moins cassant, il résiste mieux aux trépidations. Les premiers rails de la ligne sont posés à Stockton en 1822 après un joyeux défilé de deux cents ouvriers, la pelle ou la hache sur l'épaule, dans un concert de sonneries de cloches et de sirènes de navires. Les chefs d'équipe recrutés sur place ne se doutent pas qu'ils passeront le reste de leur vie sur les chantiers que les Stephenson père et fils ouvriront aux quatre coins du monde, de Montréal à Saint-Pétersbourg et de Bruxelles à Naples.

Les colonnes des journaux de l'époque sont remplies d'histoires terrifiantes sur les dangers de la vitesse supposée des locomotives. Aussi, George Stephenson se doute qu'au moins au début on se contentera de chevaux. Au moment de choisir le mode de fixation des rails, il se contente donc de les faire poser sur des coussinets de chêne ou de pierre, de façon à ne pas obstruer par des traverses l'espace entre rails et à le laisser libre pour les sabots des chevaux. Il faudra en effet deux ans et beaucoup d'argent pour faire comprendre aux parlementaires ce qu'est une locomotive et obtenir l'autorisation de les faire circuler sur une ligne ouverte au public. Stephenson père et fils s'associent alors avec Edward Pease et Michael Longridge, un fabricant de rails, pour créer un nouvel atelier de construction de locomotives, baptisé curieusement Robert Stephenson and Cie, beau témoignage de confiance envers Robert, qui n'a encore que dix-neuf ans. Mais, tandis que son père construit la ligne et multiplie les déplacements à Liverpool, Birmingham ou Canterbury pour étudier de nouveaux projets, le tout jeune patron déserte son usine et part courir l'aventure en Colombie. Exactement comme Richard

Trevithick dix ans plus tôt. Impatience sans doute de secouer la tutelle paternelle et de vivre sa vie.

Robert Stephenson est donc absent lorsque son père inaugure le Stockton and Darlington le 27 septembre 1825 devant des milliers de spectateurs accourus à pied, à cheval, en carriole, voir l'*iron horse*. Certains s'attendent à découvrir un cheval de fer, un quadrupède. La *Locomotion*, encore visible de nos jours à Darlington, a l'air bien fragile, avec sa chaudière doublée de lames de bois pour retenir la chaleur et protéger le mécanicien, ses manivelles motrices et ses bielles d'accouplement. Et son tender n'est guère qu'une citerne à eau posée sur une benne à charbon. Pourtant, ce jour-là, la *Locomotion* tire bel et bien trente-trois wagonnets. Onze de charbon, un de farine et vingt de voyageurs, qui encadrent l'*Experiment*, une caisse de diligence à seize sièges rembourrés où sont assis les actionnaires de la compagnie. On a délivré trois cents billets à des propriétaires et des géomètres auxquels se sont mêlés ouvriers et simples curieux qui ont adressé longtemps à l'avance une demande écrite à la compagnie. Ceux qui ont des billets tentent de gagner leur place, mais la foule prend le train d'assaut. Les fanfares jouent. On entend les cloches des églises.

Quelle responsabilité, quelle angoisse pour George Stephenson ! Que sa *Locomotion*, à peine sortie d'usine, manque de puissance, que les rails ou les ponts soient trop légers, et l'équipée risque de sombrer dans le ridicule, voire de tourner à la tragédie. Et de sonner non plus l'ère, mais le glas du chemin de fer.

C'est George Stephenson qui conduit. Avec son frère James et Timothy Hackworth, qui font office de chauffeurs, il se tient debout sur une plate-forme exposée aux intempéries. Pas de sièges, une simple rambarde leur sert de garde-corps. Quand la *Locomotion* commence à cracher de la vapeur, on croit à une explosion, les spectateurs se sauvent. Mais après un moment de panique, ils ne tardent pas à revenir. Alors, au cri de « Tout le monde est prêt ? », le train s'ébranle avec majesté, précédé de plusieurs cavaliers, un drapeau à la main, pour prévenir de son approche. Au-dessus du convoi, quatre autres drapeaux, plus grands, flottent au vent comme des bannières. Tout le long de la ligne, les curieux font la haie, agitant chapeaux et mouchoirs au passage du train. On roule si lentement, 7 km/h, que des adolescents montent en marche et voyagent à l'œil, de sorte qu'à l'arrivée les passagers qui étaient trois cents à prendre place au départ se retrouvent six cent cinquante.

En cours de route, il y a bien quelques pannes, une soupape de sûreté éclate, un wagon déraille, mais ces incidents sont vite réparés. Des cavaliers et une diligence à quatre chevaux font la course au train, qui les distance facilement sur la descente de Stockton, où il atteint les 25 km/h. À l'arrivée, la fanfare embarquée à bord joue le *God Save the King* devant près de quarante mille personnes.

La première victime du chemin de fer

L'ouverture au public du Stockton and Darlington, en 1825, avait été un événement régional ; celle du Liverpool and Manchester, en 1830, aura une portée mondiale. Elle marque vraiment le début de l'ère du chemin de fer. Cette fois, il y a des gares, les voyageurs n'ont plus à acheter leur billet à l'auberge la plus proche de la halte. Tout est sur une autre échelle.

Depuis qu'en 1819, un navire à vapeur, le Savannah, a traversé l'Atlantique en huit jours pour livrer à Liverpool des balles de coton américain, les filateurs de Manchester ne tolèrent plus qu'on mette encore dix jours ou davantage à remonter la Mersey et son canal. Avis partagé par les négociants de Liverpool, qui flairent qu'un chemin de fer trouverait là un potentiel de trafic bien supérieur à celui du Stockton and Darlington. Les plus audacieux constituent une compagnie et chargent George Stephenson d'étudier un tracé et de faire un projet susceptible d'être soumis au Parlement.

Pendant trois ans, que de difficultés à surmonter ! Dès que les propriétaires fonciers voient arriver les arpenteurs avec leurs théodolites, ils envoient leurs domestiques ou leurs fermiers les accueillir à coups de fusil. Les malheureux en sont réduits à opérer à l'heure où le maître des lieux se trouve à table ou à l'office du dimanche. Mieux vaut encore agir la nuit, au clair de lune ou à la lanterne, mais certains, comme le duc de Cleveland, postent des gardes vingt-quatre heures sur vingt-quatre. Puis ce sont les journaux, subventionnés par la compagnie du canal, qui taxent les chemins de fer de tous les maux. Les locomotives sont censées faire avorter les femmes et les vaches, empêcher les poules de pondre, polluer l'air et, pire encore, faire disparaître renards et faisans. Enfin les parlementaires se persuadent aisément qu'à plus de 16 km/h ces diables de machines risquent d'exploser et de tuer tout le monde aux alentours.

C'est seulement en 1826 qu'à force de bakchichs, le Parlement accorde une concession et que George Stephenson peut commencer les travaux. La faible puissance des locomotives de l'époque – il a toujours en tête d'en utiliser – exclut les pentes supérieures à 4 ‰. Pour déplacer un train sur une simple rampe de 1 ‰, la puissance nécessaire est le double de celle qui convient en terrain plat. Aussi George Stephenson doit-il mener d'imposants travaux de génie civil : le tunnel d'Edgehill, deux kilomètres sous la ville de Liverpool, la tranchée d'Olive Mount, un canyon de quatre kilomètres creusé dans le roc à cinquante mètres de profondeur. Sans compter soixante-trois ponts pour éviter tout passage à niveau. La prouesse sera la traversée du marais de Chat-Moss, où la voie risque de s'enfoncer et de disparaître sous les eaux. Finalement, George Stephenson trouve une solution. Il réunit une quantité impressionnante de tonneaux dont il retire le fond et le couvercle, puis il les cloue bout à bout et les recouvre de mousse, de branchages, de bruyères et de gravier.

En 1829, la ligne est à moitié achevée, mais la compagnie n'a toujours pas choisi entre les chevaux et les locomotives. D'ailleurs, même sur le Stockton and Darlington, malgré le succès du voyage inaugural, les locomotives restent réservées aux trains de marchandises et les trains de voyageurs continuent jusqu'en 1833 d'être tirés par des chevaux.

Deux événements donnent alors leur chance aux locomotives. L'idée d'Henry Booth, un administrateur du Liverpool and Manchester, d'organiser sur une section de ligne déjà terminée à deux voies un concours de locomotives doté d'un prix de cinq cent cinquante guinées. Et le retour au bercail de

Robert Stephenson, l'enfant prodigue, qui va construire une locomotive performante.

Robert est donc rentré. À Carthagène, en Colombie, en attendant le bateau du retour, il a fait sur le port une rencontre inattendue : un naufragé échappé de justesse à un crocodile, et auquel on jette un lasso pour le hisser sur le quai. Ce rescapé parle anglais, il se présente : Richard Trevithick, l'inventeur de la locomotive. Depuis dix ans, on n'avait plus entendu parler de lui. Touché par le récit de son incroyable odyssée au Pérou et en Amérique centrale, Robert lui donne de quoi acheter son billet de retour mais cette fois, c'est lui qui fait naufrage[8]. Il s'en sort quand même et finit par reprendre tranquillement sa place à la petite usine de Newcastle, qui abrite de nos jours le musée Robert Stephenson et où il construit la *Rocket.*

Le concours de locomotives se déroule à Rainhill. Il comporte quarante allers et retours de deux mille huit cents mètres chacun, soit cent douze kilomètres. Les concurrents ont à leur disposition des réservoirs d'eau, un parc à charbon et une forge pour d'éventuelles réparations. Seules sont admises à concourir les locomotives de moins de cinq cents guinées à l'achat et d'un poids inférieur ou égal à six tonnes pour six roues ou quatre tonnes et demie pour quatre roues. La hauteur de leur cheminée ne peut dépasser la voie de plus de 4,55 m et leur chaudière doit avoir un manomètre et deux soupapes de sûreté.

George Stephenson est mieux à son affaire que dans les joutes oratoires de Londres où il se sentait si mal à l'aise devant des parlementaires infatués et beaux parleurs. Cette fois, c'est une démonstration concrète sur le terrain. Sur son terrain à lui. Pour la *gentry* assise dans la tribune pavoisée, l'épreuve ressemble à un concours hippique. Simplement, ce sont cinq chevaux de fer, chacun de couleur différente.

Voici le *Cyclopède*, de Brandeth, à vrai dire un simple tapis roulant muni de roues dentées et d'engrenages actionné par un cheval au trot. On le déclasse. La *Persévérance*, de Timothy

Burstall, à la petite chaudière verticale et aux jolies roues rouges, ne parvient pas à démarrer. La *Sans Pareille*, jaune, vert et noir, de Timothy Hackworth[9], déclare forfait au bout de seize allers et retours ponctués d'innombrables pannes. La *Novelty*, bleu et or, de John Ericsson[10] – le futur inventeur de la propulsion par hélices, du cuirassé et du torpilleur – fait meilleure figure avec, à l'avant, sa chaudière verticale et, à l'arrière, la cheminée et deux cylindres verticaux qui attaquent les roues arrière. Elle atteint un moment les 45 km/h et paraît bien placée jusqu'à ce que les défaillances répétées de sa chaudière l'obligent à se retirer de la compétition.

La *Rocket* jaune vif de Robert Stephenson sera la seule à terminer l'épreuve. La seule aussi à remplir toutes les conditions. En tirant treize tonnes à 28 km/h de moyenne et en poussant des pointes à 46 km/h, elle semble voler, aux dires de spectateurs. De mémoire d'homme, à pareille vitesse, on n'a jamais vu qu'oiseau ou flèche. Sa haute cheminée et ses deux grandes roues motrices, de 1,42 m de diamètre, sont à l'avant, sa chaudière, horizontale, est au centre, et deux petites roues porteuses, à l'arrière, soutiennent la plate-forme de conduite et équilibrent la charge. Les cylindres, inclinés à quarante-cinq degrés vers l'essieu moteur, à l'avant, sont disposés sur les flancs de la chaudière et attaquent les roues motrices par une manivelle et une biellette.

La *Rocket* remporte aisément le prix. Le Liverpool and Manchester en commande aussitôt huit exemplaires. Ces messieurs de Robert Stephenson and Cie l'améliorent encore en diminuant l'angle d'inclinaison des cylindres, afin d'éviter les oscillations. Mais le secret de son succès est sa chaudière tubulaire. Au lieu de circuler dans un seul tube en « U », les gaz chauds venus du foyer serpentent dans vingt-cinq petits tubes immergés dans l'eau de la chaudière. Ainsi accrue, la surface de chauffe produit rapidement une impressionnante quantité de vapeur, donc de force et de vitesse. L'invention est-elle due à Robert Stephenson, à Henry Booth, l'administrateur de la société, passionné de technique, ou à Marc Seguin, un client français de l'usine ? Difficile de le savoir. Peut-être à tous les trois simultanément. En tout cas, elle est capitale.

L'inauguration de la ligne, le 15 septembre 1830, attire cinquante mille personnes à Liverpool et quarante mille à Manchester. Mille invités, chiffre énorme à une époque où les diligences ne transportent guère qu'une dizaine de passagers, sont convoqués à la gare de Liverpool. De longs escaliers donnent accès à une immense fosse maçonnée qui donne directement sur le tunnel d'Edge Hill, sous la ville. Un tunnel – le premier – sous lequel chacun s'attend à des sensations fortes, car tout le monde en a peur.

Le Stockton and Darlington avait commencé avec une seule locomotive, la *Locomotion.* Dès le premier jour, le Liverpool and Manchester en aligne huit, la *Northumbrian*, la *Phoenix*, la *North Star*, la *Rocket*, la *Dart*, la *Comet*, l'*Arrow* et la *Meteor.* Chacune avec son tender et sa suite de wagons, de simples châssis à deux essieux sur lesquels sont accolées deux ou trois caisses de diligences. Outre le mécanicien et le chauffeur debout sur la plate-forme de la locomotive, l'équipage de chaque train comporte deux serre-freins et deux porte-drapeaux placés plus loin sur le train.

La ligne a deux voies, une pour chaque sens de circulation. Mais, pour faire circuler presque simultanément huit trains, il faut des horaires et convenir de signaux reconnaissables par tout le personnel. Aussi George Stephenson a-t-il fait distribuer des drapeaux blancs, signifiant voie libre, des rouges pour faire ralentir, et des pourpres pour marquer le stop.

Les huit trains s'apprêtent à prendre le départ. George Stephenson se tient aux commandes de la *Northumbrian*, en tête du premier convoi, réservé aux hautes personnalités, le duc de Wellington, Premier Ministre, entouré d'une pléiade de futurs Premiers Ministres, de comtes et de vicomtes, d'évêques et de députés. Le vainqueur de Waterloo suspecte pourtant les chemins de fer d'inciter au voyage les « basses classes » qui ne lui pardonnent pas d'avoir réprimé dans le sang une manifestation ouvrière[11]. Aussi la direction du Liverpool and Manchester a-t-elle prudemment réservé une des deux voies au seul train des notables. Sur l'autre, les sept autres trains attendent sagement le drapeau blanc pour démarrer chacun à leur tour.

George Stephenson, qui a le champ libre, peut se permettre d'arrêter et de redémarrer plusieurs fois sa locomotive, histoire de montrer l'aisance de la manœuvre. Il a prévu un arrêt de quelques minutes à mi-parcours, à Parkside, le temps de refaire le plein d'eau de l'énorme barrique placée en travers du tender. Pendant la halte, les invités de marque pourront à loisir regarder défiler les trains suivants sur l'autre voie. Bientôt, en effet, ils voient passer celui que tire la *Phoenix* et, peu de temps après, celui emmené par la *North Star.* Le troisième, par contre, a un certain retard. Plusieurs officiels en profitent pour descendre se dégourdir les jambes, comme aux courses de chevaux. On fait cercle autour d'une grande actrice à la mode, Fanny Kemble, qui « se déclare amoureuse de M. Stephenson et de sa locomotive ».

Lorsqu'on annonce enfin que le train retardataire est en vue, un député de Liverpool, William Huskisson, secrétaire du Board of Trade – ministre du Commerce – et fidèle partisan de Stephenson, se trouve en pleine discussion dans l'espace entre les deux voies, alors plus étroit que de nos jours. Malencontreusement, il perd l'équilibre et tombe, une jambe en travers d'un rail, au moment précis où la *Rocket* survient à toute vitesse. Le conducteur n'a ni frein ni sifflet. Il ne peut freiner à temps et la locomotive broie la jambe du député.

À ce spectacle, George Stephenson est le seul à garder son sang-froid. Sans perdre une minute, il fait allonger le blessé dans la première voiture attelée à sa *Northumbrian*, il court détacher les wagons suivants et, à 58 km/h, record inaperçu à l'époque, il fonce jusqu'à la gare d'Eccles, où il sait trouver un bon chirurgien. Lequel ne peut cependant empêcher le malheureux de mourir le soir même. Ainsi William Huskisson est-il devenu la première victime du chemin de fer.

Sur les lieux de l'accident, on discute une heure et demie : vaut-il mieux annuler le programme ou continuer malgré tout jusqu'à Manchester ? Au retard dû aux palabres s'ajoute celui des manœuvres indispensables en gare d'Eccles. De sorte que lorsque les huit trains font leur entrée à Manchester, la foule impatiente se trouve au bord de l'émeute. Des adversaires de tout poil du duc de Wellington ou de la Compagnie du Liverpool and Manchester, postillons, voituriers, bateliers, propriétaires expropriés, en profitent pour lancer des pierres contre la voiture du duc. On juge prudent de repartir en sens inverse. Le retour à Liverpool, ponctué d'arrêts pour le plein d'eau et de combustible, se fait à petite vitesse, car on n'a pas encore pensé à l'éclairage pour la nuit. La pluie commence à tomber, risquant de rendre les rails glissants, mais on arrive finalement à bon port sans nouvel accident.

Deux jours plus tard, la ligne Liverpool-Manchester est ouverte au service régulier des voyageurs. Dès 1831, elle transporte quatre fois plus de passagers que la route. Et pour un prix bien moindre. La technologie devient à la mode. On se découvre une vocation d'ingénieur. On multiplie les aquarelles et les mouchoirs à décor de *Rocket* ou de viaducs. Même les tabatières, les chopes de bière et les tasses à thé offrent les mêmes motifs. Après avoir tant craint pour leurs vaches ou leurs poules, les fermiers voient s'ouvrir pour leurs fruits et leurs légumes un vaste marché, celui des villes.

Les Stephenson sont devenus célèbres. Les commandes affluent à leur usine de Newcastle. Après la *Rocket*, grand essieu moteur au centre et petit essieu porteur à l'arrière, ils sortent la *Planet*, de disposition inverse, petit essieu porteur à l'avant et grand essieu moteur à l'arrière, puis créent un modèle très stable, la *Patentee*, essieu porteur à l'avant, grand essieu moteur au centre et essieu porteur à l'arrière. Ce sera, de 1835 à 1855, la locomotive de l'Europe entière, qui équipera les lignes belges, allemandes, russes et italiennes, et sera copiée en France par Buddicom. Elle a fière allure avec sa chaudière corsetée de lames de bois verni cerclées de cuivre, et le cuivre poli du dôme de vapeur, des soupapes de sûreté et du garde-fou du mécanicien. Les roues et le châssis vermillon et chêne clair, ou jaune paille et bleu ciel selon les pays, contrastent avec le foyer peint en noir.

Les promoteurs de nouveaux chemins de fer offrent à George et Robert Stephenson d'être leurs ingénieurs en chef.

Ils seront appelés, entre autres, lors de la création des lignes de Canterbury à Whitstable, de Leicester à Swannington, de Londres à Birmingham, de Birmingham à Derby, du North Midlands à York, de Manchester à Leeds, de Bruxelles à Malines ou de Paris à Lille. Chaque fois, il faut commencer par dresser l'état des lieux, relever le volume actuel du trafic, tant par la route que par voie d'eau, recenser le nombre de diligences, de chaises de poste, de chariots. Puis estimer le trafic additionnel susceptible d'être généré par la baisse des tarifs et, de ces deux éléments, déduire le trafic potentiel. Ensuite, les Stephenson doivent choisir l'itinéraire, rechercher le trajet le plus plat, si possible sans trop de détours, et les lieux où établir un pont, une gare. Préliminaires indispensables pour évaluer le montant du capital à réunir et la rentabilité attendue. Généralement, George Stephenson emmène en chaise de poste un ou deux secrétaires. En route, il leur dicte jusqu'à trente-sept lettres par jour, pleines de chiffres, de mesures, de prix.

Le relevé enfin prêt, il reste à imprimer les plans et à les déposer au Parlement. Les démarches pour obtenir une concession, qu'il s'agisse de routes, de canaux ou de chemins de fer, donnent lieu à des débats féroces et à un intense lobbying. Les promoteurs de chemins de fer sont en concurrence non seulement entre eux, mais aussi avec les puissants exploitants de canaux ou de messageries. Les semaines précédant le début de la session, c'est la panique. Les lithographes travaillent jour et nuit. Telle compagnie candidate à une concession a beau faire venir des imprimeurs de l'étranger, elle ne parvient pas à imprimer son projet dans les délais et se voit déclarée forclose. Telle autre n'échappe aux espions d'un concurrent le jour de la remise des offres qu'en déguisant son personnel en croque-morts et sa malle de documents en cercueil.

En Angleterre, les pouvoirs publics ne prennent aucune part au financement des chemins de fer et ne s'inquiètent pas de savoir si telle ligne fait double emploi avec telle autre. En fin de compte, toutes les villes tant soit peu importantes, sauf peut-être Hull, seront desservies au moins par deux lignes concurrentes. Ce qui intéresse les membres du Parlement, c'est de faciliter le transport de la poste et des militaires, de ne pas mécontenter des gens influents et, subsidiairement, de s'assurer du sérieux du projet.

On exige en général une caution de dix pour cent du coût estimé de la construction et la présentation d'une liste de souscripteurs promettant au moins de souscrire les trois-quarts du capital demandé. Le souscripteur reçoit un certificat de droit de souscription lui promettant de pouvoir acquérir au nominal les titres dès qu'ils seront créés. Dans l'euphorie, tout le monde croit pouvoir revendre ses droits avec une plus-value. À un meeting pour lancer le Runcorn Railway, plusieurs candidats à la souscription, craignant de ne pouvoir approcher en temps utile pour signer, se faufilent à quatre pattes sous la table et se relèvent entre les genoux des promoteurs pour être sûrs de faire enregistrer leurs noms.

À l'inverse, les compagnies qui craignent de ne pas trouver assez de gens pour signer la liste inventent parfois des souscripteurs fictifs. Le Parlement, inondé de projets de chemins de fer, n'a pas toujours les moyens ni le désir de contrôler les listes. Dans le flot de prospectus, certains émanent de promoteurs qui savent fort bien que leur ligne ne sera jamais construite. Ils prennent l'argent des spéculateurs, laissent passer quelque temps, puis annoncent l'échec de leurs plans et la disparition de l'argent sans se donner la peine d'expliquer comment.

Une fois autorisée à émettre des actions, la compagnie doit encore affiner ses estimations du coût des terrassements et effectuer des sondages pour vérifier l'absence de sables mouvants ou de risques de glissements de terrains.

Pour étudier son premier grand projet, le Londres and Birmingham, trois fois plus long que le Liverpool and Manchester, Robert Stephenson parcourt vingt fois différents itinéraires possibles et emploie une vingtaine de dessinateurs à dresser un bon millier de plans. Il veut des courbes très larges et fait placer le rail extérieur un peu plus haut que le rail intérieur. Cette ligne, toujours en service même pour les rapides de notre temps, pénètre dans Londres par la gare de Euston Road, où la rampe est trop raide pour les locomotives de l'époque. Pendant sept ans, il fallut hisser les trains par câbles jusqu'au sommet de la colline la plus proche.

Une fois terminées les études détaillées de la ligne, l'ingénieur en chef découpe les travaux en plusieurs sections. Chacune fait l'objet de marchés négociés avec des entrepreneurs, qui se chargent aussi bien d'embaucher et de débaucher la main-d'œuvre que d'approvisionner les fournitures. Une nouvelle race apparaît, les *contractors*. Quatre d'entre eux, Edward Mackenzie, Sir Morton Petto, Edward Betts et surtout Thomas Brassey, à qui George Stephenson met le pied à l'étrier, vont en quelques années de fièvre des chemins de fer, acquérir une dimension mondiale. Chacun d'entre eux, parti de pratiquement rien, en arrivera à employer de dix mille à quatre-vingt mille ouvriers sur des chantiers dans toute l'Europe, l'Amérique du Nord et du Sud, l'Inde et l'Australie. Ils construiront jusqu'en 1860 plus de la moitié des chemins de fer de France, où ils n'auront pas d'équivalent jusqu'à l'apparition de Cail, de Gouin et de Parent-Schaken. Ils se diversifieront ensuite dans les ports, les docks, les ponts, les égouts, la construction des usines.

En 1846, à l'apogée de la *railway mania*, les chantiers de chemins de fer d'Angleterre occupent deux cent mille terrassiers, rendus disponibles par le déclin de la construction des canaux. C'est davantage que les effectifs réunis de l'armée et de la marine. Ces hommes couchent tout habillés dans des huttes, sans même enlever leurs bottes. Ils ne se marient pas ou, s'ils prennent femme, ils l'abandonnent lorsque le chantier se déplace.

Les chemins de fer, ces merveilles du XIXe siècle, sont construits avec les techniques du siècle précédent, la pelle, la pioche et la brouette attachée à une corde qu'une poulie monte en haut du remblai. Au signal, on fait avancer le cheval, et l'homme suit en tenant droite la brouette qui monte. Pour la descente, le terrassier galope avec sa brouette qui roule derrière lui. Quand on creuse les tranchées dans l'argile, la pluie fait parfois tout ébouler. La terre creusée dans une colline pour une tranchée est transportée plus loin pour remblayer un passage en contrebas. Les chevaux tirent les wagonnets au petit trot et un garçon les détache juste à temps pour verser le chargement.

La tâche la plus dangereuse et la plus pénible est le creusement des tunnels, qui oblige les ouvriers à travailler douze heures de suite dans l'air vicié ou l'eau stagnante. Les tunnels existaient déjà dans l'Antiquité, pour l'adduction d'eau. On les forait en chauffant la roche par le feu et en la refroidissant brutalement avec de l'eau froide, afin de provoquer des tensions et des fissures qui facilitent l'enlèvement à la pioche et à la pelle. Mais, depuis 1801, en Occident tout au moins, on se sert d'explosifs.

La ligne de Londres à Birmingham comporte huit tunnels. On fait appel à des ouvriers mineurs pour creuser jusqu'à parfois cent cinquante mètres de profondeur des puits circulaires revêtus de briques qu'on conserve après la fin du chantier pour ventiler l'ouvrage. Deux équipes descendent au fond, afin de travailler dans les deux sens à la fois. Au sommet du puits, un cheval ou une machine à vapeur actionne un monte-charge qui remonte les déblais et descend les terrassiers. Rien n'est prévu pour les protéger ou les guider, seul un choc annonce l'arrivée au fond. Aucun équipement de sécurité, même si la corde vient à se rompre.

La voûte remplie de nuages de poussière ne reçoit d'autre éclairage que la lueur de bougies placées sur les côtés de l'excavation ou sur les wagonnets. Au fur et à mesure que l'ouvrier s'enfonce dans la galerie, leur triste lumière s'estompe et n'apparaît plus que sous forme de petits points rouges ou jaunes. Une bougie à la main, l'homme pioche. De temps à autre, l'eau jaillit d'une fissure de la roche. Lorsque, plus loin, on fait sauter un rocher, le bruit et le choc se propagent dans les deux galeries. On se croirait en pleine bataille.

Au fur et à mesure de l'avancement des galeries, on boise les parois avec des planches, puis on les remplace par un coffrage en briques. On creuse lentement et avec peine les trous où placer la poudre noire. Cela se fait à deux : l'un frappe avec une masse sur la tête d'une barre à mine, l'autre la tient fermement tout en la faisant tourner. Attention aux mains ! Et, à chaque instant, les ouvriers risquent d'être écrasés par la chute d'une voûte ou déchiquetés par l'explosif. La vie humaine compte peu, les entrepreneurs ne tiennent pas la comptabilité des victimes.

Les années 1840, l'Angleterre connaît une frénésie de chemins de fer, une véritable mêlée d'entreprises privées, sans le moindre contrôle de l'État. En 1844, un investisseur particulièrement dynamique, George Hudson, « le Roi des chemins de fer », choisit le 18 juin, jour anniversaire de Waterloo, pour inaugurer en fanfare le Newcastle and Darlington Junction Railway. Le train, rempli d'invités de marque, couvre en neuf heures, un record, les quatre cent quatre-vingt-trois kilomètres de Londres à Newcastle. Le long du trajet, les curieux font la haie, béats d'admiration. Au banquet qui suit l'arrivée à Newcastle, George Hudson lève son verre en l'honneur du « Vieux George », et George Stephenson raconte ses souvenirs, son enfance dans la mine, son combat pour donner une instruction à son fils et construire sa première locomotive.

Cette même année 1844, les Anglais mettent mille trois cents kilomètres de nouvelles lignes en chantier, quatre mille cinq cents l'année suivante, pour culminer en 1846 avec sept mille quatre cents kilomètres. L'investissement annuel dans les chemins de fer en arrive à dépasser le budget de l'État. De tous côtés, on se rue pour acheter des actions. Chaque semaine, Thackeray raconte dans *Punch* les aventures imaginaires d'un valet de pied qui emprunte vingt livres à une fille de salle et gagne du jour au lendemain trente mille livres en spéculant sur les valeurs de chemins de fer. Il quitte son emploi, embauche lui-même un valet et plusieurs domestiques, loue un appartement dans le quartier le plus chic de Londres, s'habille en dandy, siège aux conseils d'administration de trente-trois compagnies. Puis il devient candidat à un siège de député, prend un nom à rallonge, flanque à la porte la fille de salle qui l'a fait riche et il rêve d'épouser une aristocrate. Cette chronique, où chacun voit une allusion voilée à ce fameux George Hudson, remporte un succès considérable.

Le chemin de fer atmosphérique

Cette *railway mania* n'est pas pure frénésie de spéculateurs. Elle est aussi le théâtre où des ingénieurs, de grands ingénieurs, se donnent la réplique. C'est notamment le cas de Robert Stephenson et d'Isambard Kingdom Brunel, étincelants rivaux néanmoins amis.

Après la mort de son père, Robert Stephenson se spécialise dans les viaducs. Les pluies provoquent des accidents si elles surviennent en abondance avant que le mortier n'ait séché. Sur un viaduc à trente-six arches de la ligne Manchester-Sheffield, les vingt premières arches sont terminées lorsque l'abondance des précipitations provoque une inondation. La dix-neuvième arche s'écroule, tuant quatre ouvriers. Comme des dominos, le reste suit. En quelques minutes, douze arches s'effondrent l'une après l'autre, telle une salve d'artillerie.

La ligne de Chester à l'île d'Anglesey pose un nouveau défi. Elle doit franchir un détroit de cinq cents mètres par un viaduc d'une seule travée assez haut pour ne pas gêner le trafic maritime. Pour une telle portée, la seule technique éprouvée est le pont suspendu. Craignant que le passage des trains ne déséquilibre la répartition des masses et n'induise des ondulations susceptibles d'entraîner la chute du pont, Robert Stephenson cherche pourtant une autre solution. Le spectacle d'un navire échoué lui donne l'inspiration. Suite à une fausse manœuvre lors de son lancement, le *Prince of Wales* s'est échoué mais sa coque de fer reste émergée sans aucun dommage sur une longueur de trente-cinq mètres. L'incident démontre la parfaite résistance et la rigidité d'une structure en fer forgé.

Robert Stephenson en conclut qu'un pont en tubes de fer forgé devrait être assez solide pour se passer d'une suspension par câbles ou par chaînes. Il fabrique près du rivage les sections en tôles de fer, qu'il fait ensuite flotter par radeaux jusqu'à leur position finale. Là, de puissants vérins hydrauliques les hissent à bonne hauteur. La manœuvre doit se faire impérativement à marée haute, et l'on ne dispose alors que d'une heure pour tout positionner, sinon le reflux dispersera le chargement sur la mer.

Après ce tour de force, Robert Stephenson construit encore cinq autres ponts remarquables, deux sur la Tyne et la Tweed, sur la ligne de Londres à Édimbourg, deux sur le Nil, pour le chemin de fer d'Alexandrie au Caire, et un de vingt mètres de haut à Montréal, qui enjambe sur trois kilomètres le Saint-Laurent. Une nouvelle prouesse, si l'on songe à la violence du courant à la belle saison et au risque de voir les glaces, qui prennent le fleuve six mois de l'année, détruire le travail de l'été précédent.

Pensant que son père, qui appréciait peu l'establishment, aurait sûrement refusé cet honneur, Robert Stephenson refuse de se laisser anoblir, mais la reine Victoria aura le mot de la fin. À sa mort, elle le fait inhumer à l'abbaye de Westminster.

Le seul concurrent sérieux des Stephenson est Isambard Kingdom Brunel, fils d'un Français émigré en Angleterre sous la Révolution. Il construira deux mille kilomètres de chemins de fer avec d'admirables ouvrages d'art dans tout l'ouest de l'Angleterre, le Devon, les Cornouailles, le pays de Galles, les Midlands, mais aussi au Bengale et en Australie. On lui doit également le plus grand paquebot du XIXe siècle, le *Great Eastern*, qui a inspiré à Jules Verne *Une Ville flottante*.

Voyageant sur le Liverpool and Manchester en 1831, un an après son inauguration, Brunel notait : « D'ici peu, nous pourrons prendre notre café et écrire tout en roulant à

70 km/h. » Paroles prophétiques. Deux ans plus tard, le jeune homme, qui s'est déjà rendu célèbre par deux projets remarquables, un pont sur la rivière Avon et un tunnel sous la Tamise, est recruté par le Great Western Railway, une compagnie qui soumissionne pour un chemin de fer de cent quatre-vingt-dix kilomètres à construire de Bristol à Londres. Le tracé proposé par les autres concurrents dessert beaucoup de petites villes, mais au prix de nombreux détours et de rampes qui ralentissent le voyage. Brunel opte au contraire pour un tracé plat comme une table de billard – on l'appellera *le billard de Brunel* – aucune rampe ne dépassant 1 %. Cela raccourcit sensiblement le temps de parcours entre les deux grandes villes terminus. Il sera toujours temps, estime-t-il, de le compléter dans une deuxième phase par des correspondances et des embranchements vers les localités intermédiaires. C'est la sagesse.

Cartes d'état-major en mains, Brunel effectue de l'aube au crépuscule des relevés sur le terrain avec l'assistance de géomètres recrutés sur place. Une fois ses plans et ses devis approuvés par les actionnaires de la compagnie, il équipe une voiture à cheval avec un lit, une planche à dessin et une grande boîte de cigares et le voilà parti neuf mois en déplacements continuels pour négocier avec les propriétaires. En janvier 1834, il a terminé ses projets détaillés et peut les déposer au bureau du Parlement. Mais il essuie un échec auprès de la Chambre des Lords.

Cet avatar lui laisse le temps de la réflexion. Les locomotives, pense-t-il, devraient gagner en puissance et les wagons en stabilité si l'on écarte davantage les roues. Alors, il remet en question l'écartement de 1 435 mm adopté par Stephenson, et il en préconise un beaucoup plus large, 2 134 mm. Il conteste également le bien-fondé du principe de pose suivi par Stephenson. Au lieu de placer les rails sur des coussinets de fonte et des dés de pierre, Brunel préfère les poser sur des chevrons longitudinaux en bois fixés tous les cinq mètres à des traverses perpendiculaires, en bois également. L'ensemble repose sur un ballast de cailloux et de roches concassées, qui draine l'eau et donne à la voie une assise uniforme.

Le choix de chevrons longitudinaux paraît discutable, mais les dés de pierre ne valaient certainement pas mieux. Brunel, comme Stephenson, a le tort de croire aux vertus d'une voie rigide. Il vaut mieux une certaine élasticité. Par contre, son idée de traverses perpendiculaires en bois constitue un progrès indéniable.

Les premiers bois avaient une durée de vie assez brève, deux à trois ans pour le hêtre, quatre à cinq ans pour le pin, sept à huit ans pour le sapin, douze à seize ans pour le chêne. Brunel sera l'un des premiers à traiter ses traverses et chevrons contre l'humidité selon le procédé inventé en 1838 par John Bethell : on les introduit dans un cylindre fermé hermétiquement, on fait le vide pour évacuer l'air contenu dans les cellules du bois, et on remplit le cylindre de créosote chaude dont la pénétration dans le bois est facilitée par une forte pression.

À peine Brunel a-t-il obtenu la concession du Great Western, en 1835, qu'il court conclure avec chacun des propriétaires des terrains traversés par sa ligne. Il prend aussi le temps de dessiner chaque pont, chaque gare, de vérifier tous les devis, de rédiger tous les contrats. Aucun détail ne lui échappe.

La section la plus difficile, le Box Tunnel, de 2,8 kilomètres, exigera trois ans d'efforts à onze cents hommes et cent cinquante chevaux. Les six derniers mois, ce tunnel occupera quatre mille ouvriers dans l'obscurité, la chaleur, la poussière, la fumée, sans ventilation.

En 1844, six ans après l'ouverture du Great Western, Brunel assiste en Irlande à la démonstration d'un petit train silencieux, un chemin de fer atmosphérique. Parfaitement, atmosphérique ! Comme l'avait pressenti Denis Papin dès 1667, le vide dans un tuyau peut créer un phénomène d'aspiration, de succion. Par ce moyen, on peut déplacer un mobile. C'est le principe du pneumatique, qui servira pendant près d'un siècle à acheminer en ville les lettres et les petits paquets.

La compagnie du chemin de fer de Dublin à Kingstown a installé en haut de la colline de Dalkey une grande machine à vapeur dont la haute cheminée et l'énorme volant fascinent la jeunesse des environs. Cette machine actionne une pompe qui fait le vide dans une série de tuyaux de fonte de cinquante centimètres de diamètre emboîtés les uns dans les autres entre les rails. Dans ce tube coulisse un piston relié par une tige au bas de caisse d'un wagon. Cette tige glisse par une fente pratiquée sur la partie supérieure du tube et sur toute sa longueur. Avant et après le passage de la tige, un joint flexible obture la fente et joue le rôle de soupape.

La machine fait le vide dans le tube en amont du piston, et laisse l'air circuler librement en aval. Du coup, le piston est automatiquement propulsé vers l'amont avec le wagon auquel il est accroché. Ce wagon, appelé wagon directeur, fait office de locomotive. Le moteur ne se trouve pas à bord mais dans un bâtiment en dur, comme pour un téléphérique. Il suce l'air et l'expulse du tube, le vide aspire le piston et fait remonter le train. Pour le retour, un employé décroche la tringle, la replie sous le bas de caisse du wagon directeur, et le train redescend en roue libre. S'il n'arrive pas tout à fait au terminus, on prie les voyageurs de troisième classe de bien vouloir le pousser, et les autres continuent à pied.

Ce chemin de fer irlandais, vite devenu une attraction, fait accourir l'Europe entière. Pas de locomotive, donc pas de lourdes roues qui frottent sur les rails. Ceux-ci peuvent être plus légers et le train grimper des pentes plus fortes.

Enthousiasmé, Brunel installe aussitôt sur le South Devon Railway, qu'il est chargé de construire, ce système qui permet des ouvrages d'art plus légers, chose appréciable dans une région aussi accidentée. Mais, au bout d'un an, force est se rendre à l'évidence : le système se révèle peu fiable. La puissance nécessaire pour assurer le vide croît avec la distance. Sur une ligne huit fois plus longue que le Kingstown-Dalkey, cela devient rédhibitoire. Et que se passe-t-il si une pompe tombe en panne ? Secundo, comment coordonner, à plusieurs kilomètres de distance, la production du vide avec le mouvement des trains ? Tertio, ce tuyau doit être plat et continu :

comment faire avec les aiguillages et les passages à niveau ? Plus délicat encore, l'étanchéité du tuyau : il faut s'assurer que le couvercle de cuir retombe bien en place après le déplacement du wagon et de sa tringle et le maintenir graissé. Cela nécessite bien du personnel. Sans compter que l'odeur de la graisse animale attire les rats, qui viennent grignoter le cuir. Bref, ce chemin de fer atmosphérique ne se justifie que pour gravir une forte rampe sur de courtes distances, que l'on peut ensuite redescendre en roue libre.

Au bout d'un an, forcé de reconnaître son erreur, Brunel retire du South Devon son chemin de fer atmosphérique et, honteux et confus, le remplace par une traction classique à vapeur, ce qui l'oblige à revoir la ligne et à consolider tous les ouvrages d'art. En revanche, ce système restera en service sur le Kingstown-Dalkey jusqu'en 1854 et trouvera une application en France, pendant treize ans, sur le tronçon final du Paris-Saint-Germain.

Revenu à la traction à vapeur, Brunel soumissionne en concurrence avec les Stephenson pour la liaison Newcastle-Berwick, en Écosse. Entre l'écartement qu'il propose, 2 134 mm, et celui des Stephenson, 1 435 mm, il va bien falloir trancher. Car, maintenant que les chemins de fer britanniques achèvent de tisser leur toile, il faut se préparer à les raccorder en un réseau cohérent, sans transbordement. La question est portée devant le Parlement. Un débat s'engage. Les opinions sont partagées. Le système de Brunel permet des trains plus rapides, mais la question n'est pas là. Est-il encore temps de l'adopter ou est-ce trop tard ? C'est effectivement trop tard. Les Stephenson l'emportent, car ils ont l'avantage de l'antériorité : mettre toutes leurs voies à l'écartement de Brunel coûterait huit fois plus cher que d'aligner celles de Brunel sur le leur, car ils en ont construit huit fois plus.

Newcastle peut pavoiser. Les huit cents ouvriers de l'usine de locomotives paradent dans les rues de la ville avec bannières et fanfare.

L'assassin est dans le train

Le chemin de fer prend un nouvel essor une fois couplé avec le télégraphe électrique. Ses dirigeants vont cependant mettre une quinzaine d'années à comprendre l'utilité de ce mode de communication pour la sécurité, la gestion et l'accroissement du trafic.

Le 25 janvier 1837, Charles Wheatstone et William Cooke tirent une ligne télégraphique expérimentale de plus de deux kilomètres le long du London and Western Railway, de la gare terminale de Euston à la station de Camden Town, et échangent leur premier message. Ce jour-là, Robert Stephenson assiste, aux côtés de William Cooke, à la première communication établie à distance. Pourtant, le London and Western ne donne pas suite.

Deux ans plus tard, Isambard Kingdom Brunel laisse poser une ligne, de vingt et un kilomètres cette fois, de Paddington, le terminus du Great Western, jusqu'à West Drayton. Malheureusement, l'expérience n'est qu'un demi-succès : insuffisamment isolés dans du coton, les fils télégraphiques enterrés prennent l'humidité, les signaux passent mal. Brunel refuse l'autorisation de prolonger la ligne télégraphique jusqu'à Bristol et, après s'être fait tirer l'oreille, accepte seulement que Cooke et Wheatstone la posent à leurs frais jusqu'à Slough, à quarante kilomètres. Cette fois, ils ont l'idée de planter des poteaux et de placer les fils en sandwich entre des plaques de verre dans une encoche taillée dans le bras du poteau. Ce sont les premiers isolateurs. Ça marche.

Mais personne ne comprend encore la portée de l'innovation... jusqu'au meurtre de Sarah Hart, le 1er janvier 1845. Ce jour-là, John Tawell, déjà condamné une fois comme faux-monnayeur, rend visite dans la ville de Slough à une ancienne maîtresse, Sarah Hart justement, la mère de ses deux enfants, pour lui verser, comme chaque semaine, une petite pension alimentaire. Seulement voilà, John a des ennuis d'argent, et cela l'arrangerait bien de mettre un terme à cette allocation. Alors, il passe d'abord chez le pharmacien acheter une préparation à base d'acide prussique. « Pour soigner sa phlébite », a-t-il raconté. Ce 1er janvier, tout sourire, il remet l'argent et, dès que Sarah a le dos tourné, verse dans sa bière tout le contenu de la fiole. Bientôt, la voisine, Mrs Ashley, entend hurler la jeune femme. Elle accourt, et se heurte à John, qu'elle reconnaît et qui s'enfuit précipitamment. En voyant cette pauvre Sarah se tordre de douleur sur le plancher, la bouche pleine d'écume, la bonne Mrs Ashley appelle au secours.

Le premier à arriver est le vicaire. Il ne peut que constater la mort de la jeune femme. Il s'informe. Mrs Ashley lui donne le signalement de John. Sans perdre un instant, le vicaire court à la gare, juste à temps pour apercevoir le suspect – c'est bien lui – sur le marchepied du train qui s'ébranle en direction de Londres. C'est trop tard pour l'arrêter, mais il va voir le chef de gare, Mr Howell, et lui fait télégraphier à la gare de Paddington : « Un meurtre vient d'être commis et l'assassin a été vu prendre un billet de première classe pour Londres par le train qui a quitté Slough à 19 h 42. Il porte un grand manteau brun qui tombe jusqu'aux pieds. Il est dans le dernier compartiment de la deuxième voiture de première classe. »

À Paddington, l'employé du télégraphe porte le télégramme au bureau de police de la gare. Le sergent Williams passe une cape civile sur son uniforme et va sur le quai attendre l'arrivée du train. Un peu plus tard, la gare de Slough reçoit ce message : « Le train est arrivé. Un individu correspondant au signalement que vous avez donné a été identifié. Le sergent Williams l'a pris en filature. »

Effectivement, le sergent le suit dans l'omnibus et descend au même arrêt que lui. Sans se faire remarquer, dans la nuit noire, il lui emboîte le pas et repère son domicile. Puis il retourne à Paddington voir son chef. Entre-temps, on a reçu confirmation du décès et des circonstances. Il n'y a plus de doute.

Le lendemain à l'aube, le sergent accompagne l'inspecteur chez Towell. On l'arrête. Il proteste de son innocence :

« Je n'ai pas été à Slough hier.

— Vous y étiez, monsieur, et, au retour, à Paddington, vous êtes monté avec moi dans l'omnibus. »

Le procès s'ouvre le 12 mars 1845. John Towell a pris le meilleur avocat, Sir Fitzroy Kelly. Celui-ci commence sa plaidoirie par ces mots :

« Pépins de pommes ! »

Et, comme on s'étonne :

« Parfaitement ! Les pépins de pommes contiennent beaucoup d'acide prussique. La défunte aura trop abusé des pommes pour les fêtes. »

Ce raisonnement ne convainc pas les jurés. L'accusé est condamné à mort. Dix mille personnes viennent assister à sa pendaison. Il paraît qu'il aurait avoué son crime au prêtre venu l'aider à mourir.

Conséquences de l'affaire : Primo, Sir Kelly Fitzroy y gagne pour la vie le surnom de « Kelly pépins de pommes » et la vente des pommes tombe en chute libre. Secundo, toute l'Angleterre se passionne pour le télégraphe. *The Times* écrit que, sans lui, on n'aurait jamais retrouvé la trace du criminel. Toutes les compagnies britanniques acceptent de laisser passer des lignes télégraphiques le long de leurs lignes. Dès 1848, les lignes du télégraphe couvrent la moitié du réseau de chemin de fer.

Le Baltimore and Ohio

La décennie 1840 voit la technique britannique voler de record en record. En 1845, la locomotive *Ixion* atteint 100 km/h sur le Great Western. Record battu en 1848, sur la même ligne, par la *Great Britain*, à 125 km/h, puis en 1847, par la *Cornwall*, de Francis Trevithick, fils de Richard Trevithick, à 127 km/h sur le London and North Western, et égalé, la même année et sur la même ligne, par la *Liverpool* de Thomas Crampton.

Mais, si l'idée du chemin de fer est anglaise, elle a fait presque aussitôt des adeptes outre-Atlantique. Dans la tribune de Rainhill, au concours de locomotives de 1829, qui vit le triomphe de la *Rocket*, quatre émissaires de deux toutes jeunes compagnies américaines, la Baltimore and Ohio et la South Carolina Canal and Railroad, ne perdaient rien du spectacle. À défaut d'avoir été, comme l'Angleterre, le berceau des chemins de fer, les États-Unis vont très vite lui emboîter le pas, l'égaler, quoiqu'avec des solutions différentes, adaptées à un contexte différent. À partir de 1850, ils la dépassent pour devenir l'incontestable leader mondial.

Dès 1804, l'année où Richard Trevithick invente la locomotive à vapeur, un autre autodidacte, Oliver Evans, forgeron de son état, avait étonné des milliers d'habitants de Philadelphie avec un véhicule amphibie, l'*Oructor Amphibolis*, une barque munie d'une petite machine à vapeur dont le balancier commandait une roue à aubes. Pour la descendre à la mer, il lui avait mis quatre roues. Une courroie transmettait à l'essieu arrière le mouvement du moteur. Une fois sur l'eau, cette étrange machine, tel un grand canard mécanique, avait parcouru une trentaine de kilomètres jusqu'à la rivière Delaware, distançant tous les voiliers. Le spectacle avait eu un grand succès de curiosité mais aucun prescripteur ni aucun client ne s'était sérieusement intéressé à son invention.

On attendit encore vingt-deux ans, jusqu'en 1826, pour voir poser en Amérique la première voie sur rails, le *chemin de fer du granit.* Les citoyens de Boston s'étaient cotisés pour ériger à Bunker Hill[12] une belle colonne commémorative de la première bataille de la guerre d'Indépendance. La construction du monument, un obélisque de soixante-sept mètres, prit cependant deux fois plus de temps qu'il n'en avait fallu pour gagner la guerre. L'architecte cherchait vainement un moyen pratique de descendre les blocs de granit de la carrière à la rivière afin de les amener par bateau à Charlestown, près du site retenu pour élever l'obélisque.

Un certain Brian Gridley creusa alors sur cinq kilomètres une tranchée de soixante centimètres de large et autant de profondeur. Il la remplit de granit concassé et posa par-dessus deux simples rails de bois de quinze centimètres de haut, doublés d'une lamelle de fer de 6 mm d'épaisseur. Ainsi fut fondée, en 1826, la Granite Railway Company. La pente était assez douce pour qu'un cheval puisse la remonter au retour en tractant les wagonnets vides. Brian Gridley eut alors l'idée d'installer des aiguillages et, à chaque extrémité, une plaque de retournement. Une fois la voie achevée, avec un écartement des rails de 1 500 mm, restait à régler la question du matériel roulant. Il fabriqua alors des tombereaux munis de huit roues à boudin, de façon à améliorer leur adhérence aux rails. Un seul cheval pouvait ainsi tracter trois wagonnets, soit au total dix-huit tonnes de charge utile.

Les deux chemins de fer suivants, ceux de Lehigh et de Honesdale, furent dédiés au transport du charbon jusqu'à la voie d'eau. Les trois frères Wurts, qui prospectaient les gisements d'anthracite, combustible bien adapté aux machines à vapeur, en avaient trouvé de considérables dans les montagnes du nord-est de la Pennsylvanie. Pour vendre ce charbon dans les villes de la côte Est, ils fondèrent avec d'autres investisseurs la Delaware and Hudson Canal Company, bientôt une des plus importantes affaires des États-Unis. Son président était le maire de New York, Philip Hone, et ses avocats le gouverneur de l'État, DeWitt Clinton, et un futur Président des États-Unis, Martin Van Buren.

Leur première idée étant de creuser un canal jusqu'à l'Hudson, ils se mirent à la recherche d'ingénieurs, alors une espèce rare aux États-Unis, où la seule école technique était l'académie militaire de West Point[13]. En désespoir de cause, ils recrutèrent un homme formé sur le tas, John Jervis. C'était un garçon remarquable. À dix-huit ans, ayant entendu parler d'un projet de canal de six cents kilomètres entre Rome, sur le lac Erié, et Albany, sur l'Hudson, il s'était fait embaucher comme bûcheron et avait si vite et si bien appris le métier des travaux publics que, deux ans plus tard, on lui avait confié la responsabilité complète d'un tronçon de quatre-vingts kilomètres.

John Jervis eut tôt fait de remarquer qu'une partie du tracé envisagé par les frères Wurts était beaucoup trop accidentée pour un canal. Aussi leur proposa-t-il un chemin de fer alternant plans inclinés et parties plates. Les wagons descendraient les plans inclinés en roue libre et, au retour, ils les graviraient à l'aide de remonte-pentes. Sur les plats, il proposait de les faire tirer par des locomotives. Du jamais vu en Amérique, mais John Jervis sut gagner la confiance de ses patrons. Curieux de ce qui se faisait en Angleterre, il y envoya, en 1828, un assistant, Horatio Allen, avec carte blanche pour acheter des rails en fer et quatre locomotives. À une condition, cependant : elles devaient peser moins de quatre tonnes, afin de ne pas endommager les rails. Malheureusement, Horatio Allen fut si enthousiasmé par ce qu'il vit chez Stephenson, à Newcastle, et chez John Rastrick, à Stourbridge, qu'il en oublia la commande de rails et acheta quatre locomotives beaucoup trop lourdes.

Arrivées à New York début 1829 en pièces détachées, l'*America*, de Stephenson, et la *Stourbridge Lion*, de Rastrick, furent assemblées à l'arsenal militaire de West Point et amenées à la mine de Honesdale, où l'on avait hâtivement posé une voie de cinq kilomètres en boucle. Construite en rails de bois juste recouverts d'une lame de fer, car les rails de fer ou même de fonte étaient encore introuvables en Amérique, elle serpentait dans la forêt et enjambait la rivière Lackawaxen sur un pont à tréteaux de bois de dix mètres de haut. Les essais débutèrent. Curieusement, il ne fut plus question de l'*America*, dont on apprit beaucoup plus tard qu'elle avait explosé. Le secret fut bien gardé pour éviter de semer la panique chez les investisseurs. Restait la *Stourbridge Lion*, une locomotive à deux essieux moteurs couplés, dont une réplique en vraie grandeur est conservée au musée de Honesdale. Sa chaudière, posée à l'horizontale, avec une tête de lion peinte sur la face avant, est curieusement surmontée et encadrée par la transmission.

Le 26 juillet 1829, une foule de curieux est là, frémissante dans l'attente d'une catastrophe. Personne ne veut prendre le risque de monter sur la locomotive à côté de ce fou d'Horatio Allen, on a bien trop peur. Alors, résolument, il grimpe seul à bord et, au milieu des huées, des ricanements, il prend bravement les commandes.

À l'étonnement général, il réussit à démarrer, à gravir une pente de deux cents mètres, puis à prendre un virage serré. Une fois franchi le pont sur tréteaux, le concert de moqueries se change en applaudissements, mais lorsqu'il s'enfonce dans la forêt, beaucoup le croient disparu à jamais. À la stupéfaction générale, il réapparaît sur sa vaillante machine après son périple dans les bois, et rentre sain et sauf à son point de départ. C'est le premier voyage en locomotive en Amérique.

Horatio Allen a eu de la chance. Sa *Stourbridge Lion* pèse 7,5 tonnes, le double du poids autorisé. Après de nombreux déraillements, les directeurs de la compagnie estiment que, sous pareille charge, les rails en bois ne peuvent que se voiler ou s'user. Ils remisent la locomotive, récupèrent la chaudière pour un autre usage, et prient Horatio Allen d'aller chercher fortune ailleurs. Pour leur chemin de fer, ils se contenteront d'utiliser la gravité à la descente et des remonte-pentes à la montée. Tout simplement.

À part ces exceptions, la construction des chemins de fer aux États-Unis répond à un autre but qu'en Europe. Au lieu d'améliorer le transport du charbon et des matériaux ou de faciliter le voyage entre des villes existantes, de relier Liverpool à Manchester, Londres à Birmingham ou à Bristol, il s'agit ici de mettre en valeur l'Ouest, le pays vierge au-delà de la Fall Line et des Appalaches, le bassin de l'Ohio. Pour desservir ces nouveaux territoires, les ports de l'Atlantique, Boston, New York, Philadelphie, Baltimore, Charleston, se livrent à une concurrence acharnée. En Amérique, ce ne sont pas les villes qui sont à l'origine du chemin de fer, c'est au contraire le chemin de fer qui va créer des villes comme Chicago, Atlanta ou Omaha, d'abord simples nœuds ferroviaires.

Depuis les années 1790, les législatures des différents États de l'Union concèdent à des compagnies privées le droit de construire des ponts, des bacs ou des routes, et de faire payer les utilisateurs. On les appelle *turnpikes*, du nom de barrières placées en travers qu'on lève seulement après perception du péage. Dès 1800, l'Amérique compte 5 000 kilomètres de ces routes encombrées de fondrières et de pierres éparses, sur lesquelles butent les roues des diligences et des chariots, au risque de briser leurs rayons et de verser. La diligence à trois ou quatre chevaux, le *stage coach*, transporte huit à dix voyageurs, des privilégiés. Le commun des mortels s'entasse sous une grande bâche à arceaux dans les *wagons*, des chariots à flancs rouge et bleu, tirés au rythme lent de longs attelages de bœufs ou de chevaux.

Les *wagons*, ces autocars du pauvre, transportent aussi le sel, la poudre à fusil, le thé ou les fourrures, mais ne sont guère adaptés au fret lourd, céréales, ou balles de coton. Aussi, à la fièvre des *turnpikes*, succède, dans les années 1812-1840, celle des canaux. La Virginie donne l'exemple, en faisant creuser un canal pour contourner les chutes du Potomac. La Pennsylvanie tente à son tour de relier par voie d'eau Philadelphie aux Grands Lacs, mais achoppe devant la difficulté de construire des ascenseurs à bateaux à travers les Appalaches. L'État de New York réussit une grande première en perçant, de 1817 à 1825, ce fameux canal Érié qui, malgré toutes ses écluses, réduit des trois quarts le temps de transport et des neuf dixièmes le coût de l'acheminement entre New York et les Grands Lacs. Grâce à lui, les fermiers de l'Ohio peuvent dorénavant vendre leur blé ou leur maïs trois fois plus cher qu'auparavant. Leurs terres prennent de la valeur. De plus en plus de colons et d'industries s'établissent dans la région. Et les chevaux qui halent les péniches sont moins maltraités que sur les routes. Tous les ports, depuis Portland, Maine, jusqu'à Savannah, Georgie, rêvent d'atteindre l'intérieur par un canal.

Aux États-Unis comme en Angleterre, la fièvre du chemin de fer se greffe sur celle des canaux et lui succède. Le but est toujours le même : exploiter les ressources naturelles au-delà des Appalaches, doubler les routes de montagne trop lentes pour le transport des céréales. Les États vont autoriser des compagnies privées à construire des chemins de fer en variante des *turnpikes* ou des canaux, et à se rembourser des frais de construction et d'entretien en percevant un péage sur les utilisateurs.

Cependant, construire une voie ferrée dans les régions déjà peuplées est une chose, mais édifier une ligne pour susciter un afflux de population en est une autre. Cette fois, c'est pure spéculation. On mise sur la probabilité d'une interaction : le chemin de fer donnera de la valeur à la terre, et cette plus-value foncière financera le chemin de fer.

Vers 1830, avec soixante-cinq mille habitants, Baltimore, la capitale du Maryland, est la troisième ville des États-Unis. Beaucoup plus proche du bassin de l'Ohio que New York ou Philadelphie, elle doit sa fortune à son port, qui commerce avec les nouveaux territoires de l'Ouest. Mais sa prospérité est doublement menacée. Le développement de la navigation à vapeur sur le Mississippi crée une concurrence sérieuse au profit de La Nouvelle-Orléans et le creusement du canal Érié détourne le trafic vers New York. Sa position commerciale est sérieusement en danger, son port semble condamné au déclin. Vite, il faut faire quelque chose.

Une personnalité locale, Charles Carroll, le dernier signataire vivant de la Déclaration d'Indépendance, réunit en hâte une trentaine de notables du Maryland et constitue une compagnie de transport, la Baltimore and Ohio, pour creuser à travers les Appalaches un canal de Baltimore à Wheeling, sur l'Ohio. Une artère utilisable toute l'année, tandis que le canal Érié est gelé l'hiver et le Mississippi trop chaud l'été pour le transport des denrées périssables. Ce nouveau canal permettra aux négociants de Baltimore de conserver le commerce avec l'Ouest et, en outre, de transporter le charbon du bassin houiller du Cumberland, situé à mi-parcours. Il est grand temps : le 4 juillet 1828, à Georgetown, le président John Quincy Adams donne le premier coup de pioche d'un autre canal, le Chesapeake and Ohio, qui favorise Washington au détriment de Baltimore.

Un administrateur de ce nouveau Baltimore and Ohio, Philip Thomas, négociant et banquier de son état, apprend qu'en Angleterre des locomotives à vapeur atteignent des vitesses bien supérieures aux 7 km/h habituels sur un canal. Il persuade alors ses associés de construire de Baltimore à Wheeling non plus un canal mais un chemin de fer à deux voies. L'État de Maryland donne son accord.

Ce n'est pas une mince affaire : la distance à parcourir est de six cents kilomètres et le relief très accidenté. On installera une voie ferrée, certes, mais pas question encore de locomotives, d'autant qu'on aura un jour à remonter les Appalaches. Les wagons seront tirés par des chevaux et hissés sur les pentes les plus fortes par des treuils actionnés par des machines à vapeur.

Le Nouveau Monde n'ayant alors que de maigres ressources financières, on avance pas à pas. De peur d'effrayer les souscripteurs, les statuts de la Baltimore and Ohio spécifient qu'elle n'appellera chaque année qu'une fraction du capital souscrit. Les ingénieurs sont aussi une denrée rare dans l'Amérique de l'époque. On ne trouve à en recruter que trois, encore doit-on les envoyer en Angleterre étudier les chantiers du Stockton and Darlington et du Liverpool and Manchester. Pour effectuer les relevés de terrain, établir les projets de tracé, on fait appel à des officiers du génie, qui conseillent de suivre la rive du fleuve Papatsco, puis de couper, de gagner le Potomac et de le remonter à travers les monts Caboctin.

Ouvert le 4 juillet 1828 à Baltimore, le chantier, faute d'argent, doit s'accommoder de pentes beaucoup plus fortes que celles recommandées par les Stephenson et, lorsqu'elles dépassent 3 ‰, prévoir, de loin en loin, des remonte-pentes.

Tandis qu'en Angleterre, les chemins de fer sont presque rectilignes, en Amérique ils suivent beaucoup de courbes, parfois très serrées, du fait du relief accidenté et des formations rocheuses. Surtout, devant l'insuffisance des capitaux disponibles, on préfère zigzaguer entre les collines plutôt que gaspiller ses maigres moyens financiers à creuser des tunnels ou à construire des viaducs. Aussi, de l'avis général, et notamment des Anglais consultés, le profil des lignes américaines est-il inadapté à l'emploi de locomotives, qui dérailleraient tôt ou tard dans les courbes.

Faut-il alors se contenter de faire tirer les wagons sur les rails par des chevaux ? Un original propose au Baltimore and Ohio un char à voile, le *Meteor*, qu'il essaie sur la première section, ouverte près du port. Cette ligne, la première d'Amérique à comporter des wagons de voyageurs, attire de toutes parts des curieux. Parmi eux, le baron de Krudener, ambassadeur de Russie, qui s'amuse beaucoup à tenir les écoutes de sa voile carrée. Mais le *Meteor* est incapable d'avancer vent debout et risque de basculer par fort vent de travers. Simple jouet, malgré son heure de célébrité, il sombre rapidement dans l'oubli. L'intérêt, même éphémère, qu'il soulève, témoigne de l'état d'esprit des contemporains, de leur désarroi, de leur égarement devant le progrès.

Au conseil d'administration du Baltimore and Ohio, Philip Thomas n'est pas le seul partisan de la locomotive à vapeur. Il trouve un soutien vigoureux auprès de Peter Cooper, un homme qui, après d'humbles débuts comme apprenti charron, a fait fortune en fabriquant une colle d'une qualité sans équivalent en Amérique. Tout au long de sa vie, Peter Cooper ne cessera d'inventer. Après la gélatine, ce seront des cisailles à découper les étoffes, la tondeuse à gazon, la machine à laver, un moteur à air comprimé pour ferry-boats, et enfin une torpille autopropulsée.

Pour promouvoir la locomotive à vapeur auprès de ses collègues, Peter Cooper en construit lui-même une toute petite, d'une tonne, avec des roues de soixante-quinze centimètres de diamètre. Il l'appelle tout simplement *Tom Thumb*, le Petit Poucet. La chaudière, dont il a bricolé les tubes avec des canons de fusil, n'est pas bien haute mais verticale afin de faciliter l'évacuation des gaz chauds, qui montent naturellement. Elle marche à l'anthracite. Cooper améliore le tirage, donc la puissance, avec un soufflet relié par une poulie à une courroie actionnée par l'essieu moteur.

Après quelques essais satisfaisants, Peter Cooper emmène le 28 août 1830 sur les vingt et un premiers kilomètres du chemin de fer, de Baltimore à Ellicott Mills, ses collègues du conseil et quelques amis, vingt-quatre passagers au total, dans un wagon découvert attelé à la *Tom Thumb*.

Peter Cooper prend les commandes. Après quelques bouffées de vapeur, le convoi s'ébranle. Il passe les courbes l'une après l'autre. Sans mal, semble-t-il. Au total, le voyage aller se fait sans incident, en une heure quinze. Compte tenu d'un arrêt de quinze minutes pour un plein d'eau à mi-trajet et de plusieurs minutes perdues à vérifier le positionnement des rails dans les aiguillages, cela fait une moyenne de 23 km/h, avec des pointes à 29 km/h. À se sentir emportés à une telle vitesse, les passagers ont le cœur battant. Jamais, en Amérique, on n'a encore vu une chose pareille, et même nulle part au monde, puisque l'événement précède de dix-huit jours l'inauguration du Liverpool and Manchester.

Au retour, on fait halte à mi-parcours. Sur l'autre voie – c'est un chemin de fer à deux voies –, un wagon stationne, attelé à un superbe cheval. Un cheval qui appartient à Stockton et Stokes, les propriétaires des diligences de Baltimore. Ces messieurs sont venus lancer un défi : « Que le meilleur gagne. »

Parti au trot, le cheval prend d'abord l'avantage, le temps que, sur la locomotive, le mouvement des roues entraîne le soufflet de la chaudière. Il a cinq cents mètres d'avance lorsque la cheminée de la *Tom Thumb* commence à cracher de la vapeur avec un sifflement vengeur. Le tirage est maintenant parfait, la locomotive rattrape le cheval. À bord des deux convois, l'excitation est à son comble, comme à une course de chevaux, le spectacle favori à l'époque : rattrapera ? rattrapera pas ?

Saluée par les hourras, la *Tom Thumb* finit par dépasser son adversaire. Alors, l'imprévisible se produit : la courroie de la soufflerie lâche. Elle se lacère et sort de la gorge de la poulie. Le tirage ne se fait plus, la locomotive est en perte de vitesse. Seul sur sa machine, où il fait office à la fois de chauffeur et de mécanicien, Peter Cooper se démène comme un beau diable. Il s'arrache la peau des mains en essayant de replacer la courroie sur la poulie. Faute de mieux, il tente de ranimer le feu avec du petit-bois. En vain, la *Tom Thumb* arrive à Baltimore en seconde position, loin derrière le cheval.

Qu'importe, il a convaincu son entourage de la supériorité de la locomotive à vapeur. Trop petite, la *Tom Thumb* n'est pourtant pas destinée à un service commercial. Simple modèle expérimental, elle a beau avoir parfaitement rempli sa mission, elle est envoyée à la casse. Stimulés malgré tout par cette performance, les administrateurs du Baltimore and Ohio ouvrent alors un concours, comme l'ont fait à Rainhill leurs confrères du Liverpool and Manchester. Le gagnant recevra un prix de cinq cents dollars. Les locomotives doivent pouvoir tirer à 25 km/h un convoi de quinze tonnes. Seules sont admises à concourir celles de moins de trois tonnes et demie, car les rails de la ligne ne sont encore qu'en bois revêtu d'une mince lamelle de fer.

Quatre ou cinq concurrents se présentent. Tous américains, tous avec des idées originales. Le vainqueur du concours est un horloger, Phineas Davis. Pour amener sa locomotive de York, sa ville natale, en Pennsylvanie, jusqu'à Baltimore, il a fallu l'atteler à des bœufs sur cent kilomètres de mauvaises routes. Phineas Davis, nommé ingénieur en chef de la compagnie, construit l'année suivante une seconde locomotive, l'*Atlantic*, qui marche elle aussi à l'anthracite. Les longues bielles à balancier qui entourent sa chaudière verte transmettent aux essieux le mouvement des pistons avec une étonnante gesticulation. On dirait tellement la démarche d'une sauterelle qu'on la surnomme *Grasshopper*, la Sauterelle. Cette locomotive se révélera si fiable qu'un exemplaire, sorti d'usine en 1834, sera encore en service en 1883 lors de l'exposition ferroviaire de Chicago. Convaincus, les dirigeants du Baltimore and Ohio suppriment les chevaux et, plutôt que d'importer des locomotives anglaises, qui patinent sur les pentes de 10 ‰, ils font étudier en Amérique des locomotives capables de grimper jusqu'à 22 ‰.

Lorsque Phineas Davis prend, en 1836, sa retraite du Baltimore and Ohio, la compagnie possède mille trente-quatre wagons de marchandises, quarante-quatre de voyageurs, et sept locomotives. L'une d'elles, l'*Arabe*, est si fiable qu'elle marche cinquante jours de suite sans réparation. La construction de la ligne est assez avancée : elle atteint Harper's Ferry et a un embranchement jusqu'à Washington. Mais le successeur de Phineas Davis se heurte, pendant six ans, à l'opposition des États de Virginie et de Pennsylvanie. Les Quakers de Pennsylvanie ne permettent pas aux catholiques du Maryland de traverser leur territoire, ce qui oblige à construire des viaducs et des tunnels pour le contourner. La ligne ne parvient qu'en 1853 au terminus que la compagnie s'était fixé, Wheeling, sur l'Ohio ; mais, par la suite, des extensions l'amèneront jusqu'à Chicago, Cleveland et Saint Louis.

La Best Friend of Charleston

Au Sud, c'est le coton qui est à l'origine du chemin de fer. En se déplaçant des basses terres côtières vers celles, plus fertiles, du Piedmont, le plateau intérieur, les planteurs ont cessé d'expédier leur coton via Charleston. Les notables de ce port, pour éviter le déclin de leur commerce, créent alors la South Carolina Canal and Railroad Company. L'un d'entre eux, Miller, témoin de l'exploit de la *Rocket* à Rainhill, fait observer « qu'il n'y a aucune raison de s'attendre pour l'avenir à un progrès significatif dans l'élevage des chevaux, tandis qu'on n'a pas fini de voir tout ce qu'on peut espérer de la race des locomotives. »

La South Carolina lance donc l'étude d'une ligne de deux cent trente kilomètres de Charleston à Hamburg, sur la rivière Savannah, à la frontière de la Géorgie, et embauche en qualité d'ingénieur en chef Horatio Allen, le malheureux héros de la *Stourbridge Lion.* Celui-ci adopte un écartement de 1 800 mm, qui fera école sur beaucoup de lignes du Sud. Cette fois, il fait fabriquer à la fonderie de West Point une locomotive à deux essieux moteurs couplés mais plus légère et meilleure grimpeuse que les anglaises. Ce sera *The Best Friend of Charleston.* Sa chaudière, verticale comme celle de la *Tom Thumb*, mais en forme de bouteille, brûle des pommes de pin qui dégagent une épaisse fumée noire. Deux pistons transmettent la force à l'essieu arrière, qui la renvoie à l'essieu avant par un jeu de bielles articulées, comme sur la *Grasshopper*.

Le jour de Noël 1830, Horatio Allen, assis à l'avant de la machine, inaugure le premier tronçon du Charleston-Hamburg avec cent quarante et un voyageurs. « Nous avons volé comme le vent, relate le *Charleston Courier* du 29 décembre 1830, anéantissant le temps et l'espace, laissant le monde derrière nous. Nous avons effectué le retour à toute vitesse, comme une fusée, en crachant de tous côtés des étincelles. En débarquant, personne n'avait eu le temps de se faire une idée si nous avions ou non été prudents de nous lancer dans cette aventure. »

L'exploitation commerciale débute le 15 janvier 1831. C'est la première fois aux États-Unis qu'un chemin de fer assure au public un service voyageurs à horaire fixe. C'est une véritable révolution. La locomotive et son tender tirent à 35 km/h cinq ou six wagons à toit plat, ouverts à tous vents, avec une porte au milieu de chaque côté et, au centre, un double banc dans le sens de la marche, où les voyageurs sont assis en se tournant le dos. Au départ, la chaîne d'un mètre qui relie les wagons se tend brusquement. Le choc risque de projeter les voyageurs hors de leur siège. Aussi supprime-t-on bientôt les places sur le toit. À chaque arrêt pour le plein d'eau, les wagons démunis de freins se tamponnent les uns les autres et les passagers du premier wagon sont éclaboussés par l'eau du tender.

Tout va bien cependant jusqu'au 17 juin 1831. Ce jour-là, pendant une brève absence du mécanicien, le chauffeur, contrarié par le bruit de la vapeur qui s'échappe de la soupape de sécurité, abaisse la manette et attend calmement le retour de son collègue, qui survient juste au moment de l'explosion. La *Best Friend* vole en éclats. Ses morceaux aideront à construire une nouvelle machine, la *Phoenix*, à chaudière horizontale, plus favorable à la vitesse et plus facile à loger dans le gabarit ferroviaire, pour passer sous les ponts.

Malgré cet accident, le chantier progresse très vite. Horatio Allen trouve rapidement une solution pour franchir la plus forte dénivellation : un plan incliné où une seconde locomotive reliée par un câble et une poulie fait contrepoids à celle du train. Lorsque la ligne atteint Hamburg, en 1833, elle est, avec ses deux cent quarante-trois kilomètres, la plus longue au monde. Fait d'autant plus remarquable qu'en dehors des deux terminus, il n'existe aucune véritable ville sur le parcours.

Aux premiers temps du chemin de fer, les trains ne circulent que de jour, on n'a donc pas besoin de phares. Lorsqu'on commence à les faire rouler la nuit, on cherche un moyen d'éclairer la voie. Horatio Allen a alors l'idée d'accrocher un petit wagon plat devant la locomotive et de le remplir de sable sur lequel il fait brûler un feu de pommes de pin. D'autres utilisent des chandelles protégées par des tubes de verre et munies de réflecteurs en fer-blanc.

L'invention du bogie

Après la décision de la Delaware and Hudson de se passer de la *Stourbridge Lion*, John Jervis est entré en 1831 à la Mohawk and Hudson, qui projette un chemin de fer de vingt-sept kilomètres d'Albany à Schenectady pour doubler la section supérieure du canal Érié, trop encombrée d'écluses. Il confie alors à la fonderie de West Point les spécifications d'une locomotive de sa conception, la *Brother Jonathan*, appelée parfois l'*Experiment*. L'essieu moteur, à grandes roues, se trouve à l'arrière.

L'innovation consiste dans un petit chariot surbaissé, à quatre petites roues, le *double truck* ou bogie, placé à l'avant de la machine, sous la boîte à fumée. Mobile autour d'un axe central vertical, ce chariot s'oriente indépendamment de la caisse de la locomotive, la guide dans les courbes et facilite le passage de wagons longs dans les courbes raides. Il peut même pivoter jusqu'à un angle très ouvert. Des ressorts réalignent le châssis sur la direction prise par le chariot.

Les bogies pèsent lourd, ce qui renchérit la facture combustible, mais ils équilibrent la charge entre les quatre roues, quels que soient la courbure et le dénivellement de la voie, et évitent de lever une roue au-dessus du rail. Ils atténuent les secousses et réduisent la charge par essieu et, par conséquent, l'usure des voies.

Dans un pays en pleine expansion, l'important est d'installer les lignes aussi vite que possible, afin de permettre aux plantations et aux villes nouvelles de se développer au fur et à mesure de leur avance. Les Américains, obligés par le manque de capitaux de poser les voies à l'économie, avec des courbes serrées et un ballast insuffisant, vont équiper de bogies la totalité de leur matériel roulant. Cinquante ans avant les Européens.

Aux États-Unis, les seules villes dignes de ce nom sont les ports situés sur la côte Atlantique ou nichés au fond des estuaires. Pour se déplacer de l'un à l'autre, le bateau suffit bien. Au contraire, les premières lignes de chemins de fer américaines, le Baltimore and Ohio, le South Carolina Railroad, perpendiculaires à la côte, s'enfoncent vers l'intérieur afin de mettre en valeur des territoires encore vierges. En 1831, Robert Stevens rompt avec cette tradition. Son Camden and Amboy Railroad relie les abords de New York à ceux de Philadelphie. Il traverse de part en part le New Jersey et s'arrête aux portes de la Pennsylvanie et du New York, qui ont l'esprit de clocher.

Alors que les autres pionniers du chemin de fer sont presque tous autodidactes, Robert Stevens a de qui tenir. Son père, le colonel John Stevens, a construit en 1807 le premier bateau à vapeur qui ait navigué en mer. Faute de pouvoir contourner le monopole de Robert Fulton pour la navigation sur le fleuve Hudson, il a demandé à l'État du New Jersey l'autorisation de construire un chemin de fer, prévu sur pilotis, à un mètre du sol, de façon que la neige, au lieu de souffler sur la voie, souffle au-dessous. Devant l'indifférence et l'inertie des législateurs du New Jersey, le colonel, aidé de son fils Robert, a construit à soixante-dix-sept ans, en 1826, une petite locomotive à chaudière verticale et châssis à cinq roues, dont une à crémaillère embrayant sur un troisième rail, et transporté ses amis à 19 km/h sur une boucle de chemin de fer à trois rails installée dans son jardin d'Hoboken.

Nanti enfin d'une concession en bonne et due forme de l'État du New Jersey pour son Camden and Amboy, Robert

Stevens part enquêter en Angleterre. Il ne veut ni se contenter de fixer des lamelles de fer à des rails en bois, comme sur le Baltimore and Ohio ou le South Carolina Railroad, ni les poser sur des pierres plates qui se soulèvent au premier gel ni les relier par de simples barres qui se déchaussent sous le poids du train. Comme les Américains ne commenceront pas à laminer le fer avant 1844, c'est bien en Angleterre qu'il faut acheter des rails tout en fer. Au cours de son séjour, Robert Stevens admire sur le Great Western d'Isambard Kingdom Brunel les rails de fer sur traverses de bois perpendiculaires à la voie et le ballast de cailloux. Mais il perfectionne le système en inventant le rail à dessus plat en « T » et le crampon pour le fixer aux traverses.

Chez Stephenson, Robert Stevens commande la *John Bull.* une locomotive à deux essieux moteurs couplés, une 020. Pour identifier par un simple nombre la disposition des roues, on se sert de trois chiffres. Le premier désigne le nombre des essieux porteurs avant, le deuxième, celui des essieux moteurs, le troisième, celui des essieux porteurs arrière.

En septembre 1831, la *John Bull* arrive en pièces détachées. Le jeune mécanicien chargé du montage, Isaac Dripps, n'a de sa vie jamais vu de locomotive, et ne dispose de rien pour se repérer. Ni croquis ni plans cotés. Pourtant, en onze jours, grâce à sa seule expérience des bateaux à vapeur, il réussit à assembler le puzzle. Puis il remplace les roues de bois par des roues de fonte, met à la chaudière un habillage de bois et une cloche, et place un phare sur la boîte à fumée. Comme Stephenson n'a pas livré de tender, il en bricole un avec une plate-forme, quatre roues et un tonneau à whisky qu'il connecte au foyer de la locomotive par un long tuyau de cuivre.

La *John Bull*, typiquement anglaise, a tendance à dérailler dans des courbes plus serrées que les courbes des voies britanniques. Robert Stevens et Isaac Dripps s'inspirent alors des idées de leur compatriote John Jervis et placent à l'avant, sinon un bogie complet, du moins une paire de petites roues de guidage, le *pilot*. La 020 devient ainsi une 120, beaucoup mieux adaptée à l'Amérique. Deux mois plus tard, Robert Stevens emmène en train les membres de la législature du New

Jersey dont il brigue le soutien pour continuer sa ligne. Un neveu de Napoléon, le prince Napoléon Lucien Charles Murat, est de la fête.

Le service régulier de New York à Philadelphie est inauguré en 1833. On prend le ferry de New York à Amboy, puis le train d'Amboy à Camden, et enfin le ferry de Camden à Philadelphie. Le voyage dure sept heures au lieu de plusieurs jours et ne coûte que trois dollars. Le succès est au rendez-vous. D'autant que la ligne traverse une riche région maraîchère, la « Côte des petits pois ». À partir des années 1840, un train spécial, « le rapide des petits pois » approvisionne New York en fruits et légumes. En une nuit, il y amène quatre-vingt mille paniers de fraises.

Les toutes premières locomotives sont importées d'Angleterre, mais les Américains ne tardent pas à construire les leurs. En 1841, sur quatre cent quatre-vingts locomotives en service aux États-Unis, trois cent soixante ont été fabriquées localement, par quatre constructeurs, la Fonderie de West Point, Norris, Rogers, Ketchum and Grosvenor, Grant et surtout Baldwin. Lorsqu'Isaac Dripps a assemblé la *John Bull*, il a reçu la visite d'un certain Matthias Baldwin, un autodidacte appelé à devenir le plus grand constructeur de locomotives à vapeur de tous les temps. Cadet d'une famille nombreuse, orphelin à quatre ans, Matthias Baldwin a eu une enfance difficile. Privée de ressources à la mort de son père, sa mère n'a pas pu lui payer ses études et l'a mis très tôt en apprentissage chez un joaillier. Cela ne lui a pas coupé les ailes. Six ans plus tard, avec un associé, il a créé un atelier de construction d'outillages et breveté plusieurs machines les unes pour plaquer l'or, les autres pour imprimer les tissus.

Un jour où l'on déplore devant lui le peu d'intérêt des Américains pour la fabrication de locomotives, il répond : « Qu'à cela ne tienne. »

Et, en quelques semaines, à partir des dessins d'Ericsson pour la Novelty du concours de Rainhill, il construit l'*Old Ironsides*, une 110, avec un petit essieu de guidage – un pilot – et un essieu moteur. En 1834, il remplace ce pilot à deux roues par un *bogie* à quatre roues, et sort une 210, bien adaptée aux virages serrés des lignes américaines. Sa suspension en trois points, le pivot du bogie et chacune des deux roues motrices, donne de la stabilité et évite tout levage d'une roue au-dessus du rail. Il la construira à quinze cents exemplaires.

Enfin, en 1836, Henry Campbell améliore l'adhérence et évite le patinage en dédoublant l'essieu moteur. Il obtient ainsi la 220, avec un bogie avant et deux essieux moteurs accouplés par une bielle. Sa base allongée permet de monter les cylindres à l'horizontale sur les côtés de la boîte à fumée. Elle tire à 24 km/h sur le plat un convoi de 400 tonnes.

Joseph Harrison, Isaac Dripps et George Whistler lui apportent encore cinq perfectionnements : la cabine fermée, la bielle d'équilibrage, le chapeau pare-étincelles, le pare-vaches et le sifflet.

La cabine fermée, en toile puis en bois, protège le mécanicien et le chauffeur des intempéries. La bielle d'équilibrage égalise la pression de chaque roue motrice sur les voies de planéité imparfaite.

Les étincelles brûlantes lancées par les cheminées des locomotives risquaient d'incendier les forêts et trouaient les vêtements des passagers assis par beau temps sur le toit des wagons. Isaac Dripps y remédie en surmontant les cheminées d'un cône inversé, le *bonnet spark arrester*, le chapeau pare-étincelles.

L'absence de clôtures entraînait souvent des heurts à pleine vitesse avec des obstacles traînant sur la voie. Cela déséquilibre les locomotives. Isaac Dripps leur met alors à l'avant un petit chariot avec deux harpons de fer. Le système est efficace mais tue les vaches. Pour éviter les procès, il le remplace par un pare-chocs en forme de « V » le *cow-catcher*, le pare-vaches, qui sert aussi de chasse-neige. Curieusement, c'est Charles Babbage, le précurseur de l'ordinateur[14], qui lui donne, en 1838, sa forme définitive.

Le sifflet de locomotive, importé en Amérique par George Whistler, ingénieur au Baltimore and Ohio, et père du peintre James Whistler, a été inventé en réalité par un fabricant gallois d'instruments de musique, qui a utilisé la soupape de sécurité de la chaudière pour envoyer un jet de vapeur sur une cloche en cuivre. Conçu à l'origine pour alerter les serre-freins et les piétons, il devient le passe-temps du mécanicien et le symbole du progrès en marche. À partir de 1835, on le module en cri joyeux en Angleterre et en Europe centrale, en mugissement mélancolique en Amérique du Nord et en Russie, en cri strident sur les locomotives françaises.

Avec son pare-vaches et son grand phare à l'avant, son bogie et ses quatre roues motrices, sa cheminée à pare-étincelles, si haute qu'il faut parfois la faire coulisser sous les ponts, sa vaste cabine haut perchée, ses cuivres, sa cloche et son sifflet, la 220 deviendra la locomotive américaine légendaire d'un demi-siècle, l'*American.* Elle sera construite à plusieurs dizaines de milliers d'exemplaires et exportée en Australie. Plus d'un garçon rêvera d'y monter pour observer le dédale de ses instruments en cuivre et mettre la main sur le régulateur de vitesse.

Six ans après les débuts du Baltimore and Ohio, les Américains ont créé deux cents lignes avec les économies de milliers d'investisseurs dont la plupart n'ont jamais vu ni une voie ferrée ni une locomotive. Car, tandis que les canaux américains sont publics, financés par les États, les compagnies de chemins de fer sont privées, aux États-Unis comme en Grande-Bretagne. Les pouvoirs publics se contentent de faire exécuter les études par le génie militaire et d'accorder des prêts et des réductions de droits de douane sur les importations de rails. Au début, les actions de ces compagnies sont souscrites non par les banques mais par des négociants, inquiets de voir une partie du commerce leur échapper au profit de villes rivales, ou par des fermiers, lors de meetings ou de conventions.

Aux États-Unis, le terrain ne vaut pas cher, et les procédures d'expropriation ne se posent pas avec la même acuité qu'en Europe. En revanche, le capital est rare et le trafic incertain. Au lieu de suivre, comme en Europe, des axes commerciaux prospères établis depuis longtemps, « la voie ferrée américaine, écrit *The Times*, peut aller de Nulle Part sur pas

Grand-chose à Nulle Part de Rien du Tout, dans l'espoir de susciter la population et la prospérité. »

Il ne s'agit pas de satisfaire un besoin existant, mais de l'anticiper. Aussi, les Américains construisent-ils le meilleur marché possible, pour tester un marché potentiel. Mieux vaut étendre immédiatement le réseau, le plus loin possible, que de retarder, sous prétexte de qualité ou de sécurité, une œuvre aussi bénéfique. Il sera toujours temps, par la suite, une fois que le trafic apportera des ressources, de s'occuper de consolider la voie. Les chemins de fer ont de longues distances à parcourir. Les Américains de l'époque ne gaspillent pas d'argent à construire des gares monumentales ou de superbes ouvrages d'art. Ils courent au plus pressé. Ils préfèrent contourner les montagnes et ne s'offrent des tunnels que lorsqu'il n'y a vraiment pas moyen de faire autrement.

La plupart des lignes sont à voie unique, avec seulement des voies de garage pour se croiser. Elles empruntent les routes existantes pour traverser les villes et, si certaines municipalités interdisent l'emploi de la vapeur, on dételle la locomotive et l'on fait tirer le train par des chevaux. Les courbes de trois cents mètres de rayon sont fréquentes, alors qu'en France les Ponts et Chaussées exigent huit cents mètres au minimum.

On s'adapte, on fait preuve d'imagination. Par exemple, le fer étant encore rare et cher, on construit en bois la plupart des viaducs. Ce sont des échafaudages de tréteaux et de croisillons, les *truss bridges*, une idée de l'architecte Timothy Palmer, en 1791. La combinaison de charpentes à croisillons en bois massif et de tiges verticales en fer donne une élasticité bien meilleure que les ponts suspendus ou les ponts traditionnels à arches. Cette espèce de mécano ou de nid-d'abeilles répartit admirablement l'effort sur toute la structure, au lieu de la faire porter sur le milieu du pont.

Au début, le trafic passagers l'emporte sur celui des marchandises, actif surtout l'hiver, lorsque les voies navigables sont gelées. Le rail ne transportera le charbon que lorsque les lignes franchiront les Appalaches pour desservir les bassins houillers de la Virginie occidentale et de l'ouest de la

Pennsylvanie et de la Virginie. En revanche, la rapidité des déplacements par le train attire beaucoup de voyageurs malgré les transbordements entre petites lignes.

En Amérique, comme en Europe, les premières voitures sont de simples caisses de diligence montées individuellement, puis regroupées par deux ou trois sur des wagons plats. Elles sont divisées en compartiments séparés, pour six ou huit personnes, enfermées tout le trajet, sans couloir pour circuler. Les portières, que le contrôleur ou un serre-frein ouvrent à chaque arrêt en annonçant le nom du prochain arrêt, sont alignées sur les côtés.

Dépourvus de ressorts, de coussins et de chauffage, éclairés à la bougie, ces wagons sont de véritables secoueurs d'os. Les roues martèlent avec un bruit d'enfer les rails ficelés par des cercles de fer sur des coussinets de pierre.

À défaut de confort, la carrosserie est souvent superbe, crème et or ou rouge et or, parfois décorée de paysages évoquant les merveilles naturelles susceptibles d'être rencontrées en route. Le peintre laisse parfois libre cours à son imagination en représentant des bêtes fauves ou des scènes de la mythologie. Un voyageur du Rensselaer and Saratoga, dans les années 1840, raconte avoir eu le choix entre une voiture décorée de montagnes suisses et une autre ornée d'un tigre du Bengale derrière des barreaux. Finalement, il choisit la voiture au tigre comme étant la plus sûre.

Dès 1831, une amélioration essentielle est apportée par Ross Winans[15], un fermier entré en contact avec la Baltimore and Ohio pour lui vendre des chevaux. Captivé par les projets de Peter Cooper, il l'a aidé à construire sa *Tom Thumb*. Après avoir déposé un brevet pour une roue à boudin, il a repris l'idée du bogie de locomotive, celle de John Jervis, et l'a transposée dans les années 1840 aux wagons. En disposant un bogie à chaque extrémité des voitures de voyageurs, on peut les allonger de six à quinze mètres sans compromettre leur tenue dans les virages et remplacer les compartiments de diligence par une salle unique, toute en longueur, le *coach*. On accède au wagon par les extrémités et les sièges sont disposés de part et d'autre d'une allée centrale, comme de nos jours en avion. Cette disposition, qui offre au voyageur la possibilité de se promener d'un bout à l'autre de la voiture et permet la vente ambulante de boissons, de fruits et de pâtisseries, devient une caractéristique du wagon américain. Tout le monde cohabite, tous assis les uns derrière les autres, comme à l'église et dans le sens de la marche. Cela permet d'installer des W.-C. aux extrémités, mais aussi à des bandits, comme Jesse Williams, de tenir en respect l'ensemble des voyageurs avec deux colts pointés sur eux.

Les voitures sans compartiments deviennent le trait distinctif des trains de voyageurs américains. Les passagers, sauf dans quelques voitures réservées aux dames, se mettent à l'aise, retirent leurs bottes, mangent, boivent, engagent la conversation sans façons avec leurs compagnons de voyage. L'Europe, au contraire, n'adoptera le bogie que vers 1890 et conservera jusque-là les petits compartiments sans communication entre eux, héritage des diligences et, lorsqu'il apparaîtra enfin, le couloir sera d'abord latéral et non central.

Sauf dans le Sud, où l'on veille bien sûr à ne pas mélanger les gens de couleurs et les Blancs même dans les salles d'attente. Les Noirs, qui d'ailleurs voyagent peu, sont relégués dans les fourgons. Les trains n'ont pas de première, de seconde et de troisième classe. Il y a une classe unique, la même pour tous. Esprit démocratique ou souci de standardisation ? Les deux sans doute.

« Riches et pauvres, ignorants et gens instruits, gens de qualité et gens du peuple s'entassent dans ce nouveau mode de transport amélioré, se plaint un voyageur fortuné. Deux pauvres diables, qui n'avaient pas l'habitude de faire leur toilette, me serrent dans un coin. Sous l'effet de la chaleur, une odeur exécrable de sel, de poisson, de goudron et de mélasse se dégage de leurs vêtements. Il en résulte un brassage complet. Dans le wagon, maître et domestique dorment côte à côte, presque assis l'un sur l'autre. Et ce voyage peut se faire en deux jours, au mépris de tout confort, au lieu de huit ou dix avec beaucoup de plaisir. »

Les frères Séguin

Comme en Angleterre, les premiers chemins de fer français ont été conçus pour acheminer jusqu'aux voies navigables le charbon extrait dans des régions accidentées. La généralisation en France de la machine à vapeur, à partir de 1816, avec trente ans de retard sur l'Angleterre, double la demande de charbon. À l'époque, les principaux gisements français sont situés en bordure du Massif Central, à Saint-Étienne et Rive-de-Gier par exemple. Or, de Saint-Étienne à Saint-Just-sur-Loire, comme de Rive-de-Gier à Givors sur le Rhône, la route comporte de nombreuses côtes fort raides, où les chevaux s'épuisent à tirer les tombereaux lourdement chargés. Rendue au bord du fleuve, la tonne de charbon coûte déjà cinq fois plus cher que sur le carreau de la mine.

Les guerres de la Révolution et de l'Empire ont longtemps empêché les Français de suivre les progrès de l'industrie en Angleterre. Sitôt la paix revenue, l'ingénieur des Mines chargé de la circonscription de Saint-Étienne, Louis de Gallois[16], y effectue un voyage d'études en compagnie du fils d'un maître de forges des environs, Louis Frerejean[17]. Tout ce qu'ils découvrent les passionne au point qu'ils prolongent de seize mois leur séjour en Angleterre.

À leur retour, en 1818, de Gallois présente au Conseil général des Mines et à l'Académie des sciences un mémoire où il insiste avec force détails sur les chemins de fer qu'il a vus dans les houillères. Il conclut en préconisant leur emploi en France. Particulièrement intéressé, le fondateur de l'École des mineurs de Saint-Étienne, Louis Beaunier, file à son tour en Angleterre compléter son information. Convaincu, il s'empresse de constituer avec trois maîtres de forges, Boigues[18], Bricogne et Milleret, et deux gros propriétaires fonciers, Hochet et Lur-Saluces, une Compagnie du Chemin de fer de Saint-Étienne à la Loire.

C'est seulement après cinq ans de démarches, en 1823, mais sans mise en concurrence, et grâce à l'entregent du marquis de Lur-Saluces, aide de camp du duc d'Angoulême, neveu du roi, qu'ils obtiennent la concession d'une petite ligne de Saint-Étienne à Andrézieux, sur le Furens, un affluent de la Loire. S'agissant d'un chemin de fer à vocation exclusivement industrielle et minière, cette concession est régie par la loi de 1810 sur les mines. Elle exclut tout concours financier de l'État, mais est accordée à perpétuité et comporte le droit d'expropriation. Aucune contrainte n'est imposée pour les gares, les courbes et les pentes, mais il est interdit de franchir à niveau les routes et les chemins, la voie doit passer dessus ou dessous. Le cahier des charges fixe pour le transport du charbon un tarif inférieur de vingt-cinq pour cent à celui du roulage et ne fait aucune allusion au transport de voyageurs, qui n'est nulle part envisagé.

Louis Beaunier peut maintenant aller de l'avant. Il commence par faire rouler de petits wagons sur une voie en modèle réduit qu'il installe dans la cour d'une maison de Saint-Étienne. Ayant ainsi mesuré l'action de la force centrifuge selon le rayon des courbes, il peut passer au modèle en vraie grandeur et mettre au point le tracé d'une ligne de dix-sept kilomètres plus trois kilomètres d'embranchements qui traverse plusieurs fois la vallée du Furens, évite les terrassements trop importants, suit les sinuosités du terrain, comme une route de montagne. Les courbes ont au maximum deux cents mètres de rayon, les ouvrages d'art sont réduits au strict minimum, quelques ponts et ponceaux, un mur de soutènement, plusieurs rochers entaillés. Pas de double voie, mais trois évitements pour se croiser. Rien de plus.

Une fois le tracé accepté en haut lieu, une nouvelle ordonnance royale autorise la construction, et le chantier est ouvert en 1825, l'année de la mise en service du Stockton and Darlington. Les forges de Boigues et de Milleret se partagent la fourniture des rails de fonte, qui ont 1,14 m de long et pèsent vingt-trois kilos. Leurs extrémités sont reliées par des coussinets en fonte posés sur des dés de pierre. En prévision du jour où l'on aurait à importer des locomotives d'Angleterre, on adopte l'écartement préconisé par Stephenson, 1 435 mm. Une vision à long terme, car la locomotive ne fera son apparition sur la ligne qu'en 1844.

Le projet n'a rien d'effrayant, il ne comporte ni tunnel, ni passage à niveau, ni locomotive à vapeur. Pourtant, comme toute innovation, il se heurte à l'incompréhension des populations, qui auraient préféré un canal pour aller à la pêche à la ligne, et à la fureur des propriétaires expropriés, qui manifestent « la plus énergique et la plus aveugle résistance. »

Les travaux sont néanmoins achevés en 1827. Un premier essai, sur une section plate, a lieu en présence de la duchesse d'Angoulême, Madame Royale, la sœur aînée du petit Louis XVII, celle que Napoléon appelait « le seul homme de la famille. » On vérifie qu'un seul cheval suffise à tirer sur les rails cinq chariots chargés chacun de dix tonnes de houille. Un an plus tard, le 1er octobre 1828, la ligne tout entière est mise en service, avec dix convois de quatorze wagonnets remplis de charbon. Sur le plat, chaque convoi est tiré par quatre chevaux. On dételle dès que la pente permet de descendre en roue libre ou nécessite au contraire un système de remontée mécanique. Les conducteurs, juchés comme des cochers sur le wagon de tête ou sur des wagons intermédiaires, peuvent freiner simultanément plusieurs wagons en tirant une corde reliée aux sabots de frein.

L'exploitation de ce chemin de fer s'avère très rentable. Pendant onze ans, elle assure aux actionnaires un bénéfice annuel de 70 %. Et, le 1er mars 1832, après trois ans et demi de service réservé exclusivement au transport du charbon, la ligne est enfin ouverte aux voyageurs.

Or, cela fait déjà plusieurs mois que des Stéphanois prennent le train, et, cette fois, sur une ligne digne de ce nom, avec des ouvrages d'art et des courbes de grand rayon, pour se rendre de Rive-de-Gier à Givors. Le mérite en revient aux cinq frères Marc, Camille, Jules, Paul et Charles Seguin, des neveux de Jacques de Montgolfier, le pionnier de l'aérostation, qui leur a donné le goût des sciences.

Les Seguin sont une famille de négociants en draperie. Marc, le plus inventif et le plus entreprenant de la bande, a lancé sur le Rhône, entre Tournon et Tain, un pont suspendu qui utilise, au lieu de cordes ou de chaînes, un câble en fils de fer tressés. Puis, avec son frère Jules, il a construit deux remorqueurs à vapeur et créé une compagnie de navigation qui assure un service régulier entre Arles et Lyon. Homme de progrès, il est allé visiter le chantier du Saint-Étienne-Andrézieux, mais les courbes serrées lui ont paru dangereuses et les remonte-pentes mécaniques peu innovants. Puis, à l'instar de Louis de Gallois et Louis Beaunier, il est parti étudier les réalisations des Anglais. Comme eux, il a rencontré George Stephenson et visité le chantier du Stockton and Darlington. Cette fois, il est revenu enthousiasmé. Pas exactement pour les mêmes raisons. Son centre d'intérêt n'est pas tant les mines que la navigation fluviale. Les chemins de fer peuvent amener du trafic aux bateaux et font appel aux mêmes techniques.

À son retour d'Angleterre, Marc Seguin soumet un rapport détaillé au ministre des Finances, Villèle, et sollicite le droit de construire, de Saint-Étienne à Lyon, un chemin de fer, « le moyen le plus sûr et le seul praticable de réaliser le grand bienfait, si longtemps désiré, de la jonction de la Loire et du Rhône ».

Soucieux d'éviter tout reproche de partialité, le gouvernement fait cette fois appel à la concurrence. Les Seguin gagnent le concours et, le 7 juin 1826, ils obtiennent la concession à perpétuité de la ligne. Ils constituent alors la Compagnie du chemin de fer de Saint-Étienne à Lyon, avec Edouard Biot, fils d'un savant, membre de l'Institut, le baron Thénard, également de l'Institut, le comte de Noailles, ministre, et Armand Humblot-Conté, le fabricant de crayons.

Pour Marc Seguin, le chemin de fer est un tout, l'infrastructure réclame autant d'attention que le matériel roulant. La voie, d'abord. Contrairement à la ligne de Saint-Étienne à Andrézieux, où les virages serrés et les fortes pentes causent des accidents, et pour respecter la faible puissance des machines de l'époque, il trace un profil de faible pente et à rayon de courbure d'au moins cinq cents mètres. De Saint-Étienne à Rive-de-Gier, on descend en roue libre une pente constante de 13 ‰, ce qui nécessite la construction des tunnels de Couzon, long d'un kilomètre, et de Terrenoire, le plus long de l'époque, 1,5 kilomètre. Des tunnels auxquels, pour mieux résister à la poussée de la terre, il donne une forme ovoïde. De Rive-de-Gier à Givors, au bord du Rhône, la pente ne dépasse pas 7 ‰, et la dernière section, sur la berge du Rhône, se fait pratiquement en palier. Toutefois, pour pénétrer dans Lyon par le sud de Perrache, elle oblige à creuser le tunnel de La Mulatière et à assainir la presqu'île, jusqu'alors insalubre. Cela fait au total une ligne de cinquante-huit kilomètres, à double voie sauf dans les tunnels.

À la différence du Saint-Étienne à Andrézieux, cette concession ne ressort plus du droit des mines. Par conséquent, la compagnie n'a aucun droit d'expropriation envers les neuf cents propriétaires dont elle traverse les terres, et avec lesquels elle doit négocier de gré à gré, dans un climat d'hostilité ou d'incompréhension. Outre la hantise des premiers passages en tunnel, l'opinion générale traite le projet d'entreprise insensée, juste bonne à dilapider du capital dans des travaux sans issue. La population reste largement hostile. Chaque propriétaire se sent victime d'une vexation sans but et sans utilité pour personne. Certains élèvent en hâte des simulacres de construction sur les lieux désignés pour le passage de la ligne. Les rouliers et les postillons se liguent et vont parfois jusqu'à faire dérailler les trains, sauter les chaudières, incendier des wagons.

Au lieu de rails en fonte, Marc Seguin utilise des rails de fer de 4,80 m de long, fabriqués au Creusot par Manby et

Wilson. Pour réduire les secousses et l'usure des roues et des rails, il cherche à rendre la voie moins rigide. Après une pose décevante sur des dés en pierre, comme Beaunier et Stephenson, il les remplace par des traverses de bois. Entre le rail et son support, il envisage de placer « un morceau de cuir, un feutre goudronné ou enduit d'une substance élastique incorruptible ayant pour base le caoutchouc ou toute substance analogue », ancêtre de la semelle cannelée à élastomère en usage de nos jours.

En janvier 1827, Marc envoie un de ses frères à Newcastle chez les Stephenson acheter deux locomotives avec deux essieux moteurs accouplés par des bielles, capables de rouler à 15 km/h. C'est alors que survient la catastrophe du pont de La Guillotière, à Lyon. Un navire à vapeur d'une compagnie concurrente, dont la chaudière produit trop peu de vapeur pour la consommation du moteur, heurte, faute de puissance, une pile du pont, et coule, entraînant la mort de vingt-huit personnes. Cet accident impressionne Marc Séguin. Quand une machine à vapeur travaille à poste fixe, dans une mine ou une usine, par exemple, on peut accroître sa production de vapeur en la dimensionnant plus largement, mais la chose est difficile à bord d'un véhicule ou d'un bateau, à l'espace forcément restreint. Il faut chercher un autre moyen.

Marc Seguin a alors l'idée d'immerger dans l'eau de la chaudière quatre-vingts tubes de quatre centimètres de diamètre et trois mètres de long, où il fait passer l'air brûlant issu du foyer. Cette chaudière tubulaire décuple la surface de chauffe de l'eau et accroît la production de vapeur, donc la puissance du moteur. En décembre 1827, il équipe de trois chaudières son « Voltigeur ». Plusieurs essais sur le Rhône entre Vienne et Lyon se révèlent concluants. En 1828, un an donc avant le concours de Rainhill, Marc Séguin en dépose le brevet. Il est l'inventeur du procédé, même si Henry Booth et Robert Stephenson sont les premiers à l'avoir appliqué à une locomotive, la *Rocket*[19].

Seconde innovation : il place sur le tender de la locomotive un énorme ventilateur entraîné par la rotation d'un essieu qui rejette dans la cheminée la vapeur échappée des cylindres.

Cela provoque un violent courant d'air qui accélère la circulation des gaz chauds et améliore le tirage.

Marc Séguin expérimente, en décembre 1829, à Perrache, un ensemble locomotive tender de sa conception, qui produit quatre fois plus de vapeur que la *Locomotion* de Stephenson et roule nettement plus vite. Sans perdre de temps, il prend, en mars 1830, un deuxième brevet pour décrire la chaudière tubulaire dans son application aux locomotives et il achève une seconde locomotive en juin 1830. En quatre ans, il en construira douze, jusqu'à ce que des difficultés financières l'amènent à démissionner de la compagnie dont il a été la cheville ouvrière. Son successeur préférera se concentrer sur l'amélioration des méthodes d'exploitation et interrompre la construction des locomotives.

Le 28 juin 1830, le ministre Villèle inaugure le tronçon central Rive-de-Gier/Givors, le premier terminé. Comme il le complimente, Marc Seguin lui répond : « Excellence, j'ai moins de mérite que vous n'en avez eu vous-même en me prenant au sérieux. » Désormais, chaque jour, cent à deux cents wagons chargés descendent en roue libre, sous le contrôle du conducteur, installé sur un siège de cocher, qui freine pour ne pas dépasser 24 km/h. Sur le plat, les voitures, tirées par deux forts chevaux au galop, roulent à 25 km/h. À la remonte, les chevaux remorquent les wagons vides à 3 km/h jusqu'au plan incliné, où le poids des wagons chargés dans l'autre sens fait remonter les bennes vides. En 1831, les deux locomotives Seguin, les premières en France, font leur apparition sur la ligne mais de jour seulement et réservées aux marchandises, tant il y a encore d'appréhension dans l'opinion. Elles remorquent en 1 h 30 vingt-six wagons vides ou sept wagons chargés.

Les voyageurs sont admis dès 1831, mais sur des wagons à charbon où l'on a remplacé le charbon par un peu de paille, puis, en 1832, sur des groupes de trois caisses de diligences accolées sur un châssis de wagon. Par la suite, apparaîtront quelques *financières*, plus confortables, où la compagnie a cru bien faire en plaçant des draps sur les banquettes et des tirants de cuir sur les vitres, sans imaginer que des voyageurs puissent se tailler des gilets dans les draps ou se servir des tirants pour s'en faire des bretelles.

Les deux autres tronçons, Givors/Lyon et Saint-Étienne/Rive-de-Gier, avec le tunnel de Terrenoire, sont ouverts en 1832. Le voyage de Lyon à Saint-Étienne prend encore un peu moins de quatre heures. Le règlement édicté par la compagnie spécifie que « les personnes surprises à jouer aux boules, danser ou boire sur la voie paieront une amende de dix francs ». Et, comme on n'a pas encore prévu de signaux, des gardes sont préposés à l'espacement entre les trains. Les débuts de l'exploitation, on le voit, sont moins faciles qu'en Angleterre et aux États-Unis.

Deux ans plus tard, en février 1834, une troisième ligne ouvre dans la région, celle d'Andrézieux à Roanne, concédée le 21 juillet 1828 à la Compagnie du chemin de fer de la Loire, de François Mellet et Charles Henry.

Le chemin de fer de Saint-Étienne à Andrézieux avait l'inconvénient d'aboutir à un point où la Loire n'est pas navigable à la remonte et l'est seulement quelques semaines à la descente. La navigation dans le sens Roanne-Andrézieux étant impossible, les bateaux, une fois partis d'Andrézieux, descendaient et ne revenaient plus. Vendus à vil prix après ce service temporaire, ils imposaient une surcharge énorme de frais de transport. D'où ce chemin de fer d'Andrézieux à Roanne.

Le voyage ne manque pas de pittoresque sur cette ligne de soixante-sept kilomètres, qui alterne les plats où roulent des locomotives anglaises, et les plans inclinés où une machine à vapeur fixe actionne des treuils équipés d'un fort câble. On aménage les horaires pour que les convois puissent se croiser sur les plans inclinés, et que le convoi descendant aide l'autre à remonter.

Comme le Saint-Étienne/Lyon, ce chemin de fer d'Andrézieux à Roanne utilise des locomotives. Ce sont toutes des anglaises, des Stephenson ou des Fenton, Murray and Jackson. Elles ne servent qu'à remorquer des trains de houille, et encore seulement sur les sections parfaitement plates. Sur les pentes, on utilise des chevaux ou des treuils à vapeur, et on descend en roue libre. En 1834, au point culminant de la ligne, la machine du treuil explose ; en attendant son remplacement, dix ans plus tard, l'intérim est assuré par des chevaux et des bœufs.

Le retard de l'administration à achever les canaux de Roanne à Digoin et de Digoin à Briare, sur lesquels comptaient les promoteurs pour transporter plus en aval les charbons et les fers de Saint-Étienne, entraîne la faillite de la compagnie en 1836. Reconstituée en 1841 avec un prêt de l'État, elle vivotera jusqu'à sa fusion avec les deux autres chemins de fer de la Loire.

Le Paris Saint-Germain : un chemin de fer école

Deux nouvelles concessions sont accordées[20]. Il s'agit toujours de transporter le charbon de mines en bordure du Massif Central. Entrent alors en scène les trois frères Léon, Jules et Paulin Talabot. Paulin, le cadet, a rencontré Robert Stephenson en Angleterre, puis est entré à la Compagnie du Canal de Beaucaire, fondée par le maréchal Soult[21] pour relier au Rhône le bassin houiller de La Grand-Combe. Le maréchal hésite entre un canal et une voie ferrée. Après quelques études préliminaires, Paulin Talabot conclut à l'impossibilité du canal mais à la faisabilité d'une voie ferrée. Son tracé, son financement et sa réalisation vont l'occuper jusqu'en 1841.

Les trois frères obtiennent en 1833 la concession d'une ligne de chemin de fer de soixante-douze kilomètres d'Alès à Beaucaire, puis s'associent aux exploitants des mines de La Grand-Combe pour former la société des Mines de La Grand-Combe et des Chemins de fer du Gard, dont Léon Talabot sera président jusqu'en 1867. Mais, pendant quatre ans, leur affaire ne rencontre aucun succès dans le public. Pas moyen de lever de capitaux, ils vont être déchus de leur concession faute d'avoir commencé les travaux. En quatre ans, aucun chantier n'a été ouvert. Une pétition des commerçants et industriels de Marseille au ministre de l'Intérieur les sauve in extremis :

« Tout le Midi, et la ville de Marseille en particulier, souffre de la rareté et du prix élevé de la houille, soit pour la consommation de ses nombreuses usines, soit pour l'emploi de la navigation à vapeur, qui prend chaque jour une nouvelle extension en Méditerranée. »

Grâce à cette intervention, une loi votée à cinq voix de majorité autorise l'État à prêter six millions à quatre pour cent aux Chemins de fer du Gard, qui s'engagent en contrepartie à fournir de la houille à vingt pour cent au-dessous du prix du marché à la base navale de Toulon pour les bateaux à vapeur de la Royale. Du coup, Rothschild se décide à entrer au capital et une ordonnance autorise la prolongation de vingt kilomètres de la ligne pour relier Alès à La Grand-Combe.

Les Talabot commandent alors des locomotives en Angleterre, à Stephenson et à Sharps and Robert, de Manchester. Robert Stephenson vient lui-même visiter le chantier pour lequel les Talabot ont dû, faute de compétences nationales, faire appel à des contremaîtres britanniques. Le 14 juillet 1839, la section Nîmes-Beaucaire, avec ses dix-sept gares, ses six tunnels, six viaducs et cent quatre-vingt-quinze ponts ou ponceaux, est mise en service.

« Voyant passer sur les wagons un essaim de jeunes et jolies dames en belles et fraîches toilettes, rapporte *La Gazette du Midi*, les femmes qui travaillaient aux champs nous firent entendre ce cri : "Il y a des dames !" et, comme marque de leur stupéfaction, mirent leurs jupes sur leurs têtes. Un médecin fort connu alla trouver le préfet du Gard pour lui expliquer la nécessité d'installer à Beaucaire une ambulance pourvue de personnel et du matériel propre à donner les soins nécessaires aux victimes de graves accidents auxquels allaient être exposés les voyageurs du train d'inauguration et il offrit naturellement ses services pour cette organisation, en qualité d'ancien chirurgien militaire comme on l'aurait fait à la veille d'une bataille[22]. »

« À quatre heures précises, un convoi de vingt voitures élégantes contenant chacune vingt-quatre personnes et traîné par des locomotives partait de Nîmes et, trente-deux minutes après, débarquaient les voyageurs à la gare de Beaucaire. La distance de Nîmes à Beaucaire est d'environ vingt-huit kilomètres, la vitesse moyenne a donc été d'environ 48 km/h. Il n'y a pas de signaux fixes le long de la voie, la sécurité est donc assurée au moyen de sémaphores actionnés depuis les maisons de gardes aménagées sur le parcours, à des distances convenables. »

L'année suivante, la section Alès-La Grand-Combe-Nîmes, dont la construction a été retardée par des dommages volontairement causés par des riverains, est terminée à son tour. Avec ses quatre-vingt-huit kilomètres, la ligne est alors la plus longue de France.

Tout ceci est encore peu de chose mais, à partir du moment où le chemin de fer sort de sa vocation charbonnière pour s'ouvrir, même accessoirement, au trafic voyageurs, il est tenu de respecter des exigences de service public, la sécurité des personnes, la régularité des horaires et des tarifs acceptables. À défaut de l'altruisme des Quakers, il existe en France un atelier de réflexion économique animé par des citoyens épris de progrès, les saint-simoniens. Ils veulent secouer la torpeur ambiante en France, accroître et surtout faire circuler les richesses. Ils croient aux bienfaits du crédit et du chemin de fer, où ils ne voient pas un moyen de mobiliser les armées, mais, au contraire, de rapprocher les peuples. Dans *Le Globe*, *Le National*, *Le Journal des débats*, Michel Chevalier, Prosper Enfantin, Olinde Rodrigues, Émile et Isaac Pereire préconisent de grands travaux, « qui favoriseront l'industrie, le commerce et même la paix ». Ils comparent les avantages des différents moyens de transport, la route, les canaux et les chemins de fer, ils étudient le modèle anglais et montrent comment ingénieurs et financiers peuvent œuvrer ensemble au progrès.

Une loi sur les concessions, votée en 1833, lève un obstacle essentiel. Elle institue un cahier des charges définissant les tarifs maximaux et impose une surveillance de l'État sur l'exploitation mais, ce qui est capital, elle facilite les expropriations pour cause d'utilité publique et charge des jurys de déterminer les justes indemnités d'éviction.

La voie ainsi déblayée, les frères Pereire réfléchissent à une ligne de chemin de fer capable d'impressionner le public. Il la faut assez courte pour ne pas demander trop d'investissements, partant de la capitale et menant à un lieu de villégiature fréquenté des Parisiens. Une ligne suffisamment urbaine pour générer du trafic et des plus-values foncières, mais située de manière à servir plus tard d'amorce à une grande ligne.

Le Paris nauséabond de Louis-Philippe n'a encore aucun des espaces verts que nous devons à Napoléon III, Haussmann et Alphand : le bois de Boulogne, le bois de Vincennes, les Buttes-Chaumont, le parc Montsouris, et les vingt-quatre squares intra-muros. Pour prendre l'air le dimanche, les Parisiens ne disposent, à distance raisonnable, que des bords de Marne ou de la terrasse de Saint-Germain. Une ligne de Paris au Pecq, au pied de Saint-Germain, voilà qui pourrait rallier des milliers et des milliers de Français à la cause du chemin de fer et dissiper les préventions à son encontre.

Contrairement aux trois chemins de fer de la Loire, conçus pour le transport du charbon, le chemin de fer de Paris à Saint-Germain est destiné essentiellement aux voyageurs. Il est aussi le premier en France à exclure les chevaux et à être entièrement tracté par des locomotives.

Par mesure de précaution, les Pereire commencent par se constituer un trésor de guerre en achetant des terrains à Saint-Germain[23] et aux Batignolles, que valorisera la proximité des futurs terminus. Puis ils se mettent en quête d'ingénieurs capables d'étudier le tracé et de banquiers pour lever un capital de cinq millions. Les ingénieurs, c'est relativement facile : ils en séduisent trois, Clapeyron, Flachat et Lamé, qui se passionnent pour le projet. Les banquiers, en revanche, se font tirer l'oreille. Les deux premiers sollicités, Pillet-Will et Laffitte, se dérobent. Enfin, Adolphe d'Eichtal[24] et Auguste Thurneyssen acceptent d'entrer dans le jeu et entraînent James de Rothschild et Samson Davillier[25] pour monter un tour de table[26]. Chacune de ces quatre maisons de banque souscrit 23,5 %. Cela laisse 6 % à Émile Pereire, nommé directeur. Une société anonyme est constituée chez le notaire Fould.

Malgré les sarcasmes d'Adolphe Thiers, ministre des Travaux publics, qui taxe le projet d'amusement pour badauds, celui-ci est approuvé en juillet 1835 par les Chambres. La loi leur concède l'exécution, à leurs risques et périls, « d'un chemin de fer pour voyageurs » de Paris au Pecq. À peine de déchéance, les travaux doivent commencer dans moins d'un an et être achevés dans les cinq ans.

Émile Pereire assure lui-même la direction du chantier, aidé par une équipe d'ingénieurs d'exception : Flachat s'occupe des ponts, Armand, des gares, Benoît Clapeyron va en Angleterre apprendre à construire un tunnel, à charger le ballast, à poser les rails, mais aussi à calculer les tarifs de voyageurs. Ce n'est pas auprès du Saint-Étienne-Lyon, qui perd de l'argent, qu'ils vont faire leurs classes, mais auprès du Liverpool et Manchester, qui en gagne. Et c'est en Angleterre qu'ils commandent leurs rails et leurs douze premières locomotives, des Bury, des Fenton, Murray and Jackson, et des Taylor.

L'opinion publique est partagée. Certains pensent que la trépidation entraînera des maladies nerveuses, la danse de saint Guy ou l'épilepsie. La fugace et rapide succession des images enflammera la rétine. La fumée et les escarbilles occasionneront des bronchites. Les femmes enceintes feront de fausses couches. Les villageois attirés par les grandes villes y deviendront des déracinés, des inquiets, des instables, des mécontents, peut-être des criminels. Des malheureux, à coup sûr.

Devant les protestations des riverains et de la municipalité, l'*embarcadère* prévu par Émile Pereire à l'angle de la rue Tronchet et de la place de la Madeleine est reporté sur le site actuel de la place de l'Europe, avant de trouver, en 1842, son emplacement final à la gare Saint-Lazare. Au contraire, les aubergistes de Batignolles-Monceau, quartier encore très peu habité, sont enchantés : « Toutes les auberges de barrière sont encombrées aux heures de repas par les cinq cents ouvriers qui travaillent dans le souterrain de la plaine des Batignolles. C'est une vraie fortune pour les deux villages. Le mouvement des curieux, qui se transportent pour voir manœuvrer les wagons, entretient dans la commune une activité extraordinaire.[27] »

Le percement du tunnel des Batignolles fait couler beaucoup d'encre. Malgré l'expérience rassurante des tunnels du Liverpool-Manchester et du Lyon-Saint-Étienne, François Arago[28] brandit le spectre d'explosions de chaudière et dénonce les risques de fluxions de poitrine ou de pleurésies :

« Les souterrains parcourus par des machines locomotives, déclare-t-il à la Chambre, n'ont pas été assez éprouvés pour que l'on sache si on y établira facilement des moyens de purifier l'air. Il y a, relativement aux tunnels, une circonstance capitale dont je vais entretenir la Chambre, puisque Monsieur le directeur général n'a pas jugé à propos d'en dire un seul mot. Messieurs, aussitôt qu'on descend à une certaine profondeur dans le sol, on a toute l'année une température constante. À Paris et dans ses environs, cette température est de huit degrés environ. Personne n'ignore, d'autre part, qu'en été, à l'ombre et au Nord, le thermomètre de Réaumur est quelquefois à trente degrés au-dessus de zéro. Au soleil, la température est de dix degrés plus considérable. Ainsi, on rencontrera dans le tunnel une température de huit degrés en venant d'en subir une de quarante ou quarante-cinq degrés. J'affirme sans hésiter que, dans ce passage subit, les personnes sujettes à la transpiration seront incommodées, qu'elles gagneront des fluxions de poitrine, des pleurésies, des catarrhes...

« Vous savez, Messieurs, puisque je les ai développées à cette tribune, quelles sont mes idées sur l'explosion des machines à vapeur... Il est possible qu'une machine locomotive éclate. C'est alors un coup de mitraille, mais à la distance où les voyageurs sont placés, vous auriez à redouter les coups directs et les coups réfléchis. Là, vous auriez à craindre que la voûte ne s'éboulât sur vos têtes. »

Rien n'y fait et, le 24 août 1837, deux ans avant le délai imparti, la ligne est inaugurée par la reine Marie-Amélie « heureuse de donner l'exemple » nous dit-on, et par le duc d'Orléans. Le roi Louis-Philippe, lui, n'a pas été autorisé « à mettre en danger sa personne précieuse pour la France ». Après les fanfares et les tambours de la garde nationale, on entend tonner le canon puis des cris prolongés de « Vive le Roi ! » même si l'intéressé manque à la fête. La journée du lendemain est réservée aux actionnaires, aux amis et aux journalistes. Commentaire de Delphine Gay :

« Aujourd'hui a eu lieu l'inauguration du premier chemin de fer parisien. Demain, l'ouverture, aujourd'hui l'inauguration. Ne confondez pas : demain le public, aujourd'hui les élus. Nous avons auprès de nous un de ces élus, qui arrive à l'instant de Saint-Germain. Il nous conte son voyage en déjeunant. Il mange, oh ! mais il mange de manière à ruiner à jamais toute entreprise de chemin de fer, car si c'est une économie de voyager si vite et pour si peu, ce n'en est pas une de rapporter de ses voyages une faim dévorante, que rien ne peut assouvir.

« Cet infortuné jeune homme, qui est un de nos proches parents, est sorti de chez lui ce matin à sept heures après avoir solidement déjeuné. Il est monté dans une excellente berline. Il s'y est assis fort à l'aise sur de très bons coussins, et il a entendu un roulement, et puis, psitt, il est arrivé à Saint-Germain. Il prétend avoir aperçu quelques arbres dans la campagne pendant la route, mais il n'oserait l'affirmer. Il sait cependant qu'il a passé sous une voûte, et qu'il est resté une grande demi-minute privé complètement de lumière. En arrivant à Saint-Germain, son âme s'est attristée en songeant qu'il avait fallu si peu d'instants pour être si loin de toute sa famille et de tous ses amis. Alors, il a voulu repartir, mais il doutait de la promptitude au retour. Cela est naturel, mais nous ne savons pourquoi.

« Il est reparti et, psitt, le voilà arrivé à Paris. Vingt-six minutes pour aller, vingt-six minutes pour revenir. Quel charmant voyage ! une voiture très douce, point de cahots, point de postillons ivres. Point d'embarras, aucun ennui. Les compagnons de voyage sont tous charmants, on n'a pas le temps de les voir. On apprend le lendemain qu'on a fait route avec son frère, mais il regardait à gauche et vous à droite ; vous ne vous êtes pas reconnus[29]. »

Enfin, le 26 août, le public est admis à monter dans le train. Il y a un départ toutes les heures, de sept heures à vingt-deux heures. Certains peuvent s'asseoir effectivement sur des sièges plus ou moins rembourrés, en première ou deuxième classe. Mais la plupart s'entassent debout dans les wagons de troisième classe, non couverts. Qu'importe ! Les « singes » ou les « lapins », comme on les appelle, s'installent sur le toit. C'est un triomphe : en un mois, on vend cent trente mille billets.

En 1838, nouveau spectacle : le croisement des trains, car, jusque-là, le chemin était à voie unique. « L'attente du public n'a pas été trompée. Ces deux masses courent l'une vers l'autre avec une vitesse qui semble devoir les faire voler en éclats. Elles passent comme deux flèches et produisent un effet qui saisit d'étonnement. C'est un véritable phénomène de la science. Les voyageurs, emportés par la rapidité de la course, ne pouvant s'apercevoir au passage, se saluent par des acclamations et des battements de mains. Décidément, cette nouvelle expérience complète l'idée qu'on s'était fait des chemins de fer et en fait mieux comprendre la portée[30]. » Autre surprise : le 18 décembre 1840, les voyageurs doivent descendre dans vingt centimètres de neige en forêt du Vésinet, couper du bois et approvisionner la locomotive.

En 1847, une machine atmosphérique, comme en Irlande, est installée en haut de la terrasse de Saint-Germain, pour escalader la rampe finale, qui fait cinquante et un mètres de dénivelé avec une pente de 35 ‰. La locomotive à vapeur reste sagement en gare du Pecq. Un treuil amène les voitures sur une voie spéciale où on les accroche au wagon directeur relié par tringle au piston qui coulisse dans le tube. Six minutes avant le départ du point bas, on met en route au point haut une machinerie qui actionne les pompes et, en quatre minutes, le vide est produit dans toute la tuyauterie. On ouvre alors la soupape d'entrée pour mettre le piston en marche et aspirer la rame. À deux cents mètres du terminus de Saint-Germain, on franchit la soupape de sortie et le convoi termine sa course grâce à la vitesse acquise. Le retour se fait en roue libre. Un frein à huit sabots permet de ralentir. S'il lâche, ce qui arrive en 1858, les voitures dévalent la côte. Ce jour-là, elles percutent une locomotive. Bilan : trois morts et une vingtaine de blessés. On attendra cependant 1860 pour abandonner le système et le remplacer par deux locomotives accouplées du modèle le plus puissant à l'époque.

Enfermés dans un train en feu

Les Pereire ont vu juste. Devant le soudain engouement des Parisiens pour le chemin de fer, les Chambres autorisent, dès l'année suivante, la concession de deux autres lignes de voyageurs.

L'une, de Paris à Versailles rive droite, au groupe du Paris-Saint-Germain, Rothschild, Davilliers, Thurneyssen, d'Eichtal, Pereire. Elle est inaugurée en 1839. Robert Stephenson, consulté par Pereire, n'ayant pas osé lui livrer de locomotive capable de gravir des pentes de 5 ‰, Benoît Clapeyron en a fait construire, sur ses propres plans, par Sharp and Roberts.

L'autre, de Paris à Versailles rive gauche, est concédée aux frères Fould[31] et à leur beau-frère Oppenheim. Les trois Fould, fils d'un fournisseur de chevaux et de fourrage aux armées de la Révolution, ont épousé des filles de banquiers allemands et anglais. Ils constituent avec Oppenheim la Compagnie du Chemin de fer de Paris à Versailles par Meudon et Sèvres, avec l'idée de poursuivre plus tard en direction de Rennes et Brest. Retardés par la construction du viaduc de Meudon – le plus ancien viaduc ferroviaire français encore en service – long de cent quarante-cinq mètres et haut de trente mètres, avec deux rangs de sept arches, ils ne terminent leur ligne qu'en 1840.

Deux ans plus tard, le dimanche 8 mai 1842, elle est le théâtre d'un terrible accident. Un train ramène de Versailles des Parisiens venus admirer les grandes eaux. Dans *Archives du Nord* (Gallimard, 1977), Marguerite Yourcenar a recueilli le témoignage de son grand-père, seul survivant d'une voiture où avaient pris place quarante-huit personnes.

« Une atmosphère de fête foraine règne à la gare de Versailles. Mon grand-père conseille d'attendre le train suivant, ce qui, après tout, retardera très peu. Pour accommoder la foule des voyageurs, des convois partent maintenant toutes les dix minutes. Un train tiré par deux locomotives entre en gare. Des couples bourgeois endimanchés, mais que débraillent la poussière et la chaleur précoce, des ouvriers en casquette, des femmes traînant des enfants et tenant des brassées de jonquilles qui, déjà, commencent à se faner, se ruent sur les hauts marchepieds. [...] Aidées par leurs messieurs, les grisettes font l'escalade du compartiment, protégeant de leur mieux leurs volants et leurs bonnets. On s'assied ou l'on reste debout faute de place, un peu haletant, jusqu'au moment où les employés font claquer les portières et leur donnent un tour de clef, histoire d'empêcher les malins, qui voyagent sans billet, de fausser compagnie avant l'entrée en gare. »

Le train se compose de deux locomotives et de cinq wagons. La première locomotive est une petite machine à quatre roues, suivie directement de son tender. Elle ouvre la voie à une grosse locomotive Sharp and Roberts, à six roues, à laquelle est accroché un tender. À Meudon Bellevue – est-ce dû à la mauvaise qualité des rails, à l'instabilité de la configuration à quatre roues, ou à la vitesse –, la première locomotive casse son essieu avant et déraille. La seconde vient buter contre elle. Les trois voitures de tête se détachent et continuent leur parcours, mais les suivantes s'écrasent sur les deux locomotives. Les chaudières ne se percent pas, mais les charbons ardents échappés des foyers enflamment les voitures en bois. Les portières verrouillées, la plupart des voyageurs sont brûlés vifs. On déplore cinquante-sept morts et plus de cent blessés graves.

La catastrophe frappe d'autant plus l'opinion que, parmi les morts, se trouve le navigateur Dumont d'Urville, qui avait échappé aux tempêtes et aux cannibales. Jamais on n'avait vu autant de victimes d'un accident. Du moins, en apprenant que sept cent soixante-dix personnes se trouvaient à bord du train, la preuve est-elle faite que le chemin de fer transporte beaucoup de monde.

Marguerite Yourcenar poursuit : « Une jeune femme tend les bras en hurlant à travers une vitre défoncée. Un homme qui risque sa vie s'approche d'assez près pour lui saisir une main. Il tire. Le bras se détache et tombe comme un tison ardent. Un inconnu lancé sur la voie arrache sa chaussure qui brûle et, avec elle, un pied broyé qui ne tient plus que par un lambeau... Le long des rails, les sauveteurs s'affairent avec des crocs ou des gaules pour ramener à eux des restes calcinés[32]. »

Lors du procès, on témoignera que la locomotive accidentée, la *Mathieu Murray*, jouissait d'une mauvaise réputation auprès des mécaniciens de la compagnie, c'était une machine « rétive », une « bécane », selon eux. On évoquera aussi l'attachement de ses deux servants, Georges et Dupin, à « leur baby[33] », comme ils disaient. En tout cas, désormais, les voitures de voyageurs ne seront plus fermées à clef.

Face au groupe Rothschild-d'Eichtal-Thurneyssen-Davillier constitué sous l'égide des Pereire, au groupe Talabot et au groupe Fould-Oppenheim, apparaît un nouveau venu, un banquier genevois, François Bortholony. Le Paris-Orléans est en effet concédé en 1838 à une compagnie formée par François Bortholony avec deux autres banquiers genevois, Pillet-Will et Odier, un administrateur des Messageries royales, Lecomte, et deux maîtres des forges, Benoist d'Azy et Boigues. Toujours avec cette idée de transporter le charbon et les produits industriels, ils comptent bien poursuivre ensuite jusqu'à Lyon via Fourchambault, Montluçon et les chemins de fer de la Loire. Mais, en 1840, deux ans à peine après l'ouverture du chantier, la construction de l'embarcadère du Jardin des Plantes – future gare d'Austerlitz – et des quatorze kilomètres de voie jusqu'à Juvisy suffit à épuiser leurs fonds. Le Paris-Orléans devra son salut à un emprunt obligataire auquel l'État apporte une garantie d'intérêt à hauteur de quatre pour cent. Cette faveur sans précédent sera étendue, après 1850, aux autres compagnies. Les travaux peuvent reprendre et la ligne sera inaugurée à Orléans-Les Aubrais, le 2 mai 1843. Le groupe Bortholony obtiendra ensuite la concession de l'Orléans-Vierzon, mais Orléans-Tours-Nantes et Tours-Bordeaux lui échapperont pour aller à un groupe franco-anglais, Mackenzie, Luzarche, Laurent, Mouchy.

Les Anglais construisent la moitié du réseau français

C'est également un groupe majoritairement britannique qui a obtenu, en juillet 1840, la concession du Paris-Rouen. Le principal associé de cette Compagnie du Chemin de fer de Paris à la mer, Edward Blount, attaché d'ambassade à vingt ans, représentant à vingt-trois ans de la banque de son père, a ouvert sa propre maison de banque place Vendôme en association avec Charles Laffitte, neveu de Jacques Laffitte, l'ancien ministre des Finances et ami de Louis-Philippe.

Edward Blount confie les études du Paris-Rouen à Joseph Locke, ancien collaborateur de George Stephenson au Stockton and Darlington et au Liverpool and Manchester. Craignant de ne pas trouver en France d'entreprises capables de mener à bien un tel chantier, celui-ci consulte pour les travaux deux entrepreneurs anglais, Thomas Brassey et William Mackenzie qui, plutôt que de casser les prix, jugent préférable de mettre leurs moyens en commun pour réaliser le chantier dans un délai qu'aucune entreprise française n'aurait pu égaler.

Après les géomètres, gens discrets, ils font déferler dès janvier 1841 sur les campagnes normandes une véritable armée de cinq mille ouvriers anglais et irlandais très expérimentés. C'est à eux que nous devons les mots de *rail*, *tender*, *tunnel* ou *ballast*. Pour les travaux moins qualifiés, Thomas Brassey et William Mackenzie font appel à des maçons piémontais ou savoyards, des terrassiers bretons, des charretiers du Morvan qu'on voit charroyer à longueur de journée des tombereaux de déblais, dans le grincement des moyeux de bois. On organise pour les Anglais un culte anglican à Mantes, Bonnières et Vernon, mais ces solides gaillards à l'appétit et à la soif légendaires font peur aux braves paysans normands qui craignent pour leurs poules et pour la vertu de leurs filles. Querelleurs et buveurs, ils se comportent en conquérants et suscitent la jalousie. Le jour de la paie, de grandes beuveries se terminent en bagarres. Alors, on les parque dans des tentes ou des baraques de fortune, le plus loin possible des villages. Ces camps sont interdits aux indigènes, et leurs ouvriers n'ont pas le droit de se rendre dans les villages où ils sont redoutés pour leur audace auprès des femmes et leur combativité. Ils se déplacent en bloc, avec leurs cuisines, leurs réfectoires, leurs dortoirs, leurs attelages à grelots, leurs compagnons enrubannés. Des sous-traitants louent des chevaux à des fermiers pour la durée des travaux, et certains oublient de les rendre une fois le chantier terminé.

Le tracé de la ligne suit la vallée de la Seine mais, vers Bonnières, un éperon rocheux barre la route. Mineurs anglais et manœuvres irlandais prennent leurs pics et leurs pelles et creusent en vingt mois le tunnel de Rolleboise, alors le plus long du monde, deux mille six cent quarante mètres. D'autres équipes s'attaquent aux tunnels du Roule et de Venables, près de Gaillon. Des tunnels aux portails de style néogothique typiquement anglais bientôt copié dans l'Europe entière.

Depuis l'arrêt des fabrications de Seguin à Perrache, la France n'a que six petits constructeurs de locomotives, un à Paris, François Cavé, un à Arras Alexis Hallette[34], un au Creusot, les frères Schneider, et trois à Mulhouse, Stehelin-Huber, Koechlin et Meyer. Des débutants qui, en 1842, n'ont encore au total qu'une trentaine de machines à leur actif.

Joseph Locke ne jure que par ce qui est anglais. Il fait venir un compatriote, William Buddicom, et lui construit une usine à Sotteville, près de Rouen, pour y copier, et améliorer, si possible, la *Patentee* de Stephenson, avec ses trois essieux, un essieu moteur et deux porteurs, qui tire à 60 km/h un train de 80 tonnes.

Les ateliers de Sotteville, jusqu'en 1950 l'un des plus grands centres français de construction et de réparation de matériel ferroviaire, construisent alors à trois cent quatre-vingt-dix exemplaires la locomotive Buddicom, adoptée par le Paris-Rouen, puis également par le Nord, le Paris-Orléans, l'Orléans-Bordeaux et le Paris-Lyon. Ils fabriquent aussi des voitures de première et deuxième classe, des tombereaux vides pour le charbon ou avec bancs pour la troisième classe, des fourgons à bagages et des wagons de marchandises.

Grâce aux efforts conjugués de Joseph Locke, de Thomas Brassey et de William Mackenzie, de William Buddicom enfin, le Paris-Rouen est inauguré le 3 mai 1843, six mois avant la date prévue à l'origine.

« Le signal du départ est donné, raconte *L'Illustration*. Voilà que ma locomotive nous emporte vers un point qui fait frémir d'avance bien des intrépides. Il s'agit de s'engouffrer au sein des ténèbres, de rester dans l'obscurité la plus complète. Il s'agit tout simplement de percer une montagne, de quitter la Seine à Rolleboise et de la retrouver à Bonnières. Quatre minutes ! Comme les cœurs ont battu pendant ces quatre minutes ! Avançait-on ? On le supposait. Allait-on vite ou doucement ? Le convoi allait-il dérailler ? N'avait-on pas dit adieu pour toujours à ceux que l'on aimait ? Anxiétés terribles, difficultés insolubles, supplice inénarrable. Oh ! Rendez-nous la lumière et les campagnes, et le silence des bois, et la fraîcheur de l'eau ! Ce bruit de locomotive haletante, ces chaînes qui se heurtent, ce sifflement infernal qui prévient, dit-on, du danger, tout cela est affreux à entendre quand on ne peut pas le voir ! »

Un autre témoin, Frédéric Ozanam, fait à sa femme un compte rendu moins enthousiaste : « La Sainte Vierge sous les auspices de qui nous nous sommes dit adieu s'est chargée de nous garder l'un et l'autre. Aucun malheur n'est venu troubler notre course. Seulement, on ne peut rien imaginer de plus bizarre que les procédés par lesquels on arrive à placer une diligence sur des rails, et je ne réussirai pas à te l'expliquer autrement que de vive voix. Il n'y a rien aussi de plus sauvage, de plus digne d'un siècle de barbarie que ces chemins de fer qui ne respectent aucune des choses les plus belles, ni vallées ni montagnes, ni rivières, qui comblent tout, qui percent tout, et qui s'en vont toujours droits, toujours noirs, de sorte que ce beau pays, de Paris à Rouen, devient le plus monotone et le plus grisâtre du monde[35]. »

Le train a couvert les cent vingt-six kilomètres en quatre heures et dix minutes. Après un somptueux banquet offert aux officiels, parmi lesquels les ducs de Nemours et de Montpensier, fils du roi, et un repas pantagruélique à tous les ouvriers, le clergé bénit les rails et la fête commence dans les rues de Rouen.

« Outre les autorités de la ville, les corps constitués, les troupes de la garnison, la garde nationale de plusieurs communes du département, la présence de corporations précédées de bannières donnait un cachet particulier à cette fête, se souvient une Rouennaise. Celle des imprimeurs typographes avait un portrait de Gutenberg, celle de la fabrique de gélatine était toute composée de cette substance qui sert à des soupes économiques. Les ouvriers des fabriques étaient endimanchés selon leurs goûts et leurs moyens. Un fabricant avait donné aux siens un costume uniforme, veste violette et pantalon blanc, qui faisait un effet agréable à l'œil. Les ouvriers anglais du chemin de fer avaient leur place dans le cortège et portaient à leurs chapeaux des rubans aux couleurs nationales. La ville avait aussi ses étendards figurant ses antiques armoiries, un lion et un mouton. De distance en distance, on voyait des hérauts d'armes en costume du Moyen Âge[36]. »

La France est pourtant bien en retard. En 1841, elle ne compte encore que cinq cents kilomètres de chemins de fer, à peine plus que la Belgique, six fois moins que l'Angleterre. La région parisienne arrive d'ailleurs en ce domaine loin derrière les départements de la Loire et du Gard, où les lignes sont surtout dédiées au charbon, et ceux de l'Alsace, où un filateur et tisseur de Thann, Nicolas Koechlin, a construit, outre deux lignes, Thann-Mulhouse et Strasbourg-Bâle, ses propres locomotives, qui tirent fièrement, à 65 km/h en pointe, une berline, une diligence et deux chars à bancs.

Ce retard de la France donne lieu, en 1842, à un débat animé devant les Chambres. Faut-il, comme en Angleterre, laisser jouer librement l'initiative privée, ou, comme en Belgique, confier à l'État les chemins de fer, à l'instar des canaux et des routes ? Les deux thèses ne manquent pas de bouillants défenseurs. À la réflexion, le modèle anglais, valable pour quelques tronçons épars, ne semble pas devoir être généralisé à la France entière, aux distances plus grandes, au peuplement et au trafic moins denses.

Le directeur des Ponts et Chaussées, Alexis Legrand, propose alors un compromis entre le libéralisme à outrance, prôné par Berryer, et l'étatisme réclamé par Lamartine. Il recommande un partage des tâches. Les collectivités territoriales feront leur affaire des expropriations, l'État prendra en charge les terrassements, les ouvrages d'art et les gares, le secteur privé posera le ballast et les rails, fournira le matériel roulant, assurera l'exploitation et l'entretien. Les compagnies encaisseront les recettes, mais à des tarifs convenus avec l'administration et, à l'issue de la concession, l'ensemble reviendra à l'État. « Si nous consentons à confier ces travaux à l'industrie particulière, dit-il, c'est sous la condition patente, avouée, écrite dans la loi, qu'un jour le gouvernement puisse rentrer en possession pleine et entière de ce grand moyen de communication, si l'intérêt du pays le requiert. » Et fait, l'habitude se prendra peu à peu d'adjuger les lignes aux candidats qui accepteront le plus fort rabais sur la durée de la concession.

Puisque l'État prend en charge le coût des expropriations et des infrastructures, il est bien normal qu'il soit seul juge des créations et des extensions de lignes. La loi du 11 juin 1842, qui fixe les règles du jeu, lance les bases d'un réseau de deux mille cinq cents kilomètres de lignes nouvelles. Cinq en étoile autour de Paris, « l'étoile de Legrand » : Paris-Lille et Valenciennes, Paris-Rouen avec extensions sur Dieppe et Le Havre, Paris-Nancy-Strasbourg, Paris-Orléans avec extensions vers Bayonne, Nantes et Montluçon, Paris-Lyon-Marseille et Sète.

Et deux transversales : Dijon-Mulhouse et Bordeaux-Toulouse-Sète.

Laffitte, Blount et Cie, après avoir fait leurs preuves en construisant le Paris-Rouen dans un délai record, sont parmi les premiers à recevoir quatre nouvelles concessions : Rouen-Le Havre, Malaunay-Dieppe, Amiens-Boulogne et Mantes-Caen-Cherbourg.

Rouen-Le Havre est inauguré le 20 mars 1847. Depuis Paris, les trains ordinaires couvrent les deux cent vingt-neuf kilomètres en sept heures, à 33 km/h de moyenne. Les rapides mettent cinq heures quarante, soit 40 km/h. La diligence en mettait seize. À Barentin, des pluies incessantes, survenues avant que l'argile du mortier ait pu sécher, avaient fait s'effondrer un grand viaduc en briques de trente mètres de haut. Thomas Brassey s'engagea à le reconstruire en quelques semaines à ses frais. Il tint parole et le nouveau viaduc est toujours en place. Il ne semble pas pour autant que les relations aient été aisées entre *contractors* anglais et fonctionnaires français à en juger par ce commentaire sarcastique du *The Illustrated London News* :

« À ce jour, le voyage de Paris vers la mer, et du Havre vers la capitale, peut être accompli et confortablement en six heures et demie. Quand on se souvient qu'il y a moins de deux ans, le même voyage prenait neuf heures, on imagine facilement l'impact de cette réalisation. L'inauguration a été conduite par tous les responsables concernés avec la plus grande simplicité. Prenant en compte la grande douleur dans le pays, la pénurie de nourriture, et constatant la misère des zones à travers lesquelles passe le chemin de fer, les directeurs ont décidé qu'ils ne pourraient pas l'inaugurer plus convenablement qu'en reversant pour le soulagement des pauvres le montant qui, dans des années plus prospères, aurait été dépensé en festivités. Ils ont donc confié aux bonnes œuvres douze mille francs à distribuer dans les zones à travers lesquelles passe le chemin de fer.

« Le nombre d'invités fut limité à cent. Le train, composé de huit wagons de première classe, partit de Paris à sept heures du matin et arriva à 9 h 45 à Rouen, où fut servi un confortable petit déjeuner. Puis on est reparti pour Le Havre.

« Pendant longtemps, on pensait impossible de construire cette ligne, mais l'esprit et le génie de nos compatriotes – presque tous ceux qui sont concernés par cet ouvrage sont anglais – ont surmonté chaque difficulté et la ligne du Havre se présente à l'heure actuelle comme tout droit sortie du cerveau de M. Locke, l'ingénieur en chef, et de MM. Mackenzie et Brassey, les maîtres d'œuvre. Nulle part ailleurs en Europe n'existe une autre ligne possédant, proportionnellement à sa longueur, un tel nombre d'ouvrages stupéfiants dans le genre tunnels, viaducs, croisements et remblais. Sur toute la distance, on peine à trouver une partie de terrain au même niveau.

« Le train s'arrêta aux étonnants viaducs de Barentin, Malaunay et Mirville ainsi qu'à certains des tunnels, afin de permettre aux invités d'examiner de plus près ces extraordinaires ouvrages.

« Au Havre, l'enthousiasme était à son comble. Lorsque le train entra en gare, le président et les directeurs furent acclamés au milieu d'un brillant étalage de distinction, de beauté et d'élégance. De chaque côté de la voie, sous le hall de gare, étaient alignés les gardes nationaux en uniforme, avec leurs fanfares qui jouaient des airs enlevés. Au bout du quai, se trouvaient le sous-préfet, les maires d'Ingouville et de Graville, en costume officiel, et le clergé du Havre, en habits sacerdotaux.

« Après dîner, le président, M. Laffitte, a porté un toast à la santé du roi. On but ensuite à la santé du président, puis à celle de M. Locke, l'ingénieur principal. Celui-ci, dans sa réponse, a fait référence aux humiliants et importants reports de délais provoqués par le ministère des Travaux publics et les départements des Ponts et Chaussées. Il a cité les contraintes extraordinaires auxquelles les travaux sur la ligne avaient été soumis par leurs ordres, contraintes sans précédent dans l'histoire des chemins de fer et aussi absurdes qu'inutiles. Ces fonctionnaires ont cherché tous les moyens d'abattre les viaducs en leur imposant des contraintes de charges dépassant largement ce qu'il était possible d'imaginer même dans les pires circonstances. Pourtant, pas une pierre n'a bougé, pas une brique ne s'est craquelée. M. Locke fit ensuite allusion à l'extraordinaire opposition manifestée par les autorités municipales de Rouen, en contraste saisissant avec leur attitude bassement servile lors de la construction de la ligne entre Rouen et Paris.

« Un dernier toast fut porté en l'honneur de M. Mackenzie, l'éminent ingénieur et principal artisan des travaux de la ligne. Et le train repartit pour Paris, où il arriva avant 10 h 30, ayant encore réalisé le voyage en six heures et quart[37]. »

Des usines de locomotives en plein Paris

Dans les années 1843-1845, les Rothschild, qui s'étaient lancés dans les chemins de fer plus timidement qu'Edward Blount et François Bortholony, se décident à monter au créneau avec deux lignes importantes, Avignon-Marseille et surtout Paris-Lille, mais toujours en partageant le risque avec des associés.

En 1843, Nathaniel de Rothschild, associé avec Arlès Dufour, Marc Fraissinet, adjoint au maire de Marseille, et les frères Talabot, reçoit la concession de l'Avignon-Marseille, assortie d'une subvention de trente-deux millions. Avec une petite équipe d'ingénieurs, Paulin Talabot construit en quatre ans cette ligne de cent vingt kilomètres. Elle comporte plusieurs grands ouvrages d'art, le viaduc de Saint-Chamas, près de Miramas et « dans les noires entrailles de la montagne[38] », le tunnel de la Nerthe, long de 4,6 kilomètres, deux fois plus que les plus grands tunnels de l'époque, ceux de Liverpool, de Kilsby et de Rolleboise. Pour le percer à partir de quarante-huit points différents, Paulin Talabot a fait creuser, à dix mètres de l'axe de la voie, vingt-quatre puits d'accès et d'aération, dont un à cent quatre-vingt-cinq mètres de profondeur. Ce chantier emploiera huit mille cinq cents ouvriers, piémontais, espagnols ou français, souvent illettrés, répartis en centaines de minuscules entreprises. Il coûtera la vie à trois cents tués et fera quatre cents blessés graves, noyés, écrasés ou victimes de tirs de mines. Souvent, Paulin Talabot devra ranimer le courage. La ligne est inaugurée le 8 janvier 1848.

En 1845 le Paris-Douai-Lille, avec un embranchement à Douai pour Valenciennes, est attribué à la Compagnie des chemins de fer du Nord, de James de Rothschild et Hottinguer associés à la banque anglaise Baring et au tandem Blount-Laffitte, qui reçoit une participation en rémunération de son apport de plusieurs petites lignes existantes près d'Anzin et de celle de Valenciennes à la frontière belge construite en 1842. Ce Paris-Lille dont George Stephenson élabore le tracé, et dont Léonce Reynaud construit l'embarcadère de Paris, est achevé en un temps record : un an. Le jour de l'inauguration, le 18 juin 1846, l'évêque de Lille, accompagné de tout son clergé, bénit les locomotives et les voies. Les cloches sonnent à toutes les églises. Un banquet de mille sept cents couverts mobilise soixante cuisiniers. Lamartine, Hugo, Dumas, Berlioz, Ingres, Mérimée, Théophile Gautier y côtoient quatre ministres et deux fils du roi, Nemours et Montpensier. Le *Chant des chemins de fer*, composé par Berlioz sur des paroles de Jules Janin, accompagne la parade militaire.

Le Nord devient rapidement le plus fréquenté, le mieux géré et le plus rentable des réseaux français. Rothschild a acheté des charbonnages belges et soustrait au réseau de l'État belge quelques modestes lignes grâce auxquelles le Nord achète le charbon à un prix plus avantageux que ses confrères du Paris-Rouen ou du Paris-Orléans. Clapeyron invente les signaux à disque mobile avec lanterne que le garde-voie manœuvre sitôt après le passage de chaque train pour fermer la voie et à nouveau cinq minutes plus tard pour la rouvrir. Par la suite, Flachat fera télécommander les disques à distance par des câbles tendus le long de la voie et actionnés par les gardes-barrières ou les aiguilleurs, pour supprimer les gardes-voies.

Le 19 mars 1849, sur le Paris-Calais, une locomotive Crampton fait sensation par sa vitesse. Thomas Crampton, un ancien collaborateur d'Isambard Brunel, croit comme lui à la nécessité de grandes roues pour faire de la vitesse, mais ne partage pas ses vues sur les voies à large écartement. Il préfère abaisser la chaudière en rejetant complètement à l'arrière les roues motrices, quitte à laisser à l'avant trois paires de petites roues porteuses. Il agrandit ainsi la chaudière, donc le volume de chauffe, et abaisse le centre de gravité, ce qui améliore la stabilité. Dès 1847, il fait rouler à 127 km/h deux locomotives à roues motrices de 2,14 m de diamètre sur le London and North Western et sur le Liège-Namur, sans réussir pour autant à créer en Angleterre un engouement pour sa machine.

Un Français saute alors sur l'occasion et lui achète pour quinze ans une licence exclusive. Cet homme-là, parti de rien, s'appelle Jean-François Cail. Petit paysan poitevin chassé de l'école parce que son père n'avait pas de quoi payer l'instituteur, il a commencé tout simplement vers dix/douze ans par inventer une râpe. Une râpe en tôle pour réduire les pommes de terre en farine à mélanger au pain pour faire un aliment bon marché. Cette râpe, il la vend sur les marchés pour rapporter des sous à ses parents. Après son tour de France comme apprenti chaudronnier, il a loué à Paris une chambre de bonne et il est entré chez Derosne, un pharmacien qui s'est lancé, quai de Billy[39], dans la distillation de la betterave, puis de la canne à sucre. En quelques années, Derosne fait de Jean-François Cail son chef d'atelier, puis son associé, enfin son successeur. Derosne et Cail se diversifient, en 1840, dans la construction de machines à vapeur et de ponts métalliques.

Pressentant le développement des chemins de fer, Jean-François Cail ouvre en 1844 une fonderie à Grenelle et, l'année suivante, une usine de matériel ferroviaire à Denain, qui fournit sept locomotives pour la ligne de Valenciennes à la frontière belge. Les trois années suivantes, il livre quarante-huit locomotives de type Stephenson à la Compagnie du Nord. Les ateliers du quai de Billy les montent à partir de chaudières et de roues en provenance de l'usine de Denain, et de pièces de forge de Grenelle. Faute d'embranchements ferroviaires, les livraisons se font par les rues tortueuses du Paris d'avant Haussmann, avec les embouteillages que l'on imagine.

En 1848, lorsque Jean-François Cail rencontre Thomas Crampton, il emploie déjà deux mille ouvriers entre Paris, Grenelle, encore simple village de banlieue, Bruxelles et

Amsterdam. Son affaire compte déjà parmi les toutes premières entreprises industrielles du royaume. La première Crampton fabriquée par Derosne et Cail entre en service le 25 février 1849, lorsque Louis-Napoléon Bonaparte inaugure la ligne Compiègne-Noyon.

En cinq ans, les Compagnies du Nord et de l'Est commanderont à Cail cent vingt-cinq de ces locomotives qui font l'admiration de Jules Verne : « Il n'y a pas de locomotive Crampton, pas d'étincelle électrique qui puisse lutter avec l'imagination », écrit-il à sa mère. Effectivement, en 1889, une Crampton pulvérisera tous les records de vitesse, à 144 km/h. Elle sera construite à trois cent vingt exemplaires. Son déclin ne commencera que dans les années 1870, avec la vogue des locomotives à deux essieux moteurs. Elle disparaîtra vers 1910. Entre-temps, tandis que Cail le débarrasse de tous les soucis de fabrication et de commercialisation, Thomas Crampton peut se tourner vers d'autres innovations, une machine pour forer un tunnel sous la Manche, par exemple.

Jean-François Cail doit quand même compter, en France, avec deux rivaux, les frères Schneider et Ernest Gouin. Les frères Eugène et Adolphe Schneider, après avoir racheté en 1836 les usines du Creusot, grâce au concours des Boigues et des Seillière, ont livré dès 1838 une première locomotive, une trois essieux, *La Gironde*, au Paris-Saint-Germain et, l'année suivante, ils en ont fourni dix à quatre compagnies différentes. Pour mieux s'assurer des commandes, ils n'hésitent pas à souscrire des actions de compagnies de chemins de fer, telles que le Strasbourg-Bâle, le Paris-Orléans, le Montereau-Troyes et le Paris-Lyon. Au total, de 1838 à 1972, Schneider fabriquera au Creusot près de six mille locomotives, dont cinq mille à vapeur.

Ernest Gouin, lui, est un polytechnicien qui a démarré comme chef des ateliers de fabrication du Paris-Saint-Germain. En 1846, il s'est installé à son compte et, avant même d'avoir achevé la construction aux Batignolles d'une forge et d'ateliers de chaudronnerie et d'usinage, avant même d'avoir dédouané l'outillage importé d'Angleterre, il reçoit des commandes de vingt locomotives, accompagnées d'un acompte substantiel. Polytechniciens pour la plupart, les ingénieurs en chef des compagnies de chemins de fer du Nord, d'Orléans et de Paris-Lyon font confiance à leur jeune camarade.

De juin 1846 à juillet 1851, la construction ferroviaire subit toutefois en France un coup d'arrêt : aucune concession n'est accordée. En 1847, une crise financière ralentit les commandes des grandes compagnies de chemins de fer. Le Paris-Lyon, concédé en 1845 à un groupe animé par Charles Laffitte, suspend ses travaux. L'arrêt de la construction jette sur le pavé les milliers d'ouvriers et entraîne une crise de la métallurgie. Les événements de février 1848 aggravent encore le marasme et obligent Laffitte et Blount à congédier leurs ouvriers sans les payer, ce qui occasionne des manifestations. Ruiné, Edward Blount aide néanmoins la famille de Louis-Philippe à se réfugier à Londres, puis se retire à Saint-Germain. Quant à Charles Laffitte, l'État lui ôte la concession du Paris-Lyon.

Au Nord, un tiers des mécaniciens sont anglais, au Paris-Rouen, la totalité. En février 1848, les ouvriers du rail profitent des événements pour former une société fraternelle d'entraide qui somme les compagnies, sous peine de grève, de renvoyer les mécaniciens anglais. Devant leur refus, les mécaniciens français se mettent en grève mais sont immédiatement remplacés et les gendarmes brisent toutes les tentatives pour intimider leurs remplaçants. La lutte reprend. Les tractionnaires, énervés, se préparent à continuer « leur guerre de Cent Ans ». À Sotteville, des bagarres éclatent dans les rues. Le meneur est un chef d'atelier français, un certain Darcq, bientôt surnommé « Jeanne d'Arc » ou « La Pucelle ». La grève s'étend aux lignes de Paris à Versailles rive droite et de Paris à Saint-Germain, mais se termine après la répression de juin 1848. Les grévistes sont licenciés, la Société fraternelle dissoute.

À la faveur des événements de 1848, les ouvriers de Derosne et Cail se sont mis en grève et ont obtenu de la Commission du gouvernement pour le travail, présidée par Louis Blanc, un théoricien du socialisme, le droit de se constituer en association. Jean-François Cail met ses ateliers et ses matières premières à leur disposition, mais refuse de se mêler de l'exécution du travail et se contente de leur passer commande de travaux pour un prix convenu d'avance. Le nivellement des salaires incite les meilleurs à quitter l'entreprise, la participation aux manifestations développe l'absentéisme. La production s'effondre. Les ouvriers, démoralisés, prononcent la dissolution de l'association. Jean-François Cail reprend les rênes de l'affaire.

La technique anglaise à l'assaut de l'Europe

Les Anglais dominent complètement les chemins de fer de l'Europe entière. Ils fournissent les ingénieurs, les contremaîtres pour les chantiers, les mécaniciens pour la conduite des trains, les rails, le matériel roulant. Les Stephenson, en particulier, vendent des locomotives à toute l'Europe. Pas seulement à la France, mais aussi au royaume de Naples, à la Belgique, à la Bavière, à la Russie.

Dès la séparation de la Belgique et de la Hollande, en 1830, le roi des Belges, Léopold Ier, cherche une alternative au transport fluvial qui met la Belgique dans la dépendance de son voisin. Après quatre ans de débats animés au Parlement, où l'on entend soutenir « qu'on ne pourra respirer normalement à grande vitesse », il est décidé de constituer un réseau de chemin de fer en étoile autour de Malines, en direction de Bruxelles au sud, Anvers au nord, Gand et Ostende à l'ouest, Louvain et Liège à l'est. Devant le désintérêt marqué par le secteur privé, l'État le construira et l'exploitera lui-même. On fait appel à Stephenson pour étudier le tracé et fournir la plupart des locomotives.

La première ligne, Malines-Bruxelles, soit vingt kilomètres, sera exploitée en traction à vapeur et destinée au service des voyageurs, exactement comme le Liverpool and Manchester. Le jour de l'inauguration, le 5 mai 1835, la *Flèche* et la *Stephenson*, deux 110 de Stephenson, prennent le départ de

Bruxelles avec sept wagons chacune, suivies de l'*Éléphant*, une 120, de Taylor, qui en tire seize. Au retour, l'*Éléphant*, à elle seule, tire les trente wagons avec leurs mille passagers.

À partir de 1842, les capitaux anglais prennent le relais de l'État belge et financent la plupart des lignes nouvelles, notamment Anvers-Gand et Namur-Liège, où une locomotive Crampton bat le record de vitesse.

En 1830, les Allemands n'ont qu'une seule voie ferrée. Elle est à traction animale et ne sert qu'au transport du charbon d'une mine de la Ruhr. En 1833, deux négociants de Nuremberg financent une ligne de six kilomètres jusqu'à Fürth, pour transporter les journaux, la bière, mais aussi les voyageurs. Ils chargent un ingénieur français au service de l'État bavarois, Paul Camille Denis[40], de construire cette petite ligne à l'écartement standard 1 435 mm. Les rails et les wagons sont achetés en Allemagne, mais le pays n'ayant aucun industriel capable de fournir des locomotives, Stephenson livre en pièces détachées une 110, l'*Adler*, et missionne un mécanicien, William Wilson, pour la conduire. Le 8 décembre 1835, l'inauguration de la ligne remporte un franc succès, un service régulier est aussitôt établi toutes les heures. Cependant, le charbon importé de Saxe par la route coûte fort cher. Aussi, les premières années, on se contente de faire circuler la locomotive deux heures par jour. Le reste du temps, on fait appel à la traction animale, qui ne sera complètement abandonnée qu'en 1863.

Le premier chemin de fer autrichien à traction vapeur est la ligne de treize kilomètres ouverte en 1837 de Vienne Florisdorf à Wagram. Un aristocrate, fait assez rare en ce domaine, le comte Franz-Anton von Gerstner, avait déjà mis en service une ligne beaucoup plus longue, deux cent cinquante kilomètres, à traction animale, de Gmunden, en Basse-Autriche, à Budweis, la ville de la bière, en Bohême, avec une réserve de six cents chevaux. Chacun tirait sur rail deux ou trois wagons trois fois plus vite que sur route. Le trajet de Linz à Budweis, cent vingt-neuf kilomètres, prenait quatorze heures.

Ces wagons, à roues à rayons de bois et moyeux de fer, étaient assez légers et transportaient du sel, des chevaux ou... des voyageurs, que des paysans distrayaient en cours de route en jouant de l'harmonica ou de l'accordéon. Ce chemin de fer à traction chevaline était si populaire qu'on ne retira les chevaux qu'en 1872. Mais sa construction ayant coûté plus cher que prévu, Franz-Anton von Gerstner eut des démêlés avec ses financiers.

Plutôt que de mettre la main à la poche, il préféra chercher fortune ailleurs et proposa au tsar Nicolas Ier de construire des chemins de fer en Russie. Il donnait en exemple, outre le Gmunden-Budweis, le Liverpool-Manchester, qui activait le commerce et avait notoirement aidé à acheminer des troupes pour réprimer une insurrection en Irlande. Le genre d'argument auquel un tsar ne pouvait rester insensible.

Franz Anton von Gertsner offrait de construire à ses frais une ligne de Saint-Pétersbourg à Moscou mais demandait en échange un monopole de vingt ans sur les chemins de fer russes, la concession de terres en bordure de voie pour y établir des auberges, et cinquante ans d'exemption fiscale.

Il existait déjà dans les mines de l'Oural plusieurs chemins de fer tirés par des chevaux. Cherepanov père et fils, deux serfs au service du prince Demidov, y avaient même construit deux locomotives à vapeur et une ligne de trois kilomètres entre une mine et un haut-fourneau. Mais qui se serait intéressé à des serfs ?

Le tsar diligenta une enquête sur l'exploitation, particulièrement en hiver, du Gmunden-Budweis. En fin de compte, il concéda à Franz Anton von Gestner une ligne expérimentale d'une vingtaine de kilomètres, de Saint-Pétersbourg à Tsarkoié Selo. Franz Anton von Gertsner la construisit avec le plus grand soin et importa des locomotives de Robert Stephenson, de Timothy Hackworth et d'un nouveau constructeur, un Anglais établi en Belgique, John Cockerill[41].

Mise en service en 1837, la ligne eut un grand succès, mais Nicolas Ier préféra garder le contrôle de la ligne principale, celle de Saint-Pétersbourg à Moscou. Selon la légende, il fixa lui-même le tracé en tirant à la règle un trait sur une carte.

Soit défaut de la règle, soit faux mouvement du tsar, le trait fit un petit zigzag sur la carte qui se traduisit sur le terrain par un détour de quinze kilomètres. Personne n'osa faire la moindre remarque. La voie fit effectivement ce détour de quinze kilomètres.

Nicolas Ier envoya ensuite un homme de confiance, le colonel Pavel Petrovich Melnikov, étudier les chemins de fer aux États-Unis, modèle plus facilement transposable à la Russie, tant sur le plan des distances que du climat. À cette occasion, Melnikov rencontra George Whistler et Ross Winans, qui préconisèrent l'écartement à 1 524 mm, peut-être pour gêner un envahisseur[42]. Il les engagea comme consultants. La ligne fut alors construite en huit ans, de 1843 à 1851, et avec un financement russe. Les nobles louèrent à l'État cinquante mille serfs, astreints à travailler sept jours sur sept, du lever au coucher du soleil, sauf par pluie battante. Ils étaient mal nourris, mal logés. Ceux qui se plaignaient étaient fouettés. Plusieurs milliers périrent de malnutrition, de froid ou furent victimes d'épidémies. En 1849, George Whistler mourut aussi du choléra sur le chantier. À l'inauguration, il n'était donc plus là pour surveiller la mise en service. Or, paraît-il, les deux premiers trains à parcourir la ligne entrèrent en collision.

Deuxième partie

Il était une fois dans l'Ouest
1850-1870

En France, Napoléon III donne une vigoureuse impulsion aux chemins de fer, qui mettent un terme aux disettes et amorcent l'exode rural. Non seulement le pays s'affranchit de sa dépendance technique envers l'Angleterre, mais il exporte à son tour sa technologie sur tout le continent. Pendant ce temps, les chemins de fer américains franchissent les Appalaches, puis la Sierra Nevada et les montagnes Rocheuses. Un système ingénieux de concessions foncières encourage des hommes épris d'aventure à entreprendre des chantiers gigantesques. Le télégraphe optimise la signalisation et la circulation des trains.

Le rêve américain

Les premières lignes d'Amérique ne sortent guère du territoire de l'État qui a accordé leur concession : la Caroline du Sud pour le South Carolina Railroad, le Maryland pour le Baltimore and Ohio, le New Jersey pour le Camden and Amboy, le Massachusetts pour les lignes de Boston à Lowell et à Worcester, etc. Le chemin de fer y a été accepté plus vite que dans ceux de New York, de Pennsylvanie ou de Virginie, où des canaux étaient déjà en construction, parfois même en exploitation.

Les années 1851 à 1860 marquent une évolution, avec la traversée des Appalaches par six lignes au départ de Boston, New York, Baltimore et Philadelphie. Depuis les forêts de sapins du mont Katahdin, dans le Maine, la barrière montagneuse s'étire vers le sud-ouest par les Montagnes Blanches du New Hampshire, les Berkshire du Massachusetts, les Adirondacks et les Catskills du New York jusqu'aux Alleghanys de Pennsylvanie, puis grimpe encore plus haut dans les Blue Ridge de Virginie et les Great Smokies de Caroline du Nord, pour s'abaisser ensuite en Caroline du Sud et en Georgie.

Le premier transappalachien est le Boston and Albany, achevé en 1841, suivi du New York and Erie Railroad, qui termine en 1851 la liaison de sept cent dix kilomètres entre New York et Dunkirk, sur le lac Érié. Puis le Pennsylvania Railroad atteint Pittsburgh en 1852, et le New York Central gagne Buffalo en 1853. Pour finir, le Baltimore and Ohio débouche à Wheeling, sur l'Ohio, en 1854.

Au nord des Appalaches, la liaison Portland-Montreal est achevée. Au sud, le South Carolina, de Charleston à Augusta, est prolongé jusqu'à Atlanta par le Central Railroad of Virginia, puis jusqu'à Chattanooga par le Western and Atlantic.

Matthias Baldwin construit en 1856 pour le Pennsylvania Railroad la locomotive Tigre avec ses bronzes polis et son décor de palmiers et de déserts de sable sur fond rouge et vert brillant. Convaincu que le charbon est préférable au bois, il commence à utiliser des chaudières à charbon et remplace la cheminée tronconique par une cheminée droite, cylindrique. Les chaudières à charbon deviennent de plus en plus grosses et puissantes, le tirage moins nécessaire, la boîte à fumée plus compacte. De 1834 à 1954, les Baldwin Locomotive Works construiront soixante-quinze mille locomotives à vapeur. Matthias Baldwin trouve quand même le temps de consacrer tous ses dimanches à faire des lectures publiques de la Bible et une partie de sa fortune à fonder des écoles pour les enfants Noirs. Sa lutte pour l'égalité raciale et l'abolition de l'esclavage lui vaudra d'ailleurs un sévère boycott de la part des Sudistes.

En Amérique, Samuel Morse a inventé le télégraphe électrique à peu près au même moment que Cooke et Wheatstone et posé, en 1844, une ligne télégraphique de Washington à Baltimore, le long du Baltimore and Ohio. Pourtant, il n'y a guère que cinq journaux : le *Journal of Commerce*, le *Courier and Enquirer*, la *Tribune*, l'*Express* et le *Sun*, à tirer parti de cette invention. Comprenant qu'au lieu de se borner à imprimer les nouvelles locales, ils vont pouvoir diffuser l'actualité, ils constituent un bureau commun d'informations télégraphiques, l'Associated Press, qui va bientôt créer son propre réseau de télégraphe.

Moins réactives, les compagnies de chemins de fer saisissent tardivement l'intérêt de ce nouveau moyen de communication pour améliorer leur exploitation, actionner des signaux, donner des informations et des ordres, et réduire du même coup la fréquence des accidents. Les trains circulent généralement dans les deux sens sur la même voie et sont contraints de stationner longuement dans l'attente du convoi en sens inverse, d'où des retards incessants. Beaucoup de compagnies refusent néanmoins au télégraphe le droit de planter ses poteaux et de dérouler ses fils le long des rails.

Les choses ne vont vraiment changer qu'en 1851, après que le New York and Erie Railroad ait pris Charles Minot pour directeur. Bourru, direct, mais très familier et cordial avec son personnel, l'esprit curieux, il s'intéresse énormément au travail d'Ezra Cornell, un associé de Samuel Morse, qui construit une ligne télégraphique à travers champs dans le sud de l'État de New York. Les deux hommes se parlent. Minot finit par convaincre son conseil d'administration de concéder à Cornell une servitude de passage pour installer son télégraphe le long du chemin de fer. Il signe même avec lui un contrat de partenariat. Les ouvriers du chemin de fer poseront la ligne avec le matériel de Cornell et ils l'entretiendront. Les chefs de gare et leur personnel feront marcher le télégraphe. En contrepartie, ils pourront l'utiliser gratuitement pour les besoins du service. Cela leur permettra, explique Minot, de connaître à distance la composition et le chargement des trains de marchandises et de gagner un temps précieux pour le triage et le transbordement.

Les circonstances vont bientôt donner à cet accord une tout autre portée. Le 22 septembre 1851, Charles Minot voyage en train dans le sens est-ouest, de New York en direction de Dunkirk. Arrivé à la petite gare de Turner, son train est bloqué sur une voie de garage dans l'attente de l'express en provenance de Dunkirk, classé prioritaire. Pour éviter les accidents sur voie unique, le règlement définit les priorités et impose d'attendre l'arrivée du train en sens inverse s'il est prioritaire. Si celui-ci n'arrive pas, le train immobilisé ne peut repartir qu'après une heure d'attente, et encore à petite vitesse et muni d'un drapeau. De plus, dès qu'il aperçoit le prioritaire, il doit faire marche arrière jusqu'à la plus proche voie de garage. Les instructions sont formelles.

Après quelques minutes, Charles Minot, particulièrement pressé ce jour-là, s'impatiente. Il descend au bureau du télégraphe installé dans la gare et envoie une dépêche au chef de gare de Goshen, la station suivante, vingt-quatre kilomètres plus loin :

« Le train en sens inverse est-il arrivé ?

— Non.

— Arrêtez-le jusqu'à nouvel ordre. Nous arrivons. »

Aussitôt, il ordonne à Isaac Stewart, le mécanicien, de mettre en route :

« Continuez jusqu'à Goshen, ne tenez pas compte de l'autre train.

— C'est de la folie », répond Stewart, qui refuse d'obtempérer et de transgresser le règlement.

On le comprend. Mais Charles Minot monte dans la locomotive et prend les commandes. Affolé, Stewart se réfugie à l'arrière du wagon de queue tandis que son patron conduit lui-même le train jusqu'à Goshen. À Goshen, le retardataire n'est toujours pas là. Charles Minot télégraphie alors à Middletown, la gare suivante. Même scénario. Même consigne. Le train repart pour Middletown, et de là pour Port Jervis, où il arrive en même temps que celui en sens inverse. On a évité une heure de retard.

Une semaine plus tard, tous les chefs de gare du New York and Erie Railroad reçoivent de nouvelles consignes : désormais, le mouvement des trains sera optimisé par échange de dépêches télégraphiques. Bientôt, les autres compagnies suivent l'exemple. Désormais, on utilise le télégraphe pour régler le mouvement des trains et minimiser les conséquences d'un retard. Les partisans de l'alliance avec le télégraphe surmontent l'indifférence des dirigeants les plus obtus. Les nouvelles lignes de chemins de fer laissent implanter les poteaux télégraphiques sur leur bas-côté. Réciproquement, le personnel des agences télégraphiques hébergées dans les gares donne la priorité aux messages de service, gratuits, sur les messages payants de leur clientèle. D'ailleurs la plupart des employés de la Western Union, le géant du télégraphe, sont en réalité des employés de la centaine de compagnies de chemins de fer avec lesquelles elle a des accords. Partout, on se sert du télégraphe pour annoncer l'arrivée des trains, régler leur mouvement. Du même coup, on accroît la fréquence et le trafic. Et, le long des voies ferrées du monde entier, le paysage se couvre de poteaux et de fils télégraphiques.

Un garçon de quinze ans, le plus grand inventeur de tous les temps, sut très vite tirer parti du télégraphe. C'est Thomas Edison[43].

En 1859, le Grand Trunk Railroad arriva à Port Huron, où Tom habitait avec ses parents. Il avait alors douze ans, l'âge où beaucoup d'enfants commençaient à travailler. Sa famille était pauvre. Lui, voulait gagner sa vie pour être indépendant et faire ce qui l'intéressait : des expériences scientifiques.

Son père lui trouva un emploi de vendeur ambulant dans le train qui partait de Port Huron à 7 h 15 et arrivait à Detroit quatre heures plus tard, après de nombreux arrêts. Au retour, le train partait à dix-huit heures et Tom rentrait à la maison vers vingt-deux heures.

La locomotive rutilante avait un chasse-neige en « V » et sa haute cheminée crachait des tourbillons de fumée. Les quatre wagons de bois à classe unique, sans compartiments, étaient chauffés chacun par un poêle. Tom déambulait au milieu de l'allée centrale avec un panier presque aussi grand que lui. Il offrait des sandwiches et des pommes, des cacahuètes et du pop-corn, ainsi que des journaux. Il y avait toutes sortes de voyageurs : fermiers, ouvriers, touristes, immigrants. L'enfant aimait discuter avec eux. Le soir, il rapportait un dollar à sa mère, et ce travail développait son esprit d'initiative.

« C'était le meilleur moment de ma vie, dira-t-il. Je n'étais pas sourd, j'entendais encore le chant des oiseaux. J'étais déjà mon propre maître, sans connaître pour autant les ennuis de l'existence[44]. »

Le gamin passait les longues heures d'attente à Detroit à la bibliothèque municipale, lisant tout ce qui lui tombait sous la main. Puis il courait au *Detroit Free Press* acheter les journaux pour les revendre dans le train du soir. Tom en profitait pour observer les journalistes et les typographes. Pourquoi, se dit-il, ne pas éditer et diffuser son propre journal ? Après avoir déniché une petite presse d'occasion, il se procura des caractères, du papier et de l'encre et installa un atelier dans le fourgon.

Pendant le long arrêt à Detroit, il se mit à imprimer son propre hebdomadaire, le *Grand Trunk Herald*, la feuille d'avis du Grand Trunk. Au lieu de compiler les articles parus dans les autres journaux, il se fit une spécialité de faits divers colportés dans les gares des petites villes sur la ligne. Il les complétait avec des annonces pour les auberges locales, les horaires de correspondance avec les omnibus à cheval, sans oublier les avis d'objets trouvés et les faire-part des familles de cheminots. Chaque jour, il réussissait à en vendre en moyenne trois cents exemplaires au prix de trois cents. La vente du *Detroit Free Press* était plus fluctuante. Tom devait évaluer le nombre de journaux qu'il pourrait diffuser le soir même. S'il n'en prenait pas assez, il manquait des ventes ; s'il en prenait trop, ils lui restaient sur les bras. Pour viser juste, il allait en salle de composition tâcher d'apercevoir les gros titres du prochain numéro. Or, pendant la guerre de Sécession, Tom observa qu'à l'annonce de chaque bataille, les familles des soldats angoissées achetaient le journal. Un après-midi de 1862, en regardant les épreuves, Tom apprit que Nordistes et Sudistes se livraient une terrible bataille à Shiloh[45], dans le Tennessee. On parlait de dizaines de milliers de morts. L'issue était incertaine.

« L'occasion me sauta aux yeux, raconta plus tard Edison. Je pouvais faire une vente considérable. À condition de créer le suspense tout le long du trajet en prévenant les gens qu'il y avait un événement. J'eus alors une idée. J'allai voir le télégraphiste de la gare de Detroit : serait-il d'accord pour demander par télégraphe à chaque chef de gare de recopier la nouvelle de la bataille ? À la craie, sur l'ardoise, près du guichet, là où s'affichait normalement l'horaire des trains. En échange, je m'engageai à lui fournir gratis pendant six mois *Harper's* et le quotidien du soir. Marché conclu. J'allai ensuite au bureau du *Detroit Free Press* demander mille cinq cents exemplaires à crédit[46]. »

À crédit ? On les lui refusa. Le journal ne faisait pas crédit et, d'ailleurs, Tom ne prenait jamais plus de cent ou deux cents exemplaires. Tenace, il ne se tint pas pour vaincu. On lui avait dit que le directeur, plutôt partisan des Sudistes, souhaitait la fin des combats. Peut-être aimerait-il que l'on répande des nouvelles propres à donner raison aux pacifistes ? À force d'insister, Tom réussit à s'introduire dans son bureau.

« Il m'écouta sans rien dire et m'examina longuement, de la tête aux pieds. J'étais pauvrement habillé. Il hésita, puis me donna un papier : "Descends avec ça, on te donnera ce que tu demandes." Je pris mes mille cinq cents exemplaires. Je trouvai deux garçons pour m'aider à les plier et je partis avec le train. »

Le télégraphiste avait tenu parole. À la première gare, Utica, il vendait d'habitude deux exemplaires. À l'arrêt, il crut à une émeute : la foule se pressait sur le quai, chacun voulait son journal. Le temps que le train reparte, il en avait vendu cent deux, à cinq *cents* pièce. Mount Clemens, la gare suivante, était pleine de monde, il en vendit trois cents à dix *cents*.

Et cela continua jusqu'à Port Huron. Cinq cents mètres avant l'arrêt, là où le train commençait à ralentir, il y avait au bord de la voie une butte qu'il avait rehaussée de sacs de sable. C'est là qu'il avait l'habitude de sauter en marche et qu'un camarade l'attendait avec un cheval et une charrette. Cette fois, il continua jusqu'au terminus, assit un gosse sur les journaux restants, pour éviter le chapardage, et lança : « Vingt-cinq *cents* ! Messieurs, je n'en aurai pas assez pour tout le monde ! » On se les arracha.

En rentrant chez lui, il passa devant l'église, remplie de fidèles pour le service du soir. Le porche était ouvert, il cria le gros titre. Instantanément, l'église se vida, les paroissiens surenchérirent pour acheter les derniers exemplaires. À en juger par toutes ces pièces de monnaie, le pasteur n'avait pas encore fait la quête.

Cette histoire lui montra l'avenir du télégraphe : sans lui, il n'aurait jamais réussi son coup. Il décida aussitôt de se faire télégraphiste.

L'occasion se présenta bientôt. À l'ère du chemin de fer à voie unique, le télégraphe était essentiel à la sécurité. Afin d'éviter les collisions, le chef de gare s'en servait pour signaler le départ du train à son collègue de la gare suivante. Tom bricola chez un armurier de Detroit un émetteur et un récepteur et les fit essayer au chef de gare de Mount Clemens, un certain MacKenzie, avec lequel il sympathisait.

Un jour où tous deux étaient occupés à l'appareil, MacKenzie oublia de surveiller Jimmy, son petit garçon de trois ans, qui jouait sur le quai. Soudain, Tom se retourna pour regarder manœuvrer un wagon décroché par une locomotive, et s'aperçut avec horreur que l'enfant, inconscient du danger, était descendu sur la voie. Le wagon roulait seul, lentement, inexorablement. Aucun moyen de freiner, un malheur allait arriver. Tom jeta sa casquette et les journaux qu'il avait sous le bras. Sans une hésitation, il bondit sur la voie, au péril de sa vie. D'extrême justesse, il réussit à prendre l'enfant dans ses bras, évitant l'accident[47].

Comment remercier le sauveteur de son fils ? MacKenzie n'était pas riche. Il offrit au jeune Edison de le prendre en pension et de lui enseigner la pratique du télégraphe avec toutes les astuces et les abréviations usuelles. Tom ne demandait pas mieux. Son ouïe sélective le rendait sourd aux autres bruits, il n'entendait que le cliquetis de l'appareil posé sur la table. Aussi, au bout de quelques semaines, il avait dépassé son professeur.

On manquait d'opérateurs de télégraphe. Celui de Port Huron, attiré par l'offre d'une forte prime de risque, était parti suivre l'armée nordiste. Tom avait maintenant seize ans. C'était encore bien jeune, mais MacKenzie lui fit obtenir le poste. L'hiver suivant, le gel et la glace rompirent le câble qui reliait Port Huron à Sarnia, la gare suivante, sur la rive canadienne du lac Saint-Clair. Tom fit venir une locomotive jusqu'au bord du lac gelé, pour siffler les messages en morse. En face, les Canadiens, intrigués, se demandaient ce que cela pouvait bien signifier. Leur télégraphiste finit par comprendre et une locomotive avança à son tour pour siffler son message de réponse.

Soixante-cinq ans plus tard, trois jours avant le krach d'octobre 1929, Henry Ford offrit une fête en l'honneur de son vieil ami Thomas Edison. Henry Ford, un sentimental caché sous des dehors rigides, était attaché au passé et aux valeurs traditionnelles. Il venait d'édifier à Dearborn, sa ville natale, un immense musée des *Americana*, pour lequel il avait transplanté ou reconstitué plusieurs bâtiments historiques et réuni des spécimens de toutes les inventions américaines. Parmi tous les inventeurs, Edison était celui qu'il vénérait le plus. Il était le père de l'électricité, comme Watt, un siècle plus tôt, avait été celui de la vapeur. Aussi Henry Ford avait-il décidé de faire coïncider l'inauguration de son musée avec le cinquantième anniversaire de l'invention de la lampe à incandescence.

Le grand jour, cinq cents personnalités, conduites par le président Hoover et son épouse, arrivèrent par train spécial. Les Ford, accompagnés par les Edison, allèrent les accueillir à la gare de Dearborn. Ils les firent monter dans un train de l'époque héroïque, tiré par une antique locomotive à vapeur. Au court du bref trajet, un gamin apparut avec un panier plein de journaux et de victuailles. Thomas Edison, qui avait maintenant quatre-vingt-deux ans, le lui prit des mains et alla de l'un à l'autre en criant, comme jadis : « Bonbons, pommes, sandwiches, journaux ! » « Je prends une pomme », dit le Président. Et il donna une pièce de monnaie. On rejouait le rêve américain[48].

Les dirigeants des compagnies de chemins de fer n'avaient pas tous été aussi prompts que Charles Minot et Thomas Edison à tirer parti du télégraphe. En revanche, ils réagissent au quart de tour aux possibilités nouvelles ouvertes par le crédit hypothécaire. Au Middle West, le domaine public possède six cents millions d'hectares de terres inhabitées et incultes. Loin de tout chemin de fer et donc de tout marché, elles trouvent rarement preneur, même à 30 ou 40 cents l'hectare. Alors, pourquoi ne pas en concéder une partie aux promoteurs de nouveaux chemins de fer ? Leur offrir un gage sur lequel emprunter pour construire, puis un moyen de rembourser ? Déjà, quinze ans plus tôt, les dirigeants du New York and Erie ont proposé au gouvernement fédéral d'assurer le transport gratuit de la poste moyennant l'attribution de terres que le chemin de fer mettrait en valeur. On n'a pas donné suite, mais l'idée a cheminé dans les esprits.

L'idéal serait de découper les concessions en bandes alternées en damier de part et d'autre de la voie. La colonisation et la mise en valeur le long du chemin de fer valoriseraient les parcelles conservées par le gouvernement fédéral et par les états tout autant que celles abandonnées aux compagnies concessionnaires. Les pouvoirs publics leur feraient cadeau de la moitié de ce qui ne vaut rien, mais feraient à la longue une considérable plus-value sur la moitié conservée. Tout le monde y gagnerait.

Tel est le raisonnement. Celui, en tout cas, d'un jeune sénateur, Stephen Douglas, désireux de sauver l'Illinois central, au bord du dépôt de bilan. Après s'être assuré le soutien de Sudistes en proposant une mesure identique au profit du Mobile and Ohio, il amorce le système des concessions de terres. En février 1851, la législature de l'Illinois concède à l'Illinois central un million d'hectares du domaine public, moyennant la construction d'un chemin de fer de Chicago à Cairo, au confluent de l'Ohio et du Mississippi. La concession consiste bien en bandes de terrains alternées, de seize kilomètres de profondeur, de chaque côté de la ligne. Une condition : la ligne doit être achevée dans les cinq ans, faute de quoi les terres seront restituées à l'État. Payables à crédit sur six ans, elles trouvent très vite preneur de douze à soixante dollars l'hectare. Les promoteurs du Hannibal and Saint Joseph suivent l'exemple et obtiennent également la même année une concession de terrains pour une ligne vers l'Ouest.

Les dix années suivantes, douze États surenchérissent les uns sur les autres et distribuent aux compagnies de chemins de fer un total de douze millions d'hectares. Le Texas détient le record en concédant plus du sixième de son territoire. Voilà comment aux États-Unis, malgré une capacité financière encore largement inférieure à l'Europe, et une population qui n'atteint pas 5 % de la population mondiale, le secteur privé a pu construire dans les années 1850 autant de chemins de fer que tous les autres pays du monde réunis. Trois fois moins chers que les transports routiers, à peine plus chers que la voie d'eau, souvent gelée trois à quatre mois par an, plus rapides que l'un et l'autre, les chemins de fer américains accaparent le transport du bétail, du lait, des produits laitiers. Les échanges ne se font plus dans le sens nord-sud, en suivant l'Ohio et le Mississippi, mais est-ouest. Ceci influencera de façon dramatique l'issue du conflit qui va déchirer l'Union.

Les cravates de Sherman

À peine les locomotives ont-elles gagné en dimension et en puissance et le réseau a-t-il atteint le Mississippi, que la nation est secouée par la menace d'une guerre civile entre le Nord et le Sud. Les élections présidentielles de 1860, la victoire d'Abraham Lincoln et du parti républicain, antiesclavagiste, incitent les États du Sud, entraînés par la Caroline du Sud, à se retirer de l'Union en 1861 pour former la Confédération. La frontière entre les États de la Confédération et ceux de l'Union passe au nord de la Virginie, du Tennessee et de l'Arkansas

Sans les chemins de fer, le Middle West aurait eu pour débouchés naturels les fleuves Mississippi et Ohio, qui coulent vers le Sud. Aussi se serait-il sans doute rangé du côté des Sudistes. Or, à l'heure du choix, le lien le plus fort, ce sont les chemins de fer, qui ne les relient qu'au nord-est. La dépendance économique fait pencher la balance du côté des Nordistes. La guerre de Sécession est ainsi la première guerre où le rail joue un rôle important, tant du fait des lignes préexistantes que de la construction de nouvelles lignes dédiées à la guerre.

Chaque fois qu'il s'agira de transporter et de ravitailler les armées sur de vastes distances, le chemin de fer sera l'une des clefs de la victoire. Très vite, le train à vapeur et le télégraphe électrique sont mis au service des armées. Tous les trains disponibles sont utilisés pour les transports de troupes, on blinde des wagons, on y monte des canons pour protéger les ouvriers qui réparent les voies et les ponts endommagés par l'ennemi. La première bataille, Bull Run, en juillet 1861, tourne à l'avantage des Confédérés grâce à l'arrivée massive de renforts par rail.

Dès le début, les voies ferrées constituent une cible pour l'un et l'autre camp. Le pont de Harper's Ferry, sur le Baltimore and Ohio, détruit en 1859 par le raid de John Brown[49], est reconstruit et détruit à nouveau en 1861 par Stonewall Jackson. Un autre raid de Jackson, à Martinsburg, détruit quarante-quatre locomotives du Baltimore and Ohio, et la ligne est sabotée à maintes reprises par les Confédérés. Plus au sud, le Norfolk and Petersburg et le South Side Railroad sont l'objet de destructions systématiques, tandis que des batailles se déroulent tout au long de leur parcours. Un peu partout, des commandos attaquent le matériel roulant et les installations, détruisent les ponts, coupent les lignes télégraphiques, arrachent les voies pour paralyser les communications de l'adversaire.

Plus des deux tiers des voies ferrées – trente-deux mille kilomètres – se trouvent au Nord, où elles forment un ensemble à peu près cohérent. Tel n'est pas le cas au Sud, où le réseau de quatorze mille kilomètres, développé par morceaux, est constitué de voies courtes. Sa seule route d'Est en Ouest, de Richmond à Memphis, fait un long détour par Chattanooga et le sud du Tennessee.

La production de rails, de locomotives et de wagons est presque exclusivement concentrée dans le Nord, tandis que les Confédérés – qui ont reconverti en fabrique de canons leur principale usine de locomotives, les Tredegar Iron Works, près de Richmond en Virginie – ne parviennent pas à se réapprovisionner en rails et en matériel roulant. C'est pour eux un sérieux handicap. On le voit bien en juillet 1862, lorsque le lieutenant général James Longstreet transporte son corps d'armée de douze mille hommes de Tupelo, au nord-est du Mississippi, jusqu'à Chattanooga. Un détour obligé par

Mobile, sur la côte du golfe du Mexique, triple pratiquement la distance. « Jamais auparavant, dit-il, on ne vit tant d'hommes de troupe déplacés sur tant de chemins de fer endommagés. Jamais on ne vit de trains composés d'une manière aussi folle, avec un mélange de voitures pour voyageurs, de fourgons à bagages, de tombereaux à charbon, de wagons plates-formes et de wagons à marchandises de toutes sortes, vacillant sur des voies qui ripaient. Mais nous y arrivâmes quand même. »

Le Nord, au contraire, pratiquement jamais envahi, peut transporter troupes et matériel sans interruption et maintenir son commerce. Les différences d'écartement et les rivalités entre compagnies amènent cependant le Congrès à placer en 1862 les chemins de fer sous le commandement d'une autorité militaire, l'United States Military Railroad, qui, sous la poigne énergique de Daniel Mac Callum, pose mille quarante kilomètres de voies nouvelles, construit de nombreux ponts et finit par contrôler trois mille deux cents kilomètres de voies, quatre cents locomotives et six mille wagons. Les deux dernières années de la guerre, il est en mesure de transporter rapidement des armées entières. En septembre 1863, les Nordistes réussissent ainsi à déplacer en douze jours vingt-trois mille hommes et leur artillerie de Washington à Chattanooga, à mille neuf cents kilomètres, pour délivrer le général Rosencranz, assiégé dans cette ville.

Plus d'une fois, selon les vicissitudes de la guerre, les lignes de chemins de fer changent de mains. Les Nordistes reconstruisent les voies détruites par les Sudistes, puis les arrachent en battant en retraite, et alors les Sudistes les rétablissent, et vice-versa. Certaines lignes sont détruites et reconstruites six fois.

En 1864, la chute d'Atlanta, important nœud ferroviaire, marque un tournant dans la guerre. La destruction de la gare et des lignes qui rayonnent autour de la ville retire brutalement aux troupes sudistes toute possibilité de mouvement stratégique. Conscient de la vulnérabilité aux sabotages de sa ligne de ravitaillement et de l'importance des effectifs à échelonner pour la défendre, le général Sherman change rapidement de stratégie et, tout en poursuivant sa marche vers le golfe du Mexique, il coupe délibérément les voies derrière lui et vit sur le terrain aux dépens des populations occupées.

Les rails de l'époque, en fer, pas encore en acier, sont relativement légers. Sans trop de mal, on peut en arracher quelques kilomètres, élever un bûcher avec des traverses et jeter les rails dans la fournaise, où ils se tordent et deviennent inutilisables, même refroidis. Peu à peu, les armées des deux camps amènent dans leurs offensives des forgerons pour réchauffer et redresser les rails tordus. Alors, pour parachever son œuvre d'anéantissement, chaque adversaire fait méthodiquement de petits feux au milieu du rail ; une fois tordus, les rails sont traînés jusqu'à un arbre et enroulés autour de lui. Ainsi, le long des voies, des milliers et des milliers d'arbres se revêtent de colliers de fer, « les cravates de Sherman ».

La fin de la guerre, en 1865, laisse le réseau du Sud en chaos. Les voies échappées à la destruction pure et simple souffrent comme toute l'économie de la région. Au Nord, au contraire, les chemins de fer ont profité de l'énorme accroissement de trafic dû à la guerre et accompli beaucoup de progrès. On commence à standardiser l'écartement des rails, à les fabriquer en acier, à chauffer les chaudières au charbon et non plus au bois.

Le Mécano de la General

Un des plus fameux épisodes de la guerre de Sécession est le raid de James Andrews. En avril 1862, une division de l'Union, aux ordres du général Ormsby Mitchell, fait mouvement sur Huntsville, Alabama. Un espion et contrebandier, James Andrews, lui propose alors une action de nature à faciliter grandement son offensive : rendre inutilisable la ligne à voie unique du Western and Atlantic Railroad entre la première ligne des Sudistes, Chattanooga, et leur base arrière, Atlanta. Qu'on lui confie un commando en civil, il l'emmènera loin à l'intérieur des lignes ennemies, pour s'emparer d'un train. De là, il remontera vers le nord par le rail et sabotera tout derrière lui, la voie, les ponts, les lignes télégraphiques. Andrews a du répondant, le général accepte.

Un des participants, le deuxième classe William Pittenger, a raconté cette poursuite infernale[50]. Une poursuite sans équivalent dans l'histoire des chemins de fer :

« Nous étions vingt-quatre. On nous avait choisis parmi trois régiments de volontaires de l'Ohio, en nous prévenant qu'il s'agissait d'une mission extrêmement périlleuse. Nous n'en savions pas davantage, mais aucun d'entre nous ne déclina l'honneur qui lui était ainsi fait. Nous dûmes troquer nos uniformes bleus pour des vêtements civils semblables à ceux portés dans le Sud, laisser nos armes et n'emporter que nos revolvers. C'est seulement le soir de notre départ, le 7 avril

1862, à la tombée de la nuit, qu'on nous révéla ce qu'on attendait de nous. Nous devions franchir discrètement les lignes ennemies, pénétrer loin sur leurs arrières et retrouver un certain capitaine Andrews. Avec lui, nous nous emparerions par surprise d'un train ennemi. Une fois à bord, il nous resterait à parcourir cent cinquante miles en terrain sudiste jusqu'à regagner nos lignes. Nous devions donner le change ou maîtriser tous les trains que nous rencontrerions, placer des obstacles, arracher des rails, brûler des ponts. Tous les moyens seraient bons. Une sacrée affaire !

« Certains des nôtres, jugeant trop faibles les chances de succès, réclamèrent l'abandon du projet. Andrews répondit qu'il était résolu à réussir ou à mourir. Il laissa à chacun la possibilité de se retirer mais, par fierté, personne n'en profita pour se défausser.

« Comme il nous fallait pénétrer en territoire ennemi sans nous faire remarquer, on nous divisa en petits détachements de trois ou quatre. Si on nous interceptait, la consigne était de nous faire passer pour des gars du Kentucky désireux de nous joindre à l'armée des Confédérés.

« On avait prévu de mettre trois jours pour se regrouper à Marietta, une petite ville de Georgie où nous devions retrouver Andrews. En fait, nous fûmes retardés une journée entière par la crue des rivières et la boue sur les routes, si bien que nous ne nous retrouvâmes que le quatrième jour. Deux de mes camarades, capturés par l'ennemi, réussirent à cacher leur mission mais ne purent éviter d'être incorporés de force dans l'armée sudiste. Un troisième manqua le rendez-vous et deux autres désertèrent. De sorte qu'au moment de prendre le train à Marietta, nous n'étions plus que vingt, y compris Andrews.

« Nous nous rendîmes au guichet quelques minutes avant l'heure de départ d'un train de voyageurs pour Chattanooga. Là, afin de nous faire passer pour des voyageurs ordinaires, nous achetâmes des billets pour diverses destinations échelonnées sur la ligne.

« Au bout de huit miles, le train arriva à Big Shanty, maintenant Kennesaw. À travers le brouillard, nous aperçûmes un campement de troupes. À l'arrêt, le mécanicien, le chauffeur et la plupart des voyageurs descendirent prendre un petit déjeuner, laissant le train sans garde. La locomotive était la *General*, une 220 de chez Rogers, Ketchum et Grosvenor. Elle avait une chaudière à bois, une cheminée tronconique, et, à l'avant, un phare à huile et un énorme pare-vaches. Elle était sous pression : c'était le moment d'agir.

« Deux d'entre nous, Brown et Knight, bondirent dans la cabine. Deux autres détachèrent les derniers wagons, de façon à ne laisser que le tender et trois fourgons accrochés à la locomotive. Je montai avec mes autres camarades dans le dernier fourgon. Un pied encore sur le rail et l'autre déjà sur le marchepied, Andrews fit signe à Brown et monta à son tour. Une sentinelle sudiste, la carabine à la main, se tenait à quatre mètres de là mais, avant qu'aucun soldat aux alentours ait pu se rendre compte de ce qui se passait et intervenir, tout était réglé. Brown tira la manette du régulateur et l'ouvrit en grand. Les roues de la *General* patinèrent un moment sans avancer puis, avec un bond qui nous secoua dans les fourgons, le petit train s'élança comme une flèche, laissant le camp en proie à un sacré trouble.

« Nous étions sur une voie unique. D'après l'horaire des trains, dont Andrews s'était procuré une copie, nous ne devions en croiser que deux, et tout danger de collision pouvait être évité si nous roulions en conformité avec l'horaire. Après avoir croisé ces deux trains, nous continuerions le plus vite possible jusqu'aux ponts d'Oostenaula et de Chickamauga, que nous réduirions en cendres et, de là, nous traverserions Chattanooga puis Huntsville.

« Le plan semblait merveilleux. Selon toute vraisemblance, il se serait réalisé si nous avions été vendredi comme prévu, au lieu de samedi. Le vendredi, il faisait beau et tous les trains étaient à l'heure. Mais, la veille, des pluies incessantes nous avaient retardés et fait perdre un jour précieux, de sorte que nous nous trouvions le samedi. Or, ce samedi-là, tous les trains réguliers étaient en retard, et deux "supplémentaires" se dirigeaient vers nous, ce que nous n'avions pas prévu.

« Nous poursuivions notre route en toute confiance, nous arrêtant souvent pour tordre des rails, sectionner les fils télégraphiques ou arracher des traverses afin d'avoir de quoi mettre le feu au pont suivant. Lorsque nous devions faire le plein d'eau ou de bois, Andrews répondait à tous ceux qui l'interrogeaient qu'il amenait au général Beauregard[51] un train de munitions. Grâce à ce subterfuge, nous traversâmes sans encombre toutes les gares du pays ennemi les unes après les autres. Cela nous mettait dans un état de jubilation.

« À Etowah, la *Yonah*, une vieille locomotive, faisait le plein d'eau. Pour ne pas alarmer l'ennemi, nous évitâmes d'y toucher. Nous atteignîmes sans incident Kingston, à trente miles de notre point de départ. Un convoi en provenance de Rome[52], attendait sur la voie de garage le passage du nôtre. Apprenant qu'un train de marchandises était également annoncé, nous décidâmes de l'attendre.

« À son arrivée, Andrews vit avec surprise et contrariété qu'il arborait un drapeau rouge, signe qu'un troisième train venait loin derrière. Alors, s'avançant vers le conducteur, il lui demanda, avec un culot monstre : "Qu'est-ce que cela signifie de bloquer comme cela la voie, alors que j'ai l'ordre d'amener ce train de munitions à Beauregard sans perdre une minute ?" La réponse fut intéressante mais pas rassurante pour autant. "Les Nordistes ont pris Huntsville, on dit qu'ils marchent sur Chattanooga, aussi nous la vidons de fond en comble."

« Andrews donna à ce conducteur l'ordre de garer son train, de manière à dégager le plus possible la voie. L'homme s'exécuta aussitôt.

« Le temps nous parut incroyablement long jusqu'à l'apparition du "supplémentaire" annoncé. Quand il fit son entrée, il arborait lui aussi le drapeau rouge ! Trop long pour une seule locomotive, on l'avait divisé en deux et, sans aucun doute, la deuxième moitié du convoi arriverait bientôt. Quatre trains à attendre ! C'était terriblement fâcheux, mais que faire d'autre que de patienter à nouveau ? Pendant une heure et cinq minutes, nous restâmes donc bloqués en gare de Kingston. La situation était extrêmement critique. Enfin, nous entendîmes siffler le quatrième et dernier train. Dès qu'il eût libéré la voie, nous partîmes sans mot dire.

« Cependant survenait un danger inattendu. À Big Shanty, à peine le chef de train, William Fuller, avait-il noué sa serviette autour du cou qu'en regardant par la fenêtre de la gare, il nous avait vus grimper à bord de la locomotive et la mettre en marche. Nul doute : sous l'apparence de civils, nous étions en réalité des espions ou des soldats nordistes. Big Shanty n'avait pas de station de télégraphe. N'ayant plus de locomotive, ce William Fuller s'était lancé à pied à notre poursuite, accompagné de Jeff Cain, le mécanicien, et d'un contremaître des ateliers ferroviaires d'Atlanta, Anthony Murphy, qui se trouvait là par hasard.

« Après deux miles au pas de course, ils avaient atteint la halte de Moon, où ils avaient déniché une de ces draisines d'inspection que l'on fait avancer à bras d'homme. Ils l'avaient mise sur les rails, ils étaient montés dessus et avaient continué la poursuite en pompant sans relâche sur le levier. À Acworth, ils avaient pris au passage deux soldats confédérés qui les avaient aidés à continuer de pomper. Peu avant Etowah, sur une courbe où nous avions arraché un rail, ils avaient aperçu l'obstacle trop tard et roulé dans le fossé.

« Ce contretemps ne les avait pourtant retardés que quelques minutes. Remettant leur engin sur les rails et continuant avec plus de précaution, ils avaient atteint Etowah, où ils avaient trouvé la *Yonah.* William Fuller l'avait réquisitionnée, remise aussitôt en marche, et y avait fait monter quelques soldats rameutés dans les parages. Malgré le danger que d'autres rails aient pu être arrachés, il s'était lancé à toute vitesse en direction de Kingston. Sachant que les trains supplémentaires allaient créer un embouteillage, il pensait que, tôt ou tard, nous serions forcément arrêtés.

« Quatre minutes seulement après notre départ, la *Yonah* était entrée en gare, mais pour se trouver bloquée à son tour par trois trains annoncés en sens inverse. Alors, abandonnant la *Yonah* à bout de souffle, William Fuller avait couru au train venant de Rome. Avec l'aide de Murphy, il avait détaché les wagons, et n'avait gardé que la locomotive, la *Texas*, son tender, qu'il avait rempli de bois de chauffage, et le premier wagon, sur lequel il avait embarqué des soldats sudistes ravis de se joindre à l'aventure. La course avait repris. William Fuller et Anthony Murphy se passaient des bûches de main en main pour charger le foyer, tandis que Jeff Cain guettait tout ce qui pouvait être placé en travers de la voie. Nous n'avions plus que quelques minutes d'avance.

« Peu après Kingston, nous nous arrêtâmes quand même encore une fois pour sectionner la ligne télégraphique. Nous étions occupés à essayer d'arracher un rail, lorsque nous entendîmes le sifflet de la locomotive lancée à notre poursuite. En tirant de toutes nos forces, nous réussîmes à rompre le rail mais, du coup, nous dégringolâmes tous dans le fossé. Nous eûmes juste le temps de remonter.

« À Adairsville, un train mixte – marchandises et voyageurs – attendait en gare, mais on annonçait également un express. Impossible de patienter.

« Nous repartîmes à une vitesse terrible, espérant atteindre avant lui la gare suivante, Colhoun. Nous mîmes neuf minutes à couvrir les quinze kilomètres ! L'express s'apprêtait juste à repartir. En nous entendant siffler, il fit marche arrière pour nous laisser nous engager sur la voie de garage, mais il s'arrêta en plein sur l'aiguillage de sortie. Côte à côte, les deux trains se touchaient presque. Notre arrivée en trombe nous rendait suspects. Avant de libérer la voie, on nous posa beaucoup de questions embarrassantes. Dans le fourgon, nous entendions l'altercation.

« Derrière nous, entre Kingston et Adairsville, nous avions fait une brèche dans la voie. Jeff Cain l'aperçut juste à temps pour faire marche arrière, mais cette fois l'obstacle était insurmontable. Laissant là les soldats, Fuller, Murphy et lui se lancèrent à nouveau dans une course à pied. Deux miles plus loin, ils rencontrèrent le train que nous avions croisé à Adairsville. Bondissant à bord, William Fuller ordonna au mécanicien de faire marche arrière à toute vitesse. Debout sur le toit du fourgon de queue qui, du fait de la marche arrière, se trouvait placé en tête, il lui faisait des signes de main pour le diriger, vingt wagons derrière.

« À Calhoun, une fois encore, Andrews avait raconté son histoire de train de munitions et réclamé, de façon péremptoire, qu'on lui libère la voie. Le receveur sudiste n'avait pas osé lui résister. Si bien que lorsque nos poursuivants, en arrivant à la gare, aperçurent notre *General*, nous étions à nouveau en route. Une fois encore, nous nous arrêtâmes pour couper les fils télégraphiques et arracher la voie. Après tant de frayeurs, cela nous faisait chaud au cœur. Nous avions fait la moitié du chemin. Désormais, la voie devant nous était libre jusqu'à Chattanooga. Passée cette ville, nous avions toutes raisons de croire que nous ne croiserions plus d'autre train avant de rejoindre les lignes de Mitchell. On pouvait encore arracher un rail ou deux. Dans quelques minutes, nous arriverions au pont d'Oostenaula. Nous y mettrions le feu. Le reste du travail ne demanderait que de l'huile de coude. L'ennemi ne pourrait plus rien contre nous. Occupés à arracher un rail, nous avions du cœur à l'ouvrage.

« Et voilà qu'en un instant les rôles se renversèrent. Derrière nous, nous perçûmes au loin le bruit d'une locomotive. Cela grossissait, grossissait. Bientôt, on put distinguer à son bord des hommes bien armés. Pourtant, deux minutes encore, une seule peut-être, suffiraient à arracher le rail sur lequel nous nous escrimions. [...] Cependant, malgré nos efforts désespérés, le rail tenait bon. Nous réussîmes seulement à le tordre. Alors, nous courûmes à notre locomotive et repartîmes comme une flèche. L'ennemi nous poursuivait comme le tonnerre.

« Cette fois, entre adversaires, nous ne nous perdions plus de vue. La course était haletante, excitante. Pour tâcher de gagner du temps et de brûler le haut pont à tréteaux d'Oostenaula, nous détachâmes un wagon, puis un autre. Mais nos poursuivants les poussèrent devant eux. Force nous fut de franchir le pont sans nous arrêter.

« Si les Sudistes ne pouvaient pas nous rattraper, en revanche, ils nous serraient d'assez près pour nous empêcher d'abîmer la voie ou de nous ravitailler en eau ou en bois. Les deux locomotives roulaient au maximum de leur vitesse. Après chaque gare, nous devions couper la ligne télégraphique, pour empêcher l'ennemi d'envoyer une alarme sur notre passage. Nous nous efforcions aussi constamment de trouver un moyen de les faire dérailler ou, tout au moins, d'obstruer la voie afin d'avoir le temps d'incendier le pont de Chickamauga, un peu plus loin. Tout en roulant, nous brisâmes l'arrière de notre dernier fourgon et jetâmes des traverses sur la voie. Nous pûmes ainsi les ralentir et faire le plein d'eau et de bois à deux gares successives. Mais chaque fois que nous commencions à soulever un rail, l'arrivée des Sudistes à portée de fusil nous obligeait à remonter et à repartir à toute vitesse. Le pire, c'était la pluie. La veille, il faisait beau avec beaucoup de vent, un temps idéal pour allumer un feu du diable. Ce jour-là, au contraire, pour incendier un pont, il fallait une quantité de combustible et beaucoup de patience.

« Ainsi, nous foncions, mile après mile, dans cette terrible, cette interminable poursuite, de courbe en courbe, de gare en gare. Dès qu'un virage nous cachait la vue de l'ennemi, nous espérions qu'une de nos embûches avait réussi à le faire dérailler. À nous en débarrasser. Mais on ne tardait pas à voir reparaître la fumée et, chaque fois, un coup de sifflet strident résonnait comme un cri d'oiseau de proie. Nos nerfs étaient à bout. Nous avions beau dévorer les distances, chaque minute semblait durer une heure.

« Un moment, juste derrière une courbe, nous réussîmes à placer un rail en diagonale en travers de la voie. Jeff Cain l'aperçut trop tard pour freiner mais, jouant le tout pour le tout, il accéléra devant l'obstacle. À plus de soixante miles à l'heure, sa locomotive le frappa, sauta en l'air puis, après un moment d'hésitation où chacun à bord dut sentir battre son cœur à tout rompre, elle rebondit sur les rails, flanquant tous ses passagers sur le plancher.

« Avant Dalton, nous pensâmes tendre une embuscade à l'ennemi et nous placer assez près pour que nos revolvers fissent jeu égal avec leurs fusils. Nous aurions réussi, j'en suis à peu près certain. Tel ne fut pas l'avis d'Andrews. Peu après Dalton, nous nous arrêtâmes à nouveau pour couper les fils télégraphiques et placer un obstacle en travers de la voie.

« Tout en sectionnant les fils, nous fîmes un nouvel essai pour soulever un rail, mais l'ennemi, comme d'habitude, allait trop vite. Nous ne disposions que d'une barre de fer à bout pointu. Deux ou trois pinces pour arracher les clous auraient mieux valu et nous auraient permis, pratiquement à la fin de notre raid, de nous échapper et de brûler le pont de Chickamauga.

« Faute d'outils convenables pour endommager le tunnel au nord de Dalton, nous nous contentâmes de lâcher encore quelques obstacles sur la voie puis, changeant de tactique, tout en accélérant assez pour nous donner un peu d'avance, nous démontâmes et mîmes en morceaux les flancs du fourgon, que nous arrosâmes d'un reste de pétrole et des braises retirées de la locomotive. Le temps d'approcher un pont couvert, le feu avait pris. Nous détachâmes le fourgon au milieu du pont. Avec un pénible suspense, nous attendîmes le résultat. Oh ! juste quelques minutes, le temps d'une belle conflagration.

« La vapeur avait encore assez de pression dans notre chaudière pour nous emmener jusqu'au prochain dépôt de bois. Nous espérions y refaire le plein, par la force si nécessaire, afin d'avoir de quoi rouler jusqu'à Chattanooga. Hélas ! nous n'en eûmes pas le temps. Avant que le pont ne fût complètement la proie des flammes, l'ennemi était sur nous, fonçant à travers la fumée et poussant devant lui le wagon en feu.

« Faute de combustible, notre course prit fin peu après Ringgold, à quatre-vingt-dix miles de Big Shanty, soit aux deux tiers de notre mission. Ayant jeté les dernières bûches dans le foyer de la locomotive, n'ayant plus de fourgon à dépecer ni rien à lancer pour obstruer la voie, notre situation était vraiment désespérée. Andrews nous ordonna de sauter et de nous disperser dans les bois. Chacun pour soi.

« On m'a souvent demandé pourquoi nous n'avions pas fait marche arrière pour tamponner l'autre locomotive. C'est que notre objectif n'était pas de tuer, seulement de détruire les communications de l'ennemi, et nous ne voulions abandonner notre machine qu'à la dernière extrémité. Au moment de sauter, nous l'avons mise en marche arrière, mais elle n'avait plus guère de vapeur. Celle des Sudistes n'eut aucune peine à faire aussi marche arrière pour amortir le choc. Les deux locomotives furent bientôt au point mort. Laissant ses hommes commencer la chasse à l'homme, William Fuller continua jusqu'à Graysville, où il obtint le concours d'un escadron de cavalerie. Avec ce renfort, il continua la traque. Plusieurs d'entre nous furent faits prisonniers le jour même, et les autres dans la semaine.

« Alors commença le plus triste épisode de cette aventure. Capturés en civil dans les lignes ennemies, nous fûmes traités en espions et déférés en cour martiale. Andrews et sept des nôtres furent condamnés à mort et fusillés. Avec les survivants, nous avons réussi à maîtriser en plein jour notre sentinelle et à nous échapper d'Atlanta. Avec sept camarades, j'ai pu regagner les lignes des Nordistes. Les six autres ont été repris et sont restés prisonniers un an avant d'être échangés. Nous avons tous reçu des médailles et des promotions, nous de nos chefs, et nos poursuivants des leurs. Ironie de l'histoire, après la paix, ils ont aussi été présentés au président Lincoln. »

Crazy Judah

L'élection d'Abraham Lincoln à la présidence des États-Unis et la guerre de Sécession n'ont pas eu pour seule conséquence l'abolition de l'esclavage. Elles ont aussi débloqué le projet du premier chemin de fer à travers le continent américain. Un bond de deux mille neuf cents kilomètres des rives du Mississippi à celles du Pacifique, par-dessus les étendues quasi inhabitées des Prairies, des Rocheuses et de la Sierra Nevada.

Abraham Lincoln, ancien avocat de l'Illinois central et du Rock Island Railroads dans les années 1850, s'intéresse beaucoup aux chemins de fer. Mais il y a plus. Dès son élection, l'avenir de l'Union lui a paru compromis par le risque de sécession des États du Sud. Qu'allaient donc devenir ceux de l'Ouest ? La Californie et l'Oregon feraient-ils bande à part ou, pire encore, cause commune avec les Sudistes ? Il devenait urgent de les relier par chemin de fer au reste de l'Union. Voilà pourquoi ce projet de transcontinental en attente depuis quinze ans a fini par être débloqué.

Depuis quinze ans, Asa Whitney, d'abord, Ted Judah, ensuite, suent en effet sang et eau pour cette grande et belle aventure. Comme beaucoup de contemporains, c'est en prenant le Liverpool and Manchester Railway qu'Asa Whitney a eu la révélation du chemin de fer, au cours d'un voyage d'affaires en Angleterre en 1830. Cette expérience l'a marqué pour la vie.

En 1844, encouragé par la signature d'un traité de commerce avec la Chine, il décide d'aller prospecter sérieusement le marché chinois. Histoire aussi de se changer les idées après la mort de sa femme. Cela commence plutôt mal : la traversée à la voile dure cent cinquante-trois jours interminables et la brutalité du capitaine envers l'équipage le révolte. En revanche, son séjour de dix-huit mois en Chine lui rapporte assez d'argent pour pouvoir prendre sa retraite à son retour et se vouer à une cause exaltante.

En bon Américain, il pense qu'on peut aider son prochain en créant un business. Pas n'importe lequel. Un business à grande échelle avec la Chine, mais où les affres de la traversée soient limitées au strict minimum. De San Francisco à Canton la route est deux fois moins longue que depuis New York via le Cap Horn. Un chemin de fer de New York à San Francisco réduirait de moitié le trajet, contribuerait à mettre en valeur le territoire national et à résoudre les problèmes sociaux des immigrants. Peut-être même à rapprocher les Blancs et les Indiens, à les faire vivre ensemble. Cette belle idée frappe son imagination. Elle prend la force d'une obsession.

Par l'entremise de Zadock Pratt, un membre influent de la Chambre des Représentants, Asa Whitney soumet au Congrès un mémoire sur un projet de ligne allant du lac Michigan au Pacifique. Voici son argumentation :

« Le chemin de fer actuellement en construction de New York à la rive sud du lac Michigan pourrait facilement être prolongé à travers les étendues inhabitées de l'Ouest, puis les montagnes Rocheuses, jusqu'à l'océan Pacifique. Pour notre pays si vaste, notre population si clairsemée, il jouerait le rôle que le cœur rend au corps humain. Une fois terminé, il traverserait tous les fleuves... En combinant le train et le navire à vapeur, on réduirait à trente jours au lieu de six mois la durée du voyage de New York à la Chine. Cela révolutionnerait le commerce. Notre population serait réunie comme dans une grande ville ou une seule famille. Les immigrants misérables qui commencent à s'entasser dans les villes de la côte Est s'établiraient le long de ce chemin de fer. Devenus de riches fermiers, ils échapperaient aux vices et aux tentations de la ville et feraient fortune au-delà de leurs rêves. Leur énergie allumerait une flamme d'ambition et de désirs. Nous pourrions leur inculquer nos valeurs, le travail, la prospérité, la vertu[53]. »

À cela, Asa Whitney pose une condition, une seule, élémentaire : que, le long du tracé proposé, à partir du lac Michigan, le domaine public cède une bande de terre de soixante miles de large. Ce terrain, Asa Whitney le mettrait en vente et le coloniserait. Le produit de la vente financerait la construction et l'entretien du chemin de fer. Pour conclure, il demande au Congrès de missionner une étude afin de déterminer le meilleur tracé entre les 42 degrés et 45 degrés de latitude nord.

Asa Whitney lance alors dans la presse une grande campagne de publicité. Il invite « des jeunes gens de grande distinction et éducation » à l'accompagner dans une exploration en chariots puis à dos de poney. « Cette exploration permettra d'estimer le potentiel agricole des terres, de se faire une idée des ressources disponibles sur place pour construire la voie, d'évaluer le nombre de ponts à édifier... L'excursion sera plaisante, bonne pour la santé, et fera mieux connaître ce grand pays. De plus, si ce projet de chemin de fer réussit, mes compagnons pourront se rendre utiles et retirer des avantages de sa réalisation. »

Le voilà donc parti avec toute une équipe, à explorer l'Iowa, en chapeau de paille à larges bords, fusil, bottes cuissardes et veste de caoutchouc, malgré la canicule. Ses messages enthousiastes passionnent la presse entière.

L'année suivante, en 1846, un sénateur de l'Illinois, Sidney Breese, prend la relève et soumet au Congrès un second mémoire d'Asa Whitney. Plus étoffé, ce texte décrit avec force détails chacune de ses trouvailles à l'Ouest. Il vante la fertilité du sol, précise l'emplacement des ressources en bois, des possibilités de carrières, recommande des sites propices au franchissement des rivières. Il insiste sur la nécessité d'annexer le territoire de l'Oregon avant de le laisser opter pour l'autonomie ou le rattachement au Canada. À l'en croire, les Sioux seraient disposés à vendre pour un prix infime tout le terrain imaginable, le chemin de fer pourrait servir de zone tampon entre tribus rivales, les empêcher de se trucider mutuellement.

Pour Asa Whitney, ce projet de transcontinental est le grand œuvre de sa vie. Afin de donner toutes garanties sur la pureté de ses intentions, il se déclare prêt à renoncer à tout profit les vingt premières années d'exploitation. Et le voilà qui entreprend une tournée de toutes les villes de ce qui constitue alors l'Ouest : Pittsburgh, Cincinnati, Louisville, Saint Louis, Indianapolis, Dayton, Columbus. « Mr Whitney est probablement la représentation la plus correcte et frappante de Napoléon Bonaparte qu'on ait jamais vu depuis l'époque de ce grand original, commente un journaliste. Ainsi va le monde, les fous se moquent de ce qu'ils sont incapables de voir, les sages prévoient ce que les fous ne comprennent pas[54]. »

Devant ses auditoires, Asa Whitney déploie des cartes : « Jusqu'à présent, assure-t-il, les cartes n'ont été établies qu'en fonction de la position de l'Europe. Notre continent y figure en marge, comme sans importance. » Une pause, et il reprend : « Désormais, vous le voyez sur celle-ci, nous sommes au centre du monde. Nous sommes au cœur[55]. »

En 1848, après la guerre avec le Mexique[56], les États-Unis annexent en bloc la Californie, l'Oregon, le Nevada, le Nouveau-Mexique, l'Utah, le Texas et l'Arizona. Raison de plus pour construire un chemin de fer transcontinental. D'autant qu'en 1849, bravant la tempête et les maladies, les premiers chercheurs d'or arrivent à San Francisco.

Aussi, Asa Whitney entreprend-il à nouveau la tournée des parlements des différents états de l'Union. À chacun, il soumet un nouveau mémoire. Cent pages décrivant les différents tracés possibles. Cent pages qui expliquent sa préférence pour une liaison entre le lac Michigan et l'estuaire de la rivière Columbia. Parcours judicieux, que suivra quarante ans plus tard le Great Northern. Son rapport insiste sur les mouvements migratoires vers l'Ouest, la nécessité d'approvisionner les chercheurs d'or, les inconvénients sanitaires de la traversée par Panama ou par le Nicaragua. Statistiques à l'appui, il rappelle le potentiel du projet pour le commerce avec la Chine, avec l'Inde, Java, les Philippines. En annexe, il joint les procès-verbaux des résolutions des parlements de dix-neuf États et des réunions qu'il a tenues dans quatorze municipalités.

Pour la dernière fois, Asa Whitney est admis le 13 janvier 1851 devant le Congrès. Il évoque le risque pour les États-Unis de se laisser prendre de vitesse par le Canada. En vain. Faute d'avoir réussi à se faire entendre, il termine sa vie ruiné, simple livreur de lait, et meurt sans avoir vu son rêve se réaliser. Tout le monde est persuadé qu'il faudra un siècle pour coloniser la Prairie, le grand désert américain, où l'eau et le bois sont si rares. D'ailleurs, sous la pression de l'opinion publique et surtout des fermiers, émus par la dégringolade des prix à la production, les compagnies de chemins de fer ont dû réduire leurs tarifs. Ces prévisions pessimistes, l'expansion du chemin de fer va pourtant les démentir, car on commence à comprendre que le seul moyen d'unir fermement le Middle West au reste de la nation consiste à étendre le réseau ferré. Un réseau ferré pourtant déjà deux fois plus étendu que celui de l'Europe entière.

Exit Asa Whitney. Apparaît alors Ted Judah. Né en 1826, orphelin dès le plus jeune âge, il a dû quitter l'école à treize ans pour aller travailler dans une compagnie de chemins de fer. En dix ans, il a gravi un à un tous les échelons de la hiérarchie. À vingt-cinq ans, on le charge de lancer un pont, puis de poser une ligne impressionnante sur le bord de la falaise tout près des chutes du Niagara. En 1854, il se fixe en Californie, où le Sacramento Valley Railroad lui confie la construction d'une ligne entre Sacramento, la capitale du nouvel État, et les mines d'or découvertes six ans plus tôt sur le versant occidental de la Sierra Nevada.

Bien que devenue un État de l'Union en 1850, la Californie n'est alors contiguë à aucun autre État, seulement à des territoires. À croire qu'elle soit située sur un continent différent. Depuis la côte Est, le transport par mer jusqu'à San Francisco impose de contourner le cap Horn ou de traverser la jungle malsaine de l'isthme de Panama. Quant au voyage en chariot, à travers les montagnes Rocheuses et la Sierra Nevada, qui culmine à 4 000 m d'altitude, il expose à de grands dangers et à la rencontre avec de farouches Indiens. L'hiver, la route est impraticable. Le drame d'un groupe de quatre-vingt-sept pionniers morts de faim ou de froid en 1846 au col Donner, à juste une centaine de miles de Sacramento, est dans toutes les mémoires.

Le 22 février 1856, les locomotives Sacramento et Nevada, deux 220 venues par voilier via le Cap Horn, remontent depuis San Francisco la rivière de Sacramento puis remorquent le premier train sur les trente-six premiers kilomètres du Sacramento Valley Railroad, de Sacramento à Folson. L'ouverture de la ligne est marquée par une grande célébration qui dure plusieurs jours.

Ted Judah apprend qu'au Middle West le gouvernement fédéral concède d'immenses domaines aux promoteurs de nouveaux chemins de fer. L'idée lui vient d'en réclamer également pour relier la Californie au reste de l'Union. En avril 1856, sept ans après Asa Whitney, il commence ses démarches à Washington en vue d'un transcontinental. Assistant aux débats du Sénat, il se rend compte que la classe politique ne s'intéresse qu'à un seul sujet : faut-il ou non autoriser l'esclavage dans les nouveaux États, le Kansas et le Nebraska ? Il compose alors un *Plan pratique de construction du chemin de fer du Pacifique*, qu'il publie à compte d'auteur en janvier 1857. Que le gouvernement fasse exécuter pendant huit mois des études de tracé, cela suffirait, écrit-il, pour inciter des particuliers à financer le projet. Avec une campagne nationale de publicité, conduite par de bons orateurs, on recueillerait des souscriptions. « Quel fermier, quel ouvrier ne souscrirait une action de cent dollars payable en dix annuités, soit trois *cents* par jour ? »

Ce pamphlet, il l'envoie à tous les membres du Congrès, aux principaux fonctionnaires des administrations concernées, à de nombreux notables, mais il commet une maladresse : il évoque la possibilité d'une locomotive à roues géantes, tractant un train à cent miles à l'heure, 160 km/h. Que n'a-t-il pas dit là ? 160 km/h ? C'est un fou ! Dès lors, on le surnomme « Crazy Judah », « Judah, le lunatique ».

De retour en Californie, Ted Judah organise le 20 septembre 1857 une convention à San Francisco, un grand meeting pour sensibiliser l'opinion. Plusieurs centaines de congressistes sont là à l'écouter, certains même venus des nouveaux territoires du Washington, de l'Oregon et du Nevada. Mais, bien sûr, tout se décide à Washington, la capitale fédérale.

Jefferson Davis, le futur président des Confédérés, alors secrétaire d'État à la Guerre, accepte d'envoyer plusieurs missions du Génie faire la cartographie de cinq itinéraires possibles pour une voie ferrée entre les 32e et 49e parallèles. Pour atteindre le Puget Sound, la baie de San Francisco ou de San Diego, ce n'est pas, comme en Europe, une question de villes à desservir sur le parcours – il n'y en a pas encore – mais de relief, de climat, de ressources naturelles. On publie, en 1859, les résultats de l'enquête. Pour l'époque, c'est l'étude la plus approfondie jamais entreprise sur le Far West. Curieusement, aucune des routes considérées ne suit celle empruntée par les troupeaux de bisons, les Indiens, les chasseurs de fourrures, les Mormons, les immigrants. Et, tout en admettant la faisabilité d'autres tracés, le rapport recommande celui qui longe le 35e parallèle. C'est exagérer les inconvénients de la neige et sous-estimer ceux de la canicule pour le transport des denrées périssables. Mais cela donne satisfaction à l'homme qui a commandé l'étude, un Sudiste.

Pendant son second séjour à Washington, fin 1859, Ted Judah prend au Capitole un bureau donnant sur le couloir central, bien placé pour effectuer son lobbying. Encyclopédie vivante des transports, il répond à toutes les questions des parlementaires qui viennent le voir. Mais les membres du Congrès, obsédés par l'imminence de la sécession, ont l'esprit ailleurs. Et les rivalités entre les villes candidates à servir de point de départ à l'Est de ce transcontinental bloquent la décision des autorités fédérales.

De retour à l'Ouest, Ted Judah obtient des parlements de la Californie et de l'Oregon une allocation pour son projet.

Aussitôt, il repart à cheval explorer la Sierra Nevada, avec sa boussole, son altimètre et un podomètre, un appareil pour compter le nombre de pas. Il étudie chacune des pistes suivies par les immigrants, note toutes les déclivités, la profondeur des canyons, l'emplacement des ponts à construire, des tunnels à creuser. À chaque village, à chaque poste traversé, il parle de son projet. Inlassablement, il pose des questions, s'informe. Il fonde une société et recrute un associé, Daniel Strong, qui réussit à placer des actions non seulement à Sacramento, mais même au Nevada. Beaucoup en souscrivent cinq ou dix pour l'encourager. Sait-on jamais, son chemin de fer pourrait apporter de l'activité à la région. À San Francisco, cependant, il rencontre moins de succès.

Le 1er novembre 1860, Ted Judah fait imprimer un pamphlet de seize pages, suivi, neuf jours plus tard, d'une version abrégée pour la presse, dans laquelle il assure avoir découvert le passage recherché depuis longtemps à travers la Sierra Nevada. Selon les notes prises au cours d'une reconnaissance, le chemin de fer pourrait grimper d'abord une pente acceptable sur cent soixante-cinq kilomètres, de Sacramento au col Donner, à 2 200 mètres, puis descendre légèrement sur vingt-deux kilomètres, jusqu'à la frontière du Nevada. C'est tout à fait réalisable. Durant son séjour à Washington, il a étudié attentivement les résultats obtenus dans la traversée des Appalaches et il entretient une correspondance avec Matthias Baldwin, le grand constructeur, sur le comportement des locomotives en montagne. Mais va-t-il finir par convaincre ?

La bande des Quatre

À San Francisco, Ted Judah ne parvient toujours à persuader personne. À Sacramento, en revanche, il attire l'attention d'un négociant en quincaillerie, Collis Huntington. Après une brève carrière de colporteur en horlogerie dans le Connecticut, ce géant barbu, trente-neuf ans, né dans une famille nombreuse de pauvres paysans, a suivi en Californie les chercheurs d'or et ouvert à leur intention un négoce de quincaillerie. Dans son bazar, on trouve tout l'essentiel : des pioches, des pelles, des carabines, de la poudre noire, mais aussi des ustensiles de cuisine, des chaussettes de laine ou du whisky. Cet homme-là a une caisse enregistreuse à la place du cœur, mais, à sa manière, c'est aussi un paternaliste : il interdit à son personnel de mettre les pieds dans un saloon ou une maison de passe et, s'il accepte de fournir du whisky aux tenanciers de maisons closes, en revanche il refuse de le leur livrer à domicile. Antiesclavagiste, il est l'un des premiers membres de la section californienne du parti républicain. Outre les chiffres et le commerce, il aime la géographie.

Collis Huntington invite Ted Judah à venir le voir. Puis il le présente à son associé, Mark Hopkins, et à deux autres négociants de Sacramento, Charles Crocker, un colosse de cent vingt kilos, marchand de tissus, et Leland Stanford, un avocat devenu politicien et épicier en gros, qui fournit les chercheurs d'or et se fait payer en actions des mines. Des malins qui, comme les fondateurs de la banque Lazard, ont compris qu'il valait mieux récupérer une partie de leur or que manier comme eux la pioche et le tamis.

Tous les quatre s'enthousiasment pour le projet de Ted Judah. Ils y voient une formidable opportunité. Même si le chemin de fer ne marche pas, cela fera au moins une route qui développera le commerce de Sacramento avec les mines d'argent récemment découvertes au Nevada, de l'autre côté de la Sierra. Il n'y a pas grand-chose à perdre. Le 28 juin, ils se mettent d'accord avec lui et misent chacun mille cinq cents dollars pour financer ses études de tracé et son lobbying au Capitole. Ainsi se constitue la Central Pacific Company, précurseur de l'empire du Southern Pacific.

Avant de se mettre dans les tissus, Charles Crocker a manié les hommes dans les puits de mines. Il y a gagné une âme d'entrepreneur. Aussi, le jour venu, c'est lui qui dirigera le chantier. L'austère et économe Mark Hopkins sera le trésorier. Collis Huntington, pour sa part, se révélera par la suite le plus capable de décrocher des financements et de négocier les achats chez les industriels de la côte Est. L'Ouest ne disposant encore d'aucune industrie, il faudra en effet tout faire venir de l'Est.

Ted Judah, l'ingénieur de la bande, passe encore l'été 1861 en repérages dans la Sierra. Souvent, il s'arrête pour noter les différences de niveau, mesurer le rayon des courbes, la profondeur d'un ravin sur lequel jeter un pont, la longueur d'un tunnel nécessaire, la nature de la roche à faire sauter, du sol à remblayer. Sans cesse, il court d'un point à un autre.

Le 1er octobre 1861, il annonce qu'il a trouvé une route praticable. Huit jours plus tard, il part pour Washington présenter au Congrès un rapport sur une ligne de deux cent trente kilomètres allant jusqu'à la frontière de la Californie et du Nevada. Chaque fois, c'est un long, un très long voyage. Pour appuyer ses dires, il emporte un budget détaillé et une carte de trente mètres de long, où apparaissent tous les projets de courbes, de ponts, de tunnels. Pendant ce temps, Charles Crocker, Collis Huntington et Leland Stanford négocient à Carson City un droit de passage avec le gouverneur du Nevada. Trois mois plus tard, Leland Stanford, après une campagne comme candidat républicain, où il a promis de maintenir l'État dans l'Union, est élu gouverneur de Californie.

Les choses n'avancent vraiment qu'après l'élection d'Abraham Lincoln. Le 20 juin 1862, le jour même où l'esclavage est interdit dans les nouveaux territoires, le Sénat vote le Railroad Bill, que le président promulgue le 1er juillet. Cette loi autorise la construction d'un chemin de fer à voie unique et d'une ligne télégraphique entre Sacramento, à l'Ouest, et Council Bluffs, Iowa, à l'Est. Ces lignes sont concédées à deux sociétés distinctes : de Sacramento à la frontière orientale de la Californie, au Central Pacific, et, depuis cette frontière jusqu'à Council Bluffs, à l'Union Pacific, une société qui reste à constituer. L'écartement des rails doit être uniforme d'un bout à l'autre, de l'océan Pacifique à la rivière Missouri. Dans sa précipitation, Abraham Lincoln, pris par d'autres soucis, retient l'écartement de 1 500 mm, celui du Baltimore and Ohio ; erreur rectifiée le 5 mars 1863 par un amendement qui adopte le standard de 1 435 mm. Les rampes ne devront pas excéder 22 ‰. En fixant le terminus oriental à Council Bluffs, sur la rive gauche du Missouri, plutôt qu'à Omaha, Nebraska, son vis-à-vis sur l'autre rive, la loi oblige le concessionnaire à construire un pont sur le fleuve. Elle lui impose aussi l'achèvement de la liaison à travers l'Iowa et le raccordement à ses frais, à l'un des terminus existant à l'Est : Kansas City, Saint Louis, Saint Joseph, Sioux City ou Atchison. Quatre compagnies sont en compétition pour ce raccordement, et par voie de conséquence, pour le chantier principal : la Mississippi and Missouri, la Cedar Rapids and Missouri, la Leavenworth, Pawnee and Western et la Hannibal and Saint Joseph.

Au lieu d'accorder immédiatement des subventions, le gouvernement, à court d'argent à cause de la guerre civile, procède par étapes. Les deux compagnies concessionnaires recevront d'abord des terres du domaine public, trois mille hectares pour chaque kilomètre de voie, par sections alternées au nord et au sud de la voie. Ce système laisse à l'État la moitié des sections en bordure de voie, qui seront fortement valorisées par le fait même de l'établissement du chemin de fer. Ce cadeau de douze millions d'hectares se trouve ainsi compensé par les plus-values que l'État fera sur le reste. Le patrimoine offert aux deux compagnies les aidera à lever le capital nécessaire et à placer des obligations gagées par des hypothèques.

Le chantier commencera lorsqu'elles auront réuni le cinquième du capital. Dès qu'elles auront construit cent soixante kilomètres de voie – quatre-vingts kilomètres seulement pour le Central Pacific, qui a affaire à un relief beaucoup plus accidenté – l'État leur versera une avance de dix mille dollars par kilomètre en plaine et de trente mille dollars par kilomètre en montagne. À partir de quelle date devront-elles commencer à payer des intérêts sur cette avance : pendant la construction, après la mise en service partielle ou totale, ou à échéance du remboursement, trente ans plus tard ? La loi ne le précise pas.

Une épée de Damoclès est cependant suspendue sur leur tête : si elles n'achèvent pas dans les deux ans les cent soixante premiers kilomètres en plaine ou les quatre-vingts premiers kilomètres en montagne, ou encore si la ligne n'est pas terminée le 1er janvier 1874 entre Council Bluffs et Sacramento, tout sera confisqué, voie, matériel, bâtiments, terrains. En clair, si l'une des deux compagnies se montre défaillante, l'autre devra achever la section manquante, de peur de recevoir le même coup de balai. Une bénédiction ou une malédiction, selon la manière de considérer les choses.

Les années 1863-1869 verront la course entre les deux équipes occupées à construire à travers la montagne et le désert deux lignes dont la jonction constituera le premier transcontinental de l'histoire. Une épopée de logistique, d'organisation, de force physique, d'endurance. Une opportunité aussi de faire fortune.

Avant même la ratification de la loi par le président, Ted Judah se précipite au ministère de l'Intérieur avec une carte encore plus détaillée du tracé de son Central Pacific, de façon à réserver les terrains sur quarante kilomètres de profondeur de chaque côté de la voie et à tenir à distance les spéculateurs. Le 24 juin, quarante-deux représentants et dix-huit sénateurs lui adressent une lettre de remerciements : « Vos explorations et reconnaissances dans les montagnes de la Sierra Nevada ont réglé la question de la faisabilité de la ligne et permis à beaucoup de parlementaires de voter avec confiance une mesure capitale. Vos explications intelligentes des détails de l'entreprise et votre persévérance ont approfondi notre connaissance et se sont révélées indispensables. »

Le 27 juin 1862, Ted Judah se rend à New York pour lancer les approvisionnements nécessaires aux quatre-vingts premiers kilomètres de la ligne. Tout, sauf les traverses et le ballast, doit être importé de l'Est. Mais comment payer avec des obligations qu'on n'aura le droit d'émettre qu'après l'achèvement et la mise en service de ces mêmes quatre-vingts kilomètres ? Pourtant, cela ne peut attendre, la guerre fait monter les prix, et les usines de la côte Est, leur carnet plein, vont bientôt refuser les commandes. Toujours bouillant d'optimisme, Ted Judah finit quand même par acheter 5 000 tonnes de rails de fer, huit locomotives, huit voitures de voyageurs, quatre fourgons à bagages et soixante wagons de marchandises livrables en juin 1863. À son retour à Sacramento, il est atterré d'apprendre que ses associés du Central Pacific, affolés de ne pas avoir d'argent pour payer ses commandes, ont télégraphié pour les annuler. Tant qu'ils n'auront pas construit soixante kilomètres de voies, ils ne peuvent en effet escompter d'argent fédéral.

En décembre 1862, le Central Pacific sous-traite la construction de sa ligne à Charles Crocker, qui s'établit entrepreneur. Pour donner le change, ne pas avoir l'air de jouer sur les deux tableaux, il cède à son frère son siège d'administrateur du chemin de fer. La manœuvre déplaît à Ted Judah, qui commence à prendre ses distances avec les quatre associés. Astucieusement, Charles Crocker sous-traite à son tour les trente premiers kilomètres de voie à des entreprises chevronnées et recrute un Irlandais, James Strobridge, qui se révélera un excellent chef de construction.

Le mois suivant, la législature de Californie autorise les municipalités à souscrire des actions, et Leland Stanford, une bêche en argent à la main, ouvre solennellement à Sacramento le chantier du Central Pacific. Onze mois plus tard, le 9 novembre 1863, sur une voie de trois kilomètres, la foule assiste au baptême et aux essais de *Governor Stanford*, la première locomotive arrivée un mois plus tôt à Sacramento en pièces détachées. Elle pèse 46 tonnes. Comme son tender à bois, elle est peinte en couleurs brillantes, vert et marron, avec des filets bleus, rouges et oranges, des accessoires de cuivre étincelants, des étoiles d'or sur les moyeux des roues, et de hautes initiales d'or CPRR – Central Pacific RailRoad – en blason sur le tender. Deux vrais chariots de cirque.

À peine la Cour Suprême de Californie a-t-elle validé la loi par laquelle l'État garantit ses émissions d'obligations, le Central Pacific commence à recruter cinq mille ouvriers. Les premiers à se présenter sont des Irlandais. Des travailleurs infatigables mais portés sur un mauvais whisky. Quand ils quittent leur travail pour une soirée irlandaise, on les entend à un kilomètre à la ronde. Un jour, après le décès d'un camarade particulièrement populaire, les cinq cents Irlandais du campement décident de lui faire un enterrement de première classe. Ils placent le défunt dans un cercueil improvisé tant bien que mal, et le chargent sur un tombereau un peu trop court attelé à un mulet. Après une brève cérémonie et une beuverie assez longue, une procession se forme derrière ce corbillard de circonstance et prend le chemin d'un endroit isolé, entouré de cèdres, sur une colline à trois kilomètres du camp. C'est le lieu où l'on a prévu de l'enterrer. Arrivé là, on fait de nouvelles cérémonies, encore copieusement arrosées. Dans le bruit et la confusion, le mulet s'impatiente et retourne au camp, tandis que les hommes discutent à qui fera un discours, à qui offrira un toast. Tout cela se termine en pugilat. Le soleil se couche et le mulet arrive avec le tombereau vide. Le cercueil a disparu, personne ne sait où il est passé. Une semaine plus tard, à la tombée de la nuit, un Irlandais parti ramener des chevaux rencontre par hasard le cercueil au pied d'une falaise. Son cheval prend peur, le jette à terre et s'enfuit au galop. Resté seul avec le macchabée, l'Irlandais lui fausse compagnie en entendant hurler les loups. Quelques jours plus tard, on achève les obsèques.

Les Chinois

James Strobridge, un géant de fière allure, un bandeau noir sur son œil droit crevé par un éclat de granit lors d'un tir de mines, commande par la terreur, comme Charles Crocker, son patron. Après la paie, beaucoup d'Irlandais ne reviennent plus. Ils boivent et disparaissent pour aller travailler aux mines d'or ou d'argent. Un jour, Charles Crocker et James Strobridge en voient un petit groupe s'avancer, l'air mécontent.

« Il y a de la contestation dans l'air, marmonne Charles Crocker. Puis il ajoute à voix haute : Va à Auburn, ramène-moi quelques Chinois et mets-les au travail. »

Ces Chinois sont des paysans des montagnes du Kwangtung, dans le sud-est de la Chine. Accablés par les inondations, la famine, les milices, la guerre civile, négligés par le gouvernement impérial corrompu, certains ont entendu au marché de Canton parler de l'Amérique et de la Montagne d'Or découverte en 1849. L'imagination enfiévrée, ils ont alors tenté la fortune et hypothéqué les terres de famille pour acheter un billet de voilier et effectuer la traversée. À l'instar des ouvriers agricoles du Vermont, du New York ou des Carolines partis en chariot bâché pour la Californie, ceux du Kwangtung ont pris la jonque pour Hong Kong et, de là, un billet pour l'Amérique acheté à crédit contre une partie des gains escomptés.

À leur débarquement à San Francisco, on leur a fait signer des contrats de travail de cinq ans et on les a envoyés filtrer les cours d'eau de la Sierra Nevada à la recherche de l'or. Frémissant de l'espoir d'amasser un petit pécule avec lequel rentrer en Chine pour leur retraite, mais aussi de la crainte de voir des nouveaux venus disputer leurs trouvailles, ils travaillent enrégimentés en équipes de trente ou quarante. Le plus souvent, ils prennent possession de sites désertés par les Blancs comme non prometteurs. Leurs seules distractions sont les salons de jeu, de prostitution ou d'opium qui fleurissent dans les quartiers chinois de San Francisco, de Stockton et de Marysville et, sous la tente, dans les campements de montagne.

James Strobridge traite ses Irlandais en brute, mais ne veut avoir affaire qu'à des compatriotes. Pas à des Chinois. Devant l'insistance de Charles Crocker, il finit cependant par se résigner à en prendre cinquante à l'essai, qu'il occupe d'abord à remplir et charrier des tombereaux, le travail le moins qualifié. « J'avais des préjugés contre les Chinois, avouera-t-il plus tard. Je croyais que nous ne réussirions pas avec eux. » Force lui est de reconnaître que ces gens-là apprennent vite. Qu'ils ne se battent pas et qu'ils ne font pas grève pour des riens. Certes, ils aiment le jeu. Certes, ils font du vacarme lorsqu'ils se disputent, mais jamais de violences.

Alors, il en recrute cinquante autres, puis encore cinquante. Il passe des contrats avec plusieurs loueurs de main-d'œuvre chinois ou américains, qui ratissent la côte et envoient des agents recruteurs jusqu'au fond du Kwangtung. De fil en aiguille, James Strobridge emploie jusqu'à douze mille Chinois, contre seulement treize cents Irlandais. À les voir œuvrer si dur pour de si bas salaires et accepter n'importe quel travail, forcément les Blancs les jalousent. Leland Stanford lui-même, dans sa campagne électorale pour le poste de gouverneur de Californie, a dénoncé « le péril jaune » et promis des mesures contre cette immigration. Mais, malgré les brimades et les taxes, l'attrait du Gum Sham s'avère irrésistible.

Les associés remettent à plus tard la construction d'une liaison avec la baie de San Francisco. Toutes leurs ressources financières, ils les réservent à la construction du transcontinental. Sitôt que la ligne atteint Newcastle, à cinquante kilomètres de Sacramento, ils démarrent son exploitation commerciale. Dès juin 1864, trois trains par jour circulent dans chaque sens : un pour les voyageurs et la poste, un pour les ouvriers et l'équipement du chantier ferroviaire, et un troisième mixte, voyageurs et marchandises. Le transport des chercheurs d'or jusqu'aux filons rend déjà la ligne profitable. Les associés construisent aussi vite et aussi bon marché que possible, certains que le reste viendra plus tard. Mais, faute de personnel rodé à l'exploitation, ils connaissent quelques mécomptes, des collisions par exemple.

En construisant en bois les ponts et les viaducs on fait des économies, mais l'approvisionnement en rails n'est pas une mince affaire. Il faut plusieurs mois pour parcourir en voilier vingt mille kilomètres et doubler le cap Horn, et le risque d'attaque en mer par des corsaires sudistes fait grimper les primes d'assurance. Si l'on veut gagner du temps en passant par l'isthme de Panama, la rupture de charge coûte un prix exorbitant. Les premières locomotives, trop légères, patinent sur les rails avant d'atteindre leur pleine puissance et ne peuvent tirer que neuf ou dix wagons sur les rampes.

À Washington, Collis Huntington négocie les tarifs de chemin de fer, fait approuver les détails du tracé, réceptionner les sections de voies, débloquer les obligations du Trésor, certifier les concessions de terrains. Il achète des parlementaires et des journalistes en leur distribuant gratuitement des actions du Central Pacific. « C'est un devoir de corrompre un politicien, dit-il, si c'est le seul moyen de l'empêcher de faire du mal. » À Boston, grâce à des lettres d'introduction de banquiers californiens, il parvient à emprunter les deux cent mille dollars indispensables pour passer ses commandes de rails. Son prêteur, Oakes Ames, qui a fait fortune en fabriquant des pelles pour les chercheurs à l'époque de la Ruée vers l'or, est aussi député républicain du Massachusetts et membre influent de la commission parlementaire des chemins de fer.

Dès que la ligne attaquera la montagne, le montant du prêt fédéral triplera : trente mille dollars par kilomètre au lieu de dix mille. Mais qui va déterminer le point où se situe le pied de la montagne ? Un fonctionnaire de la Maison-Blanche, à cinq mille kilomètres de là. Un bureaucrate qui, de sa vie, ne verra jamais la Sierra Nevada ni la vallée de Sacramento. Alors, comment faire pour décrocher le taux élevé ? Où situer la base des montagnes Rocheuses ? Les quatre négociants du Central Pacific ne s'embarrassent pas de scrupules. Pour eux, la question est vite tranchée : le plus tôt sera le mieux. Collis Huntington soudoie des géologues et leur fait établir un certificat attestant que la Sierra Nevada commence trente-six kilomètres plus à l'ouest qu'en réalité. C'est évidemment un faux. Indigné, Ted Judah refuse de le contresigner. Collis Huntington passe outre et emmène le papier à Washington.

Là-bas, il fait du lobbying, finance des campagnes électorales, emploie des parlementaires comme avocats. À son retour à Sacramento, il rapporte des accusés de réception de commandes pour six locomotives, quarante-huit wagons et 5 000 tonnes de rails de fer. Pendant ce temps, l'honnête Ted Judah, scandalisé par le comportement des Quatre Associés, plie bagage et part à son tour pour l'Est, en quête de capitaux afin de tenter de leur arracher le contrôle de la compagnie dont il a été l'initiateur. Hélas ! le malheureux attrape la fièvre jaune en traversant l'isthme de Panama et meurt six ans avant l'aboutissement du rêve de sa vie.

Pendant ce temps, sur le chantier, les Chinois se forment à toutes les tâches, aux explosifs, au pic, à la pioche, à la conduite des chevaux. Et si les maçons irlandais cessent le travail, on leur confie la maçonnerie. N'ont-ils pas construit le plus grand ouvrage du monde, la Grande Muraille de Chine ? Outre le contremaître, chacune de leurs équipes compte un cuisinier qui s'approvisionne chez les marchands chinois de Sacramento ou de San Francisco. Leur nourriture ne ressemble à rien de ce que les Blancs connaissent. Leurs fourneaux dégagent des senteurs d'ail, d'huîtres ou de crevettes, de riz, de nouilles ou de pousses de bambous, tandis que les Irlandais s'en tiennent au bœuf et aux pommes de terre. Alors que les Blancs boivent l'eau non bouillie, facteur de dysenterie, donc d'absentéisme, les Chinois – on les appelle

« les Célestes » en raison de leur croyance au paradis – sont grands amateurs de thé qu'ils font bouillir dès l'aube dans de grands pots en terre. Ils n'aiment pas non plus le whisky, ce qui leur évite les pugilats. Ils étonnent les Blancs par leur habitude de prendre un bain chaque jour, de se changer avant le dîner, et par la fréquence avec laquelle ils lavent et raccommodent leurs vêtements. Leurs seuls vices sont le jeu et, de temps à autre, une pipe d'opium, le soir avant de s'embarquer dans le rêve. Quel contraste avec les bagarres et les criailleries des Irlandais !

Dans la Sierra, on doit tailler la voie dans la falaise de granit inclinée souvent à quarante-cinq degrés. On creuse des paliers de deux ou trois mètres de large, et là, à grand renfort de coups de pioche et d'explosifs, on aménage une plate-forme un peu plus large. Un site en surplomb au-dessus de l'American River, surnommé Le Cap Horn en raison des tempêtes, résiste un long mois. Pour attaquer de face la paroi rocheuse, les Chinois se font descendre de l'à-pic dans de grands paniers suspendus à une corde, comme dans les canyons du Yang Tsé. Des paniers qu'ils tissent eux-mêmes et décorent de symboles censés écarter les mauvais esprits. Deux hommes assurent la corde, le troisième prend place dans la nacelle, son chapeau pointu parfois emporté par le vent. Arrivé à son poste, il attaque le granit au pic et au marteau pour ménager un trou où il place prudemment de la poudre. Puis il craque une allumette, souvent éteinte par le vent. Si le feu prend, il remonte en hâte dans le panier et crie aux autres de le hisser en vitesse. On entend alors le bruit de l'explosion et l'on voit gicler dans la fumée des éclats de granit.

De loin, de la montagne d'en face, tous ces ouvriers, Blancs ou Chinois, ont l'air de fourmis, avec de temps à autre le petit nuage d'une explosion de poudre.

« Ces montagnes escarpées ressemblent à des fourmilières, note Albert Richardson, le correspondant du *Sacramento Union*. C'est une grande armée qui assiège la Nature dans sa plus forte citadelle. Avec leurs yeux sans expression, sous leurs immenses chapeaux pointus comme des ombrelles, les

Célestes manient la pelle, la pioche, la brouette, les attelages de mulets, minent la roche, percent la montagne. Le soir, au campement, nous en avons vu des centaines assis par terre, mangeant du riz bouilli avec des baguettes aussi vite que des terriens le pourraient avec des cuillers à soupe. Ils volent sur la Sierra comme un essaim d'abeilles sur un gâteau de miel[57]. »

Les ponts à chevalet de la ligne figurent parmi les plus grandes structures de bois connues à ce jour. Des pins de vingt à trente mètres de haut, arrachés aux forêts des bords du Puget Sound, sont enfoncés dans des massifs de béton coulés au fond des ravins. Les ouvriers chargés de les relier les uns aux autres par des poutres horizontales évitent de regarder le lit de la rivière, de peur de céder au vertige. Couronnés par les rails et les traverses, ces ouvrages se balancent au vent et craquent de façon terrifiante.

L'automne, les pluies torrentielles font déborder les torrents en contrebas du chantier. La rupture des digues entraîne des brèches et emporte les ponts. Il faut alors grimper dans la forêt, abattre des arbres, les traîner jusqu'à la voie et réparer les brèches. Les glissements de terrain, les avalanches, la boue lors de la fonte des neiges bouleversent le terrain nivelé les semaines précédentes.

L'hiver, on amène le matériel en traîneau, mais on ne compte pas les tempêtes de neige et, à partir de 1 400 m d'altitude, il devient nécessaire de construire des galeries paravalanches. On cite le cas d'une quinzaine d'hommes abrités dans une cabane en bois, qui ont disparu après qu'elle se soit écroulée à l'aube sous cinq mètres de neige. Le soir, un passant, surpris de ne plus voir de trace de la cabane, a donné l'alarme au chantier. Les sauveteurs ont alors dégagé douze survivants qui, chose incroyable, ont vu passer très vite les quatorze heures où ils sont restés enterrés.

L'hiver, justement, dix mille ouvriers travaillent à creuser les tunnels. Une fois l'accès des galeries dégagé, on continue à l'intérieur. La nuit, la scène est d'une étrange beauté. Les immenses sapins pointés vers le ciel, les feux allumés à l'entrée des tunnels brillent sur la neige comme des étoiles. Le silence de la nuit hivernale n'est interrompu que par le bruit des coups de marteau et des explosions. Dieu sait s'il y en a !

Près du sommet de la Sierra, à 2 100 m d'altitude, il faut, toujours dans le granit, percer encore un tunnel, le sixième, le Summit Tunnel. Or, jusqu'à la fin de la guerre, la poudre noire est réservée à l'armée, et Stanton, le secrétaire d'État à la Guerre, en interdit la vente au secteur privé. Qu'importe, Collis Huntington le court-circuite et se fournit directement chez Newhall, à Boston. Interrompus dès août 1865 par les premières neiges, les travaux ne peuvent reprendre qu'en août 1866. Deux équipes partent de chacune des deux extrémités, le portail est et le portail ouest. Mais le travail à la poudre noire semble interminable, elle est longue à préparer, il faut la loger dans des trous de cinq centimètres de large forés à même la roche à la barre à mine.

La nitroglycérine

Ce qui va réellement permettre d'avancer, c'est la nitroglycérine. Jusque vers 1850, on ne connaissait d'autre explosif que la poudre noire, une invention chinoise datant de l'an mil, introduite en Europe au XIVe siècle par les Arabes. Pour extraire les pierres des carrières, creuser souterrains et galeries de mines, on n'avait d'autre ressource que de forer un trou à la barre à mine, d'y loger un peu de cette fameuse poudre et d'y mettre le feu. Un ouvrier imprimait à cette longue barre de fer un mouvement de rotation tout en maintenant fermement la pointe dans le trou. Pendant ce temps, son camarade tapait de toutes ses forces au marteau sur l'autre extrémité de l'outil, la tête plate. Attention à ne pas manquer son coup, gare aux mains ! Gare aussi aux éclats de roche qui vous giclent aux yeux ! Puis on plaçait la poudre noire, un mélange de salpêtre, de soufre et de charbon de bois, et on allumait. La déflagration dégageait souvent des oxydes de soufre, toxiques, et ne déplaçait pas un grand volume de gaz. Elle avait dès lors une puissance limitée. Rien d'étonnant donc si, à cette époque, les plus longs tunnels ne dépassent guère 2 kilomètres.

La technique des explosifs évolue soudain à la faveur de deux découvertes presque simultanées, comme souvent en matière d'inventions. En 1845, Christian Schönbein invente la nitrocellulose ou fumicoton en faisant réagir l'acide nitrique sur le coton. C'est avec du fumicoton que Jules Verne charge le canon des passagers de *De la Terre à la Lune*, et que les naufragés de *L'Île mystérieuse* percent la montagne. Et surtout, en 1847, Ascanio Sobrero découvre la nitroglycérine en versant goutte à goutte un demi-volume de glycérine dans un mélange d'acide nitrique et d'acide sulfurique. Cette fois, en raison des volumes de gaz libérés, l'explosif est douze fois plus puissant que la poudre noire. Il se contente de trous beaucoup plus petits, d'où un gain de temps. On peut l'utiliser même sur une roche humide, sa fumée se dégage plus vite et les débris sont plus fins, donc plus faciles à évacuer. Seulement, il s'avère instable à la chaleur ou à la pression, donc très dangereux à manipuler, comme on le voit dans *Le Salaire de la peur*. Un heurt, une fuite, voire une cause imprévisible, et il s'ensuit aussitôt une terrible explosion. Ascanio Sobrero en fait l'expérience en se blessant gravement au visage et aux mains au cours d'une manipulation. Il a beau tenter de cacher sa diabolique découverte, l'usage s'en répand rapidement malgré lui.

Le 14 avril 1866, une première cargaison de nitroglycérine arrive discrètement à San Francisco, en provenance de Hambourg. Les caisses sont rapidement réexpédiées vers divers chantiers, dont celui du Summit Tunnel. Toutes, sauf une, restée à quai et dépourvue de marques apparentes. En laissant échapper un liquide jaunâtre, huileux, elle attire l'attention d'un employé. Intrigué, celui-ci l'ouvre pour examiner son contenu. Que n'a-t-il pas fait là ! Une explosion secoue aussitôt San Francisco comme un tremblement de terre. Des débris de plusieurs bâtiments, complètement soufflés, on relève quinze morts et beaucoup de blessés. On mettra quelque temps à identifier la cause de l'accident, mais le transport et l'usage de la nitroglycérine ne tardent pas à être interdits par l'État de Californie.

C'est alors que Charles Crocker reçoit la visite d'un chimiste anglais, un nommé James Howden, qui déclare connaître une recette pour fabriquer cet explosif à proximité immédiate du chantier, évitant ainsi tout risque pendant le transport. Il suffit de se procurer du glycérol en Europe et de l'acide à San

Francisco. Qu'à cela ne tienne ! Charles Crocker accepte et, grâce à la nitroglycérine, le tunnel peut être achevé en août 1867, juste un an après le forage du puits central. Les calculs des ingénieurs ont été si précis que les équipes se rejoignent avec un écart de niveau négligeable. Une prouesse pour un ouvrage creusé à une telle altitude sans électricité. Victimes de la poudre noire ou nitroglycérine, d'avalanches ou de glissements de terrain, beaucoup ont quand même payé de leur vie cet exploit, les uns mutilés par les éclats de roche, les autres gelés. On s'est contenté de renvoyer les corps en Chine.

Début juin 1867, le col Donner reste enfoui sous la neige. Crocker a du mal à garder son personnel qui préfère aller travailler dans les mines. « Depuis que nous avons reconnu les mérites des Chinois, écrit-il, tout le monde veut nous les prendre. » En désespoir de cause, il leur propose une augmentation de salaire. Mais ils réclament bien plus qu'il ne leur offre, et veulent la journée de dix heures. Pour la première fois, ils se mettent en grève. Une grève non violente, ce qui n'empêche pas Charles Crocker de se montrer intraitable. Carrément, il cesse de les nourrir. Alors, ils sont bien forcés de reprendre le travail.

Ces Chinois sont crédules. On s'en rend compte le jour où ils recommencent à déserter. Est-ce une nouvelle grève ? La nostalgie du pays, la hantise de vivre dans la solitude du Nevada, loin des communautés établies de Chinois, loin de leurs sources d'approvisionnement ? James Strobridge veut comprendre. Il veut aller davantage au fond des choses. Alors, il apprend que des hommes blancs ont mis d'étranges histoires dans la tête des Célestes. Ils leur ont fait croire qu'à l'est de Truckee, le pays était peuplé d'Indiens de trois mètres de haut, qui mangent les Chinois, et de gros serpents de trente mètres de long, qui avalent les hommes. Pour les détromper, les rassurer et dissiper cette fable, James Strobridge en emmène une quinzaine en reconnaissance avec des hommes de confiance. Et il leur montre le pays par où doit passer la voie.

Buffalo Bill

À l'Est, le chantier du transcontinental débute trois ans plus tard. L'Union Pacific n'est constituée qu'en septembre 1862, après les tortueuses manœuvres de son fondateur, Thomas C. Durant. Grand, mince, les yeux de chouette, c'est un ophtalmologue reconverti dans le négoce. Un affairiste, qui a fait fortune dans la contrebande de coton pendant la guerre de Sécession et replacé son argent dans deux compagnies de chemin de fer, le Chicago and Rock Island et le Mississippi and Missouri Railroad. Grâce à ses réseaux d'influences, il obtient la concession de la branche est du transcontinental, qu'il baptise Union Pacific.

Cet homme est un manipulateur. Dans un premier temps il annonce le futur raccordement de l'Union Pacific avec le Mississippi and Missouri. Aussitôt, le cours de celle-ci grimpe en Bourse. Dans un deuxième temps, il vend discrètement ses actions Mississippi and Missouri et achète, tout aussi discrètement, en titres d'un concurrent, la Cedar Rapids and Missouri Line. Phase trois : il répand la nouvelle que l'Union Pacific ne se raccordera plus avec la Mississippi and Missouri, mais avec la Cedar Rapids and Missouri. Les investisseurs se ruent alors sur les actions de la Cedar Rapids et se délestent de leurs Mississippi and Missouri, que Thomas Durant rachète alors à vil prix. Phase quatre : retourné à la case départ avec une plus-value substantielle, il raccorde tranquillement l'Union Pacific à la Mississippi and Missouri. Un tour de passe-passe qui lui rapporte gros !

À la fin de 1865, l'Union Pacific n'a toujours posé que soixante-dix kilomètres de voies. Thomas C. Durant a eu du mal à intéresser le public à souscrire des actions de la compagnie et à trouver de la main-d'œuvre pendant la guerre. Rien à faire pour obtenir l'envoi d'anciens esclaves noirs récemment affranchis. La fin de la guerre de Sécession, heureusement, arrange bien les choses. Elle jette sur le marché du travail des immigrants Irlandais fraîchement débarqués qui errent sur les quais de Baltimore, de New York ou de Boston et surtout des soldats des deux camps démobilisés et en quête d'emploi. Devant cette menace de chômage, le président Lincoln presse Thomas C. Durant d'embaucher massivement. Se sentant en position de force, ce dernier lui extorque le doublement des concessions initiales de terrains.

L'Union Pacific recrute comme chef de la construction un génie de l'organisation, Jack Casement, qui aménage aussitôt en bases de vie mobiles une partie des wagons plats des trains de chantier. Des fourgons à deux étages vont servir d'entrepôts, de dortoirs, de cuisines ou de cantines, de fours de boulanger ou d'ateliers de boucher. Même d'arsenal pour faire face aux attaques éventuelles des Indiens.

La pose des voies ne peut cependant reprendre qu'au printemps. On doit attendre que le Missouri soit libre de glaces pour débarquer les rails en fer forgé de Pittsburgh, qui ont remonté le fleuve par bateau depuis Saint Joseph ou Kansas City, et le bois des traverses, qui descend par radeaux depuis les forêts du Nord. Les autres matériaux arrivent de Chicago ou de Saint Louis par chariots à bœufs depuis les terminus des lignes de chemin de fer.

En mai 1866, Thomas C. Durant confie les études de la ligne à une vieille connaissance, Grenville Dodge, un ingénieur qui a gagné ses étoiles de général en réparant les chemins de fer pendant la guerre de Sécession et organisé une expédition punitive contre les Indiens. C'est justement au cours d'une reconnaissance en territoire indien que Grenville Dodge a découvert fortuitement à 2 100 m d'altitude un passage pour le transcontinental. À la recherche d'une faille dans les montagnes Rocheuses, il avait escaladé une crête avec une douzaine d'hommes et il scrutait l'horizon à la jumelle lorsqu'il comprit qu'il s'était fait repérer par trois cents cavaliers Peaux-Rouges. Il venait de faire allumer des fumigènes pour appeler des renforts lorsqu'il aperçut un passage dans la montagne et un pin isolé qui semblait en marquer l'entrée.

« Si nous sauvons nos scalps, avait-il dit, je crois bien que nous aurons trouvé la voie pour l'Union Pacific. »

Et ce col, il l'a baptisé Sherman, du nom de son chef pendant la guerre.

Plus intéressé par la reconnaissance du tracé et la mise en valeur économique des abords que par les travaux de construction, Grenville Dodge laisse Jack Casement conduire le chantier et préfère caracoler des centaines de miles en avant, avec ses équipes d'éclaireurs qui relèvent la topographie, qui tiennent le piquet, le drapeau et la chaîne d'arpenteur, suivis par les bûcherons et par l'indispensable escorte de chasseurs et de soldats.

Mais le 1er juillet 1866 approche, la date limite à laquelle l'Union Pacific doit avoir posé cent soixante kilomètres de voies et atteint le centième méridien, construit les gares, les voies de garage, les dépôts d'eau et de combustible, et le desservir depuis Council Bluffs par un service régulier pour marchandises et voyageurs. Faute d'avoir achevé cette première phase dans les délais, la compagnie sera déchue de sa concession. Enfin, le 4 juin, Thomas C. Durant reçoit un télégramme : Jack Casement a terminé la pose de ces cent soixante kilomètres.

Pour marquer le coup et fêter l'événement comme il se doit, il invite deux cents notables, parmi lesquels le général Sherman, George Pullman et le propriétaire du *Chicago Tribune.* Jack Casement a bien fait les choses. Il a fait venir deux orchestres, organisé des danses d'Indiens Pawnees, un simulacre de combat entre vrais Pawnees et faux Sioux, et même un embrasement de la prairie sur une dizaine de kilomètres.

C'est que les relations avec les Indiens Pawnees du Wyoming sont amicales. Les locomotives les attirent avec leur peinture rouge vif, leurs enjoliveurs de cuivre et leur panache de fumée. Ils accourent au spectacle avec squaws et enfants. Les premières fois, lorsque le mécanicien donne quelques coups de sifflet ou laisse s'échapper de longs jets de vapeur, les Indiens, effrayés par le bruit assourdissant, s'égaient dans toutes les directions. Mais bientôt, ils s'habituent. Ils organisent même des courses le long de la voie et, montés sur leurs poneys, tentent de distancer le train.

S'il a démarré trois ans après celui du Central Pacific, le chantier de l'Union Pacific avance enfin beaucoup plus vite. Il se déploie à travers la plaine sans avoir à vaincre de formidables obstacles naturels comme son concurrent. Derrière les équipes occupées à jalonner les pentes et les courbes, les maçons construisent les ponts, les terrassiers creusent les tranchées, remblaient, mettent en place le ballast de gravier ou de pierres concassées. D'autres scient les traverses, les passent au chlorure de zinc pour les empêcher de pourrir, et les espacent régulièrement. Enfin, viennent les poseurs de voie. Les rails de deux cent cinquante kilos arrivent d'Omaha par voie unique, sur wagons plats, puis par charrettes à chevaux conduites par des gamins. Deux par deux, les poseurs déchargent les rails au signal et les alignent, à droite ou à gauche, au-dessus des traverses, à la cadence de quatre rails à la minute. Dès qu'une charrette est vide, elle fait place à la suivante. Aussitôt, une équipe de métreurs vérifie que l'écartement est correct. D'autres encore, à genoux, joignent les rails les uns à la suite des autres. Viennent ensuite ceux qui enfoncent les crampons et, pour finir, ceux qui serrent les boulons. Les jeunes muletiers retournent chercher des traverses et des rails, les amènent un peu plus loin et la séquence reprend indéfiniment. La plaine entière résonne de concert, toujours trois coups de masse sur chaque crampon, six crampons par rail, deux cent cinquante rails par kilomètres, deux mille neuf cents kilomètres jusqu'à San Francisco. Vingt et un millions de coups de marteau pour achever ce grand œuvre de l'Amérique.

Pour nourrir les milliers d'ouvriers qui travaillent au chantier, rien de tel que la viande de bisons qui, par millions, paissent dans la Prairie. Pour se ravitailler, l'Union Pacific passe contrat avec un grand chasseur, un certain William Cody. Ce garçon intrépide n'a pas eu une enfance facile. À onze ans, à la mort de son père, pour aider sa mère à élever sa nombreuse famille, il est entré comme messager dans un service de diligences. À seize ans, déjà cavalier accompli et fin tireur capable d'en remontrer à beaucoup d'hommes accomplis, il s'est engagé dans le Pony Express, un service de poste rapide entre le Missouri et la Californie. Rude tâche, cinquante kilomètres à cheval par jour, sans craindre la tempête, les affrontements avec les Indiens, voire avec les bandits. Avec l'avènement du télégraphe, le Pony Express a disparu. Après avoir servi quelques années en qualité d'éclaireur dans l'armée de l'Union, pendant la guerre de Sécession, William Cody – Bill, comme on l'appelle – s'est établi hôtelier. Mais il n'est pas fait pour les affaires. Sa générosité l'a conduit à la faillite. Alors, il s'est lancé dans la chasse au bison pour ravitailler le chantier du transcontinental. En dix-sept mois, il en abat plus de quatre mille. À ce rythme, il gagne le surnom de Buffalo Bill, Bill du bison.

Mais les choses se gâtent. Furieux de voir le chemin de fer traverser leurs terrains de chasse, poussés au désespoir par le massacre des bisons, des tribus Sioux, Cheyennes et Arapayos, moins conciliantes que les Pawnees, incendient les dépôts de ravitaillement et scalpent les arpenteurs surpris à reconnaître le terrain. Puis ils s'unissent et passent à l'offensive. Le récit d'un massacre de soldats en décembre 1866 sème le découragement sur tout le chantier de l'Union Pacific.

Buffalo Bill s'engage alors à nouveau dans l'armée. Les Indiens connaissent bien ce « Chef à la longue chevelure ». Ils respectent cet adversaire correct, mais haïssent son chef, le général Connor, auquel Grenville Dodge demande de chasser les Indiens de tous leurs terrains de chasse, tant au Wyoming qu'au Montana. De les traquer comme des loups. D'en tuer le plus possible et d'expulser les survivants au Canada.

Les expéditions de Connor enveniment la situation. Main Jaune, le chef des Cheyennes, n'a pas de mal à repérer les nuages de poussière et le tintamarre des colonnes de *blue coats*. La nuit du 27 août 1867, au Nebraska, ses Peaux-Rouges incendient un train. À son arrivée sur les lieux, le lendemain, Grenville Dodge retrouve sept corps calcinés. Alors, à l'aide d'un bataillon de huit cents éclaireurs Pawnees, il engage à son tour contre les Cheyennes et les Sioux une vraie guerre d'extermination.

Hell on wheels – L'Enfer sur roues

Autre problème : le maintien de l'ordre. Quand les équipes de chantier de l'Union Pacific prennent leurs quartiers d'hiver, leurs baraquements abritent jusqu'à douze mille habitants. Des promoteurs mais aussi des mauvais garçons surgissent alors de toutes parts dans ces coins perdus pour installer maisons de jeux, cabarets, dancings, bordels et autres temples du péché. Les baraquements n'ont pas l'eau courante, mais tout ce qu'il faut pour plumer les cheminots et vider leurs poches. Les mineurs des environs se joignent à la fête, puis les émigrants. Nuit et jour, les rues sont encombrées de gens du rail en état d'ébriété, de maquereaux, de prostituées, de pickpockets, de tireuses de cartes.

Dès que la fonte des neiges permet de pousser plus loin vers l'Ouest la construction de la ligne, ces villes déménagent. Au fur et à mesure que les ouvriers se déplacent, toute cette armada plie les tentes, démonte les bâtiments de fortune, embarque femmes et caisses de whisky, et suit le chantier. Quelques baraques abandonnées se transforment en ville fantôme, tandis qu'une ville nouvelle, toute semblable à la précédente, s'édifie plus loin. Après North Platte, Nebraska, ce sera Cheyenne et Laramie au Wyoming, Julesburg au Colorado et Corinne, dans l'Utah. C'est l'enfer sur roues. Il n'y a aucun shérif. Toutes les nuits, des meurtres sont commis. Le *Cheyenne Leader*, un journal local, tient chaque jour une chronique intitulée « Les fusillades de la nuit dernière ». À Laramie, un comité de défense de boutiquiers, après une bataille rangée avec une bande de gangsters, en pend trois ou quatre aux poteaux télégraphiques. Pour l'exemple. Jack Casement est forcé de jouer au policier. Un jour, apprenant que de tristes sires font du vilain dans un camp, Grenville Dodge lui demande de faire du nettoyage. Quelques jours plus tard, il vient aux nouvelles. Jack Casement lui montre par la fenêtre un cimetière tout neuf :

« Voilà, dit-il, les méchants sont là. Ils n'ont pas eu le temps de retirer leurs bottes. »

Les Mormons s'inquiètent de la pollution morale que les chantiers amènent dans l'Utah. La petite ville de Corinne a dix-neuf saloons et quatre-vingts « nymphes du pavé ». Celle de Wasatch connaît quarante-trois morts en trois mois, aucune de cause naturelle, les uns tués par accident en perçant des rochers, les autres décédés gelés en état d'ivresse, d'autres enfin assassinés ou pendus. À Echo City, au sous-sol d'un saloon, parmi les bouteilles vides et les boîtes de conserves, on découvre un jour sept corps non identifiés.

Promontory Point

Bien décidés à faire de leur Central Pacific autre chose qu'un émissaire, qu'un affluent de l'Union Pacific, les Quatre Associés ont irrésistiblement accru leur part du gâteau.

Conscients du potentiel commercial des mines du Nevada, Collis Huntington a extorqué à l'Union Pacific un report deux cent cinquante kilomètres au-delà de la frontière de la Californie avec le Nevada, qui constituait la limite de concession entre les deux compagnies. Et, sitôt en terrain plat, Charles Crocker et James Strobridge ont mis les bouchées doubles. Prenant à nouveau de vitesse leur concurrent, ils sont sortis des limites du Nevada et ont pénétré dans la partie ouest de l'Utah. Mais l'Utah, c'est le désert, et l'été, il y règne une chaleur torride. Pour donner à boire à cinq mille ouvriers et à quatre cents chevaux, on fore des puits d'où sourd une eau mousseuse, qui laisse dans la bouche un exécrable goût de soude et occasionne des brûlures d'estomac. Il faut alors improviser des trains citernes et aller jusque dans les montagnes Rocheuses puiser de l'eau potable.

Les deux compagnies font maintenant la course à qui arrivera la première au Grand Lac Salé et au bassin houiller du Weber Canyon. En une seule année, 1868, l'Union Pacific construit six cent quatre-vingts kilomètres de voies. Jack Casement se vante d'en avoir fait poser sept kilomètres par ses hommes en un seul jour. Le record du monde, proclame-t-il à qui veut l'entendre. Lorsque Charles Crocker demande à James Strobridge de battre l'Union Pacific, celui-ci relève le défi et réussit à en faire poser onze kilomètres dans la journée par ses Chinois. Quelques semaines plus tard, Jack Casement prend sa revanche et porte son record à quatorze kilomètres en faisant travailler ses Irlandais de trois heures du matin à minuit.

« Retroussons nos manches et faisons encore mieux », réplique Charles Crocker. Il parie dix mille dollars que ses équipes poseront dix miles – seize kilomètres – dans la journée, et il invite Jack Casement à venir s'en assurer sur place.

L'exploit se déroule dans un lieu perdu dans le désert de l'Utah, près d'Ogden, au nord du Grand Lac Salé. La veille au soir, Charles Crocker a amené à pied d'œuvre cinq trains de seize wagons. Chaque train contient tout le matériel nécessaire pour poser deux miles de voie, les rails, les traverses, les boulons, les crampons, les poteaux et le fil télégraphique. Le jour dit, le 20 avril 1869, trois mille hommes – des Chinois en grande majorité, mais aussi des Noirs, des Blancs, des Irlandais, des Mexicains, des immigrants venus de toute l'Europe plus quelques Américains de souche – tout ce monde se met au travail. En huit minutes, dans un bruit d'enfer – on dirait un bombardement d'artillerie –, les Chinois déchargent le matériel des seize wagons du premier train, qui va aussitôt se garer sur une voie d'évitement, laissant la place au second convoi. D'autres Chinois alignent les traverses sur les bas-côtés. Avec des pinces, les Irlandais saisissent les rails de deux cents kilos et les portent, deux hommes en tête, deux autres en queue, jusqu'à l'endroit que le contremaître désigne d'un mot bref : « Down ! » D'autres équipes suivent, la première positionne les crampons, la seconde les enfonce, la troisième boulonne les traverses, une autre plante les poteaux télégraphiques, une autre encore déroule et attache les fils. L'organisation est impressionnante, la division du travail parfaite, chacun ne fait qu'une seule et même tâche. Et, d'une équipe à l'autre, des Célestes circulent en portant sur l'épaule des seaux d'eau ou de thé.

À 13 h 30, on siffle pour le déjeuner. Les hommes du Central Pacific ont déjà posé six miles – dix kilomètres. À 19 heures, le pari est gagné : dix miles – seize kilomètres. Ce jour restera dans leur mémoire comme le Victory Day, le Jour de la Victoire. Beau joueur, Jack Casement reconnaît sa défaite. Car avec cet exploit, le Central Pacific amène sa tête de ligne à moins de seize kilomètres du point où, douze jours plus tôt, après vingt-quatre heures de discussions non-stop, Collis Huntington et Grenville Dodge ont convenu de faire la jonction, Promontory Point. Ils auraient pu trouver mieux que cet endroit sans intérêt, les deux lignes traversent tant de paysages superbes ! En tout cas, cela fera six cent quatre-vingt-dix miles – mille cent quatre-vingt-quinze kilomètres – depuis Sacramento pour le Central Pacific, et mille quatre-vingt-six miles – mille six cent soixante et onze kilomètres – depuis Omaha pour l'Union Pacific.

Le 7 mai, donc, Leland Stanford arrive à Promontory Point en train spécial tracté par la *Jupiter*, une locomotive construite à Schenectady, dans l'État de New York. Dans ses bagages, Leland Staratford a mis un crampon en or, un marteau à tête d'argent, et une traverse en bois de laurier.

Surprise : au rendez-vous, il n'y a personne de l'Union Pacific. Absolument personne. Contrarié, il envoie un télégramme au bureau d'Ogden de la Western Union, pour savoir où diable se trouve sa délégation. C'est Jack Casement qui répond :

« Le train de Durant et de Dodge a été retardé par des pluies torrentielles. Il n'arrivera que dans trois jours. »

En réalité, leur train a été kidnappé par des sous-traitants qu'ils ont oublié de payer – Thomas C. Durant, c'est un trait de son caractère, oublie facilement de payer aussi bien ses fournisseurs que son personnel. Ils ne seront libérés qu'après avoir réglé leur dette.

Coincé dans cet endroit inhospitalier, à bord d'un train dépourvu de toute distraction, Leland Stanford rebrousse chemin et emmène ses invités, quelques personnalités de

Californie, du Nevada et de l'Arizona, tuer le temps au bord d'un lac, à une cinquantaine de kilomètres de là.

Le 10 mai, de retour à Promontory Point, il voit enfin arriver le train de ces messieurs de l'Union Pacific tiré par la locomotive n° *119*. Bientôt, les deux machines se font face, à deux rails de distance. Toutes deux sont des 220, comme la *General* et pratiquement toutes les Américaines de l'époque. Seule différence, leurs cheminées : celle de la *119*, qui marche au charbon, est droite, cylindrique, celle de la *Jupiter*, qui brûle du bois, présente un énorme cône renversé.

Dans ce coin perdu, en plein désert, cinq ou six cents personnes sont là. Un monde cosmopolite, Américains, Chinois, Indiens, ouvriers barbus, cow-boys portant large chapeau, chemise à foulard de couleur et bottes à éperons, personnalités en redingote et haut de forme. Les baïonnettes d'un peloton du 21e régiment d'infanterie, de San Francisco, scintillent au soleil. Grenville Dodge, lui, a amené la fanfare de la garnison de Fort Douglas, au Wyoming. Sur un poteau télégraphique, le drapeau aux trente-sept étoiles flotte au vent.

Portant nœud papillon et habit de velours noir, Thomas C. Durant et Grenville Dodge descendent de leur wagon et échangent une poignée de mains avec Leland Stanford et James Strobridge. Avant le début de la cérémonie, il leur reste une heure pour discuter et décider qui aura l'honneur d'enfoncer le dernier crampon. Un moment, les deux hommes de l'Union Pacific menacent de tout annuler. Leland Stanford et Thomas C. Durant finissent quand même par se mettre d'accord.

James Strobridge amène la dernière traverse, en bois de laurier. Au milieu, une plaque en argent porte cette inscription : *La dernière traverse du Pacific Railroad, 10 mai 1869*, et les noms des principaux dirigeants des deux compagnies. Puis deux Irlandais et deux Chinois apportent les deux derniers rails.

Un photographe, Andrew Russell, attend, prêt à immortaliser l'événement. Soudain, dans la foule, quelqu'un lui crie : *« Now's the time, Andrew. Take a shot ! »*

Les Célestes ne connaissent qu'un seul sens du mot *shot* : une détonation de poudre noire ou de nitroglycérine. Aussi, en entendant ce cri, ils courent s'abriter, ce qui soulève l'hilarité générale.

Les deux mécaniciens, Booth sur la *Jupiter*, Bradford sur la *119*, font alors siffler leurs locomotives. Tout le monde pousse des hourras. La foule s'avance.

Watson Shilling, le télégraphiste du bureau d'Ogden de la Western Union, assis devant son clavier sous le soleil de l'Utah, tape :

« Attention à tous ! Quand on enfoncera le dernier crampon, nous dirons : "Done ! — C'est fait !" Ne coupez pas ! Attendez le signal des coups de marteau. »

S'avance alors un pasteur, le Révérend John Todd.

Watson Shilling tape à nouveau :

« Presque prêts. Découvrez-vous, c'est le moment de la prière. »

Suivent douze ou treize minutes de recueillement, pendant lesquels le pasteur demande à Dieu de bénir l'entreprise.

Watson Shilling tape :

« La prière est terminée. »

On présente les crampons et les marteaux à Leland Stanford et Thomas C. Durant, qui se croient obligés de faire deux petits discours, aussi mauvais l'un que l'autre.

Watson Shilling tape encore :

« Tout le monde est prêt maintenant. On va bientôt enfoncer les crampons. Le signal des premiers coups sera trois points. »

Chicago répond :

« Compris. À l'Est, nous sommes tous prêts. »

Sacramento se déclare également à l'écoute.

Thomas Durant brandit alors son marteau d'argent et enfonce son crampon.

Vient le tour de Leland Stanford. Il balance le sien et, pour la plus grande joie des ouvriers qui ont planté tant de crampons, d'Omaha à Sacramento, il manque son coup et tape sur le rail. Le second coup est le bon.

Le télégraphiste envoie alors son message :

« Done ! »

Les deux locomotives avancent alors à touche-touche. Quand leurs pare-vaches se cognent, on vide une bouteille de champagne. Devant le photographe, Leland Stanford serre la main de Thomas Durant, et Grenville Dodge celle de James Strobridge. Dans la petite charrette bâchée qui lui sert de laboratoire ambulant, Andrew Russell développe instantanément la photo. Le voyant prêt à en prendre une seconde, beaucoup grimpent sur les deux locomotives pour figurer à leur tour sur la photo du siècle. Curieusement, on n'y aperçoit aucun Chinois.

À Chicago comme à Sacramento, les télégraphistes ont veillé à répercuter les deux coups de marteau sur tout le territoire de l'Union. Dans toutes les villes d'Amérique, le canon, les cloches des églises, les sirènes des casernes de pompiers relaient les sifflets des locomotives. Des foules s'assemblent pour chanter *The Star Spangled Banner*[58]. New York et Chicago organisent une parade et la moindre bourgade un feu d'artifice.

Mais qui se souvient d'Asa Whitney ou de Ted Judah, mort six ans plus tôt ? À Greenfield, Massachusetts, en entendant sonner les cloches à l'église Saint John, Anna Judah médite sur ce 10 mai, son anniversaire de mariage. « C'était, confiera-t-elle, comme si l'esprit de mon cher mari descendait sur moi. Nous étions là, tous deux, invisibles, parmi la foule de Promontory Point. » Là-bas, justement, dans ce coin désolé de l'Utah, Leland Stanford se dépêche de récupérer le crampon d'or[59] et de le faire remplacer par un crampon d'acier, tandis que des collectionneurs tailladent des morceaux de la dernière traverse et les emportent en souvenir. En moins de temps qu'il ne faut pour le dire, elle disparaît dans les poches.

Mais bientôt, on n'entend plus que le vent à travers la steppe et les hurlements des coyotes, tandis que les rails vont loin vers l'ouest, loin vers l'est, vers l'avenir. Les deux locomotives, la *Jupiter* et la *119*, symbolisent le paysage américain des années 1870, au même titre que les maisons de bois peintes en blanc et les majestueux bateaux fluviaux aux grandes roues à aubes. Leur énorme fanal jette ses rayons au loin sur la prairie, à travers les vastes forêts du nord ou sur les pentes vertigineuses des montagnes. Leur bruit plein de mélancolie, la sourde respiration de leur échappement, l'ululement profond de leur sifflet, le son douloureux de leur grande cloche, ciselée et ornée, rompent la solitude des lieux écartés et annoncent le progrès de la nation.

Ainsi se termine l'aventure commencée sept ans plus tôt. Le sacrifice de deux mille hommes, victimes d'accidents du travail, a changé le cours de l'histoire américaine. Ils ne sont plus là pour chanter, comme leurs camarades : *I've been working on the railroad !* « J'ai travaillé sur le chantier du chemin de fer ! » Mais la plus longue ligne de chemin de fer jamais posée est achevée. Il n'a fallu que deux ans pour construire les deux mille huit cents derniers kilomètres, cinq fois moins que pour les huit cent quinze kilomètres du Paris-Marseille. C'en est fini des convois de chariots bâchés tirés par les bœufs, de ce voyage éprouvant de plusieurs mois, de New York à San Francisco, qui coûtait au moins mille dollars. Désormais, on fait le trajet en six jours pour cent cinquante dollars en wagon-lit ou pour soixante-dix dollars en wagon pour émigrants.

La capitulation du général Lee, le dernier jour de la guerre de Sécession, avait scellé l'union du nord et du sud des États-Unis, voilà que ce crampon d'or scelle l'union de l'est avec l'ouest. En revanche, le rêve d'Asa Whitney, d'une liaison Amérique-Asie, ne se réalise pas pour autant. Le premier train à circuler de Sacramento à Council Bluffs transporte bien une cargaison de thé de Chine mais, cinq mois plus tard, en novembre 1869, un autre chef-d'œuvre de l'ingénierie, le canal de Suez, ouvre une voie plus courte entre l'Orient et l'Occident.

Napoléon III

Le fondateur du canal de Suez, Ferdinand de Lesseps, est un cousin par alliance de Louis-Napoléon Bonaparte, le futur Napoléon III qui a beaucoup fait pour les chemins de fer, sans doute davantage qu'aucun autre homme d'État français.

Avant même de devenir empereur, il en est d'ailleurs l'un des plus rocambolesques passagers. Tout d'abord, en 1846, pour s'évader du fort de Ham, dans la Somme, où il est détenu depuis six ans, après son malheureux débarquement à Boulogne. Ce jour-là, il se déguise en ouvrier, avec un pantalon et une blouse bleue qu'il a fait exprès de salir avec du plâtre. Il coupe sa moustache, se frotte le visage avec du rouge, se coiffe d'une perruque de cheveux noirs, met une casquette qu'il a pris soin d'user avec de la pierre ponce, et chausse des sabots qu'il garnit de paille pour se grandir un peu. Dans son portefeuille, il emporte le talisman dont il ne se sépare jamais, une lettre de son oncle Napoléon à sa mère, la reine Hortense. Une lettre disant son espoir que le neveu se rende digne des destinées qui l'attendaient. Suprême astuce : Louis-Napoléon se met sur l'épaule une longue planche, un rayonnage de sa bibliothèque, pour mieux cacher son visage en passant devant le poste de garde.

Une fois sorti du fort, il prend la grand-route jusqu'au lieu où un complice lui amène une voiture à cheval. Il y grimpe, prend le fouet et les rênes pour se donner l'air d'un cocher et, vers trois heures de l'après-midi, il arrive devant la gare de Valenciennes, mise en service depuis peu. Deux heures s'écoulent encore à attendre le train. Deux heures interminables. A-t-on découvert le mannequin qu'il a pris soin de placer dans son lit pour donner le change ? L'alerte a-t-elle été donnée ? Les gendarmes vont-ils déboucher dans la gare ? Enfin, le train arrive, le train de la liberté. Louis-Napoléon se hâte de monter dans un wagon et franchit la frontière sans être trop inquiété. En Belgique, le voilà hors d'atteinte.

Dix-huit mois plus tard, il reçoit à Londres la nouvelle des émeutes de février 1848 et de la fuite de Louis-Philippe. « Je crois, dit-il, que, de temps en temps, des hommes sont créés que j'appellerai providentiels. Le destin du pays est remis entre leurs mains. Je suis moi-même un de ces hommes. » Aussitôt, il boucle ses valises et prend le bateau à Folkestone avec deux fidèles compagnons. La traversée est rude, la mer agitée. Des vagues énormes, lentes, se gonflent comme des montagnes. À Boulogne, tous trois débarquent harassés, pour apprendre qu'il y a des travaux sur la voie de chemin de fer et qu'il leur reste à marcher jusqu'à Étaples, la station suivante.

« Ne perdons pas de temps, mes amis, allons, en marche ! »

Arrivés exténués à Étaples, ils trouvent enfin le train et se jettent dans le premier compartiment venu. Juste en face, deux voyageurs dévisagent celui qui n'est encore que le prince Louis-Napoléon et semblent le reconnaître. Ce sont des proches de Louis-Philippe, qui vient de partir en exil. Chacun son tour. Chassé-croisé.

En gare d'Amiens, arrêt interminable : le train de Lille, qui devait assurer la correspondance, vient de filer sur Paris. Devant ce contretemps, Louis-Napoléon, d'habitude impassible, ne peut réprimer sa mauvaise humeur. Comme si tout Paris l'attendait à l'*embarcadère* du Nord pour l'accueillir en triomphe ! Qu'importe, impatient ou non, il doit attendre comme tout le monde. Comble de malheur – ou de chance – le train qui finit par les emmener s'arrête brusquement à Persan. Pourquoi cet arrêt ? Il se renseigne. Il apprend que, suite à un sabotage, le train manqué à Amiens de quelques minutes a eu un horrible accident. Trente morts, paraît-il, et de nombreux blessés. Un hasard heureux l'a donc empêché de se trouver parmi les victimes. N'a-t-il pas raison de croire en son étoile ? Neuf mois plus tard, il sera élu président de la IIe République avant de lui tordre le coup et de se proclamer empereur des Français.

Premier président de la République française, Louis Napoléon va se servir du chemin de fer pour se montrer, pour faire sa propagande. Il invente le voyage présidentiel. Fin juillet 1849, il inaugure à Saumur la ligne Tours-Angers. Puis on le voit en Normandie et dans l'Est. En septembre 1852, avant d'entreprendre une nouvelle tournée à Bourges, Lyon, Marseille et Montpellier, il fait insérer au *Moniteur* l'avis suivant :

« Le Prince ne propose pas un voyage d'apparat. Il veut éviter le faste et le tumulte stérile des fêtes extérieures... Son but est de voir les populations de près, d'étudier leurs besoins, d'entendre leurs réclamations, de connaître leurs vœux réels, de se mettre en communication avec elles et de resserrer les liens qui doivent unir le pays au gouvernement. »

À l'embarcadère d'Austerlitz, il s'installe dans un luxueux wagon-salon et le voilà en route pour la France profonde. La claque présidentielle est du voyage. D'une ville à l'autre, les mêmes personnes se trouvent aux premiers rangs de la foule pour acclamer le président de la République aux cris de : « Vive l'Empereur ! » Persigny, le ministre de l'Intérieur, a bien fait les choses.

Napoléon III, qui a beaucoup voyagé en train pendant son exil en Angleterre, est un partisan convaincu des chemins de fer. Or, en France, aucune concession n'a été accordée depuis juin 1846, si bien que le pays ne possède en 1850 que trois mille six cents kilomètres de voies, et encore en tronçons dispersés : Paris-Le Havre et Malaunay-Dieppe ; Paris-Reims ; Paris-Châteauroux et Bourges ; Strasbourg-Bâle ; Paris-Montereau et Dijon-Châlon sur Saône ; Roanne-Saint-Étienne-Lyon ; Bordeaux-La Teste ; Alès-Avignon-Marseille. Son seul réseau à peu près structuré est celui du Nord, avec Paris-Lille-Dunkerque-Calais, Amiens-Maubeuge-Valenciennes et

Amiens-Boulogne. L'Angleterre, au contraire, est déjà quadrillée par un maillage dense et cohérent de dix mille kilomètres de chemins de fer, ses grandes villes sont même parfois reliées par plusieurs lignes concurrentes. La petite Belgique a déjà neuf cents kilomètres de lignes, et les divers États qui composent l'Allemagne, trois mille kilomètres.

Soucieux d'accélérer l'achèvement des lignes déjà concédées, puis d'en entreprendre de nouvelles, Napoléon III prolonge les concessions jusqu'à quatre-vingt-dix-neuf ans et garantit une partie des intérêts des emprunts obligataires. Cela rassure les épargnants et aide les compagnies à lever des capitaux. Puis il favorise le regroupement des soixante-dix exploitants de chemins de fer en six grandes compagnies.

Le Paris-Cherbourg est concédé en 1852 à de l'Espée, Benoist d'Azy, Duchâtel, Joseph Locke et Edward Blount, qui s'est remis à flot à l'aide de partenaires anglais. Le Versailles-Rennes échoit au groupe britannique Petto, Betts, Brassey, Geach, Fox et Henderson. Puis, en 1855, ces deux compagnies sont fusionnées entre elles et avec six autres, le Paris-Versailles rive droite, le Paris-Versailles rive gauche, le Paris-Saint-Germain, le Paris-Rouen, le Rouen-Le Havre, le Malaunay-Dieppe et Fécamp. Elles constituent désormais la Compagnie de l'Ouest dont Edward Blount reçoit la présidence.

De même, le groupe Bartholony, concessionnaire du Paris-Orléans et de l'Orléans-Vierzon, absorbe le Tours-Nantes et l'Orléans-Bordeaux, du groupe Mackenzie, pour former la Compagnie du Paris-Orléans. François Bartholony est à l'honneur lors de l'inauguration du Paris-Bordeaux, en 1853, et du Paris-Limoges, en 1856. Il participe avec Edward Blount au Lyon-Genève.

En 1853, les lignes de Bordeaux à Sète et de Bordeaux à Bayonne sont concédées à la Compagnie du Midi, formée par les frères Pereire avec d'Eichtal et Thurneyssen, leurs anciens alliés du Paris-Saint-Germain, qui rachète également la ligne de Bordeaux à La Teste, près d'Arcachon.

Le Paris-Strasbourg, qui compte cinq cent six kilomètres, la plus longue distance encore parcourue en France en chemin de fer, est achevé le 17 juillet 1852. Napoléon III vient l'inaugurer. Le train de l'Empereur est acclamé tout au long du parcours et son arrivée à Strasbourg donne lieu à des défilés de paysans alsaciens, des joutes sur l'Ill, des feux d'artifices sur les remparts et à l'illumination de la flèche de la cathédrale. Deux ans plus tard, en 1854, la Compagnie du Paris-Strasbourg fusionne avec les deux lignes de Nicolas Koechlin, le Mulhouse-Thann, inauguré en 1839, et le Strasbourg-Mulhouse, mis en service en 1841, ainsi qu'avec le Montereau-Troyes et le Blesme-Gray. Le nouvel ensemble forme la Compagnie des chemins de fer de l'Est, contrôlée par le groupe Pereire. Elle abaisse ses tarifs pour le transport de la houille de la Sarre aux hauts fourneaux des Wendel, moyennant quoi elle obtient un meilleur prix pour son approvisionnement en charbon.

L'artère Paris-Marseille avait été morcelée entre trois concessionnaires différents, les compagnies du Paris-Lyon, du Lyon-Avignon et de l'Avignon-Marseille, afin d'endormir la méfiance viscérale des députés envers la puissance financière des compagnies. Napoléon III, tout au moins dans la première partie de son règne, n'a guère à redouter d'opposition au sein du Corps Législatif et peut imposer sa volonté unificatrice. La compagnie du Paris-Lyon avait interrompu ses travaux en 1848 et l'État avait repris la ligne. Il la concède à nouveau, en 1852, mais cette fois à une compagnie franco-anglo-suisse, où des financiers français, Rothschild, Seillière, André et Waru, un Suisse, François Bartholony, sont associés à un financier anglais, Baring, et à quatre entrepreneurs anglais, Brassey, Peto, Locke et Betts. Pour terminer la section Chalon-Lyon, la compagnie lance un emprunt obligataire, auquel l'État garantit pendant cinquante ans un intérêt de 4 %. La ligne atteindra Lyon-Vaise en 1854, mettant Lyon à dix heures de Paris, à 50 km/h de moyenne.

Le Lyon-Avignon a été concédé en 1852 à une compagnie franco-anglo-belge, où figurent Genissieu, Boigues, Martin, Parent, Drouillard, Benoist d'Azy et, comme toujours, Edward Blount. Six mois plus tard, il fusionne avec la compagnie d'Avignon à Marseille du groupe Talabot, pour constituer la Compagnie du chemin de fer de Lyon à la Méditerranée. Le partage des travaux entre trois puissantes entreprises, deux anglaises, Peto et Brassey, et une française, Parent et Schaken, permet d'achever, en 1855, le dernier tronçon, Lyon-Valence, et de mettre Marseille à vingt heures de Paris. On gagne encore deux heures en 1856 lorsque les deux gares lyonnaises, Vaise et Perrache, sont enfin raccordées. Paulin Talabot met la touche finale en 1857, en faisant approuver par l'Empereur la fusion de quinze sociétés pour former la plus importante compagnie française, le Paris-Lyon-Méditerranée, le PLM. Outre le Paris-Lyon, et le Lyon à la Méditerranée, ce sont le Bourbonnais, les trois réseaux de la Loire, les quatre compagnies du Languedoc, le Dijon-Dôle et Salins, le Dijon-Belfort, le Lyon-Genève, la Compagnie du Dauphiné et celle du Victor-Emmanuel.

En 1851, les différents réseaux aboutissant à la capitale n'étaient pas reliés entre eux. Les transferts entre embarcadères se faisaient péniblement en voiture à cheval dans un Paris que Haussmann n'avait pas encore modernisé. Huit jours à peine après le coup d'État du 2 décembre 1851, un décret décide la construction d'un chemin de fer de ceinture à l'intérieur du mur des fortifications achevées depuis 1845, afin de raccorder par le nord les embarcadères des Batignolles, de Strasbourg, de Lyon et d'Austerlitz. Le 31 décembre 1853, la section Batignolles-Austerlitz de cette petite ceinture est terminée. Longue de seize kilomètres, elle comporte trois viaducs, vingt-cinq ponts, deux tunnels et de nombreux passages à niveau. Une section supplémentaire, Batignolles-Auteuil, est alors concédée aux Pereire. Achevée en 1854, elle recevra ensuite un embranchement jusqu'au Champ-de-Mars pour desservir l'Exposition universelle de 1867.

Au total, de 1852 à 1857, le réseau s'est accru de quatre mille kilomètres, soit huit cents kilomètres par an. En 1857, les compagnies croient avoir atteint l'optimum géographique de leur extension. Le boom ferroviaire a entraîné la hausse du prix des rails et du matériel roulant. Les chemins de fer éprouvent des difficultés à obtenir des forges françaises les rails que celles-ci se sont engagées à leur fournir. C'est particulièrement le cas de la compagnie du Midi des frères Pereire qui n'arrive pas à se faire livrer par les forges d'Aubin, Decazeville et Commentry les 31 000 tonnes de rails commandés en 1853. Léon Talabot, frère de Paulin et président du Comité des Forges, réplique au nom des métallurgistes : « La Compagnie du Midi demande à importer librement des rails d'Angleterre. Nous ne pouvons croire que le gouvernement autorise une exception aux droits d'entrée sur les fers et aciers... D'ailleurs, trois forges, La Providence, Maubeuge et Châtillon sont prêtes à se substituer à leurs homologues d'Aubin et de Decazeville, défaillantes, et à approvisionner la Compagnie du Midi. » Réponse hypocrite, car les livraisons seraient faites à Paris.

Léon Talabot persiste : « La production métallurgique française progresse à un rythme exceptionnellement important. Si vous levez les droits, dans cinq ans l'industrie française aura rétrogradé de dix ans et l'écart entre les deux fabrications, anglaise et française, qui se réduit rapidement aujourd'hui, augmentera plus rapidement encore, mais dans l'autre sens, et nous serons, pour le fer, à la merci de l'Angleterre. »

En réalité, avec la demande, les prix ont fortement monté et les forges essaient de suspendre les marchés contractés à bas cours pour profiter de la hausse en n'honorant que les nouvelles commandes. Émile Pereire n'est pas dupe. Il finira par obtenir du gouvernement l'autorisation d'importer des rails anglais, de Barlow et Brunel.

La liquidation, en 1856, trois ans à peine après sa constitution, de la Compagnie de Chemin de fer du Grand Central, formée par Morny, le demi-frère de l'Empereur, pour desservir les douze départements du Massif Central, montre que les lignes de montagne sont très coûteuses et peu rentables. Même en Champagne ou en Bretagne, le franchissement des vallées exige la construction d'imposants ouvrages d'art.

On vient à peine d'achever sur le Paris-Limoges le viaduc de Rocherolles, à cinquante-cinq mètres au-dessus de la Gartempe, le plus haut viaduc de France avec ses cent quatre-vingt-sept mètres de long et ses deux rangs d'arcades de granit, quatre en bas, huit en haut, et le tunnel de Blaisy-Bas, qui fait un peu plus de quatre kilomètres, près de Dijon, que déjà on lance les viaducs de Chaumont et de Morlaix. À Chaumont, sur le Paris-Mulhouse, deux mille ouvriers travaillent quatorze mois nuit et jour pour jeter sur la vallée de la Suize un viaduc en pierre de six cents mètres de long et soixante-dix mètres de haut, formé de trois étages de cinquante arches superposées. Celui de Morlaix, long de trois cents mètres, sur la ligne Paris-Brest, avec ses deux étages de neuf et de quinze arches en pierre, surplombe de soixante-deux mètres l'estuaire du Dossen et demande vingt-huit mois de travail.

Le 22 avril 1857, la Compagnie du Midi inaugure la ligne Bordeaux-Sète, longue de quatre cent quatre-vingt-un kilomètres, avec plusieurs mois d'avance sur le planning, malgré les difficultés d'approvisionnement des rails. Deux trains partis, l'un de Bordeaux avec Émile Pereire, l'autre de Sète avec Isaac, se rejoignent à Toulouse à l'heure fixée. « Les deux frères descendent des deux locomotives, raconte un témoin, et, par une inspiration spontanée, se jettent dans les bras l'un de l'autre, aux yeux d'une foule émue. »

L'année suivante, une crise financière s'étend à toute l'Europe, et la guerre d'Italie, en 1859, n'arrange pas les choses. Les grandes compagnies de chemins de fer ne trouvent plus aussi facilement à lever des capitaux. D'autant qu'aux lignes principales, relativement rentables, on a joint, au temps de la prospérité, une foule de lignes secondaires et d'embranchements qui coûtent cher à construire et dont les recettes ne couvrent pas les frais.

Mais Napoléon III est fermement résolu à continuer à irriguer tout le territoire d'un réseau ferré de plus en plus étendu, de plus en plus ramifié. Manière de satisfaire les milieux ruraux qui soutiennent l'Empire. Aux intérêts locaux, aux candidats officiels aux élections, il faut bien donner quelque pâture.

Ernest de Franqueville, directeur des chemins de fer au ministère des Travaux publics, imagine alors de partager le réseau de chacune des six grandes compagnies en deux entités comptables. L'ancien réseau, les lignes actuelles, rentables, reversera au nouveau réseau, les lignes à construire, présumées déficitaires, la partie de ses bénéfices excédant les 6 % ou 8 % supposés constituer la juste rémunération du capital : c'est le principe du *déversoir.* Outre cet abondement interne, le nouveau réseau sera aidé par l'État, qui garantira pendant cinquante ans 4,65 % d'intérêt aux porteurs d'obligations souscrites pour sa construction. C'est l'État-Providence. Les obligations des compagnies de chemins de fer deviennent, au même titre que la rente, un placement de père de famille.

La loi Franqueville, votée le 11 juin 1859, stimule si bien la reprise que, de 1858 à 1863, le réseau s'étend encore de quatre mille six cents kilomètres, soit neuf cents kilomètres par an. De toutes ces nouvelles lignes, Langres-Mulhouse, Besançon-Mulhouse, Caen-Cherbourg, Lyon-Genève et bien d'autres, la plus remarquable est peut-être celle de Commentry à Gannat avec sa série de sept viaducs, les premières constructions métalliques de Gustave Eiffel. Du fait de leur hauteur, respectivement de cinquante-neuf et de soixante-six mètres, ceux de Rouzat, sur la Sioule, et de Louroux, sur la Bouble ont dû être consolidés par des jambes de force au pied des piles qui leur donnent une forme incurvée. Finalement, en 1869, lorsque Napoléon III s'apprête à quitter le devant de la scène, la France compte dix-sept mille kilomètres de voies ferrées, cinq fois plus qu'en 1851.

Pereire-Talabot, un duel sans merci

Le Second Empire marque aussi l'apogée de la fabrication française de locomotives, avec cinq constructeurs de tout premier plan, Schneider, Graffenstaden[60], Derosne et Cail, la Société des Batignolles et Fives-Lille. À partir de 1852, c'est l'envol de la production. Les usines Cail, qui n'avaient construit que douze locomotives en 1851, en produisent cent trente-six en 1852 et cent soixante-seize en 1853. De son côté, Basile Parent, un Belge, crée avec un Français, Pierre Schaken, Parent, Schaken and Cie, bientôt connue sous le nom de Fives-Lille. Son usine de Fives, près de Lille, construit des ponts en charpente métallique et des locomotives, et celle de Givors, les roues et les essieux. Fives-Lille s'associe avec Cail pour constituer une société en participation qui exporte en Autriche, en Espagne, en Italie, en Égypte, et surtout en Russie des locomotives et des ponts, souvent avec des financements Rothschild, Fould ou Pereire.

Les Pereire, justement, ont une filiale, la Compañia de los Caminos de Hierro del Norte de Espana, qui remporte, en 1856, la concession des lignes Madrid-Valladolid-Irun et Pampelune-Saragosse. Une petite colonie française s'installe alors à Valladolid, où commencent les travaux. Devant l'ampleur des tunnels et des viaducs à construire et l'insuffisance des sous-traitants locaux, elle fait appel à la Société des Batignolles, qui vient de construire le Turin-Gênes, et qui amène plusieurs milliers de terrassiers piémontais. Beaucoup resteront sur place après la fin du chantier et feront souche sur place, surtout dans les provinces basques. En 1860, l'effectif passe à quatorze mille salariés. La construction dure huit ans. Une épidémie, puis des troubles politiques suspendent un moment les travaux. Le Paris-Madrid ouvre néanmoins à la date prévue, le 15 août 1864. Au banquet d'inauguration, à San Sebastián, le roi d'Espagne fait asseoir à ses côtés les deux frères Pereire.

Émile et Isaac Pereire sont alors au faîte de leur ascension. Outre le Crédit mobilier et la Compagnie générale transatlantique, ils contrôlent dix-sept lignes de chemins de fer dans toute l'Europe. Par exemple la Compagnie de l'Est, qui regroupe les lignes de Montereau-Troyes, Paris-Strasbourg, Dôle-Salins, Besançon-Belfort, celles des Ardennes et de l'Oise ; la Compagnie du Midi ; la Compagnie des chemins de fer du Nord de l'Espagne ; le Séville-Cordoue ; et plusieurs lignes en Autriche. Ils ont créé de toutes pièces la ville d'Arcachon et possèdent l'établissement thermal de Vichy. À Paris, ils ont construit l'Hôtel du Louvre, le Grand Hôtel, les hôtels particuliers du parc Monceau et la majeure partie des immeubles de la rue de Rivoli, de la rue du Louvre, du boulevard Pereire, de l'avenue de Villiers et du boulevard Malesherbes.

Mais ils se sont fait des ennemis puissants. Les Rothschild, auxquels ils ont damé le pion en inventant, en 1852, avec le Crédit mobilier, le crédit à long terme à l'industrie. Les Talabot, ensuite, en menaçant de s'attaquer à leur monopole sur le négoce de Marseille. La frontière entre l'empire des Pereire et celui des Talabot passe par Sète, alors grand port charbonnier. Les Pereire ont construit le chemin de fer de Sète à Bordeaux, les Talabot celui de Sète à Marseille, qui fait un long détour par Montpellier, Nîmes et Tarascon. En 1861, Émile Pereire demande pour sa Compagnie du Midi la concession d'une ligne directe Sète-Marseille par Palavas, Aigues-Mortes, le littoral de la Camargue et Martigues, quarante-sept kilomètres de moins que la ligne existante, celle des Talabot.

En prime, il offre de construire une ligne de Montpellier à Rodez via Lodève et Saint-Affrique.

Les deux concurrents sont convoqués à la réunion du Conseil supérieur des Ponts et chaussées. Émile Pereire se fait accompagner par vingt-sept députés, représentant treize départements. Plus modestement, Paulin Talabot est entouré des seuls députés du Gard. Il admet que le trajet existant Sète-Marseille est trop long, mais propose un raccourci par Lunel et Arles. « La ligne littorale qui vous est proposée, assure-t-il, engloutirait dans le désert de la Camargue des sommes qui seraient bien mieux employées à l'achèvement du réseau national[61]. » Et il retourne l'accusation de monopole contre la Compagnie du Midi qui exploite, outre le chemin de fer du Midi, le canal latéral à la Garonne et le canal du Midi.

En 1863, année d'élections législatives, Paulin Talabot s'est présenté dans le Gard, Isaac Pereire dans les Pyrénées-Orientales, et son frère Émile dans le Tarn. Contraint d'adopter une position, l'Empereur confie l'arbitrage à quatre ministres : Fould, Magne, Rouher et Walewski. Verdict : le Midi est débouté de sa demande de concession, le PLM construira sans subvention le raccourci Arles-Lunel et devra laisser circuler sur son réseau les wagons du Midi, dont les voyageurs et les marchandises étaient jusqu'alors contraints à un transbordement à Sète.

Quatre ans plus tard, en 1867, avec la faillite du Crédit mobilier, l'empire des Pereire se lézarde. En 1870, il ne leur reste plus que la Compagnie du Midi.

C'est au contraire l'apogée de Fives-Lille, d'Ernest Gouin, qui introduit en France la technique des ponts métalliques, dont le premier sera celui d'Asnières, en 1862. L'apogée aussi d'Eugène Schneider, qui déclare le 3 juin 1865 avec émotion et d'une voix aigrelette au Corps législatif, dont il est le président : « Messieurs, je viens de vivre le plus beau jour de ma vie. Le Creusot vient de vendre quinze locomotives à l'Angleterre. Vous entendez, messieurs, à l'Angleterre ! »

Les Talabot sont également au pinacle. Outre leur position dominante au PLM, ils contrôlent les Docks et Entrepôts de

Marseille, la Compagnie des transports maritimes de Marseille à l'Amérique du Sud, la Société des transports maritimes à vapeur, les Chemins de fer algériens, le Chemin de fer lombard-vénitien, les Chemins de fer du Sud de l'Autriche, les Aciéries de Saut-du-Tarn, les Hauts Fourneaux et Forges de Denain-Anzin, les Mines de Mokta-el-Hadid et plusieurs usines métallurgiques en Russie. C'est aussi le triomphe de Jean-François Cail, qui aime se dire « condamné aux travaux volontaires à perpétuité ». En 1865, il transfère ses ateliers du quai de Billy à Grenelle, où ils sont raccordés à un embranchement de la Petite Ceinture et deviennent la plus grande usine de Paris. Les établissements Cail livrent à la Russie, pour la ligne de Kiev à Balta, outre les ponts métalliques, soixante-douze locomotives, deux cent trente-quatre voitures, et mille sept cent soixante-douze wagons. À Paris, ils construisent en 1868 au-dessus des voies de la gare Saint Lazare le pont en étoile de la place de l'Europe, bientôt immortalisé par Claude Monet.

Partout, le chemin de fer dispense la prospérité. Chaque inauguration donne lieu à des banquets, des fêtes populaires avec retraites aux flambeaux, feux d'artifice et bals, à des distributions de viande et de pain aux pauvres. Le rail assure, en 1869, 52 % du transport des marchandises contre 9 % en 1851, principalement la houille et les produits métallurgiques, mais aussi le vin et les céréales. Jusqu'alors, les mauvaises récoltes, généralement locales, entraînaient la disette. Là où la saison avait été trop sèche, les secours attendus d'une autre région arrivaient trop tard. Vers 1830, l'écart de prix du quintal de blé entre les divers marchés de France pouvait atteindre quarante francs ; grâce au rail, il ne dépasse plus vingt francs en 1847 et sept francs en 1861 ; en 1880, il se réduira à presque rien. Maintenant que quelques heures suffisent au chemin de fer, on ne reverra plus la grande disette de 1846, où il a fallu plusieurs semaines pour distribuer à l'intérieur du pays les céréales d'Ukraine et de Roumanie débarquées à Marseille. La fréquence et la régularité des trains permettent de réduire les stocks, jusque-là rendus nécessaires par les incertitudes de la navigation et des charrois. Les wagons spécialisés se multiplient. Le développement du roulage local compense la baisse des messageries à grande distance. Des métiers se développent, comme celui de voyageurs de commerce, entraînant, du même coup, la disparition des interminables correspondances commerciales.

En France, terre peu encline à l'émigration, le chemin de fer est aussi à l'origine du déracinement. À la fin de l'Empire, beaucoup de journaliers – les ouvriers agricoles itinérants qui se louaient à la journée – et d'enfants de paysans pauvres, sont attirés par la capitale. Le voyage à Paris ne se fait plus à pied mais en train et n'oblige plus à dépenser une fortune à l'auberge. Le rail change la donne. La métropole n'est plus qu'à une journée de route, et l'on peut manger et dormir dans le train. Beaucoup tentent leur chance à la ville, où ils se placent comme hommes de peine ou bonnes à tout faire. Les plus chanceux s'installent maraîchers dans les banlieues.

Pour la première fois, les membres d'une famille acceptent de ne plus vivre tous ensemble et de ne pas mourir là où ils sont nés. La succession immuable des générations s'interrompt. Les gens bougent. Les choses changent. L'exode rural commence. Dès 1870, on enregistre cent mille départs par an, bientôt le double.

Le Tunnel du Mont-Cenis

Le chemin de fer a franchi la Sierra Nevada, il ne va pas tarder à franchir les Alpes. Les premiers à réaliser ce défi sont les vingt mille ouvriers de l'ingénieur vénitien Carl von Ghega, qui construisent, de 1846 à 1854, une ligne de quarante et un kilomètres entre les hautes vallées de la Mürz, en Basse-Autriche, et de la Leitha, en Styrie. Une ligne à crémaillère où les trains sont tirés à 6 km/h par une locomotive spéciale, l'Engerth, munie d'une articulation qui solidarise machine et tender[62]. Dans un superbe paysage[63], elle déroule seize viaducs et quatorze tunnels, dont celui du Semmering.

Cet exploit que mille terrassiers ont payé de leur vie, victimes d'accidents ou d'épidémies, inspire un ingénieur savoisien, Germain Sommeiller, natif de Saint-Jeoire-en-Faucigny, actuellement en Haute-Savoie, mais alors partie du royaume de Piémont-Sardaigne. Encore en bas âge, Sommeiller a perdu ses parents, modestes cultivateurs savoyards. Sa sœur aînée l'a recueilli, l'a aidé à faire ses études. Une bourse lui a permis d'entrer à l'université de Turin, dont il est sorti ingénieur diplômé. Assistant du directeur de la construction de la première ligne de chemin de fer d'Italie, de Turin à Gênes, il a suivi un stage chez John Cockerill, le constructeur belge de locomotives, puis en Angleterre, où il s'est familiarisé avec tous les problèmes d'exploitation des chemins de fer. La curiosité toujours en éveil, travailleur acharné, il s'est intéressé aussi bien aux essais de gazomètres et d'éclairage au gaz qu'aux derniers modèles de voitures à cheval et de wagons.

De 1845 à 1855, il a assisté Henry Maus, l'ingénieur en chef belge chargé de construire le chemin de fer de Turin à Gênes, le second en Italie après une petite ligne de Naples à Portici. Le franchissement des Apennins a imposé une section à forte pente, 26 ‰, et le creusement d'un tunnel de 3,2 kilomètres, la Galleria des Giovi. Pour la rampe, il a commandé à Robert Stephenson de lourdes locomotives accouplées, les *Mastodonti dei Giovi.* Pour le tunnel, pas question d'employer des marteaux-piqueurs à moteur à vapeur, en raison de l'air vicié et de l'humidité. Germain Sommeiller a trouvé là matière à réflexion.

Après avoir réglé le problème de la liaison entre Turin et Gênes, le royaume, qui est constitué du Piémont, de la Ligurie, de la Sardaigne, de Nice et de la Savoie, s'attaque à la liaison entre Turin et Chambéry. Depuis des siècles, le passage de Savoie en Piémont se fait par le col du Mont-Cenis, à plus de 2 000 m d'altitude. Il faut trois jours et demi pour aller de Lyon à Turin en diligence.

En 1853 la décision est prise de construire le « chemin de fer Victor-Emmanuel », de Culoz à Aix-les-Bains, Chambéry et la Maurienne, avec des rampes terriblement fortes, de 15 à 30 ‰. Reste le plus difficile, la liaison entre Modane et Bardonnèche, de l'autre côté des Alpes.

Germain Sommeiller propose alors de creuser un tunnel de treize kilomètres sous le Mont-Cenis, à mille six cents mètres sous terre.

« Insensé, lui dit-on. À une telle profondeur, la température sera si élevée qu'elle rendra impossible le travail des ouvriers. » Et, avec les outils de l'époque, la poudre noire et la barre à mines, on calcule qu'il faudrait plusieurs générations pour venir à bout d'un tel projet.

Mais, depuis le percement du tunnel des Giovi, Germain Sommeiller a beaucoup réfléchi. La détente de l'air comprimé, pense-t-il, pourrait libérer une force comparable à celle que produit la détente de la vapeur. Déjà, deux Français ont montré, à Paris, qu'on peut produire de l'air comprimé et le distribuer dans un réseau de canalisations sans se heurter aux mêmes difficultés d'étanchéité que pour conserver le vide dans un tuyau sous un chemin de fer atmosphérique. S'agissant des Alpes, on devrait pouvoir à bon compte domestiquer l'énergie hydraulique des chutes d'eau et, en combinant judicieusement l'ouverture et la fermeture de vannes, produire à coups de bélier de l'air comprimé. Stocké en attente dans un réservoir, il pourrait être ensuite libéré brusquement pour actionner à distance des outils mécaniques. Germain Sommeiller dépose un brevet d'invention pour un marteau-piqueur à air comprimé. Pour mieux défendre lui-même son idée au parlement de Turin, il se fait élire député de Taninges.

Il finit par convaincre Camille Cavour, le président du Conseil. En 1855, le parlement de Turin autorise la construction du tunnel du Mont-Cenis et Cavour confie les travaux à Germain Sommeiller. Cet ouvrage sera quatre fois plus long que celui des Giovi, deux fois et demi plus long que les plus longs tunnels de l'époque, ceux de Stonehedge, en Angleterre et de la Nerthe, en France. On prévoit que le chantier dure vingt-cinq ans. Germain Sommeiller réduira ce délai à quatorze ans grâce à trois inventions : sa perforatrice pneumatique, la dynamite et l'allumage électrique des charges explosives.

Les travaux commencent en août 1857 à Bardonnèche et, quatre mois plus tard, à Modane. La ligne du « Victor Emmanuel » a déjà atteint Saint-Jean-de-Maurienne. Les six premières années, dans l'attente de l'air comprimé et des fameuses perforatrices, l'avancement est très lent, moins d'un mètre par jour. En six ans, on ne creuse que le septième du tunnel. À ce rythme, on en a encore pour trente-cinq ans. Certains, surtout en France, parlent d'un « fiasco colossal ».

Après seize heures de voyage en train de Paris à Saint-Michel-de-Maurienne, où le chemin de fer arrive en 1862, les voyageurs en mettent encore douze de Saint-Michel à Suse. Il faut parfois des attelages de quatorze chevaux pour grimper jusqu'au col, qui voit pourtant passer chaque année quarante-huit mille voyageurs et 30 000 tonnes de marchandises.

En attendant l'ouverture du tunnel, un ingénieur anglais, Fell, amène à Saint-Michel-de-Maurienne une locomotive de montagne. Outre ses quatre roues normales, entraînées par un moteur à vapeur associé à une transmission, elle a quatre roues horizontales qui s'enclenchent sur un troisième rail denté, au milieu de la voie, dix-huit centimètres au-dessus des deux autres. Ce système à crémaillère accroît l'adhérence de la locomotive dans les pentes sans trop augmenter son poids, il guide le convoi dans les courbes et complète le freinage.

Les travaux d'aménagement du chemin de fer Fell commencent dès l'hiver 1866. De Saint-Michel-de-Maurienne à Suse, il suit la route et ne s'en écarte que lorsque la courbe est trop forte. Il traverse Lanslebourg, à 1 400 m d'altitude, gagne le plateau du Mont-Cenis, à 2 080 m, et redescend sur Suse, à 500 m. Les pentes atteignent 12 %. Pour éviter les chutes de pierres ou les coulées de neige, la voie ferrée, tel un gigantesque serpent, s'enfonce pendant douze kilomètres sous des galeries de protection en pierre ou en tôle. Le premier train y circule en juin 1868. Ses trois voitures de voyageurs et ses deux wagons de marchandises sont tout petits : 2 m sur 3,5 m, les fenêtres hautes et étroites. Les voyageurs, assis sur des banquettes de bois, le dos aux parois, ne voient rien du paysage.

John Cockerill, à qui Germain Sommeiller a sous-traité en 1857 un prototype de son compresseur et de ses marteaux-piqueurs, finit par mettre au point les équipements demandés. Le premier marteau-piqueur entre en action en 1861, bientôt suivi de neuf autres. Long de 2,85 mètres et pesant trois cents kilos, ils sont montés sur un chariot qui se déplace au fur et à mesure de l'avancement des galeries. On les actionne à distance par l'air comprimé renouvelé incessamment à partir des chutes d'eau de la région. Un affût orientable permet de percer dans toutes les directions à cent quatre-vingts coups par minute.

Entre également en scène Alfred Nobel, un Suédois. Son père, Emmanuel Nobel, entrepreneur de bâtiment et de travaux publics, a été ruiné par le naufrage de plusieurs bateaux sur lesquels il avait chargé des matériaux de construction. Mais, sans se décourager, il a emmené sa famille à Saint-Pétersbourg, où il a proposé à l'Amirauté russe de lui livrer des mines sous-marines, en réalité de simples tonneaux remplis de poudre à canon et solidement ancrés au fond de l'eau. L'idée a plu au tsar et ces mines ont suffi pendant la guerre de Crimée à dissuader la flotte anglaise de venir mouiller devant Saint-Pétersbourg. Elles ont donc épargné bien des vies humaines...

En Russie, Emmanuel Nobel a donné à ses enfants d'excellents professeurs de russe, d'allemand, d'anglais, de français, de suédois, de physique et de chimie. Mais, contrarié de voir l'intérêt d'Alfred pour la littérature et à la poésie, et pour le remettre dans ce qu'il estimait être le bon chemin, il l'a envoyé dès l'âge de seize ans dans toute l'Europe et en Amérique se perfectionner en physique et en chimie. Le jeune Alfred Nobel a fait ainsi connaissance de John Ericsson, l'inventeur de la propulsion par hélice, puis d'Ascanio Sobrero, celui de la nitroglycérine.

Tandis que ses frères restaient en Russie développer l'affaire familiale, les fabrications d'armement puis de matériel de forage pétrolier, Alfred Nobel est rentré en Suède. C'est là qu'à partir de 1863, il a recherché tous les moyens de maîtriser la nitroglycérine et d'en faire un produit utilisable sans danger, à grande échelle, dans les mines et les travaux publics. Après avoir songé à la dissoudre dans l'alcool méthylique, ce qui la rend inoffensive mais difficile à recristalliser, il a tenté de la fixer en lui ajoutant des substances absorbantes, de la poudre de charbon, de la craie, du sable. Ces expérimentations se sont révélées laborieuses, longues, dangereuses. Très dangereuses. L'une d'elles a fait plusieurs morts, parmi lesquels son propre frère, Emil. Les autorités de Stockholm lui ont alors interdit formellement de continuer ses essais en ville. Alors, il les a poursuivis au milieu du lac Mälaren, sur une barque.

Alfred Nobel est arrivé au bout de ses peines le jour où il a mélangé la nitroglycérine avec une roche poreuse résultant de l'accumulation d'enveloppes siliceuses d'algues fossiles microscopiques, les diatomées. La mixture obtenue peut retenir 75 % du liquide dangereux. Il a réussi de la sorte à transformer la nitroglycérine en une pâte qu'on peut conditionner en bâtonnets enveloppés de papier, emballer en caisses et transporter sans qu'un heurt ne vienne déclencher une explosion intempestive. Pour déclencher à distance l'explosion, il ne lui restait plus qu'à mettre au point un détonateur, en l'occurrence une capsule de fulminate de mercure.

En 1867, Alfred Nobel a déposé des brevets, tant pour l'explosif que pour le détonateur. La nitroglycérine ayant mauvaise presse, il a préféré donner à son produit un nom différent, la dynamite, du mot grec dynamis, puissance. Exactement comme Berthollet avait appelé son agent de blanchiment eau de Javel au lieu d'eau chlorée, parce que le chlore faisait peur au public.

Pour vaincre la méfiance, après tant d'accidents spectaculaires dus à cette fameuse nitroglycérine, Alfred Nobel multiplie dans toute l'Europe les démonstrations publiques, prouve les progrès obtenus tant en sécurité qu'en puissance. Il fait par exemple lancer d'une falaise de trente mètres de haut une caisse de vingt-cinq kilos de dynamite. Tout le monde la voit atterrir sans exploser. Alors, il enflamme calmement le détonateur, et la caisse de dynamite creuse un entonnoir de trois mètres de diamètre sur un mètre de profondeur. Une autre fois, un paquet de huit kilos de dynamite placé dans l'eau soulève une énorme gerbe liquide à plus de cent mètres. C'est le succès. Attentif à protéger ses brevets et à faire fabriquer son produit, Alfred Nobel voyage sans cesse dans le monde entier, crée quatre-vingts usines dans vingt pays, sur trois continents. Victor Hugo l'appelle « le plus riche vagabond d'Europe ».

Grâce à ces deux inventions, la dynamite et le marteau-piqueur à air comprimé, le tunnel du Mont-Cenis est achevé plus tôt que prévu, le 26 décembre 1870. Exactement au point frontière car, entre-temps, la Savoie a été rattachée à la France. À travers une ouverture d'un mètre, ouvriers italiens et français se serrent la main. Germain Sommeiller a bien travaillé : les deux galeries sont parfaitement face à face, à quarante centimètres près en largeur et soixante centimètres en hauteur.

Prisonniers du train

Le jour même où s'achève le tunnel du Fréjus, les Prussiens commencent à bombarder Paris assiégé. La grande usine Cail de Grenelle est reconvertie en fonderie de canons et les gares en parcs à bestiaux, en fabriques de montgolfières ou en moulins à farine. Nourrir les Parisiens affamés, réduits à manger les rats et l'éléphant du Jardin des Plantes, quel meilleur usage pour les chaudières des locomotives immobilisées par le blocus ?

La France avait déclaré la guerre sans s'y préparer. La Prusse l'avait préparée sans se donner le mal de la déclarer. Depuis longtemps, elle avait prévu les trains pour concentrer ses régiments. Et ce n'est pas seulement au début, mais pendant toute la durée de la campagne que les Prussiens avaient méticuleusement organisé les mouvements de troupes. Des commandants d'étape, placés dans chacune des gares principales, concouraient avec les chefs de corps au maintien de la discipline militaire et veillaient à l'expédition des trains aux heures fixées par l'état-major.

En France, au contraire, on s'imaginait qu'à des soldats vaillants rien n'était impossible. On n'avait tiré aucune leçon de la lenteur avec laquelle les chemins de fer avaient acheminé en 1859 les six cent mille soldats et les cent vingt mille chevaux de l'armée d'Italie. La mobilisation n'était pas conçue sur une base régionale. Le 1er régiment de zouaves, stationné à Alger, comprenait six cents appelés originaires de dix départements différents. Le 1er régiment d'infanterie de marine, à Cherbourg, faisait appel à des conscrits de vingt-huit départements, dont les deux départements alsaciens. Une fois la guerre déclarée, Lebœuf, le ministre, certain « qu'il ne manquait pas un bouton de guêtre » se borna à réquisitionner les compagnies de chemins de fer sans se soucier de savoir si elles avaient ou non les moyens de répondre à ses demandes. Tout le monde commandait à la fois : l'un réquisitionnait les locomotives, l'autre les wagons, un troisième réclamait un train spécial. L'intendance immobilisait des wagons dans les gares pour les transformer en magasins. Ils encombraient les voies, empêchant la circulation des autres trains. Dès les premiers jours de la guerre, la gare de Metz fut paralysée. Les lignes étaient encombrées de convois qui devaient s'arrêter à tout instant. Le trajet en chemin de fer prenait plus de temps que le même à pied.

« Dès le troisième ou le quatrième jour, nos gares et toutes les gares du réseau français ont été successivement encombrées de soldats isolés appartenant à tous les régiments de l'armée, groupés par les intendants sous les ordres de quelques sous-officiers. Ces derniers, sans autorité sur des détachements d'inconnus qui leur étaient confiés, partaient en laissant tout le long du chemin une partie de leurs hommes plus ou moins égarés. Les soldats isolés ont constitué de suite une masse flottante, errant sur les chemins, vivant dans les buffets et ne retrouvant jamais leur corps. À la fin du mois d'août, la gare de Reims eut à défendre ses wagons contre les tentatives de pillage de quatre ou cinq mille hommes qui, après avoir de bonne foi cherché leur régiment, s'étaient facilement habitués à l'idée de ne pas le retrouver[64]. »

En décembre 1870, pour tenter une diversion vers l'est, Gambetta ordonna de transporter à Belfort en trente-six heures deux corps d'armée stationnés dans le centre de la France. L'embarquement s'effectua correctement à Vierzon et à Bourges, mais la gare prévue pour le débarquement, Clerval, entre Besançon et Montbéliard, n'avait ni quais pour débarquer l'artillerie et les chevaux, ni voies de garage. Il en résulta des retards et un encombrement inimaginables. Les trains restèrent échelonnés pendant plus de dix jours tout le long du parcours par un froid de moins treize à moins dix-sept degrés. Hommes, chevaux et matériel étaient prisonniers du train.

Troisième partie

Le monde du rail au XIXe siècle

Les gares et les viaducs sont les cathédrales du XIXe siècle. Les trains de plaisir et les trains exotiques au parfum de luxe et d'aventure ne doivent pas faire oublier le froid et le vent dans lequel les gens du rail travaillaient souvent seize heures par jour. Des terrassiers, mineurs, mécaniciens, chauffeurs, aiguilleurs, serre-freins, lampistes, tombés ou mutilés par dizaines ou centaines de milliers jusqu'à l'invention de la dynamite, de la perforatrice et du frein à air comprimé, du cantonnement par bloc et de l'éclairage électrique.

L'apprentissage de l'heure

Le train, c'est d'abord une gare avec une horloge. Elle se trouve bien en évidence au sommet de la façade de la plus modeste des stations pour lui indiquer le temps qui reste avant l'arrivée du train. Et, dans les grandes gares de la seconde moitié du XIXe siècle, elle surmonte parfois un clocher, voire un beffroi, comme aux hôtels de ville du Moyen Âge.

Les voyageurs doivent faire l'apprentissage de l'exactitude. Au début, la précision des horaires les déconcerte. La direction du chemin de fer de Nîmes à Beaucaire insère dans *Le Courrier du Gard* du 17 juillet 1839 un avis les invitant « à régler leur montre sur *la pendule régulateur* établie dans le magasin de MM. Berger oncle et neveu, horlogers de l'administration des chemins de fer, place de l'Hôtel de Ville, destinée à donner l'heure précise des bureaux de Nîmes et de Beaucaire. » Avis sans doute mal suivi puisque cinq jours plus tard *Le Courrier du Gard* informe ses lecteurs que « pour éviter tout retard et le désordre qu'occasionne fréquemment l'arrivée tardive des voyageurs, les portes des stations seront, à l'avenir, fermées cinq minutes avant l'heure du départ. »

En France, l'horloger Garnier conçoit un système d'horlogerie électrique où une horloge mère commande par conducteur électrique le mouvement synchrone de multiples horloges installées à distance. La Compagnie du Nord adopte d'abord ce système pour les horloges de la gare de Lille, puis, en 1849, elle pose dans toutes ses stations des horloges reliées électriquement à l'heure exacte de Paris. Longtemps, à Brest, Bayonne, Strasbourg ou Nice, l'heure locale, donnée par le cadran solaire, avance ou retarde de vingt ou trente minutes par rapport à celle de Paris et, tant que le chemin de fer n'a que des tronçons épars, les horaires respectent l'heure de la ville principale desservie par la ligne. Le développement du réseau va obliger peu à peu à synchroniser les horloges des différentes gares, mais l'unification de l'heure ne sera achevée dans le pays tout entier qu'en 1891, lorsqu'une loi précisera que « l'heure légale, en France et en Algérie, est celle de Paris ».

Le problème se pose avec encore plus d'acuité aux États-Unis. Le respect de l'heure solaire entretient une grande confusion, car lorsqu'il est midi à Chicago, il est 11 h 27 à Omaha, 11 h 50 à Saint Louis, 12 h 09 à Louisville, 12 h 31 à Pittsburgh, etc. Ceci conduit à diviser la nation en 1883 entre quatre fuseaux horaires séparés par les soixante-quinzième, quatre-vingt-dizième, cent cinquième et cent vingtième méridiens.

Henri Vincenot a raconté comment, dès son admission dans une compagnie de chemins de fer, le premier achat de tout cheminot est le *régulateur* de montre. Un achat à faire avant l'embauche, car le bureaucrate du service du Personnel va immanquablement lui poser cette question *sine qua non* : « Avez-vous un bon régulateur ? » Malheur à lui s'il répond : « Un quoi ? »

Depuis l'avènement de l'ère du chemin de fer, la possession d'une montre, jadis signe de richesse, est devenue une preuve de civilisation. Pas de civilisation sans le chemin de fer, et pas de chemin de fer sans montre[65].

Cet achat représente une somme importante. Ces montres, qui doivent être absolument exactes – une seconde compte pour un cheminot – et indéréglables même aux pires intempéries, représentent bien la valeur de trois mois de salaire.

« Si le candidat est fils ou petit-fils de cheminot, poursuit Henri Vincenot, il se sert du régulateur de son grand-père, qui a fait graver à l'intérieur du boîtier, son nom, la date de son admission à la Compagnie et celle de son départ en retraite. Son père, encore en service, conserve la sienne, pour la transmettre le moment venu à son propre petit-fils. Si le nouveau cheminot n'est pas de la famille, il lui faut emprunter pour un tel achat.

« Donner l'heure, pour un cheminot, ne consiste pas à suggérer une vague idée à deux ou trois minutes près, mais à indiquer l'instant à la minute qui s'écoule. On dit, en tirant le régulateur de son gousset et en le renversant respectueusement dans le creux de la main, pour le protéger des chocs : il va être treize heures cinquante-deux ! »

La plupart des gares d'origine, des embarcadères, conçues en fonction du trafic prévisible dans les années 1840, se sont rapidement révélées dépassées par l'explosion du trafic. Quinze ans après sa construction en 1846 par Léonce Reynaud, la façade de la gare du Nord, à Paris, est démontée pierre par pierre et expédiée par train à Lille-Flandres, tandis que Jacques Hittorff construit une nouvelle gare du Nord avec un arc de triomphe, vingt-trois statues et surtout une grande halle avec de hautes colonnes en fonte. À la base de ces colonnes, on peut encore lire la marque des fondeurs écossais seuls capables à l'époque d'en fabriquer d'aussi hautes.

À l'époque des grandes compagnies privées, la petite gare de campagne se contente d'une salle d'accueil avec guichet, d'une salle d'attente et d'une salle d'enregistrement des bagages avec consigne. En revanche, la gare de grande ville doit rassurer les investisseurs par ses pierres de taille, ses chaînages d'angle, son ornementation. Elle est un des plus beaux monuments de la ville et un but de promenade du dimanche. Certains achètent un ticket de quai rien que pour jouir du spectacle. Son *hall*, encore un mot anglais, peut abriter plusieurs convois à l'arrêt sous sa vaste verrière aux nervures métalliques. Claude Monet a rendu l'atmosphère de ses vapeurs et de ses fumées multicolores. Plus tard, elle disparaîtra, remplacée par de simples parapluies qui courent le long des quais.

plus grandes gares. Les buffets de gare deviennent des lieux de rendez-vous, de brèves rencontres, bien propres à inspirer les écrivains qui viennent parfois s'y attabler.

Les premières gares, les embarcadères, avaient trois salles d'attente distinctes, correspondant aux différentes classes, car, si les Américains, sauf bien sûr les Sudistes, ignoraient les distinctions de classe, les compagnies européennes, soucieuses d'optimiser les rentrées d'argent, répartissaient la clientèle en trois classes – quatre même en Prusse – tout comme aujourd'hui les constructeurs d'autos segmentent leur gamme de modèles.

Dans ces salles d'attente, les voyageurs attendaient que l'on compose les trains voiture par voiture, selon la demande, en manœuvrant les wagons sur de petites plaques tournantes.

Les compagnies faisaient tout pour attirer les voyageurs en première et deuxième classes, qui leur rapportaient davantage. Les premiers temps, les voitures de troisième n'étaient que de simples tombereaux à charbon, sans toit ni portières, où une trentaine de passagers s'entassaient debout, exposés à la pluie et aux escarbilles. Honoré Daumier a caricaturé ces malheureux agglutinés tête baissée sous la tornade, tandis que leurs chapeaux s'envolaient. Pour évacuer l'eau, on perçait des trous dans le plancher. On conseillait de ne pas oublier son parapluie et, au départ, devant les embarcadères, on louait de lourdes et encombrantes houppelandes imperméables en cuir. En France, il fallut attendre 1844 pour que la loi oblige les compagnies à munir les voitures de troisième d'un toit, de portières, de bancs et de rideaux. Les fenêtres n'y apparurent qu'en 1850 et encore seulement aux portières, laissant les compartiments dans une demi-obscurité.

Alphonse Daudet témoigne, dans *Le Petit Chose* :

« Jamais je n'oublierai mon premier voyage à Paris en troisième classe. Des matelots ivres chantaient, de gros paysans dormaient la bouche ouverte comme des poissons morts, de petites vieilles avec leurs cabs, des enfants, des puces, des nourrissons, tout l'attirail du wagon des pauvres avec son odeur de pipe, de saucisson à l'ail et de paille moisie. Je crois y être encore... J'étais parti de Sarlande sans souliers, n'ayant aux pieds que de petits caoutchoucs fort minces. Très joli, le caoutchouc, mais l'hiver, en troisième classe... Dieu ! que j'ai eu froid ! C'était à en pleurer ! La nuit, quand tout le monde dormait, je prenais doucement mes pieds entre mes mains et je les tenais des heures entières pour essayer de les chauffer. »

Les voitures de première et de deuxième ont des compartiments plus spacieux, six places au lieu de huit, avec sièges rembourrés et, de chaque côté, un marchepied, une portière et trois fenêtres. Cela permet de voir défiler le paysage, spectacle jusqu'alors réservé aux marins longeant les côtes, aux bateliers sur les fleuves et les canaux, et aux rares voyageurs des diligences ou des malles-poste. Les bagages, attachés sur le toit, sont surveillés en permanence par un garde, une sorte de postillon.

Victor Hugo prend goût au train au cours d'un voyage à Anvers. « La rapidité est inouïe. Les fleurs du chemin ne sont plus des fleurs, ce sont des taches, ou plutôt des raies rouges ou blanches. Plus de points, tout devient raies. Les blés sont de grandes chevelures jaunes, les luzernes sont de longues tresses vertes. Les villes, les clochers et les arbres dansent et se mêlent follement à l'horizon. De temps en temps, une ombre, une forme, un spectre debout paraît et disparaît comme l'éclair à côté de la portière : c'est un garde du chemin qui, selon l'usage, porte militairement les armes au convoi. »

« Le soir, comme je revenais, la nuit tombait. Le remorqueur flamboyait devant moi avec un bruit terrible, et de grands rayons rouges qui teignaient les arbres et les collines tournaient avec les roues. Le convoi qui allait à Bruxelles a rencontré le nôtre. On ne voyait passer ni des wagons, ni des hommes ni des femmes, on voyait passer des formes blanchâtres ou sombres dans un tourbillon. De ce tourbillon, sortaient des cris, des rires, des huées. Il y avait de chaque côté soixante wagons, plus de mille personnes ainsi emportées, les unes au nord, les autres au midi, comme par l'ouragan[66]. »

Jusque vers 1925, les wagons sont en bois et, quand le train démarre, il craque de toute sa membrure, comme s'il allait éclater en miettes. Ils ont quatre roues, montées sur deux essieux rapprochés et sont accrochés les uns aux autres par des chaînes à des tampons à ressorts. Dans les années 1840, les locomotives tirent à 40 km/h environ une quinzaine de petites voitures de voyageurs, de six à huit mètres de long, plus deux fourgons à bagages.

Les premières classes ont très tôt des sièges tapissés équipés d'appui-bras ou de repose-tête, mais le premier W.-C. dans un train européen fut mis en 1850 à la disposition de la reine Victoria par le Great Western. Les simples citoyens attendront 1870. Le voyageur qui a oublié d'amener son pot de chambre doit attendre la gare suivante ou profiter d'un arrêt à un signal rouge. Mais les omnibus se contentent de marquer dans les gares un arrêt à peine suffisant pour qu'on puisse courir au chalet de nécessité. Dès lors, le train n'a pas encore stoppé que tout le monde se précipite. Le mécanicien attend, en actionnant le sifflet, que tout le monde ait regagné les voitures. On peut aussi se servir de toilettes du fourgon mais on doit alors y rester jusqu'à la gare suivante avant de pouvoir regagner sa voiture. Ces fourgons, l'un en tête et l'autre en queue, assurent la sécurité des voyageurs en cas de collision. Les porteurs y chargent une quantité de malles, de cartons à chapeaux et de niches à chiens.

Pour limiter le risque d'incendie de ces wagons de bois, l'éclairage se réduit à des lampes à huile de colza suspendues à une ouverture du toit, par où la fumée est censée s'échapper et qui ne peuvent être allumées que de l'extérieur. Elles éclairent mal, enfument les voyageurs et, dans les cahots, projettent de l'huile sur les vêtements.

Le lampiste est chargé d'allumer, d'entretenir et d'éteindre les lampes aussi bien celles des wagons que de la gare. Au coucher du soleil, chaque fois qu'un train s'arrête, il court sur les toits, un bidon d'huile dans une main et une torche allumée dans l'autre, saute acrobatiquement entre les toits, ouvre le couvercle des lampes de chaque compartiment, alimente le réservoir et enflamme la mèche. Le temps est court avant le départ du train. Il faut faire vite, au risque de se rompre les os, car, au cours des changements de machines et des manœuvres de gare, le convoi a souvent des soubresauts inattendus. L'astuce consiste à les amortir en s'accroupissant au bon moment. L'éclairage au gaz fait son apparition en 1863, puis l'éclairage électrique en 1881 sur le London and Brighton, mais ils ne se généralisent que vers 1905. Entre-temps, l'acrobate continue ses bonds de chat. Ses évolutions aériennes.

Jusque vers 1870, les trains n'étant pas chauffés, les voyageurs sont souvent frigorifiés. D'où l'idée de prendre du sable chaud au tender ou de l'eau chaude à la locomotive et d'en remplir de longues boîtes ovales en cuivre étamé, les bouillottes. Les lampistes les chargent sur des poussettes qu'ils amènent sur le quai et ouvrent les portières des voitures de première et deuxième classe en criant : « Bouillottes ! Ouvrez les jambes, s'il vous plaît, messieurs dames ! » Et ils jettent leurs bouillottes sur le plancher des compartiments.

Dans les années 1880, après une tentative de la Compagnie de l'Est pour installer un chauffage à circulation d'eau chaude, le chauffage à la vapeur commence à se généraliser, du moins sur les grandes lignes. La vapeur prélevée sur la locomotive circule dans des conduites qui alimentent des radiateurs à ailettes sous les banquettes.

Jusqu'à l'instauration des couloirs dans les wagons des trains européens, puis du soufflet entre les wagons, le contrôleur chemine à l'extérieur du convoi en utilisant les marchepieds et ouvre les portières au vol pendant la marche. Véritable acrobate lui aussi, il saute d'un wagon à l'autre en voltige par l'extérieur, en glissant ses pieds sur une tige de fer et en se tenant à une tringle qui court à mi-hauteur des voitures et lui sert de main courante.

« Tout d'un coup, raconte André Le Bègue, je vis se profiler une forme à travers le verre dépoli de la portière, puis celle-ci s'ouvrit largement et, accompagné d'un grand tourbillon d'air glacé, je vis entrer le contrôleur. Oui, le contrôleur ! Ou plutôt un ruissellement de feuilles de chêne en or sur fond noir et vermillon. Je faillis dire : "C'est un sous-préfet !" Non, ce n'était pas un sous-préfet, mais seulement un chef contrôleur de la Compagnie du chemin de fer du Nord ! Des feuilles de chêne, il y en avait sur la casquette et sur les revers de la redingote. Et un superbe gilet blanc pour faire encore ressortir l'éclat de tout cela. L'homme avait au moins cinquante ans, un âge avancé pour mes douze ans, et grisonnait largement. Bien assuré dans son vêtement noir et sur de fortes bottines soigneusement cirées, il invita MM. les voyageurs à présenter leurs billets et, ayant gardé le lorgnon qui pendait au bout d'un long cordon noir, il les examina rapidement puis les transperça comme le voulait le règlement à l'aide d'une pince dont je crois bien me souvenir qu'elle aussi était dorée ! Ayant prononcé le « merci » d'usage, il rouvrit la portière et, dans un élan que je jugeai intrépide, il se lança à l'assaut du vent et du froid après avoir refermé soigneusement l'huis. Inquiet sur son sort, j'ouvris la vitre au mépris du confort de mes compagnons et vis le contrôleur cheminer sur le marchepied luisant de verglas et passer à quatre-vingts à l'heure de notre voiture à la suivante d'une allure toute naturelle, sa redingote voltigeant au vent de la vitesse. Et il disparut dans le premier compartiment pour y remplir son office. Il n'y avait pas de tunnel sur la ligne. Quoi qu'il en fût, je pense qu'il fallait bien viser. Mais, quand à l'arrivée du train à Cambrai, je vis sur le quai notre chef contrôleur deviser amicalement avec un collègue, il ne paraissait nullement traumatisé[67]. »

Outre les voitures à compartiments et les fourgons à bagages, les premiers trains de voyageurs comportaient des wagons pour chaises de poste et diligences. Les plus riches pouvaient faire monter leur calèche sur un wagon plat muni de rabats sur les côtés et de cales pour les roues. Dès 1832, la Compagnie du chemin de fer de Saint-Étienne à la Loire met au point une grue pour les charger sur un wagon plateforme. On dételle les chevaux, on enlève les clavettes qui maintiennent la caisse de la diligence sur ses essieux, et on la suspend par quatre chaînes à des crochets fixés au portique. Deux hommes tournent une manivelle qui enroule les chaînes autour d'un treuil, puis le poussent sur des roulettes jusqu'au-dessus d'un wagon plat, le truck, où on laisse descendre la caisse, comme on l'a fait monter. À l'arrivée, les diligences retrouvent leurs attelages et, sans retard, les voyageurs continuent leur route. C'est déjà du ferroutage, mais les châssis et caisses en bois résistent mal aux chocs du démarrage, de l'attelage et du freinage, lorsque se heurtent les wagons.

« Les palans enlèvent la diligence sur son train pour la poser sur une espèce de plancher à roues, raconte Juliette Drouet. Elle est fortement attachée à ce plancher par des chaînes et des crampons de fer... La machine à poulies nous exhausse gentiment de dessus notre truck, ni plus ni moins qu'une cuisinière soulevant le couvercle de sa marmite, et nous pose sur nos quatre roues[68]. »

« Un quart d'heure après notre départ en diligence, se souvient Alexandre Dumas, une mécanique fort habilement organisée nous souleva de notre train et nous déposa mollement sur notre truck. Aussitôt, la locomotive fit entendre son âcre respiration, l'immense machine s'ébranla. On entendit la grinçante trépidation du fer, les lanternes passèrent à notre gauche et à notre droite et, tout en laissant une longue traînée de feu sur notre route, nous roulâmes vers Orléans[69]. »

Trains de plaisir et trains de banlieue

Avant les chemins de fer, seuls les gens riches allaient à la campagne ; les Parisiens, jusqu'à 1840, restaient prisonniers de Paris et ne s'en éloignaient qu'à distance pédestre. Désormais, ils prennent le train pour aller déjeuner sur l'herbe dans les villages d'Argenteuil, Enghien ou Nogent-sur-Marne, canoter ou danser dans les guinguettes au bord de l'eau. Les plus alertes grimpent sur l'impériale, où trente-quatre voyageurs peuvent s'asseoir sur des bancs. L'air y est moins confiné que dans les compartiments étriqués du niveau inférieur.

Mieux encore, ils découvrent la mer car, depuis 1847, le Chemin de fer de Paris au Havre organise le dimanche un *train de promenade* entre Paris et Le Havre et l'idée est reprise en 1850 par le Nord, qui propose un *train de plaisir* par semaine pour Boulogne ou Calais. Des trains de vingt ou vingt-deux voitures de trente-deux places chacune, qui roulent à 40 km/h de moyenne. Creil, Amiens et Abbeville ne sont plus que des stations que l'on brûle. Les dimanches d'été, à l'aube, les Parisiens prennent ces trains d'assaut dans une cohue indescriptible, avec leur miche de pain, leur bouteille et leur panier-repas. Leurs bagages – caleçon, babouches et culotte en caoutchouc, peignoir de bain – indiquent bien leurs intentions : la mer ! la mer ! Ceux qui voyagent sur le toit s'exposent par mauvais temps à être trempés, mais cela leur paraît moins pénible que... le mal de mer.

« Tous les murs de Paris sont couverts d'affiches rouges, bleues, jaunes, qui promettent aux excursionnistes monts et merveilles, écrit *L'Illustration...* On cherchait un mouvement perpétuel, c'est la locomotive qui l'aura trouvé. Le dimanche n'est plus le jour de repos de notre Parisien et il ne sort d'un wagon que pour entrer dans un autre. Depuis qu'il a vu l'océan, il prend en dégoût son paradis terrestre de banlieue[70]. » Et Alphonse Karr ajoute : « J'ai tant bavardé sur Étretat que je l'ai mis à la mode et qu'aujourd'hui, c'est une succursale d'Asnières. Les dimanches, les chemins de fer y vomissent des Parisiens par les trains de plaisir. »

Les municipalités de Dieppe, du Havre et de Boulogne demandent aux compagnies de chemin de fer de délivrer des billets aller et retour à prix réduit pour permettre aux négociants et gens d'affaires d'aller retrouver le dimanche leurs familles en vacances aux bains de mer. Cela fait pourtant dix heures de voyage aller et retour, donc peu de temps pour respirer l'air marin. Alors, on programme des voyages de nuit, qui laissent le dimanche entier pour le séjour. C'est seulement après 1880 que l'habitude se prend de partir le samedi pour revenir le lundi matin : ainsi naît le week-end. La décennie 1850-1860 a vu un formidable essor ferroviaire et l'arrivée du rail à Saint-Valery, Fécamp, Cherbourg, Saint-Nazaire, La Rochelle et Bayonne. On commence à connaître la mer autrement que par « le classique du Havre ».

La capitale est aussi une destination prisée des provinciaux et des étrangers. « L'arrivée prochaine des Belges réjouit les logeurs, les cafés et les débitants de tabac, note *L'Illustration.* Quarante mille Belges, diable ! Ce n'est pas de la petite bière. On les rencontre le matin au Jardin des Plantes, admirant les variétés de lionnes et, le soir, au théâtre, admirant les lionnes des Variétés[71]. »

Napoléon Chaix, apprenti imprimeur à Châteauroux, monte à Paris se perfectionner et fonde, en 1845, l'Imprimerie centrale des Chemins de fer, qui, dès 1846, sort le premier livret indicateur des horaires de trains, l'*Indicateur Chaix*, ou, plus familièrement, le *Chaix*. On le consulte non seulement dans les gares ou les bureaux de correspondance des messageries, mais aussi sur les colonnes des boulevards et des quais, dans les mairies, les postes, les principaux hôtels, cafés et restaurants, jusque sur les halles et les marchés. Au fil des ans, ce guide officiel des voyageurs sur tous les chemins de fer français et les principales lignes étrangères devient une petite brochure mensuelle à couverture jaune paille, qui s'épaissit au fur et à mesure du développement des réseaux.

Dès l'achèvement de la ligne Paris-Strasbourg, en 1852, les compagnies de l'Est et du Nord s'entendent pour offrir des billets circulaires à prix réduit permettant de visiter les bords du Rhin en partant par l'embarcadère du Nord et en revenant par celui de Strasbourg, ou vice-versa. Le Nord, à partir de 1853, et l'Ouest, à partir de 1864, délivrent des billets aller et retour à prix réduit pour les stations balnéaires de Boulogne, Berck, Saint-Valery, Le Tréport et Dieppe. L'Est et le PLM offrent ensemble à des conditions avantageuses un billet pour un tour de Suisse. Enfin, depuis l'ouverture des lignes de Rennes à Saint-Malo et à Brest, l'Ouest offre de faire connaître les plages et les sites pittoresques de la Bretagne. Alors que les *trains de plaisir* sont sans arrêt en cours de route, les billets circulaires permettent de s'arrêter aux principales gares et stations de l'itinéraire.

À partir de 1864 apparaissent des affiches illustrées, vues pittoresques de montagne ou de stations balnéaires, « Voyage sur les bords du Rhin », « Excursions en Suisse », qui tapissent les murs des gares, généralisent le goût des voyages de vacances. Ces images, qui attirent l'attention par les effets de contraste de leurs couleurs, deviennent peu à peu de véritables œuvres d'art. Les instituteurs, qui les considèrent comme une excellente leçon de choses, en accrochent dans les salles de classe à côté des cartes géographiques. Elles font rêver et, autant que les prix réduits, elles encouragent les déplacements.

Après la défaite de 1871 et la Commune de Paris, un ordre religieux, les assomptionnistes, organise en France des trains de pèlerinages à La Salette, Lourdes et Paray-le-Monial. Puis, à partir de 1930, apparaissent les trains couchettes vers les stations de sports d'hiver des Alpes et des Pyrénées.

Mais surtout, avec la création des abonnements et l'ouverture de nouvelles lignes à courte distance, telles que celles de la barrière d'Enfer à Sceaux en 1846 ou de la Bastille à Vincennes et à Boissy-Saint-Léger en 1859, les villes sortent du cadre ancestral de leurs fortifications et la banlieue prend son essor. À Paris, ce phénomène a pris naissance pour échapper au paiement de l'octroi qui renchérissait le prix de tous les produits de consommation courante. Il est d'une grande actualité au Japon, où la moitié de la population habite des mégalopoles. Si l'agglomération de Tokyo compte aujourd'hui trente-quatre millions d'habitants, trois fois plus que Paris, c'est en raison de l'extraordinaire expansion de son réseau de chemins de fer de banlieue.

La grande vie commence en corbillard

À la différence de l'Amérique, l'Europe, très attachée aux hiérarchies sociales et aux privilèges, a longtemps maintenu trois classes de wagons de voyageurs. La Compagnie d'Orléans, qui disposait en outre de plusieurs voitures de luxe pour ses dirigeants et pour les personnalités officielles, proposa en 1855 aux autres compagnies de construire à frais partagés un train spécial plus prestigieux encore pour les déplacements de l'Empereur et de sa famille aussi bien à Compiègne, Plombières ou au camp de Châlons, situés hors de son réseau, qu'à Biarritz ou Vichy. Cela semblait le bon sens. Malheureusement, par esprit de rivalité, le Nord et l'Est préférèrent construire leur propre train impérial. Après la chute de l'Empire, ces trois trains impériaux ont été dispersés, les Compagnies du Nord et de l'Est ont vendu les leurs au tsar et au sultan de Turquie, mais les musées de Compiègne et de Mulhouse ont préservé deux voitures de celui du Paris-Orléans.

Ce train impérial avait huit wagons, six voitures décorées par Viollet-le-Duc et deux fourgons pour les domestiques et le personnel. Ces voitures n'étaient suspendues que par deux simples essieux, mais des passerelles articulées, comme sur les wagons américains, permettaient de passer en marche de l'une à l'autre. Elles étaient en bois recouvert de feuilles de laiton peintes en bleu et grenat. La ceinture de caisse et la corniche supérieure étaient dorées et agrémentées de colonnettes de bronze. La voiture salon-salle à manger des aides de camp, aux murs tendus de cuir vert et au plafond peint avec un décor de feuillage de lierre, précédait une voiture promenade ou plate-forme entourée d'une balustrade en fonte richement ornée. La troisième voiture était le salon d'honneur, aux armes de l'Empire ; au plafond, supporté également par des colonnettes en bronze doré, des branches de rosiers sur fond vert couraient entre les caissons étoilés, avec le chiffre de l'Empereur et des branches de laurier en dorure. La quatrième voiture abritait le salon des dames d'honneur, et la cinquième la chambre de Leurs Majestés, suivie de deux toilettes, celle de l'Empereur et celle de l'Impératrice. La sixième voiture était celle du prince Impérial. Enfin, venait le fourgon de queue, réservé entièrement aux bagages.

Depuis 1857 donc, Napoléon III avait son train impérial. Eh bien, à partir de 1865, pareil luxe n'est plus l'apanage des seuls empereurs, grâce à George Pullman. Il n'est pas l'inventeur des wagons-lits mais d'un art de vivre. C'est la vie de château en train. L'histoire remonte à la fin des années 1850. L'extension du réseau américain de chemins de fer incitait déjà immigrants et hommes d'affaires à entreprendre en train des voyages de plus d'une journée. Or, à part la ligne Albany-Buffalo, du New York Central, où Webster Wagner, un menuisier, avait muni plusieurs wagons de vrais lits et d'une astucieuse ventilation au plafond pour éviter les courants d'air, le voyage de nuit restait une épreuve. À peine pouvait-on retirer ses bottes et poser les pieds sur la banquette d'en face. On était brinquebalé, mal assis, à peine éclairé par la lumière indécise des bougies. Cela faisait enrager un petit homme barbu, George Pullman, chaque fois qu'il avait à se déplacer pour plusieurs jours.

Après un apprentissage chez son frère aîné, ébéniste de son état, où il avait acquis une maîtrise complète de tous les métiers du bois, de la charpente à la marqueterie la plus fine, George Pullman s'est établi à Chicago. La ville est marécageuse. Au printemps, la boue envahit les rues. La municipalité engage des travaux de surélévation de la voirie qui condamnent à la démolition un hôtel de quatre étages. George Pullman réussit alors l'incroyable tour de force de le déplacer de cinq mètres pour le hisser sur de nouvelles fondations. L'exploit lui vaut l'admiration des notables les plus influents de la ville, Cyrus McCormick, le constructeur de moissonneuses, Marshall Field, l'homme des grands magasins, le colonel Bowen, président de la Third National Bank.

Tout auréolé de son succès, George Pullman convainc les directeurs d'une compagnie locale de chemins de fer, la Chicago and Alton Railroad, de lui confier deux wagons pour les aménager à sa guise. Il chauffe l'allée centrale avec un poêle à bois et dispose d'un côté des banquettes sièges et de l'autre onze sections fermées par des rideaux et contenant chacune soit quatre sièges soit deux lits superposés. Pendant deux ans, de 1859 à 1861, ces deux wagons circulent sur la liaison Chicago-Bloomington. Mais la guerre de Sécession vient tout interrompre, l'armée réquisitionne le matériel roulant, et George Pullman préfère prendre du champ et filer dans le Colorado, loin de la zone des combats, où il gagne une petite fortune en vendant du matériel aux chercheurs d'or.

De retour à Chicago à la fin de la guerre, il réalise un nouveau prototype de voiture, qu'il baptise *Pioneer.* Cette fois, les couchettes sont placées le long des fenêtres. Des poulies et des cordes permettent de les déployer la nuit et de les rabattre au plafond pendant la journée. Le soir, on peut également basculer les sièges en vis-à-vis pour former au dessous une seconde série de couchettes. Au total, chaque section comprend désormais outre deux lits superposés pour la nuit et deux sièges pour le jour. Non plus deux lits *ou* deux sièges, mais deux lits *et* deux sièges. Avec le confort, c'est un gain de place.

Pour ce wagon, George Pullman dépense une fortune. Des bogies à quatre essieux, encore une innovation, un cabinet de toilette avec eau courante chaude et froide, un placard à linge à chaque extrémité du wagon, et une décoration raffinée, boiseries en merisier, lampes à huile en argent, miroirs, tissus de luxe, tapis d'Orient.

Le *Pioneer* pèse 27 tonnes et sa hauteur ne permet pas de passer sous tous les ponts. Cette « Folie de Pullman », jugée inutilisable, est mise au rancart.

Sans Abraham Lincoln, ou plutôt sans son cercueil, ce wagon serait resté longtemps sous son hangar. Après l'émotion soulevée par l'assassinat du président, c'est en effet le colonel Bowen qui est chargé d'organiser ses obsèques et le transport en train de sa dépouille de Chicago à Springfield, sa ville natale. Aux yeux de Bowen, rien n'est trop beau pour le dernier voyage du grand homme. Se souvenant du *Pioneer*, il demande aux directeurs du Chicago and Alton d'aller le chercher et de faire surélever en toute hâte un ou deux ponts. Des centaines de milliers d'Américains, massés sur le passage du train, vont alors découvrir ce wagon. À l'aller, ils saluent la dépouille du héros national ; au retour, ils demandent à visiter l'extraordinaire voiture. Pour George Pullman, c'est un formidable coup de publicité. Lincoln mort roule pour lui. La grande vie commence en corbillard.

Quatorze compagnies de chemins de fer se précipitent alors pour négocier avec George Pullman un accord de partenariat. Car, désormais, il exploite lui-même ses wagons-lits avec son propre personnel. Chaque voiture reçoit un steward chargé de veiller au confort des voyageurs ; le premier, Jonathan Barnes, est un Blanc, les suivants seront des Noirs, pour faire encore plus chic. Après le lit rabattable et le bogie à quatre essieux, voici sa troisième invention : le service. Au passage, il améliore encore son système en remplaçant les poulies et les cordes par des crémaillères.

On va pouvoir dormir en voyageant comme jamais personne encore et se prendre quelques heures pour un nabab. Si peu d'Américains ont les moyens d'être reçus dans les somptueuses résidences des Gould ou des Vanderbilt, ils vont être des centaines de milliers à voyager comme des nababs. George Pullman joue si bien sur leur goût de luxe qu'à peine deux ans plus tard, en 1867, il possède quarante-huit wagons-lits. Dans tout le Middle West, son nom est synonyme de prestige.

La remise d'une offre commerciale à l'Union Pacific lui donne l'occasion de rencontrer Andrew Carnegie, qui a d'importants intérêts dans la Woodruff Sleeping Car Company, un concurrent. Andrew Carnegie est aussi un self-made-man. Cet Écossais, émigré aux États-Unis à douze ans avec ses parents, a débuté comme télégraphiste au Pennsylvania Railroad et réussi à se faire nommer pendant la guerre directeur des transports militaires. À la fin des hostilités, il s'est mis à son compte et a démarré une carrière fulgurante qui le conduira à créer un empire de l'acier avant de se reconvertir dans les œuvres philanthropiques, les bibliothèques municipales, les collèges et les fondations pour la recherche.

Ce jour-là donc, George Pullman et Andrew Carnegie sont descendus au même hôtel, le Saint Nicholas, à proximité des bureaux new-yorkais de l'Union Pacific. Dans le hall, Andrew Carnegie accroche son confrère :

« M. Pullman, lui lance-t-il sans préambule, ne sommes-nous pas un peu cinglés tous les deux dans cette affaire ?

— Que voulez-vous dire par là ? demande l'autre, passablement choqué.

— Je vais vous expliquer ce que je pense. L'Union Pacific va nous avoir. Celui de nous deux qui remportera l'affaire ne gagnera pas un rond. Nous devrions nous entendre pour fusionner et ramasser tous les contrats. »

George Pullman comprend qu'Andrew Carnegie a raison :

« Venez dans ma chambre. Nous allons causer. »

Puis, un moment plus tard :

« Mais quel nom voulez-vous donner à notre compagnie ?

— La Pullman Palace Car Company », répond Andrew Carnegie, fin psychologue.

Et, le soir même, il fait un investissement substantiel dans l'affaire, dont il devient, après George Pullman, l'actionnaire le plus important. Peu après, il lui apporte un contrat de fournisseur exclusif du Pennsylvania Railroad.

Cette association avec Andrew Carnegie et ces deux nouveaux marchés font monter George Pullman au podium de l'industrie américaine. Tandis que son dernier concurrent sérieux, Webster Wagner, invente la voiture-salon, le « palace », il fait sa quatrième innovation, le wagon-restaurant. En voyage, les Américains ne prennent guère le temps de manger. « Les wagons s'arrêtent, raconte un touriste anglais, toutes les portières s'ouvrent instantanément, les voyageurs sortent comme des collégiens, se ruent sur les tables pour se consoler avec force pâtés, petits gâteaux, œufs durs, jambons, crèmes et flans et une foule d'autres friandises préparées spécialement à leur attention. La cloche retentit : c'est le départ, et les voilà qui remontent dans le wagon, la bouche pleine, les mains pleines. Et l'on repart jusqu'au prochain arrêt où l'on trompera la monotonie du voyage en mangeant sans avoir faim. »

Les trains marquent donc jusqu'alors des haltes à intervalles réguliers, là où des comptoirs, des *lunch counters*, servent un repas rapide à cette clientèle toujours pressée. En 1863, le Philadelphia, Wilmington and Baltimore Railroad met en service deux wagons-restaurants avec fumoir et bar restaurant où l'on sert une nourriture préparée en gare et montée à bord juste avant le départ des trains. Nouvelle étape : en 1867, le Great Western Railroad, au Canada, demande à George Pullman un service complet d'hôtel-restaurant. Il propose alors une voiture hôtel, *Western World*, un wagon-lit avec kitchenette en extrémité. Un steward passe dans les wagons servir sur de petites tables pliantes un assortiment de viandes froides ou d'omelettes. C'est un succès. George Pullman réédite l'opération avec deux autres voitures, *Président* et *Kalamazoo*. Devant les commentaires enthousiastes de la presse, le Burlington Railroad emboîte le pas et commande à son tour six voitures-hôtels.

Le wagon-restaurant proprement dit, avec salle à manger, apparaît ensuite sur le Chicago and Alton. Baptisé *Delmonico's* en hommage au restaurant chic de New York, il sert le champagne et une cuisine raffinée. À l'extrémité du wagon, les retardataires prennent l'apéritif au bar en attendant qu'une table se libère. Aussitôt, le wagon-restaurant devient le nec plus ultra. Les journaux envoient reporters et dessinateurs faire un reportage sur la gastronomie et sur les convives de marque venus du bout du monde.

Pour sa publicité, George Pullman ne recule devant rien. Il organise des tournées de célébrités. En 1870, il emmène en Californie les membres de la Chambre de commerce de Boston. À chaque arrêt, Chicago, Omaha, Ogden, les élus locaux montent à bord du train, entièrement composé de wagons pullman : deux voitures-salons, un fumoir, un bar à vin, huit voitures-lits, deux voitures-restaurants, un fourgon-glacière. Une occasion d'admirer la bibliothèque et l'imprimerie qui édite pendant le voyage un quotidien, le *Transcontinental.* On s'émerveille devant les deux orgues de salon autour desquels les voyageurs se rassemblent pour le culte ou le concert du soir.

Avec Pullman, pour un supplément abordable, les Américains qui n'ont encore jamais goûté au luxe se trouvent dans un décor de velours, de cristaux, de miroirs et de marqueterie. Devant le contrôleur en haut-de-forme et redingote, ils deviennent plus policés, cessent de cracher et de fumer.

Un peu comme les Européens vont à Venise ou Naples, le voyage en Pullman devient pour les Américains le comble de l'élégance, une manière chic de dépenser son argent. Visiter les merveilles de la Californie, de Yellowstone, du Yosemite, aller à l'Exposition du centenaire à Philadelphie[72], où sont exhibés les derniers modèles de Pullman, voilà qui invite au voyage et à l'exotisme. Les années 1880-1900 voient la vogue des expéditions de chasse et des safaris au Colorado, au Wyoming et dans les Dakotas. On fantasme sur le roman des wagons-lits en partance pour les destinations lointaines et sur les parfums de drame ou de comédie qui s'abritent derrière leurs rideaux verts.

Tandis que George Pullman exploite ses wagons-lits sur le New York Erie, entre autres, Webster Wagner fait toujours circuler les siens sur la ligne concurrente, le New York Central, de Vanderbilt, son ancien employeur et son fidèle client.

Ironiquement, il trouve une mort tragique à bord d'une de ses propres voitures-salons.

La scène se passe à Spuyten Duyvil, près de New York, pas loin de l'Hudson, un soir de janvier 1882. L'Atlantic City, c'est le nom du train, fonce à toute vitesse pour rattraper son retard. Il a treize wagons, dont six « palace cars », ces voitures-salons. Soudain, un frein cède. Le train s'arrête à deux cents mètres d'un virage extrêmement serré, le temps d'une réparation, cinq ou six minutes en principe. Mais le mécanicien oublie de faire agiter un drapeau pour prévenir le train suivant. Surgit alors un omnibus qui, ne pouvant voir l'express à l'arrêt, télescope le fourgon de queue. Sous le choc, les poêles et les lampes des deux dernières voitures-salons mettent le feu aux boiseries et aux tapisseries. La carrosserie des wagons s'enflamme, à l'époque elle est encore entièrement en bois.

À la vue de la catastrophe, les habitants des alentours courent arroser le train. Ceux qui n'ont pas de seaux roulent des bonshommes de neige à l'abri desquels ils balancent des boules à travers les fenêtres sur les voyageurs embrasés. Geste dérisoire. Les wagons sont entièrement calcinés, et Webster Wagner périt au milieu de son luxe.

Commentant la catastrophe, le *Harper's* remarque : « À quelques mètres de la rivière, il n'y avait pas de seaux à bord du train, pas de haches pour ouvrir les wagons en flammes. Sans l'avarice criminelle de la compagnie à chauffer les wagons avec des poêles, il n'aurait pas pris feu. Le constructeur eut un doute wagnérien sur des voitures qu'il avait lui-même fabriquées. » Comprenant que les poêles pouvaient communiquer le feu aux wagons en bois, George Pullman, au contraire, avait déjà installé un chauffage utilisant la vapeur de la locomotive.

Un autre danger vient de la manie des voyageurs de traverser les plates-formes exposées à tous vents et de sauter en marche d'une voiture à l'autre. Or, avec l'introduction des wagons-restaurants, il faut bien les laisser se rendre au *dining car*. Depuis 1857, le New Haven System étend des toiles au-dessus des plates-formes pour qu'on puisse passer au moins à couvert d'une voiture à l'autre, mais cela reste insuffisant. La Pullman Company va faire beaucoup mieux. En 1887, un de ses employés, Sessions, invente le soufflet, le *vestibule* en américain, un passage couvert mais flexible. À l'extrémité des wagons, un diaphragme d'acier soutenu par de puissants ressorts en spirale presse fermement l'une contre l'autre les plates-formes des voitures contiguës. Cette sorte de chemin couvert doit être assez souple pour rester scellée même dans les courbes les plus serrées. En cas de collision, elle empêche que les plates-formes se télescopent et que les wagons se soulèvent les uns contre les autres.

À la mort de George Pullman, en 1897, la Pullman Sleeping Company possède deux mille cinq cents voitures – sept mille cinq cents en 1916 – qui transportent six millions de voyageurs par an – vingt-six millions en 1916. Une cité modèle abrite les ouvriers de l'usine de Lake Calumet, près de Chicago, où Pullman construit chaque année plusieurs milliers de wagons de toutes sortes. Pourtant, les luxueux Pullmans sont encore prétexte à bien des scènes de vaudeville, qui seraient difficilement tolérées dans l'Europe victorienne. Dans la pénombre, volontairement ou non, les voyageurs peuvent se tromper de couchette et tirer les rideaux verts. Même en Amérique, des femmes hésitent à monter à bord sans chaperon. Certaines couchent tout habillées ou gardent à portée de la main une épingle à chapeau pour repousser les avances masculines. Pour les prudes Européennes, il reste à inventer le wagon-lit à compartiment, le wagon-boudoir, avec une porte et un verrou. Ironie de l'histoire, ce sera l'œuvre d'un maître chanteur américain, le colonel Mann, et d'un jeune Belge en mal d'amour, Georges Nagelmackers.

L'Orient-Express

Certains chemins de fer indiens, construits par les Britanniques après la grande mutinerie de 1857, qui a montré l'utilité du télégraphe et de transports rapides pour le maintien de l'ordre, n'ont alors rien à envier à ceux d'Amérique du Nord. L'East Indian, le Bombay-Baroda and Central India, le Great India Peninsular Railway, le Madras and South Mahratta ont des voitures duplex, le niveau supérieur réservé aux riches, le niveau inférieur aux domestiques, car il serait inconcevable d'effectuer de longs voyages sans emmener son personnel.

Louis Rousselet raconte son périple de Calcutta à Agra en 1865. Tout semble prévu : « J'ai parcouru cette immense distance sans trop de fatigue, dormant la nuit sur un lit petit mais confortable, faisant les cent pas le jour dans ma voiture. Aux arrêts dans les gares, j'ai toujours trouvé un serveur pour prendre ma commande de repas et la télégraphier à la gare suivante, où mon déjeuner ou mon dîner attendaient mon arrivée... Ces voitures contiennent des compartiments dont la banquette peut se déployer pour former une sorte de couchette attachée par des courroies de cuir, faisant ainsi un petit lit comme sur les bateaux. En face, il y a deux sortes de placards, l'un pour le W.-C., l'autre pour le lavabo. Pour un modeste supplément, on peut ainsi voyager de façon tout à fait confortable... Sur l'express Bombay-Calutta, les voitures ont des traversins absorbants gorgés d'humidité par des réservoirs disposés à cet effet, qui procurent assez de fraîcheur pour éviter les insolations ou l'apoplexie[73]. »

Un tel confort restera longtemps inconnu en Europe où l'on roule toujours dans de petites caisses en bois juchées sur quatre ou six roues. Même le PLM refuse la voiture à bogies, jugée trop lourde et gourmande en énergie. *La Vie du Rail* cite le témoignage d'une touriste, la baronne de Stoeckl, sur son voyage de Calais à Nice en 1886 :

« À Calais, ce fut une ruée sauvage car, à l'époque, les trains n'avaient pas de voitures-restaurants. Tout le monde commanda la même chose : du potage, un demi-poulet pommes purée, un demi de vin rouge. Nous n'avions que vingt-cinq minutes pour avaler cela. Un employé des chemins de fer venait à la porte toutes les cinq minutes crier : "Encore quinze minutes avant le départ du train !" et ainsi de suite. Les serveurs couraient frénétiquement dans toutes les directions. Enfin, un cri : "Dans cinq minutes, le train part pour Paris !" Alors, dans une ruée générale, les garçons firent les additions, les voyageurs essayèrent de finir leur demi-poulet, et en même temps enfilèrent leurs manteaux et saisirent leurs bagages. Des serveuses couraient comme des folles sur le quai, le visage anxieux, scrutant les compartiments les uns après les autres, les porteurs criaient : "Prenez vos places, le train part !"

« Il n'y avait ni couloirs ni toilettes, la plupart des gens avaient emporté leur pot de chambre qu'on vidait assez souvent en baissant la fenêtre.

« À Paris, on prenait jusqu'à Nice un train plus confortable. Chaque compartiment avait trois grands sièges aux dossiers rembourrés. En tirant une poignée, on abaissait un lit. Il n'y avait ni draps ni couvertures, mais on pouvait louer des oreillers pour un franc à un porteur qui poussait un petit chariot sur lequel des rangées de draps étaient suspendues à une tringle. On changeait les chaufferettes ou les bouillottes pour les pieds à différentes gares pour la nuit. On voyait alors la portière s'ouvrir brusquement et des hommes en blouse bleue sortir les chaufferettes froides, les jeter sur le quai dans un effroyable vacarme et en pousser d'autres, brûlantes et fumantes de vapeur, à l'intérieur des compartiments.

« On avait un tapis de sol, mais on ne se déshabillait jamais, car on vivait toujours dans la crainte d'un accident, et je dormais tout habillée. Aux premières heures du matin, le train s'arrêtait à Toulon, et on vous passait par la fenêtre une tasse de café débordant sur la soucoupe en arrosant le croissant. C'était tout, et l'on s'en contentait[74]. »

Au manque de confort s'ajoute en Europe un autre inconvénient : l'attente interminable aux frontières. Sur ce continent cloisonné, chaque pays vit barricadé et il faut changer de train à chaque douane. Outre l'écartement des rails, différent en Espagne, au Portugal, au pays de Bade et en Russie, les wagons des divers réseaux nationaux ne peuvent pas s'accrocher les uns aux autres, leurs tampons et les quais ne sont pas à la même hauteur, et ainsi de suite. Et cela, toujours pour des raisons militaires. On a peur de son voisin.

Un jeune ingénieur belge, Georges Nagelmackers, prend conscience de ces maux. Sa famille, héritière de la plus ancienne banque de Belgique, l'envoie voyager dix mois en Amérique en 1868 pour oublier un chagrin d'amour. Ce séjour lui permet d'apprécier la souplesse des nouveaux wagons à trois bogies, douze roues et cent ressorts, la magnificence et l'élégance des wagons-lits et des wagons-restaurants, la blancheur du linge, la qualité du service Pullman. Et la facilité avec laquelle on passe la frontière du Canada.

Le jeune homme prend des notes, fait des croquis. Pourquoi ne pas adapter à l'Europe le voyage en train à longue distance, y introduire le confort et secouer les particularismes ? C'est sûrement l'avenir, mais sans doute cela prendra-t-il du temps. Aussi, à son retour à Liège, tout en mettant ses notes en forme, il entre dans les affaires familiales, les Mines et Hauts-fourneaux de Vesdre, les Hauts-fourneaux du Luxembourg, les Houillères réunies de Cheratte.

La publication, le 20 avril 1870, de son *Projet d'installation de wagons-lits sur les chemins de fer du continent* n'est pas du goût de sa famille. Qu'est-ce que c'est que ces fantaisies, ce n'est pas sérieux ! Elle lui coupe carrément les crédits. Or, il a besoin d'argent, car, pour mettre en pratique ses idées, il n'a aucun appui à attendre des administrations des chemins de fer, il ne peut compter que sur lui ou sur des associés.

Au diable l'avarice ! Mais où trouver des associés ? Georges Nagelmackers pense à Londres, alors la première place financière du monde. C'est là, justement, qu'il fait connaissance d'un Américain extravagant, le colonel William d'Alton Mann. Malgré son haut-de-forme en soie et son air militaire, ses favoris blancs donnent une allure bonhomme à ce cadet de treize enfants, brillant cavalier, héros de la guerre de Sécession. Un sacré loustic car, tout en gagnant au combat ses épaulettes de colonel, il a trouvé moyen de breveter un nouveau sac à dos pour fantassin et de se faire un pont d'or en en vendant la licence au ministère de la Guerre, grâce à des camarades bien placés.

Rendu à la vie civile, cet étrange colonel vient justement de prendre un brevet pour un nouveau type de voiture-lit. Rompant avec le principe de Pullman – le dortoir à double rangée de lits alignés derrière leurs rideaux de part et d'autre de l'allée centrale –, il a divisé ses wagons en cabines fermées, en compartiments privés pour une ou deux personnes, les voitures boudoirs, qui tiennent toute la largeur de la voiture. L'accès se fait seulement par des portières latérales, comme sur les diligences d'autrefois et les trains européens. William d'Alton Mann a tout étudié avec soin, les banquettes convertibles en couchettes, le mobilier en teck, les lustres en cristal, les reproductions de tableaux de maîtres italiens de la Renaissance, les toilettes, les lavabos. Il a même mis au point une ébauche de climatisation à base de tuyaux où l'air circule sur des cubes de glace. Tout est parfaitement raffiné, William d'Alton Mann est un artiste et un sybarite. Mais le public américain juge dangereux le marchepied pour monter ou descendre de cabine et déplore qu'on ne puisse circuler d'un compartiment à l'autre. Plus de convivialité, plus moyen de se distraire d'un long voyage en causant avec ses voisins. Or, les raisons mêmes qui font rejeter en Amérique ses wagons-boudoirs sont justement celles qui vont les faire apprécier dans cette Europe victorienne, pudibonde, où l'on tient à maintenir ses distances avec les classes dites inférieures.

William d'Alton Mann et Georges Nagelmackers ont tout pour s'entendre. Ils fondent ensemble, le 4 janvier 1873, la Mann's Sleeping Carriage Company et inventent une nouvelle formule, le compartiment fermé par une porte mais donnant sur un couloir latéral, qui permet de se rendre aux toilettes, à l'extrémité de la voiture. Puis ils obtiennent de placer une voiture-lit sur chaque train de nuit du Paris-Vienne, un parcours très à la mode, puis sur les lignes Paris-Avricourt, à la frontière d'Alsace-Lorraine, Berlin-Ostende, Paris-Liège-Cologne, Paris-Calais, Paris-Bordeaux et Paris-Nice.

Personnage flamboyant, excellent commerçant, le colonel Mann réussit alors un scoop : le prince de Galles, le futur Édouard VII, utilise un de ses *sleeping cars* pour se rendre au mariage de son frère à Saint-Pétersbourg. Du coup, Nagelmackers et lui ne se contentent plus d'intégrer une ou deux voitures de luxe dans des trains réguliers, ils passent contrat avec les administrations du chemin de fer d'Alsace-Lorraine, du grand-duché de Bade, du royaume de Wurtemberg, du royaume de Bavière, de l'empire d'Autriche-Hongrie et du royaume de Roumanie pour harmoniser les questions de gabarit, de freins, de signaux et ils constituent des trains entiers de voitures-lits avec le service et la restauration d'un hôtel palace. Leurs voitures, peintes en bleu roi, avec l'inscription *Mann Boudoir Sleeping Car* et un grand *M* gravé sur les vitres, sont beaucoup plus petites que celles de Pullman. Les toutes premières ont deux essieux et ne comportent que trois compartiments de quatre places, donc douze voyageurs seulement, et les suivantes, sur trois essieux, deux compartiments de quatre places et deux de deux places. Puis, le 4 décembre 1876, ils fondent à Bruxelles la Compagnie internationale des wagons-lits, qui inscrit son nom sur ses wagons en lettres de laiton poli.

Au total, la Mann's Sleeping Carriage Company fait circuler cinquante-trois voitures sur les lignes de vingt-trois compagnies. Cinquante-trois voitures, c'est trente fois moins que ce que possède Pullman, qui débarque en Angleterre et en Italie, mais la Company tient solidement le reste de l'Europe.

En 1883, le colonel Mann vend ses actions au roi Léopold II et retourne en Amérique diriger sa Mann Boudoir Car Company qui, en l'espace de deux ans, met en service entre Boston et New York, puis dans le Middle West et le Sud, quarante et un superbes wagons boudoirs avec tables en tek et lustres en cristal. Grand amateur d'opéra, il baptise ses voitures de noms comme *Rigoletto*, *Il Trovatore*, *Carmen*. Des versions particulièrement luxueuses sont dédiées à des actrices en vogue. Rencontrant au Delmonico's, où il a sa table, un riche négociant new-yorkais qui ne sait quel cadeau offrir à l'actrice Lillie Langtry, dont il est amoureux fou :

« Pourquoi pas une jolie voiture privée de chemin de fer ? Vous pourriez l'appeler Lalee, en indien cela signifie flirt », lui propose-t-il.

Trouvant l'idée géniale, le négociant lui passe commande d'un wagon bleu nuit, qui devient un nid d'amour dont tout New York parle avec envie.

Le colonel Mann construit aussi une voiture spéciale pour les innombrables tournées d'adieux de la diva Adelina Patti. Tous les lecteurs de la presse du dimanche sont au courant des chérubins gravés au plafond de son boudoir, de sa baignoire et du plateau coulissant par lequel on lui sert son petit déjeuner.

Certains achètent un wagon, comme d'autres acquièrent un yacht, pour leur standing. Les candidats à la présidence, les barons de l'acier ou du pétrole, les propriétaires de journaux ou de mines ont leur wagon privé, des châteaux sur rails de trente mètres de long et pesant près de cent tonnes. Il ne manque qu'une piscine.

Fatigué des procès incessants que lui intente Pullman, le colonel Mann finit cependant par lui vendre son affaire et entame dès lors une troisième carrière : journaliste et maître chanteur. Il emploie une nuée d'espions à surveiller les malversations et les imprudences des barons du rail et autres millionnaires, et les menace de dénoncer leurs agissements dans son journal satirique *Town Topics*, dont le titre signifie « les Potins de la Ville ». Ses affaires de chantage sont menées avec un tel brio que les honorables personnes dont il dénonce les agissements, comme William Vanderbilt, préfèrent acheter son silence.

Depuis que le roi des Belges, Léopold II, a acquis les actions du colonel Mann, il est devenu le plus gros actionnaire de la compagnie, qui prend le nom de Compagnie internationale des wagons-lits et des grands express européens, avec deux lions belges comme emblème. La relation Paris-Constantinople inaugure la grande époque de l'Orient-Express. Le 5 juin 1883, à l'embarcadère de Strasbourg, ancien nom de la gare de l'Est, quarante invités de marque prennent le premier « Direct d'Orient ». À côté du chef de brigade, culotte à la française et bas blancs, sont alignés les conducteurs, uniforme marron gansé de rouge, et les bagagistes, uniforme marron uni. Derrière la locomotive et son tender, deux voitures-lits, une voiture-restaurant et une voiture-salon, partie salon pour les dames, partie fumoir pour les messieurs. Il y a aussi deux fourgons, l'un en tête, l'autre en queue, pour les bagages et le ravitaillement. Destination : Giurgiu, en Roumanie, via Vienne, Budapest et Bucarest. À Giurgiu, on prend le bac pour Routschouk, et de là un autre train jusqu'à Varna, d'où l'on embarque sur un paquebot du Lloyd Autrichien qui vous dépose à Constantinople. Trois jours et demi au lieu de cinq, la voiture-restaurant supprimant les arrêts-buffets.

Grâce à ce « Direct d'Orient », bientôt rebaptisé « Orient-Express », qui circule deux fois par semaine dans chaque sens, on se rend de Londres à Constantinople sans passeport, une carte de visite suffit, chose incroyable à une époque où toutes les frontières sont fermées et gardées par des soldats armés jusqu'aux dents. Mais le voyage coûte l'équivalent d'un mois de salaire d'un ouvrier. Dès l'automne 1883, et pour la première fois en Europe, les voitures à trois essieux sont remplacées par des voitures à deux bogies. De douze places, elles passent à vingt, réparties en compartiments de deux et de quatre places, mais elles ont toujours, jusque dans les années 1920, des caisses en bois de teck.

L'ouverture d'une ligne directe via Budapest et Sofia, en 1889, raccourcit d'une demi-journée le voyage Paris-Constantinople. Il arrive cependant qu'en Bulgarie le roi Ferdinand fasse arrêter le train en pleine voie. Ce passionné de trains s'amuse à stationner sa voiture près de la voie, et à passer une combinaison blanche pour prendre place entre le chauffeur et le mécanicien. Sa Majesté aime faire siffler la locomotive, se griser de vitesse et, malgré les injonctions du mécanicien, lancer le train à vive allure là où les courbes exigent de ralentir, puis freiner brusquement, sous prétexte de vérifier la qualité du matériel.

Dans ce train, on engage au fumoir la conversation avec des célébrités, des demi-mondaines, qui sait ? avec des espions. C'est le règne du mystère, de l'élégance, du dépaysement. On fantasme. On se sent en pleine aventure. À tout moment, on s'attend à une intrigue dramatique. Basil Zaharoff, le grand trafiquant d'armes, l'affreux pourvoyeur des guerres gréco-turque, sino-japonaise et même de la Première Guerre mondiale, y rencontre la duchesse de Marquesa. C'est là qu'il lui déclare sa flamme et qu'ils passent leur première nuit d'amour. Là aussi qu'une nuit, à Tcherkeskeny, en Turquie d'Europe, des brigands prennent les voyageurs en otages et laissent au mécanicien trois jours pour ramener en locomotive une rançon de cinquante mille dollars.

Bien que ses destinations principales soient l'Europe centrale et orientale, la Compagnie internationale des wagons-lits inaugure le Nord-Express vers Stockholm, Varsovie et Saint-Pétersbourg, le Sud-Express vers Madrid et Lisbonne, le Calais-Méditerranée Express, ancêtre du Train Bleu, puis, dans les années 1898-1908, le Saint-Pétersbourg-Vienne-Nice-Cannes Express, le Berlin-Riviera Express et le Rome-Cannes Express, qui amènent sur la Riviera toutes les têtes couronnées d'Europe et, dans leur sillage, les gens chics et les nouveaux riches.

Outre les capitales européennes, ces grands trains de luxe desservent des villes dépourvues d'hôtels de qualité. Georges

Nagelmackers y remédie en 1894 en créant la Compagnie internationale des grands hôtels, la première chaîne hôtelière internationale. Sa riche clientèle trouve ainsi à son arrivée des conditions de séjour comparables à celles de son pays d'origine. Nice, Monte-Carlo, Lisbonne, Le Caire, Constantinople, même Pékin reçoivent alors des hôtels palaces. Beaucoup péricliteront pendant la guerre de 1914-1918.

La caisse noire

À l'autre bout de la hiérarchie sociale, les gens de la traction, mécanicien, chauffeur, chef de train, wagonniers, serre-freins, forment une corporation très unie. Assujettis parfois à dix-sept heures de travail d'affilée, du moins au XIXe siècle, ils dorment ensemble dans une baraque, « le poste des roulants », et habitent le quartier de la gare. Le rendement est meilleur lorsqu'on attribue une locomotive à un mécanicien et un chauffeur qui en deviennent responsables. Leur nom, ainsi que celui du dépôt d'attache, sont alors gravés sur une plaque rivée à « la princesse ». Tous deux finissent par avoir pour elle cette sorte d'amour sensuel que Zola a fait revivre dans *La Bête humaine.* Ils partagent les paniers où leurs femmes ont préparé du saucisson, de la soupe au lard, du fromage et une fougasse. Ils lavent côte à côte leur gamelle au robinet de purge de la locomotive et font parfois sécher leur linge sur une ficelle tendue entre la cheminée et le dôme de vapeur, une zone sans retombée d'escarbilles. Des gardes-barrières ont vu passer des locomotives ainsi pavoisées et manœuvrées par des hommes dont les vêtements claquaient gaiement au vent.

La préparation de la machine demande plusieurs heures. Aussi le chauffeur prend-il son service bien avant le départ. Il s'assure que la chaudière soit convenablement remplie d'eau, le cendrier et la boîte à fumée bien vidés. Il allume le feu à l'aide de fagots bien secs, de vieux chiffons imbibés d'huile, d'une couche de briquettes et de charbon, et lance le tirage. Puis il surveille la lente montée en pression.

Pendant que le chauffeur « renippe » son feu, survient le mécanicien, en veste de drap ornée de boutons dorés. C'est souvent un ajusteur de l'atelier de réparation promu à ce poste après quatre ou cinq ans d'ancienneté. Vers trente-cinq ans, il a des chances de passer un triple examen consistant à conduire un train de marchandises, un omnibus de voyageurs puis un rapide. S'il réussit, il est nommé mécanicien de quatrième classe et placé sur un train de marchandises. Certains y demeurent le reste de leur vie, mais les meilleurs éléments montent au bout de deux ans sur les trains de voyageurs.

À son arrivée au « dépôt », le mécanicien vérifie qu'aucun écrou n'est desserré, qu'aucune goupille ne manque, que les tuyauteries et l'attelage sont en bon état. Puis, à travers la pénombre et les fumées grasses de l'atelier, il resserre des joints, ajuste des clavettes et commence à graisser les parties mobiles, les roues, les essieux, les bielles. L'huile de graissage est fort coûteuse, on distingue vite le bon graisseur du « lèche-bielles » à la burette facile.

Puis il surveille la montée de la pression en se fiant au timbre. Une fois que la chaudière a produit suffisamment de vapeur, il fait signe au chauffeur d'ouvrir le purgeur. Un tourbillon de vapeur blanche emplit le hangar. Ensuite, le mécanicien tourne lentement la manette du régulateur, la valve qui fait communiquer la chaudière avec les cylindres moteurs. Il peut alors démarrer la locomotive et l'avancer sous la grue hydraulique, simple bouche à eau en forme de potence terminée par un manche en étoffe. « Le chauffeur remplit alors les waterballasts du tender, on passe ensuite au quai de chargement pour le plein de charbon, puis à la sablière, où l'on charge du sable fin à injecter sur les rails devant les roues motrices pour les empêcher de patiner au démarrage ou dans les rampes difficiles[75]. »

« On prétendait bien que si la Lison démarrait avec tant d'aisance, raconte Zola, cela provenait de l'excellent bandage des roues et surtout du réglage parfait des tiroirs, de même que, si elle vaporisait beaucoup avec peu de combustible, on mettait cela sur le compte de la qualité du cuivre des tubes et de la disposition heureuse de la chaudière... Elle vaporisait si bien qu'elle faisait en effet de grosses économies de charbon... En dehors des appointements fixes, elle lui gagnait des sous, grâce aux primes de chauffage... Il n'avait qu'un reproche à lui adresser, un trop grand besoin de graissage, les cylindres surtout dévoraient des quantités de graisse déraisonnables[76]. »

Tout mécanicien qui se respecte exige de se faire appeler « Monsieur » et tient à son prestige. Dans les premiers temps, il portait devant les voyageurs le chapeau haut-de-forme et ne le retirait que passées les barrières de l'octroi et arrivé en rase campagne. Après l'avoir rangé soigneusement dans son coffre, il se couvrait alors d'une coiffure plus pratique, la casquette de ferrailleur, et nouait autour du cou un foulard bagué. À chaque passage à niveau, il remettait son gibus pour saluer la garde-barrière, qu'il connaissait de vue pour l'apercevoir à chaque voyage. Ainsi naissaient parfois les « idylles du sifflet ».

Mais, avec l'accroissement de la vitesse, qui passe de 35 km/h en 1834 à 50 km/h en 1846, le mécanicien remplace le gibus par un épais bas de laine recouvert d'une casquette de loutre et il enfile une longue pelisse en peau, de gros gants et des bottes chaudes.

Craignant que les machinistes ne s'endorment s'ils ne sont plus fouettés par le courant d'air provoqué par la marche du train, les compagnies françaises leur refusent jusque vers 1878 les cabines de conduite fermées que connaissent leurs collègues américains, russes ou allemands. Chauffeur et mécanicien se tiennent debout, sans siège, sur une simple plate-forme, avec une rambarde en guise de garde-corps. Pour se protéger des intempéries, tout au plus ont-ils une bâche en toile cirée avec deux hublots circulaires. Vers 1860, ils reçoivent enfin un petit siège peu confortable et une espèce de pare-brise en tôle, muni de deux lunettes vitrées, pour couper le vent et arrêter les escarbilles. Le dessus de la tôle s'incurve en arrière par-dessus leur tête, c'est la « queue-de-pie ».

Les deux machinistes ont les jambes et le ventre brûlés par le gueulard du foyer rougeoyant, et le dos glacé par le vent, la pluie et la neige. Sur la plate-forme trépidante, ils sont secoués, balancés de droite ou de gauche par les mouvements de lacet de la locomotive ou le franchissement des aiguilles. Dans les tunnels, ils étouffent et se trouvent parfois au bord de l'asphyxie.

Le mécanicien se tient sur la gauche, penché à l'extérieur pour guetter les signaux, car la chaudière fait écran. Souvent, la visibilité est encore réduite par des rabattements de fumée dus aux tourbillons d'air créés par le déplacement de la locomotive. Le chauffeur, lui, pivote sans cesse entre le tender, où il charge des pelletées de charbon, et la gueule du foyer où il les enfourne. En fait, les deux hommes forment un couple indissociable. Dans les courbes vers la droite, le chauffeur surveille les signaux dans son champ de vision, et le mécanicien l'aide alors à charger le foyer.

« Sur la Lison, poursuit Zola, Jacques, chaudement vêtu d'un pantalon et d'un bourgeon de laine, porte des lunettes à œillères de drap, attachées derrière la tête, sous sa casquette. Il ne quitte plus la voie, se penche à toute seconde, en dehors de la vitre de l'abri, pour mieux voir. Rudement secoué par la trépidation, n'en ayant même pas conscience, il a la main droite sur le volant de changement de marche, il le manœuvre d'un mouvement insensible et continu, modérant, accélérant la vitesse, et, de la main gauche, il ne cesse de tirer la tringle du sifflet, car la sortie de Paris est difficile[77]. »

À l'époque héroïque, les collisions étaient fréquentes, les chemins de fer presque toujours à voie unique et la signalisation inadaptée. Les gravures montrant les premières gares ne font état d'aucune signalisation fixe, même rudimentaire. Le chef de gare donne au sifflet ou à la trompe les ordres de départ. Un cavalier à trompette précède les tout premiers trains, afin d'écarter les curieux et dégager tout obstacle. Par la suite, pour signaler un danger, on utilise les cantonniers selon un code convenu, par exemple en leur faisant lever le bras le jour et une lanterne la nuit.

Plus tard, le chemin de fer prend modèle sur la marine, ses pavillons, ses phares, ses sémaphores. Les drapeaux rouges et verts sont roulés pour indiquer la voie libre ou déployés pour commander un ralentissement – drapeau vert – ou un arrêt immédiat – drapeau rouge. Ces drapeaux ne coûtent pas cher et, tant qu'il ne s'agit que de faire circuler à 20 ou 30 km/h des trains de charbon très espacés, on peut s'en accommoder. Ou encore, la nuit, le chef de gare balance une lampe de haut en bas pour donner le signal du départ, ou au contraire, d'un côté à l'autre de la voie pour intimer le stop. En Amérique, on lève le bras ou la lampe de haut en bas pour dire « Allez-y ! », tandis que le balancer à l'horizontale signifie « Stop ! » et faire des cercles concentriques signifie : « Reculez ! » En Angleterre, c'est le contraire : pour indiquer le stop, on lève les deux bras au-dessus de la tête.

Mais, dès que la vitesse augmente et que les horaires deviennent plus serrés, il faut trouver mieux. Alors, à chaque sortie de gare, on hisse deux boules sur un poteau, une blanche pour signaler voie libre et une noire pour faire stopper. Ces boules se voyant mal par mauvais temps, l'Anglais Charles Gregory installe des sémaphores à bras de deux couleurs différentes, le bras peint en rouge annonce un danger, celui en vert permet de circuler. Puis l'idée vient de relever les bras à l'horizontale sitôt après le passage du train pour indiquer que la voie est occupée. Le préposé posté au pied du mât actionne un levier qui transmet au bras du sémaphore trois positions différentes qu'il garde aussi longtemps qu'on le voudra.

Les signaux en pleine voie apparaîtront plus tard. En attendant, sur les lignes courtes et très fréquentées, comme Paris-Versailles, on poste le long de la voie, surtout près des courbes, des tunnels et des passages à niveau, des gardes assez rapprochés pour communiquer au son de la trompe ou du cornet avec le mécanicien et aussi entre eux.

En 1843, Benoît Clapeyron fait adopter une signalisation par disques. Les gardes-voies, également cantonniers, font pivoter un disque en position fermée après le passage d'un train et attendent cinq ou dix minutes avant de l'ouvrir à nouveau.

Les mécaniciens circulent donc à vue. Avant l'invention du télégraphe électrique, nul ne sait vraiment ce qu'il a devant soi, à quel danger il s'expose. Pourtant, en cas d'accident ayant entraîné mort d'homme, le mécanicien, même s'il a conduit dix-sept heures d'affilée, encourt une peine de prison et une lourde amende. Il n'a évidemment pas les moyens de la payer. Or, le gouvernement interdit les sociétés de secours mutuels. Aussi fait-on des quêtes clandestines au profit des victimes d'accidents professionnels et de leurs familles. Par la suite, ces quêtes sont remplacées par un versement volontaire et régulier. « Au moment de la paie, trois délégués circulent dans les dépôts avec une caisse. À force de passer entre mille mains noires de charbon, de cambouis et de suie, cette caisse noircit. Alors, on la peint définitivement en noir : c'est l'origine de la fameuse caisse noire[78]. »

Dans les années 1860, un ingénieur de Dijon, Aubin, invente l'« aubine », la pédale qui ferme automatiquement un signal au passage d'un train. Par la suite, se répand le bloc-système, qui divise la ligne de chemin de fer en cantons ou blocs, correspondant à un intervalle donné, quelques kilomètres ou la longueur d'un tunnel, par exemple. Quand un train quitte un bloc, le bras supérieur d'un sémaphore tombe et le bras inférieur se met en position oblique pour ne tomber qu'une fois le train sorti du bloc suivant. On place également, à chaque limite entre deux cantons ou à chaque extrémité d'un tunnel, un préposé disposant d'un accès au télégraphe. Il suffit à l'agent émetteur d'appuyer sur un bouton un nombre de fois déterminé pour amener simultanément l'aiguille de son propre appareil et celle de l'appareil de son correspondant en face de la division portant le message à transmettre – voie libre ou voie occupée. Lorsque le préposé situé en aval voit le train sortir de son canton, il appuie sur le bouton de libération pour remettre les deux aiguilles sur voie libre, la sienne et celle de son correspondant en amont, ce qui débloque le canton.

Henri Lartigue, ingénieur à la Compagnie du Nord, apporte deux perfectionnements à la signalisation. Tout d'abord, en 1872, le « crocodile », un dispositif qui répète le signal de voie sur la cabine de la locomotive. Un patin de deux mètres de long, placé entre les deux rails, à cent ou deux cents mètres en aval du sémaphore, envoie une impulsion à une brosse métallique fixée sous le châssis de la locomotive et déclenche une sonnerie continue si le signal de voie est fermé, une sonnerie brève s'il est ouvert. C'est particulièrement précieux par temps de brouillard lorsque le mécanicien risque de ne pas apercevoir le signal optique.

Deux ans plus tard, Henri Lartigue invente l'électro-sémaphore. Jusque-là le train se protégeait d'une collision avec le train suivant par la fermeture automatique du signal de cantonnement, mais la réouverture du signal restait manuelle. Avec l'électro-sémaphore, elle devient semi-automatique. Lorsque le train quitte un canton, l'agent situé au poste de sortie ne se contente plus d'actionner une aiguille sur le cadran de son collègue en amont, il fait directement tomber le bras du sémaphore situé à l'entrée du canton.

Outre la voie, le mécanicien surveille les appareils de contrôle de sa locomotive. Il guette le moindre bruit anormal du mécanisme, le moindre trouble de l'échappement, la moindre odeur d'huile chaude. Une goupille perdue, un écrou desserré peuvent provoquer une avarie grave. En maniant la longue poignée du régulateur, le mécanicien règle le volume de vapeur à admettre dans les cylindres. Plus il ouvre grand, plus il « allonge » la vapeur et économise le charbon et l'eau ; plus il ferme, plus la pression baisse. Pour optimiser puissance et consommation, il joue aussi sur le volant de réglage de la « coulisse », un système de tiroirs qui admet et laisse s'échapper la vapeur en fonction de la position du piston dans le cylindre. En effet, contrairement à un moteur de type automobile, le moteur à vapeur reçoit sa force motrice alternativement sur une face puis sur l'autre du piston, à chaque aller et retour.

Chaque coup de piston envoie dans l'atmosphère un volume de vapeur pris à la chaudière, il faut donc lui rendre un poids d'eau égal à celui de la vapeur dépensée. Aussi le mécanicien surveille-t-il le manomètre de pression de vapeur et le niveau d'eau de la chaudière. En dessous d'un certain seuil, il tourne le petit volant d'un injecteur pour pomper de l'eau au tender. Le chauffeur doit avoir de gros biceps pour actionner la pompe à bras qui amène à la chaudière l'eau du réservoir. Deux autres commandes permettent au mécanicien de prendre un jet de vapeur dans la chaudière pour activer le tirage ou actionner le sifflet et signaler ainsi l'arrivée du train à l'approche des gares, des tranchées courbes, des passages à niveau ou des tunnels. Le mécanicien siffle aussi par temps de brouillard. Plus le nombre de vibrations est grand, plus le sifflet est aigu.

Le chauffeur charge le charbon fréquemment, par petites quantités à la fois. Il brise à coups de crochet le mâchefer qui tend à former une croûte épaisse et à étouffer le feu. Il « fait du gaz » en produisant le plus possible de cet air chaud qui, en traversant les tubes de la chaudière, vaporise l'eau. Courbé en avant, il use ses reins à balancer son corps selon un rythme précis pour enfourner les lourdes pelletées dans le gueulard. Le charbon qui brûle doit avoir une quinzaine de centimètres d'épaisseur et être réparti de façon uniforme. Sur une locomotive, il y a toujours deux pelles. Si l'une est hors d'usage, il ne faut pas que la machine soit immobilisée. Un chauffeur qui perd sa pelle est mis à pied.

Les tuyaux à gaz chauds qui traversent la chaudière se recouvrent de suie à l'intérieur et de tartre à l'extérieur, ce qui finit par l'empêcher de faire de la vapeur. Aussi une locomotive à vapeur ne peut-elle guère rouler plus de trois heures d'affilée et doit-elle faire halte à un relais où une autre locomotive se tient prête à prendre la relève. Mécanicien et chauffeur descendent alors de leur machine couverts d'une poussière de charbon qui leur imprègne la peau, la rend luisante, s'incruste sur les cils, et leur donne un regard étrange. C'est au tour des « ramouniats », les petits ramoneurs savoyards, de gratter la suie et le tartre des tuyaux, les cendres de la boîte à fumée, d'évacuer le mâchefer, les scories et les boues accumulées au point bas de la chaudière.

Au début, le mécanicien, le chauffeur et les serre-freins échelonnés sur toute la longueur du convoi constituent le seul personnel roulant. Mais quelques catastrophes montrent qu'il est nécessaire, pour les trains les plus longs, d'avoir aussi un chef de train et un wagonnier chargés de surveiller tout le convoi.

Le chef de train s'assure que tous les passagers sont bien montés et que les marchandises ont bien été chargées. Il tient le bordereau de train et le bulletin de composition. Il loge dans le fourgon de tête, où il dispose d'un petit bureau. Après avoir mis ses papiers en ordre après chaque arrêt à une gare, il grimpe un petit escalier qui lui permet d'accéder à une petite lucarne d'où il surveille les toits des wagons et la locomotive. Le tender lui cache le mécanicien mais, grâce à sa position élevée, il voit plus loin et plus vite que lui et le prévient du danger en tirant une corde qui met en branle une cloche sur le tender. Avec les serre-freins, il communique par signaux optiques. Il aide aux manœuvres dans les gares et participe aux essais de freins. Lorsque le train doit s'immobiliser en pleine voie sur une ligne à voie unique, il se porte à l'avant avec un drapeau, une lampe ou des pétards pour stopper tout convoi susceptible d'arriver en sens inverse. De même, le wagonnier, placé dans le fourgon de queue, muni d'une lanterne rouge pour être visible de nuit, doit couvrir le train par l'arrière.

Les obscurs

Le chef de gare est en uniforme, redingote cintrée ou veste à boutons dorés ou argentés aux initiales de la compagnie. Jusque vers 1855, il porte un sabre. En tout cas, il arbore une casquette à feuilles de chêne, puis à galons et enfin à étoiles. Il a droit à un bureau chauffé et loge à l'étage.

Il règne sur deux catégories de personnel. D'abord sur ceux « en contact avec le public », qui vendent les billets, enregistrent les marchandises et maintiennent l'espacement entre les convois. Ces « Messieurs de l'Exploitation » ont généralement de l'instruction et une belle écriture. Ils sont mieux traités que les autres cheminots. C'est bien relatif, car, jusqu'en 1839, les employés de bureau de la ligne d'Alès à Beaucaire travaillent quatre-vingt-quatre heures par semaine : de cinq heures à dix-neuf heures du lundi au samedi, de six heures à midi le dimanche. Un poêle est mis à leur disposition, mais il leur est recommandé d'apporter chaque jour quatre livres de charbon pendant la saison froide. Ils doivent fournir les plumes de leurs porte-plume et il est strictement interdit de parler pendant les heures de bureau.

Le principe de base est le billet délivré au moment même du départ, les billets ne pouvant servir que pour le jour, l'heure et le train indiqués. Les premières compagnies de chemins de fer utilisent un jeton de cuivre ou un bulletin en papier extrait d'un registre à souche, portant pré-imprimés la destination, la classe et le montant à payer, où il reste à inscrire à la main le jour et l'heure du départ. En 1836, un chef de gare anglais, Thomas Edmonson, invente le composteur pour ajouter la date sur un ticket en carton entièrement imprimé, et la perforatrice pour que le contrôleur puisse l'invalider. Mais aux premiers temps, tout le monde veut avoir pris le train et il n'est pas rare que des voyageurs demandent pour vingt sous de chemin de fer, sans autre but que de rouler.

Le chef de gare exerce aussi son autorité sur des employés plus obscurs. L'« aboyeur » qui, à l'arrivée du train, annonce le nom de la gare et la durée du stationnement, et, au départ, le nom des gares desservies. Il ouvre et ferme les portières et, au besoin, aide les voyageurs maladroits. Les « porteurs de bagages », qui disposent de brouettes, puis de chariots. Les « lampistes », les « aiguilleurs », les « saboteurs », les « atteleurs ».

La lampisterie des gares entretient les lanternes et signaux de queue, fanaux de locomotives, lanternes à trois feux des chefs de train et de tous les agents de manœuvre, lanternes et lampes de gare, lumignons de voitures. Le lampiste, que nous avons vu courir sur les toits des voitures de voyageurs allumer ou éteindre les lampes à huile, s'occupe de toutes les lampes de la gare, à huile, à pétrole, puis à acétylène, y compris des lampes de position d'aiguille et de celles qu'on accroche aux fourgons de queue. Il en traîne une bonne vingtaine à sa petite voiture. Il s'assure que le fanal placé à l'avant des locomotives, amplifié par un réflecteur et protégé par tout un système d'écrans et d'évents, soit bien visible de loin et jamais éteint. Aux signaux, il accroche des lumignons rouges ou blancs, mais, comme le blanc, qui signifie voie libre, se confond parfois avec le blanc de l'éclairage des villes, on le remplace bientôt par le vert, pour éviter de tragiques méprises. Lorsque soufflent les grands vents d'hiver, les rafales les éteignent tous d'un coup et le lampiste doit courir aux aiguillages dans la neige et le verglas pour les rallumer. En cas d'anomalie, il allume sa lanterne à l'huile rouge, visible de nuit, pour avertir le mécanicien d'un arrêt d'urgence. Le lampiste joue aussi le rôle de « père Bouillotte », prépare les bouillottes avant l'arrivée du train, les apporte sur une charrette spéciale devant chaque compartiment, retire les bouillottes froides et les remplace par des chaudes.

Aux premiers temps du chemin de fer, seules les gares de passage avaient des voies d'évitement pour permettre aux trains de se croiser ou de se dépasser. Les terminus, faute de place, n'avaient guère de moyens de retournement. Quand un train arrivait en gare, il était dirigé le long du quai des arrivées, puis les voitures étaient détachées une à une et poussées transversalement par un jeu de plaques tournantes, de cabestans, de chevaux ou à bras d'hommes, sur les voies de garage situées au centre. Pour former un train au départ, les voitures étaient déplacées à nouveau, de la même manière, mais cette fois en direction de la voie contiguë au quai des départs. Ce système ne permettait de manœuvrer qu'un seul wagon à la fois et imposait quantité de manutentions successives chaque fois qu'on voulait former un train. Devant l'accroissement du trafic, les compagnies durent se résigner à installer des faisceaux d'aiguillages, ce qui obligea à reconstruire les gares ou à créer de vastes triages en banlieue, comme aux Batignolles, à La Villette, Bercy, Villeneuve-Saint-Georges, aux Aubrais, près d'Orléans, ou à Saint-Pierre-des-Corps, près de Tours. Ces gares de triage, où l'on reçoit les trains en provenance de toutes les gares, pour les démanteler et reconstituer d'autres trains, en classant les wagons par destination, sont l'univers le plus meurtrier des chemins de fer.

L'« aiguilleur » a pour mission d'orienter sur la bonne voie les trains qui arrivent. Il doit se tenir attentif aux avertissements donnés par les mécaniciens, qui utilisent comme signal le sifflet à vapeur : un coup prolongé pour aller à gauche, trois coups prolongés pour aller à droite. Les premiers appareils d'aiguillage sont disposés en plein air et l'aiguilleur ne dispose que d'une guérite pour s'abriter et d'un brasero pour se chauffer. Il manipule à bras le levier à bascule et à contrepoids.

De son côté, s'il voit passer un train démuni de l'œil rouge du dernier wagon, l'aiguilleur en conclut qu'il y a eu rupture d'attelage et que des wagons sont peut-être perdus en pleine voie. Alors, il ferme ses signaux pour arrêter toute circulation dans les deux sens sur cette voie. Il peut aussi commander avec un drapeau rouge l'arrêt immédiat ou, avec un drapeau vert, le ralentissement. De nuit, il utilise une lanterne dont les différents feux portent un verre rouge commandant l'arrêt, un verre de couleur verte pour faire ralentir et un verre blanc indiquant que la voie est libre. Par temps de brouillard, l'aiguilleur peut aussi placer sur les rails des pétards ou boîtes détonantes.

D'habitude, les aiguilleurs sont d'anciens soldats qui ont l'habitude de la consigne militaire. Habitués à monter la garde de long en large sur les remparts, ils la montent cette fois douze heures consécutives durant huit jours ou huit nuits près de leurs aiguilles et de leurs signaux. Le métier va peu à peu disparaître en se mécanisant. En 1855, un ouvrier menuisier à la Compagnie de l'Ouest, Pierre-Auguste Vignier, rend les leviers d'aiguilles solidaires entre eux et avec les signaux en amont. Il combine des verrous de façon à bloquer ou à autoriser la manœuvre de tel ou tel levier en fonction de la position d'un signal et d'une aiguille. Il rapatrie les commandes mécaniques de signaux et d'aiguilles dans un point unique en amont ou en sortie de gare, la cabine ou le poste d'aiguillage, où ils sont coordonnés. L'Anglais Saxby perfectionne son invention en 1869. D'abord manuel, l'enclenchement devient successivement mécanique, électromécanique, tout électrique et finalement informatique.

Le « staticien » relève sur place à leur arrivée les numéros et la destination des wagons et rédige la feuille de composition des trains avant le départ.

Trier les wagons de marchandises, les détacher et les orienter vers la bonne voie, puis les arrêter, suppose force et sang-froid. À la tête du faisceau de triage, une locomotive de manœuvre pousse chaque wagon au sommet d'une bosse. Sur cette bosse, la « butte », on détache les wagons les uns des autres en faisant sauter d'un coup de perche énergique la chape d'attelage hors du crochet de traction. Au bas du faisceau de réception, un « saboteur » se porte au-devant du wagon lancé à 30 ou 40 km/h, pose sur le rail un sabot de fonte pour l'arrêter, et s'esquive de peur d'être happé par le wagon qui pèse plusieurs tonnes. S'il doit s'occuper de plusieurs voies à la fois, le saboteur prend un sabot dans chaque main et saute d'une voie à l'autre pour placer les sabots sous les roues des wagons. Pas trop en amont, afin de ne pas arrêter le wagon avant qu'il ne soit sur la rame, ni trop en aval, de peur qu'il n'arrive trop vite et ne provoque de terribles coups de tampon.

Quant à l'« atteleur », il se faufile entre les wagons, passe la chape sur le crochet de traction et serre l'attelage au moyen d'une vis à pas contrarié. Blotti entre les tampons, il prépare la chape du wagon immobile et attend sans broncher l'arrivée du wagon tamponneur pour la jeter sur son crochet. Sous la violence du choc, les ressorts des tampons s'écrasent puis se détendent en provoquant de terribles contrecoups. Saboteurs et atteleurs gagnent trois fois moins que les « tractionnaires ». Combien d'entre eux y ont pourtant perdu des doigts, la main ou la vie !

Les premiers freins connus sont les sabots de bois des cochers qu'une transmission à levier fait frotter contre les roues de voitures à cheval, sans que le cocher ait à quitter son siège. On retrouve ce système en 1827 sur le train de Saint-Étienne à Andrézieux où des convois de quatorze wagons redescendaient les plans inclinés en roue libre. Chaque wagon avait deux sabots placés tête-bêche sur un levier coudé qui pivotait autour d'un axe lié au châssis. Une corde reliait les leviers et quelques employés, convenablement espacés sur plusieurs wagons, suffisaient à freiner tous les wagons à la fois.

Par la suite, on équipe chaque wagon de freins indépendants. Pour arrêter, on tourne à la main un volant qui, au moyen d'une tringle et d'une manivelle, appuie un seul patin, en bois puis en fonte, sur les roues d'une seule voiture. Ne pouvant freiner que la locomotive et le tender, le mécanicien ne dispose que de son sifflet de vapeur pour avertir ses collègues garde-freins ou serre-freins juchés sur le toit de chaque wagon d'avoir à serrer ou desserrer les freins. Un coup de sifflet pour attirer l'attention, deux coups brefs pour serrer les freins, un coup bref pour desserrer. Mais il n'est sûr ni d'être entendu de tous, ni que la manœuvre se fasse rapidement.

Ces collègues, ce sont les atteleurs. Après les manœuvres d'attelage, ils vérifient l'état des freins de leur wagon et, au départ du train, ils grimpent sur le toit, puis font tout le voyage secoués, gelés, dans une petite guérite au bout du toit, la vigie, d'où le surnom de « corbeaux de vigie » qu'on leur donne parfois. Dans cet espace exigu, ils passent de longues heures, immobiles, mal protégés des intempéries, sans pouvoir faire de gestes ni battre de la semelle pour se réchauffer. Aussi emportent-ils une grosse couverture, une pèlerine en cuir, du vin et un gros panier de victuailles. Afin de passer le temps, ils boivent et grignotent et ne descendent de leur perchoir qu'à l'arrêt dans les gares, pour essayer de se dégourdir les jambes et échanger un brin de conversation avec un confrère.

À partir des années 1870, les serre-freins américains seront mieux traités, du moins sur les trains de marchandises, où ils disposeront en queue du train d'un wagon de serre-frein, *brake van* ou *guard's van* en anglais, *camboose*, en américain, du mot français cambouse, le réduit où l'on serre les vivres sur un bateau. Ce wagon, peint en rouge ou de la même couleur que la locomotive, contient un petit bureau où le chef de train rédige son rapport. Ce wagon porte à l'arrière, outre les feux rouges, une plate-forme avec une rambarde incurvée pour que le chef de train puisse monter et surveiller les manœuvres. L'été 1863, sur une ligne de l'Iowa, Thomas Watson, un chef de train, a eu l'idée de faire placer une coupole d'observation sur le toit de son wagon. « Ce jour-là, raconte-t-il, on m'avait donné l'ordre de laisser mon fourgon de queue à l'atelier et de me servir d'un fourgon ordinaire. Il se trouve que celui-ci avait un trou assez large pour que je puisse y passer la tête et les épaules. J'empilai des boîtes à outils sous le trou de façon à jouir de la vue tout en restant assis. J'ai alors suggéré à l'atelier de mettre une coupole de verre au-dessus du trou, de façon à en faire un poste d'observation. » Son idée, judicieuse et peu coûteuse, avait été rapidement mise en pratique par toutes les compagnies.

Lorsqu'il faut freiner, le mécanicien commande au sifflet, selon un code convenu d'avance, le serrage « progressif », « en douceur » ou « en détresse ». En cas d'accident imminent, il commande « aux freins, à mort » par une succession rapide de coups de sifflet. Chaque serre-frein tourne alors son volant, qui agit sur les patins de freins de son wagon. Si la pression est égale sur tous, cela se passe bien, mais il suffit d'un serre-frein trop brutal ou, au contraire, endormi, pour que le freinage, mal réparti, provoque un tamponnement, une rupture d'attelage, un déraillement. Ce n'est pas rare, car, durement secoués parfois dix-huit heures de suite dans une guérite ouverte aux vents, certains s'endorment et tous n'obéissent pas en même temps. La parfaite synchronisation étant impossible, les arrêts et les ralentissements produisent des à-coups qui projettent les voyageurs les uns sur les autres et renversent les lampes à huile qui éclairaient tant bien que mal les compartiments.

Lorsqu'un chef de gare est averti du prochain départ d'un train plus long que d'habitude, il envoie au quartier des cheminots l'« éveilleur » chercher un renfort de serre-freins. L'alternative consiste à confier à un seul serre-frein le serrage des freins de deux wagons contigus. Il doit alors sauter du wagon dont il vient de serrer le frein au wagon suivant. Par beau temps, il a d'agréables moments de détente. Mais, l'hiver, il doit braver la neige et le verglas sur le toit des wagons. Et, surtout quand le mécanicien prend des risques en voulant rattraper un retard, il se produit parfois des catastrophes. C'est le cas, en 1846, à Fampoux près d'Arras. Le Paris-Lille, composé de deux locomotives et de vingt wagons, a un peu de retard, et le mécanicien accélère plus que de raison. Dans une courbe, suite au freinage intempestif d'un garde-frein, la chaîne se brise entre la quatrième et la cinquième voiture. La queue du train déraille et tombe dans un étang. Cette catastrophe fait quatorze morts et vaut au directeur du matériel de la compagnie un séjour en prison. Pour une fois, ce n'est pas au mécanicien qu'on donne tous les torts. Et, dès lors, on commence à réfléchir à un système de frein télécommandé.

Il faudra encore vingt-trois ans pour qu'il soit inventé par George Westinghouse, et treize ans de plus pour qu'il soit mis en application.

George Westinghouse

Un jour de novembre 1867, quelque part aux États-Unis, un jeune homme, sagement assis en train en face d'une jolie femme, a l'attention attirée par le titre d'un article en dernière page du journal qu'elle feuillette. « Dans le tunnel du Mont-Cenis. » Lorsqu'elle a terminé sa lecture, il lui demande la permission d'y jeter un œil. Ce voyageur n'a encore que vingt et un ans, mais il va bientôt révolutionner les chemins de fer. Non seulement les chemins de fer, mais encore l'industrie du gaz et de l'électricité. Ce sera l'une des grandes figures de l'histoire de l'Amérique. Son nom : George Westinghouse.

Après avoir aidé son père à fabriquer des machines agricoles, il s'est enrôlé à quinze ans avec deux de ses frères, au début de la guerre de Sécession, pour combattre dans les rangs des Nordistes. Il a servi dans l'infanterie, dans la cavalerie, puis dans la marine comme chef mécanicien. Depuis la paix, il suit des études d'ingénieur et a déjà déposé deux brevets d'invention. L'un pour un système qui remet rapidement sur rails un wagon déraillé, l'autre pour un dispositif qui évite les déraillements sur les aiguillages. Hélas ! les compagnies de chemins de fer ne s'embarrassent pas de scrupules et tournent ses brevets en apportant de prétendus perfectionnements. Qu'importe ! George Westinghouse ne se décourage pas pour autant et, depuis qu'il a été témoin d'une collision sur la ligne de Schenectady à Troy, un choc frontal entre deux trains, il cherche un moyen d'arrêter rapidement un convoi en cas d'urgence.

D'abord, il imagine de relier tous les sabots de freins par une chaîne et de tirer avec un moulinet. Système simple mais brutal, qui cause des saccades, susceptibles, à grande vitesse, de provoquer un déraillement. Or, dans l'article du journal aimablement prêté par cette dame, il apprend qu'au tunnel du Mont-Cenis, Germain Sommeiller utilise l'air comprimé pour actionner à distance des marteaux-piqueurs. Alors, il a une idée lumineuse : si la force de l'air comprimé se transmet à distance, pourquoi ne pas l'employer également à transmettre une force de freinage depuis la locomotive jusqu'au wagon de queue ? Il imagine aussitôt une conduite d'un bout à l'autre du train avec, entre les voitures, des raccords flexibles. Une pompe actionnée par la vapeur de la locomotive comprimerait l'air, qui resterait stocké en attente dans un réservoir principal. Pour freiner, il suffirait au mécanicien d'ouvrir une vanne pour envoyer l'air dans la tuyauterie, et de là dans des réservoirs auxiliaires sous les wagons. L'air comprimé y pousserait un piston dans un cylindre. Des biellettes n'auraient plus qu'à presser ensuite les sabots de freins contre les roues. Enfin, on allait pouvoir stopper tous les wagons à la fois ! En toute sécurité.

En 1869, George Westinghouse prend un brevet pour ce système continu de freinage, mais les magnats des chemins de fer ne se laissent pas aisément convaincre par cet inventeur en herbe. « Vous n'allez pas m'apprendre que vous pouvez arrêter les trains avec le vent, lui répond Cornelius Vanderbilt. Jeune homme, je n'ai pas de temps à perdre à parler avec un fou. »

George Westinghouse s'entête et améliore son procédé. Réfléchissant qu'une rupture d'attelage ou même simplement une fuite pourrait interrompre la circulation de l'air comprimé et mettre hors service tout le freinage d'un train, il inverse son système. Avec des ressorts, il bloque en permanence les mâchoires de freins contre les roues pour les empêcher de tourner. L'air comprimé lui sert à neutraliser la pression des ressorts et à débloquer les roues : le train n'avance que si la tuyauterie et les cylindres sont alimentés en air comprimé. Pour freiner, au lieu d'ouvrir la conduite d'air comprimé, le mécanicien la ferme. Si un wagon se décroche, ou si la circulation d'air comprimé est coupée, les freins se serrent automatiquement, le train s'arrête. C'est plus sûr.

Des clients, George Westinghouse a cependant du mal à en trouver. Son meilleur propagandiste sera un homme parfaitement désintéressé, Lorenzo Coffin, un fermier de l'Iowa qui, un jour, avant de monter dans le train, s'attarde à regarder la manœuvre d'accrochage d'un fourgon. Debout entre le fourgon à l'arrêt et le train qui recule, un atteleur se tient prêt à enfoncer une lourde goupille entre le crochet du fourgon et la manille du dernier wagon de voyageurs. Pour ce geste, l'homme dispose de quelques secondes, il doit viser juste. Le type calcule sans doute mal son coup, car on le voit soudain s'effondrer en hurlant. On s'approche : le malheureux s'est fait sectionner deux doigts à la main droite.

En discutant avec des cheminots sur les lieux du drame, Lorenzo Coffin apprend que ce genre d'accident n'a rien d'extraordinaire. C'est même assez fréquent, lui dit-on. La manœuvre d'accrochage demande une grande dextérité. Lorsque les deux wagons se heurtent, l'homme chargé de les accrocher y perd parfois les doigts, la main, voire la vie. Sans compter que sitôt après avoir manœuvré les attelages à l'arrêt, l'atteleur devient serre-frein dès que le train se remet en route. Au signal du mécanicien, il court sur les toits glissants des voitures qui tanguent pour aller tourner le volant de frein. Au besoin, il doit sauter d'un wagon à l'autre. Difficile exercice d'équilibre. C'est un des métiers les plus dangereux au monde. Le Massachusetts, par exemple, dont les archives pour la période sont très complètes, fait état d'une moyenne de quatre-vingt-sept cheminots tués chaque année pendant la décennie 1860, de cent quarante-trois par an pour les années 1870, et de deux cent huit par an pendant les années 1880. En rapportant ce nombre à l'ensemble des États-Unis, on doit alors approcher chaque année la dizaine de milliers de cheminots victimes d'accidents mortels.

Les déraillements ou les collisions de chemin de fer sont moins fréquents que les accidents de diligence, mais frappent davantage l'imagination. Les journaux en font leurs gros titres : « Une horreur de plus ! », et se délectent de récits de voyageurs retrouvés rôtis ou écrasés sous les débris, de mécaniciens et de chauffeurs brûlés à mort dans leurs locomotives, d'ossements et de lambeaux humains retrouvés sur les bas-côtés.

Horrifié, Coffin s'étonne que les trains ne soient pas mieux équipés.

« Si, lui répond-on. Eli Janney a inventé un coupleur automatique qui verrouille automatiquement les crochets de deux wagons, et George Westinghouse un moyen de freiner le train entier depuis la locomotive.

— Mais pourquoi ne sont-ils pas utilisés ?

— Pourquoi ? Tout simplement parce que cela coûte de l'argent, tandis que les doigts ou les mains coupées ne coûtent rien aux compagnies. »

Lorenzo Coffin cherche à savoir. Il se documente sur le coupleur d'Eli Janney. Il apprend qu'il se compose de deux rotules articulées, d'une goupille et d'une chaîne. Pour l'accrochage, on présente les deux rotules face à face en position ouverte. Lorsqu'on pousse les deux wagons l'un contre l'autre, les deux rotules se verrouillent ensemble, les mâchoires se referment et n'en font plus qu'une. Pour décrocher, on déverrouille les rotules en tirant à distance une chaîne attachée à la goupille.

Mais, plus Lorenzo Coffin enquête, plus on lui répond que tout est bien comme cela, que c'est normal, naturel. Eh bien, justement, pour lui, ce n'est pas normal. Il se passionne pour la cause de la sécurité. C'est un chic type, ce Lorenzo Coffin. Pendant la guerre de Sécession, il a quitté ses vaches et ses moutons de l'Iowa pour servir en qualité d'aumônier militaire. Cette fois, il abandonne à nouveau sa ferme, pourtant devenue prospère, et se transforme en croisé de la sécurité ferroviaire. Une croisade qui va illuminer vingt ans de sa vie.

Au début, il n'intéresse personne. Les compagnies de chemins de fer où il se fait l'avocat des innovations d'Eli Janney et de George Westinghouse le flanquent à la porte. À force de parcourir l'Iowa de long en large, de haranguer les gens, d'envoyer des centaines de lettres où il dénonce les circonstances des accidents, les drames qu'ils ont provoqués, il finit par être nommé en 1883 par la législature de l'Iowa commissaire pour le chemin de fer. Dès lors, il peut assister à toutes les réunions de la profession. Les dirigeants des compagnies sont bien obligés d'écouter le « fanatique du frein à air comprimé », comme ils l'appellent. Et s'ils lui répondent, s'ils lui présentent des objections, c'est déjà une façon de le reconnaître.

« C'est trop cher à installer, lui répond un jour un administrateur du Chicago and Alton.

— Trop cher ? réplique-t-il. Mais vous servez à vos actionnaires un dividende de 8 %. »

Changeant alors de tactique, Lorenzo Coffin demande à l'association des constructeurs de wagons de tester le frein continu de George Westinghouse sur un train de marchandises. En 1886, il finit par obtenir qu'on pratique deux essais sur une forte pente du Burlington Railroad près de Burlington, Iowa. Les essais ont lieu mais se soldent par deux échecs. Coffin s'entête et réclame une nouvelle expérimentation au printemps suivant. À nouveau, on lui donne sa chance. C'est encore un fiasco. Mais, cette fois, George Westinghouse, qui s'est déplacé pour assister au test, comprend ce qui ne va pas : la section des tuyaux est insuffisante. Aussitôt, il y remédie et, sûr de son coup, se porte fort d'arrêter un train de cinquante wagons. Une nouvelle série d'essais est prévue pour la fin de l'été. La dernière, lui dit-on. Il n'a plus droit à l'erreur.

L'épreuve a lieu, toujours sur la rampe de Burlington. Coffin et Westinghouse sont là, tous les deux, bien sûr. Une locomotive descend la pente en tirant cinquante wagons. Lorsqu'elle atteint les 70 km/h, le mécanicien actionne le frein continu. Le train s'arrête presque pile. Alors, Lorenzo Coffin, le vieux lutteur, essuie une larme : « Je suis l'homme le plus heureux au monde », dit-il à George Westinghouse. Pourtant, il n'a pas encore gagné la partie. La loi qu'il fait voter par l'État d'Iowa reste lettre morte.

Lorenzo Coffin repart en campagne, à travers toute l'Amérique, cette fois. Enfin, en 1893, le président Benjamin Harrison approuve une loi sur la sécurité ferroviaire qui rend obligatoires sur tous les trains les coupleurs automatiques et les freins à air comprimé. Résultat, dès la première année le nombre des accidents du travail chute de 60 %. Les nouveaux équipements sont vite amortis, les roues s'usent moins vite, les compagnies ont moins de factures à payer pour le bétail écrasé sur la voie. On gagne en vitesse et, du coup, le trafic augmente.

Les Français n'avaient pas attendu si longtemps. Introduit en France en 1877 par la Compagnie des chemins de fer de l'Ouest, le frein à air comprimé de Westinghouse y est devenu obligatoire dès 1882 sur l'ensemble du réseau français, du moins pour les trains express. Certes, le parc de wagons, énorme au moment de cette invention, ne peut être équipé d'un seul coup. Mais, cette fois, la France est en avance sur l'Angleterre, comme on va le voir.

Un terrible accident va en effet se produire en Irlande sept ans plus tard, le 12 juin 1889. L'école du dimanche de l'église méthodiste d'Armagh avait organisé pour sept ou huit cents élèves une excursion au bord de la mer, à Warrenpoint, à une cinquantaine de kilomètres. Le chef de gare d'Armagh, John Foster, avait en conséquence composé un train spécial de onze wagons. Le matin du départ, apprenant qu'il y aurait en réalité neuf cent vingt passagers, il se contenta d'ajouter deux voitures.

Le conducteur du train, Thomas McGrath, était un jeune, inexpérimenté. Il ne connaissait pas la ligne mais estima, à juste titre, que sa petite locomotive aurait du mal à tirer treize wagons, surtout sur un parcours accidenté.

« Quand on a la chance de conduire un train d'excursionnistes, on ne fait pas tant d'histoires », se contenta de lui répondre Foster.

Le jeune mécanicien s'inclina. D'ailleurs, l'ambiance était à la fête. Pour saluer le départ du train, on avait fait venir la fanfare du Royal Irish Fusiliers.

La première locomotive, sur laquelle Richard Trevithick parcourt 15 km en 1804. Sa transmission utilise un système complexe de renvois à partir de cylindres verticaux.

George Stephenson (1781-1848), le premier promoteur du chemin de fer. Autodidacte, il fonde avec son fils la première entreprise de construction de locomotives.

La « Rocket » ou « Fusée » de Stephenson : la première locomotive moderne. Les pistons attaquent directement les manivelles des roues motrices.

Isambard Kingdom Brunel (1806-1859), constructeur de chemins de fer à écartement large, d'ouvrages d'art, de paquebots géants, et grand amateur de cigares.

Marc Seguin (1786-1875) invente le pont suspendu par câbles, la chaudière tubulaire et construit le chemin de fer Lyon/Saint-Etienne.

La locomotive de Marc Seguin. La chaudière tubulaire et l'énorme ventilateur placé sur le tender accroissent beaucoup la production de vapeur.

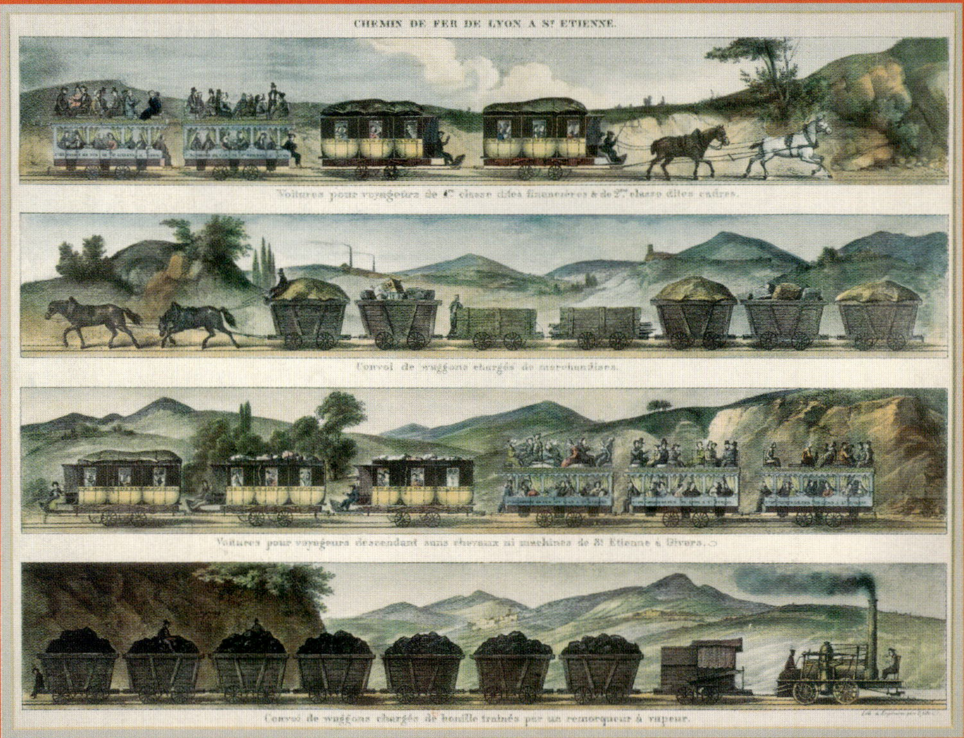

Le chemin de fer du Lyon/Saint-Etienne.
(en haut) Voitures de 1ère classe, dites financières.
(dessous) Voitures de 2e classe, dites cadres.
(dessous) Voitures descendant sans chevaux ni remorqueur à vapeur.
(en bas) Wagons chargés de houille traînés par remorqueur à vapeur.

Emile Pereire (1800-1875).
Pionnier des chemins de fer,
des paquebots, de l'urbanisme,
et du crédit industriel.

Un wagon de 3e classe.
Daumier a bien rendu l'inconfort
de ces wagons obscurs.

Les viaducs américains, comme celui-ci, montés à la hâte et à l'économie en tréteaux de bois font partie du décor américain.

La 220 ou « American » : la locomotive américaine de la conquête de l'Ouest et du Mécano de la General, avec son immense lanterne, son pare-vaches, sa cheminée évasée pare-escarbilles, son bogie avant et ses deux grandes roues motrices.

Le viaduc de Chaumont long de 606 m et haut de 50 m, construit en 1856-57, avec trois étages de voûtes en pierre.

L'achèvement du premier Transcontinental. Le 10 mai 1869, à Promontory Point, dans l'Utah, les rails du Central Pacific et de l'Union Pacific se rejoignent pour former le premier Transcontinental.

© ARCHIVES - PHOTORAIL - LA VIE DU RAIL / TWIPIX

Le viaduc de Garabit, chef-d'œuvre de Gustave Eiffel.

© SNCF - PHOTORAIL - LA VIE DU RAIL / TWIPIX

La gare Saint-Pancras, à Londres construite par Barlow en 1867. La plus large portée d'arche métallique à l'époque.

© HERITAGE IMAGES / LEEMAGE

L'Orient Express (affiche), le train de luxe qui assurait depuis 1883, la liaison Paris-Constantinople.

Lampiste courant sur le toit. Pour allumer les lampes, comme pour serrer les freins, il fallait courir sur le toit glissant des wagons, parfois dans le vent et sous la pluie.

A bord du Transsibérien construit de 1891 à 1904, de Moscou à Vladivostok. Ce n'était pas seulement un train d'émigrants en route pour peupler la Sibérie…

Mécanicien et chauffeur de locomotive à vapeur, incarné ici par Jean Gabin en 1938, dans *La Bête humaine*.

Pierre Sémard (1887-1942), cheminot CGT, fusillé par les Allemands.

Louis Armand (1905-1971), pionnier de l'électrification en courant alternatif 25 kV.

La locomotive Mallard, en 1938, à 203 km/h, en Angleterre.

Le Shinkansen. Une des dernières versions de ce bolide japonais.

© BRUNO LAPEYRE - PHOTORAIL - LA VIE DU RAIL / TWIPIX

Le Maglev flotte sans rails, grâce à l'interaction entre les aimants à bord du train et les aimants disposés le long de la voie en béton.

© BESNARD / PHOTORAIL - LA VIE DU RAIL / TWIPIX

L'AGV : le dernier né d'Alstom, qui circulera en 2010 sur Milan-Naples.

PHOTO : ALAIN BENAINOUS © GAMMA / EYEDEA PRESSE

Le train bondé partit avec vingt minutes de retard. Au début, tout se passa bien, mais au bout de cinq kilomètres, la locomotive commença à s'essouffler en gravissant une rampe à 13 ‰. Deux cents mètres avant le sommet, elle cala. Impossible de repartir, elle patinait.

Le plus sage aurait été d'attendre le train régulier et d'y faire monter une partie des passagers. Compte tenu du retard pris au départ, il suffisait de patienter quinze ou vingt minutes.

Thomas McGrath eut alors une idée funeste : séparer le train en deux, en emmener une partie jusqu'à Hamilton Bay, la gare suivante, trois kilomètres plus loin, et revenir chercher le reste. Compte tenu de la courte longueur de la voie de garage, il ne pouvait cependant y stationner que cinq wagons à la fois.

McGrath décrocha donc les huit dernières voitures. Comme elles allaient rester sur une pente et comme, seule, la dernière était munie de freins à sabot, il fit placer sous les roues des sept autres des pierres pour servir de cales. Puis il remonta dans sa machine.

Malheureusement, en redémarrant, il ne put éviter de reculer d'un ou deux mètres, ce qui suffit à provoquer un heurt avec le wagon de tête de la seconde rame. Le choc écrasa ou chassa les cales et, du coup, les huit voitures commencèrent à dévaler la pente, lentement, puis de plus en plus vite. Inexorablement.

Le conducteur du train régulier qui suivait venait de quitter la gare d'Armagh sans se douter de ce qui l'attendait. Le block-system n'étant pas installé sur la ligne, il ne pouvait savoir que le spécial, parti un quart d'heure plus tôt, occupait encore la voie devant lui. Quand il vit les wagons fous arriver sur lui à 70 km/h et les enfants se jeter par les fenêtres – le chef de gare avait verrouillé les portières de l'extérieur pour éviter la resquille –, il freina mais il roulait encore à 8 km/h lorsque se produisit la collision.

Les trois dernières voitures du spécial furent pulvérisées. Il y eut quatre-vingt-huit morts et cent soixante-dix blessés. C'était la plus grande catastrophe ferroviaire connue. Le drame suscita dans toute l'Angleterre une vive émotion. Il ne se serait évidemment pas produit si la ligne avait eu un bloc-système pour espacer physiquement les trains et si le train avait bénéficié d'un système automatique de freins en continu. Le Parlement se décida alors à voter, cette même année 1889, une loi qui rendit l'un et l'autre obligatoires.

Entre-temps, George Westinghouse avait fait une nouvelle invention et remplacé en 1880 le bloc-système manuel par un système électrique automatique. Le passage d'un train ferme le contact électrique d'un détecteur d'occupation. Il allume un feu rouge si un autre train se trouve dans le canton en amont, un signal jaune s'il se trouve deux cantons plus loin et un feu vert si les deux cantons sont libres. Par la suite, de nouveaux perfectionnements permettront à un « dispatcher » de contrôler sur l'ensemble d'une ligne le mouvement de tous les trains et l'état de tous les signaux. Ces principes de signalisation par blocs, de verrouillage et de circuits électriques seront modernisés et intégrés dans les systèmes centralisés de contrôle de trafic dans les années 1920, où un seul opérateur surveille en cabine les aiguilles, les signaux et le mouvement des trains sur la totalité d'une division.

Peut-être le bonheur n'est-il que dans les gares

Les cheminots constituent une société à part, avec sa mystique, son langage et une religion, l'heure. Mais ils sont divisés en deux chapelles, les Messieurs du Trafic et du Mouvement, les *Jaunes*, qui aspirent à s'embourgeoiser, et les gens de la Traction et de la Voie, les *Rouges*, plus revendicatifs.

Un chantier de construction de chemin de fer est comme une ville. Mille, deux mille, trois mille hommes installés dans des camps en pleine nature, entre deux bourgs, le voisinage de gens du rail étant peu apprécié de la population. Les gendarmes leur interdisent l'entrée des cafés. Tenus éloignés de la place du village et de l'église, ils perdent bientôt toute pratique religieuse et fréquentent plutôt les auberges qui se montent au voisinage des chantiers, et qui sont, elles, consignées aux indigènes. C'est une vie de bivouacs, où le branle-bas est sonné au clairon. Les brouettes, les wagonnets de fer ainsi que des centaines de mulets, de chevaux, de bœufs au repos sont alignés devant des baraquements affectés aux fours de campagne, aux forges pour la retrempe des outils et au logement.

Les différents corps de métier se mélangent peu. En avant-garde, les « essarteurs », qui débroussaillent le terrain avant d'établir la ligne, et les bûcherons, qui abattent les arbres nécessaires aux traverses et aux poteaux. La voie ferrée est grosse mangeuse d'arbres. Pour tripler la durée de vie des traverses – il en faut deux au mètre en moyenne –, on les trempe par paquets de douze dans un grand bac rempli de créosote.

Suivent les artificiers, les terrassiers, puis le lent carrousel des attelages qui traînent la terre des déblais pour la porter sur les remblais. « Pour ériger les grands remblais, on dispose deux plans inclinés parallèles, l'un pour le mulet, l'autre pour le wagonnet. Une fois le wagonnet rempli par les pelleteurs, le mulet descend en tirant un câble. Un simple rappel de poulies aide alors le wagonnet plein à monter la pente. Quand il parvient au sommet, on bascule son contenu sur le sommet du remblai et il redescend par gravité, tandis que le mulet remonte au sommet de son plan incliné[79]. » Enfin, les maçons montent les murs de soutènement, construisent les ponceaux, les ponts, les viaducs.

Lorsqu'un chantier tire à sa fin, les bûcherons partent avec les sapeurs et les terrassiers préparer le prochain cantonnement. Puis les compagnons, fleur au chapeau, casquette sur l'oreille, groupés par corporations, chacune avec son costume particulier. Les manœuvres ferment la marche, accompagnés de la cavalerie, des chevaux et des mulets qui font tinter leurs grelots. Tout ce monde défile ainsi plusieurs jours en chantant à tue-tête, réveillant les bourgeois, riant aux filles, bravant les gars, faisant les pires farces au passage dans les bourgs et les fermes où se barricadent les paysans.

Une fois la ligne terminée, une partie des ouvriers court se faire embaucher sur un autre chantier, mais d'autres, attirés par ce chemin de fer qu'ils ont construit de leurs mains, se pressent aux guichets d'embauche des compagnies. Ainsi font souche quelques Anglais, Irlandais, Piémontais ou Savoyards.

Le service de la Voie emploie des paysans sans terre, cadets de familles de cultivateurs, sans contact avec les gens de la Traction. Ils habitent la campagne et se relèvent la nuit pour dégager un arbre abattu par l'orage ou remblayer une plate-forme emportée par la crue.

Le bricard, qui commande une brigade d'une trentaine de poseurs, inspecte la voie et pique sa canne ferrée au milieu des traverses. Exposées à l'alternance de la pluie et du soleil, du chaud et du froid, posées à plat à même le sol et soumises à de très grands chocs, ces traverses doivent être changées souvent.

À côté des passages à niveau les plus fréquentés, les compagnies font construire des maisons pour le garde-barrière et sa famille. Le garde-barrière devient une silhouette familière des campagnes avec son grand chapeau en toile cirée et sa trompette. Sa présence permanente est nécessaire pour ouvrir de nuit comme de jour aux cavaliers ou conducteurs de charrettes. Le reste du temps, même en l'absence de trains, les barrières restent fermées. À proximité se trouve parfois un petit quai et une halte, ou s'arrêtent les omnibus. Le garde-barrière est alors chargé de la vente des billets.

Par la suite, avec le développement de la circulation automobile, les barrières seront au contraire laissées levées en permanence. Le garde-barrière devra alors surveiller l'horloge scellée au mur, le « régulateur intérieur », propriété de la compagnie et, le moment venu, sortir de sa maisonnette, son drapeau rouge soigneusement enroulé autour de sa hampe, pour baisser les barrières. Enfin, toujours avec les progrès de la circulation routière, elles seront remplacées par des passages à niveau manuels puis automatiques.

Les gens de la Traction, du Trafic et du Mouvement habitent des quartiers cheminots, près des gares, à quelque distance des fortifications qui servent encore le plus souvent de limite aux agglomérations. De vraies casernes, où beaucoup sont soumis au roulement de deux fois douze heures et, pour finir, aux trois huit. Un roulement qui les ramène régulièrement, par un système de noria, tous les trois, quatre ou cinq jours, à leur domicile. Les compagnies sont libres d'organiser comme elles le veulent le travail de leurs employés. C'est seulement en 1848 que le gouvernement provisoire limite la journée de travail à douze heures. Le plus souvent, le premier roulement prend son travail à quatre heures du matin jusqu'à quatre heures de l'après-midi et l'autre le relève à seize heures jusqu'à quatre heures du matin. Cela pour les sédentaires. Mais les roulements de roulants sont tels que certains font quinze ou seize heures de machine ou de fourgon. En 1864, deux circulaires ministérielles limitent à douze heures la durée maximum de travail pour les aiguilleurs, les mécaniciens et les chauffeurs. En 1900, la journée de travail est ramenée à dix heures. Difficile, malgré tout, d'avoir une vie de famille ou chrétienne. On ne fréquente pas ces gens-là !

Du moins peuvent-ils, autour des petites gares et des maisons de garde-barrière, cultiver des jardins potagers sur des lopins de terre acquis par les compagnies lors des expropriations pour la construction des lignes, et inutilisés. Ces jardins cheminots sont célébrés par Charles Cros :

Enclavé dans les rails, engraissé de scories,
Leur petit potager plaît à mes rêveries.
Le père est aiguilleur à la gare de Lyon,
Il fait honnêtement et sans rébellion
Son dur métier. Sa femme, hélas ! qui serait blonde
Sans le sombre glacis du charbon le seconde.
Leur enfant, ange rosé éclos de cet enfer,
Fait des petits châteaux avec du mâchefer,
À quinze ans, il vendra des journaux, des cigares,
Peut-être le bonheur n'est-il que dans les gares[80].

En août 1910, à la suite d'un accident, une grève est déclenchée aux ateliers de Tergnier. La vie y est dure, très dure. Tout le monde y travaille en sabots, dans la fumée de poussière de charbon et le bruit assourdissant des coups de masse. Par solidarité, puis pour réclamer le salaire minimum de cinq francs par jour, *les cent sous*, la grève fait tache d'huile. Au Nord, 40 % du personnel débraie ; sur les autres réseaux 10 % seulement.

Le président du Conseil, Aristide Briand, naguère encore l'apôtre de la grève dans les congrès syndicaux, envoie les gendarmes et la troupe garder les gares. Il fait arrêter les meneurs et adresse aux grévistes un ordre militaire de mobilisation. Voilà donc, en temps de paix, les cheminots mobilisés sur les lieux de travail. Ceux qui ne rejoindraient pas leur poste seraient jugés déserteurs. En cinq jours, la grève est cassée. Les compagnies en profitent pour licencier trois mille salariés, dont un millier au Nord. Une fois mis à l'index par le patronat, il leur sera difficile de retrouver du travail. Mais malgré les clivages entre tractionnaires, gens de la Voie et des bureaux, cette grève et surtout sa répression contribuent à forger une identité.

Quatrième partie

L'Apogée

1870-1914

La prodigieuse expansion des chemins de fer, surtout dans les années 1880, révolutionne l'Amérique et, dans une moindre mesure, l'Europe. Une dizaine de nouveaux transcontinentaux traversent de part en part les États-Unis et le Canada. La Russie et l'Empire ottoman leur emboîtent le pas avec le transsibérien et le Bagdad Bahn. Les transports frigorifiques changent les habitudes alimentaires. Des hommes libres colonisent le Far West et la Sibérie occidentale. En France, le tortillard arrache les plus modestes chefs-lieux de canton à l'emprise du châtelain et du curé et facilite la diffusion des valeurs républicaines.

Les trains de montagne

L'ouverture du tunnel du Mont-Cenis, en 1871, donne le coup d'envoi à la construction de nombreux chemins de fer de montagne, aussi bien dans les montagnes Rocheuses et la Cordillère des Andes que dans les Alpes.

Pour ne pas se laisser dépasser, la Suisse creuse aussitôt entre Goshenen, en Suisse centrale, et Airolo, au Tessin, le premier tunnel sous le col du Saint-Gothard, long de quatorze kilomètres, trois kilomètres de plus que celui du Mont-Cenis. Concédé à une société privée groupant à parts égales des actionnaires suisses, allemands et italiens, l'ouvrage est subventionné par les trois États. Son maître d'œuvre, Louis Favre, enfant d'un petit village aux environs de Genève, parti à dix-sept ans faire son Tour de France de compagnon charpentier, a tout appris sur le terrain ou aux cours du soir. Il mourra d'apoplexie dans une galerie du tunnel.

Les coûts dépassant les premières estimations, on décide, en 1876, de se limiter dans un premier temps à une voie unique et on adopte un tracé sinueux à faible rayon de courbure. En remontant la vallée de la Reuss, pour éviter aux rampes de dépasser 27 ‰, on creuse des tunnels en spirale, qui décrivent des boucles de trois cent soixante degrés avec seulement trois cents mètres de rayon. À chaque boucle, on gagne presque cinquante mètres de dénivelé. C'est une première mondiale. Sur le versant nord, juste au-dessus de l'église du village de

Wassen, une succession de trois tunnels hélicoïdaux fait gagner cent trente-six mètres de dénivelé, offrant le curieux spectacle d'un train qui passe à trois hauteurs différentes. Sur le versant sud, près de Giornico, la voie comporte également cinq tunnels en spirale. Commencé en 1872 et achevé en 1882, le chantier de ce premier Saint-Gothard aura coûté un tiers moins cher au kilomètre que celui du Mont-Cenis, mais davantage de vies humaines.

Deux ans plus tard, on inaugure le tunnel de l'Arlberg, entre la Suisse et l'Autriche, creusé en quatre ans avec un avancement quotidien de huit mètres par jour, au lieu de cinq mètres quarante au Saint-Gothard et deux mètres vingt-cinq au Mont-Cenis.

Ces deux liaisons favorisant les cantons de langue allemande, la Suisse romande se doit de riposter. La vallée du Rhône donnant un accès facile et rectiligne jusqu'à Brigue, on décide, en 1898, de percer un tunnel de vingt kilomètres entre Brigue, dans le Valais, et Iselle, en Italie. Ce sera le Simplon.

Cet ouvrage marque un nouveau progrès dans la technique de construction des tunnels. Les conditions de travail y sont particulièrement difficiles, les poches d'eau fréquentes, les roches très dures. À un certain moment, le tunnel se trouve à deux mille cent trente-cinq mètres sous la roche. Or, la température s'élève d'un degré chaque fois qu'on s'enfonce de quarante-quatre mètres dans le sol. Les ouvriers risquent donc de se trouver, l'été, soumis à une chaleur insupportable. Alors, au lieu de creuser une galerie unique, à grand gabarit, on en creuse deux, parallèles, à dix-sept mètres d'écart et reliées tous les deux cents mètres. L'une, à moyen gabarit, pour une seule voie ferrée, l'autre à petit gabarit, servira de secours et de ventilation, et pourra être ultérieurement élargie, le jour où le trafic le justifiera, pour recevoir une seconde voie ferrée, chose faite en 1932.

Le refroidissement et l'aération sont renforcés, on pulvérise de l'eau froide, on amène des blocs de glace, on insuffle de l'air comprimé. Pour minimiser les problèmes de pression, on fore des drains dans la roche et on avance alternativement le percement des deux galeries. Sans négliger pour autant une technique connue des Romains : chauffer et refroidir brusquement la roche avant de l'attaquer, afin de diminuer sa résistance par un choc thermique.

La jonction, en février 1905, des équipes parties des deux extrémités déclenche dans toute l'Europe un enthousiasme transformé en kermesse par l'inauguration, en janvier 1906, du « Simplon-Orient-Express », qui relie Londres au Caire, via Milan, Constantinople et Beyrouth, onze mille trois cent soixante kilomètres à travers quatorze pays et trois continents.

L'année suivante, commencent les travaux de percement d'un nouvel ouvrage, le premier tunnel du Lötschsberg, long de quinze kilomètres, achevé en 1913 après deux accidents dramatiques, une avalanche et une inondation suivie d'un éboulement, qui feront quarante-huit morts et obligeront à rectifier légèrement le tracé.

La locomotive à vapeur n'est pas assez puissante pour gravir des pentes supérieures à 4 %. En dehors des tunnels, la solution réside dans l'emploi d'une crémaillère. Effectivement, de 1869 à 1914, une cinquantaine de chemins de fer ont été construits dans le monde selon ce principe, la plupart en Suisse.

John Blenkinsop avait déposé, dès 1811, un brevet pour un rail cranté sur lequel mordait une roue dentée. Son objectif n'était pas d'affronter des pentes, mais d'empêcher la locomotive de patiner. En 1869, un Américain, Sylvester Marsh, s'en inspira pour la pente à 27 % du mont Washington, dans le New Hampshire, et plaça entre deux rails une crémaillère dans laquelle s'engage une roue dentée placée sous la machine.

En 1871, Niklaus Riggenbach donne le coup d'envoi des chemins de fer suisses à crémaillère, avec la ligne qui grimpe des rives du lac des Quatre Cantons au mont Rigi, à 1 752 m. Edouard Locher bat tous les records de déclivité, en 1889, avec un chemin de fer à crémaillère qui escalade à 48 % les 2 132 m du mont Pilate et, l'année suivante, annonce son intention d'utiliser l'air comprimé pour propulser une capsule dans un tube jusqu'au Jungfraujoch, à 3 454 m d'altitude. Abandonné, son projet est repris par Alfred Guyer Zeller qui met seize ans, de 1896 à 1912, à le réaliser. Ce chemin de fer à crémaillère à pente de 25 %, long de neuf kilomètres dont huit kilomètres en tunnel, est le plus haut d'Europe.

Pour sa part, la France installe en 1909 deux chemins de fer à crémaillère, le Montenvers, de Chamonix à la mer de Glace, à 1 919 m, et le Tramway du Mont-Blanc, de Saint-Gervais Le Fayet à l'Aiguille du Goûter, à 2 372 m.

L'Amérique n'est pas en reste. Le Denver and Rio Grande Western Railroad, aujourd'hui intégré à l'Union Pacific, construit, entre 1880 et 1900, un important réseau de lignes à voie étroite à travers les montagnes Rocheuses. Son fondateur, William Palmer, un Quaker passionné de locomotives à vapeur dès sa plus tendre enfance, a commencé sa carrière au Pennsylvania Railroad. Désolé de voir abattre des forêts entières pour alimenter les chaudières, il a persuadé son patron de remplacer les chaudières à bois par des chaudières à charbon. Pendant la guerre de Sécession, sa volonté de libérer les Noirs l'a emporté sur son horreur de la violence, et il a servi dans l'armée de l'Union comme éclaireur, puis comme espion, enfin comme général. À la paix, tout en finançant des écoles pour l'éducation des Noirs, il est entré au Kansas and Pacific Railroad en qualité d'ingénieur en chef. Au cours d'un déplacement en train, il a fait la rencontre de sa femme, et, lors de leur voyage de noces en Europe, il s'est intéressé aux chemins de fer à voie étroite qui lui ont paru un excellent moyen de construire à moindre coût et à moindre délai des lignes minières.

William Palmer s'est alors mis à son compte et a fondé le Denver and Rio Grande Western Railroad afin de desservir les mines d'or, d'argent et de charbon du Colorado et de relier Denver à Mexico et Salt Lake City. Pour s'approvisionner en rails, il a fondé la Colorado Coal and Iron Company et construit une grande aciérie près de Pueblo. Puis il a fixé sa résidence dans une terre vierge sur laquelle il a créé de toutes pièces une ville, Colorado Springs, d'où il a banni toute forme de saloon ou de maison de jeux.

Certaines de ses lignes, fréquentées encore de nos jours par des trains touristiques, traversent des canyons impressionnants, comme la Royal Gorge, sur la rivière Arkansas, ou franchissent des cols très élevés, le Tennessee Pass, à 3 121 m, et le Marshall Pass, à 3 305 m. La plus pittoresque est peut-être la section de soixante-douze kilomètres de Durango à Silverton, construite en 1882 à l'écartement de 914 mm pour exploiter une mine d'argent aujourd'hui fermée, mais que les touristes peuvent toujours emprunter en train à traction vapeur.

Cependant la plus haute ligne de chemin de fer des Rocheuses est celle à crémaillère de Pikes Peak, au Colorado, à 4 260 m d'altitude. Elle est due à Zalmon Simmons, fabricant de matelas et inventeur à ses heures. Ayant breveté un isolateur, il voulut un jour vérifier sa tenue sur un relais télégraphique érigé sur ce pic par l'armée et en fit l'ascension depuis le camp de base, à 2 000 m. Le trajet, quatorze kilomètres à dos de mulet, lui prit deux jours, mais le panorama valait vraiment la peine. Il décida de financer un petit chemin de fer, à crémaillère bien entendu, car la pente, en certains endroits, atteint 25 %. La chorale d'une paroisse de Denver l'inaugura en 1891 et il fait toujours l'émerveillement des touristes.

Au Mexique, la construction du Ferrocarril Chihuaha al Pacifico, destiné à désenclaver la Sierra Tarahumara, a demandé quatre-vingt-dix ans, de 1871 à 1961. Cette ligne de six cent cinquante kilomètres, toute en territoire mexicain, part du niveau de la mer et monte à 2 700 m avec des virages spectaculaires à 180 degrés, quatre-vingt-sept tunnels et trente-sept ponts en bois, aux sinistres craquements, qui enjambent des gorges vertigineuses, des abîmes de plus de 1 600 m, comme la Barranca del Cobro, plus grande que le canyon du Colorado.

En Équateur, un train à vapeur descend d'Alausi, à 3 240 mètres, dans le froid de la haute montagne, jusqu'au port de Guayaquil, où la mer étincelle dans la chaleur tropicale. Cette ligne jamais rentable a servi au moins de lien entre des clans qui assassinaient à tour de rôle les présidents de la République. Maintenant que l'unité nationale est assurée, il semble que les autorités se désintéressent du train, ravalé au rôle de curiosité, avec ses passagers juchés sur les toits arrondis, côte à côte avec les serre-freins qui vissent ou dévissent selon les nécessités du parcours les volants qui commandent les freins à sabot.

À l'exception d'une ligne de quatorze kilomètres construite en 1849 entre Lima, la capitale du Pérou, et le port de Callao, les premières lignes importantes d'Amérique du Sud sont l'œuvre d'un promoteur immobilier américain, Henry Meiggs. Se trouvant en faillite, il avait échappé à ses créanciers en décampant de San Francisco à la faveur du brouillard, chargeant un matin tous ses meubles sur un voilier et mettant le cap sur le Chili. Après s'être refait une fortune et une réputation en construisant un chemin de fer de Santiago à Valparaiso, il est passé au Pérou et s'y est lancé dans un fabuleux projet : construire à travers les Andes un chemin de fer de six cents kilomètres, le Ferrocarril del Norte, un tronc commun de Lima aux mines de cuivre de La Oroya, et deux branches, l'une au nord jusqu'aux mines d'argent de Cerro de Pasco, chères à Richard Trevithick, l'autre au sud, jusqu'à Huancayo et Huancavelica. Ce sera le Ferrocarril del Centro.

Avec le concours d'un émigré polonais, Ernesto Malinovski, Henry Meiggs achète ses rails en Angleterre, son matériel roulant en Pennsylvanie, ses traverses en Californie, et fait venir ses ouvriers de Chine. Ouvert en 1870, un an après l'achèvement du premier transcontinental nord-américain, le chantier est repris après sa mort par Ernesto Malinovski. Il atteint La Oroya en 1893 et Huancayo en 1903.

La ligne s'élève dans des sites impressionnants de gorges, de rochers, d'éboulis, puis serpente au milieu des névés et des pics. C'est la plus spectaculaire qui soit au monde. Hergé y situe les aventures de Tintin, *Le Temple du Soleil*, son voyage mouvementé avec, en prime, une descente vertigineuse dans un wagon décroché qui roule seul, à la dérive, sur la terrible pente. Elle comprend soixante-huit tunnels et cinquante-huit viaducs. De celui d'Anchi, on aperçoit, au fond du canyon de l'Infernillo – l'Enfer –, une locomotive tombée dans le torrent. Surplombant les gorges de Verrugas, le Carrion bridge, de cent soixante-quatorze mètres de portée et soixante-seize mètres de haut, doit son nom au docteur Daniel Carrion, qui mourut après avoir expérimenté sur lui-même un remède censé guérir d'une fièvre qui avait emporté plusieurs centaines d'ouvriers.

Au-delà de l'altitude de 3 000 m, les Chinois ne purent supporter le mal des montagnes, le *soroche*, il fallut les remplacer par des Indiens, habitués aux travaux de force et à la servitude dans les mines. Partie du niveau de la mer, la ligne atteint 4 835 m à La Cima, après des rampes souvent de 40 à 45 ‰. Impossible de percer des tunnels hélicoïdaux, comme en Suisse, l'air raréfié des hautes altitudes ne permettant pas de faire fonctionner des perforatrices à air comprimé. Il faut aménager une dizaine de zigzags avec de courtes voies en tiroir pour permettre aux trains de rebrousser chemin et de repartir en sens inverse. Les trains ont deux locomotives, l'une en tête l'autre en queue. À chaque palier, alternativement, elles tirent ou elles poussent. Jusqu'en 1955, on utilisera des locomotives à vapeur, des 141, car, à haute altitude, l'eau bout plus vite et produit davantage de vapeur.

Plus au sud, le Ferrocarril del Sur, construit de 1870 à 1907, relie Mollendo, sur l'Atlantique, à Arequipa, puis à Puno, sur le lac Titicaca, à 3 817 m et à Cuzco, soit huit cents kilomètres en voie à l'écartement normal. Il continue ensuite en voie étroite, 914 mm, de Cuzco à Santa Ana et Puente Ruinas, près de Macchu Picchu, la Cité du Soleil, soit cent vingt-quatre kilomètres. Cuzco est à 3 300 m et la ligne franchit un col à 4 319 m. Là aussi, la voie s'élève par zigzags et rebroussements, à la manière d'un skieur qui effectue des conversions.

Au nord du Chili, une ligne de mille cinq cent trente-sept kilomètres, construite de 1876 à 1913 à l'écartement de 762 mm puis d'un mètre, relie le port chilien d'Antofagasta à La Paz. C'est l'Antofagasta and Bolivian Railway. Lorsque débuta le chantier, Antofagasta n'était qu'un petit port de pêche en territoire bolivien. Mais bientôt des Chiliens y mirent en valeur de riches gisements de nitrates sur lesquels les autorités boliviennes voulurent lever des taxes. La guerre du Pacifique opposa alors pendant quatre ans le Chili à la Bolivie alliée au Pérou. Le Chili l'emporta, annexa des territoires boliviens et péruviens et Antofagasta devint chilienne. Le chemin de fer traverse le désert de l'Atacama, où il fallut amener l'eau par aqueduc depuis les neiges de la Cordillère. Il culmine à 4 827 m et redescend légèrement sur La Paz. Il a d'abord été desservi par des locomotives 230 de Robert Stephenson and Co, puis par des Baldwin.

Le Serra Verde Express, au sud du Brésil, serpente dans le splendide massif montagneux de la Serra do Mar, près de la forêt atlantique, le Mata Atlantico, pour rejoindre enfin la mer. Construite en 1880, la ligne Paranagua-Curitiba, longue de cent dix kilomètres, accueille les amoureux du tourisme vert à travers une forêt dense, entassement d'énormes troncs et de lianes, parsemée d'orchidées et peuplée d'oiseaux les plus étranges. Elle offre une balade de quatre heures dans chaque sens, à 35 km/h de moyenne, sur neuf cent cinquante-cinq mètres de dénivelé jusqu'à Curitiba, capitale de l'État de Parana.

Plus au sud, les frères Clark construisent, de 1880 à 1910, un autre Transandino, véritable transcontinental celui-ci, puisque ses mille quatre cent vingt-quatre kilomètres relient Valparaiso à Buenos Aires. La section la plus escarpée, à crémaillère, dépasse les 3 000 m au Passo de la Cumbre. Le parcours offre des vues superbes sur l'Aconcagua, qui culmine à 6 959 m, et évite le périlleux voyage maritime par le détroit de Magellan. Cela n'empêchera pas les dictateurs militaires du Chili et de l'Argentine de se quereller en 1978 au sujet de la possession de quelques îles de ce détroit. La guerre sera évitée de peu, mais le Transandin, d'ailleurs peu rentable, a fait les frais de cette tension diplomatique : il est abandonné depuis 1982. Seule, la section Los Andes-Rio Blanco, en territoire chilien, reste en service, avec un train de jadis, la Gondola Carroll, mais on envisage de faire renaître la ligne tout entière.

Le plan Freycinet

Les années 1883-1913 sont également une période de grande expansion pour les chemins de fer français. En 1875, le réseau atteint vingt-cinq mille kilomètres et dessert toutes les villes importantes au départ de Paris mais, à l'exception de Bordeaux-Sète et de Dijon-Belfort, il existe encore trop peu de lignes transversales. Les six grandes compagnies privées sont en outre impopulaires. On leur reproche leurs tarifs élevés, leur manque de confort et de sécurité, une certaine incurie pendant la guerre de 1870, et peut-être encore davantage leur collusion avec le régime déchu. Dix-neuf administrateurs de ces compagnies, tels que les frères Pereire et les frères Talabot siégeaient au Corps législatif ou au Sénat de l'Empire. Après 1865, quelques nouveaux venus ont créé de petits chemins de fer, comme ceux des Dombes, de la Vendée et des deux Charentes, et tenté de faire concurrence aux grands, mais aucun n'a réussi.

Bien que chaque département ait réclamé sa ligne, et que la plupart des candidats aux élections l'aient promis à leurs électeurs, nombreux sont ceux qui, redoutant de perdre beaucoup d'argent dans l'aventure, ont freiné des quatre fers. Seuls ont été bien servis les départements qui, comme l'Hérault avec Michel Chevalier, ou la Saône-et-Loire avec Schneider, disposaient d'hommes influents. Pour les gambettistes, arrivés au pouvoir en 1876, ce désir de chemins de fer départementaux représente une opportunité. L'occasion de donner à tous les Français l'accès au train, de désenclaver et de mettre en valeur les régions reculées, d'arracher les ruraux à l'emprise des curés et des châtelains, de leur apporter l'idéologie du progrès. De les rallier enfin à la République.

En janvier 1878, après un souper, Léon Gambetta, président du Conseil, Charles de Freycinet, ministre des Travaux publics de 1877 à 1879, et Léon Say, ministre des Finances, tracent ensemble sur la nappe l'esquisse d'un réseau de huit mille huit cents kilomètres de lignes d'intérêt local. D'intérêt électoral, diront les mauvaises langues. Quelques mois plus tard, l'État reprend l'exploitation des lignes du triangle Saint-Nazaire-Tours-Bordeaux à de petites compagnies au bord de la faillite. Ainsi, à côté des six grandes compagnies privées, se constitue un réseau public, les Chemins de fer de l'État, qui s'étendra en 1909 avec la reprise des lignes de Normandie et de Bretagne de la Compagnie de l'Ouest. Cette incursion de l'État dans leur chasse réservée donne à réfléchir aux grandes compagnies privées. Elles commencent à négocier.

Une loi de 1879 classe d'intérêt public cent quatre-vingt-une nouvelles lignes : toutes les sous-préfectures de France et une bonne partie des chefs-lieux de canton auront leur chemin de fer. En 1883, une loi ratifie les conventions conclues par Charles de Freycinet et son successeur avec les six grandes compagnies du secteur privé. L'État prend en charge les sept huitièmes du coût de construction des lignes nouvelles ainsi que leur éventuel déficit d'exploitation. En contrepartie, il leur impose des procédures de sécurité, contrôle leurs tarifs et obtient des conditions particulièrement avantageuses pour la poste et les militaires, le quart de place, par exemple.

Sous l'impulsion du plan Freycinet, le réseau national passe de vingt-six mille sept cents kilomètres en 1883 à quarante mille sept cents kilomètres en 1913. Certaines lignes seront construites à voie métrique sur la chaussée ou sur les accotements des routes et desservies par de petits *tortillards*. Quelques-uns de ces chemins de fer d'intérêt départemental ont survécu intacts jusqu'à nos jours, tels que le Bastia-Corte-Ajaccio, construit de 1878 à 1914, le Mont Blanc Express, de

Saint-Gervais-les-Bains à Chamonix et Martigny. Ou encore le Train des Pignes – des pommes de pin – cent cinquante et un kilomètres de voie métrique, de Nice à Digne, où circule encore toute l'année un autorail et, de mai à octobre, un train à vapeur, du moins sur les quatre-vingt-onze kilomètres de la section Puget-Théniers-Digne, en six heures avec de nombreux arrêts pour alimenter la locomotive.

D'autres ont été récemment restaurés par des bénévoles, comme le Chemin de fer de la Baie de Somme où, tous les week-ends de mars à novembre, huit locomotives à vapeur bichonnées amoureusement crachent leurs volutes de fumée entre Noyelles, Le Crotoy, Cayeux et Saint-Valery-sur-Somme. Ou encore, le Conifer, une section de la ligne Frasne-Vallorbe ; le Paimpol-Pontrieux, qui fait dix-sept kilomètres ; le chemin de fer de Vendée, vingt-deux kilomètres lui aussi, de Mortagne-sur-Sèvre aux Herbiers, avec une voiture de l'Orient-Express ; le Livradois-Forez, quarante-trois kilomètres d'Ambert à La Chaise-Dieu ; le Train du Limousin, de Limoges à Brive et de Limoges à Felletin par Ussel et Eymoutiers ; le Train à vapeur des Cévennes, d'Anduze à Saint-Jean-du-Gard, treize kilomètres. Difficile de dire quel est le plus beau. Peut-être le Chemin de fer du Vivarais, avec les trente kilomètres de traversée sublime de gorges à flanc de falaise entre Tournon et Lamastre ; construit de 1886 à 1903 pour évacuer le bois de l'arrière-pays ardéchois, il a été remis en service à la fin des années 1950.

Traversant souvent des sites difficiles, les lignes construites dans le cadre du plan Freycinet offrent à deux grands ingénieurs, Gustave Eiffel et Paul Séjourné, l'occasion de construire des viaducs de grande beauté, que nous pouvons toujours admirer. En ce domaine, les ingénieurs ont trois préoccupations majeures, les oscillations au passage des trains, le vent, et, pour les ouvrages métalliques, les variations diurnes de température. Ils tirent la leçon de deux accidents survenus en 1879.

D'abord, sur la ligne Commentry-Gannat, plusieurs wagons d'un train chargé de fourrage ont chuté du viaduc de la Bouble.

Puis, la même année, sur la ligne du North British, Londres-Édimbourg par la côte est, une catastrophe a fait trois cents victimes au pont sur l'estuaire de la Tay. Cette nuit-là, une très violente tempête soufflait sur le nord de la Grande-Bretagne. Les vents atteignaient 150 km/h. Après avoir quitté la petite gare de Burntisland, un train postal a marqué l'arrêt à Saint-Fort et s'est engagé sur la ligne menant au pont de la Tay.

Plus personne ne reverra le train. L'aiguilleur Smith, posté à l'autre extrémité du pont, l'attend en vain pour donner le feu vert à un autre train prêt à s'engager en sens inverse sur le pont. Après une longue attente, Smith va voir ce qui se passe. Le vent est si violent qu'il doit ramper, en se cramponnant de son mieux. Dans la nuit noire, sa main suit le tablier, les rails, mais trouve subitement le vide. Dans une brève lueur lunaire entre deux nuages, il découvre le désastre : treize travées ont disparu et quelques piliers de fonte brisés dépassent encore. Aucun des soixante-dix-huit voyageurs n'est rescapé[81].

Ce pont de 3 310 m, formé d'un long tablier en acier supporté par des colonnes de fonte, s'est bien effondré sous le poids de la locomotive et de ses six voitures. La tempête a joué un rôle pour que l'événement se produise à cette date plutôt qu'à une autre, mais le pont s'est écroulé très exactement sous le train et nulle part ailleurs. La brèche ne concerne que treize travées, le reste de l'ouvrage reste intact. Le vent a ajouté ses vibrations à celles du train. Si la fonte avait été moins cassante, ou le pont entièrement en acier, il aurait tenu le coup, comme son successeur, qui est toujours debout.

Désormais, les ingénieurs vont devoir calculer avec encore plus de finesse les effets de flexion et d'oscillation du tablier provoqués par le vent et par le passage des trains, et chercher tous les moyens de renvoyer les efforts vers les piles. Il leur faut aussi étudier le vieillissement des matériaux au fur et à mesure qu'à côté des ouvrages d'art en pierre apparaissent des ouvrages en treillis métallique.

Gustave Eiffel entre alors en scène. Après avoir dirigé le chantier du pont de Bordeaux, de 1857 à 1859, et montré d'étonnantes capacités de technicien, d'organisateur et de meneur d'hommes, il a construit, en 1869, les viaducs de la Sioule et de Neuvial sur la ligne Commentry-Gannat, puis le pont de Porto, sur le Douro, et inventé à cette occasion un châssis à bascule pour lancer le tablier sur les piles.

Dans le Cantal, il édifie de 1880 à 1884, sur la ligne Saint-Chély-Neussargues, le viaduc de Garabit, de cinq cent soixante-cinq mètres de long, qui domine de cent vingt-deux mètres la vallée de la Truyère, un affluent du Lot. Avec une telle hauteur, à peu près équivalente à l'empilement des tours de Notre-Dame de Paris et de la colonne Vendôme, impossible de se contenter de piles en maçonnerie qui, à l'époque, ne pouvaient dépasser soixante-cinq mètres. Pour les cinq travées d'extrémité, Gustave Eiffel surmonte alors les piles de maçonnerie de colonnes en treillis de fer. Quant aux trois travées centrales, il les fait reposer sur une arche parabolique de cent soixante-cinq mètres de portée composée de deux fermes en treillis articulées à la base de façon à garder une grande rigidité au passage des trains. Elles sont disposées en oblique par rapport au plan médian de l'arche et leur écartement va en diminuant de vingt mètres à six mètres à mesure qu'on se rapproche de la clef, offrant ainsi une grande stabilité et une bonne résistance au vent.

En même temps que Gustave Eiffel fait exécuter la maçonnerie et monter les cinq piles métalliques, il veille à l'assemblage des premiers panneaux des travées du tablier. Puis il les fait glisser sur des rouleaux jusqu'à la rencontre des piliers. Une fois les deux demi-tabliers amenés en porte à faux de part et d'autre des deux plus hauts piliers, le montage de la grande arche peut commencer.

« On commença les préparatifs pour le levage de l'arche en installant deux échafaudages importants devant les soubassements des piles. La partie supérieure de ces échafaudages fut établie en courbe de manière à former un cintre sur lequel on établit les premières retombées des arcs. Puis l'extrémité de cette première partie de l'arc qui s'avance vers le vide fut rattachée au tablier à l'aide de vingt câbles en acier, à l'aplomb de la grande pile. On put alors commencer le montage de l'arc en porte à faux[82]. »

Pour la sécurité des ouvriers pendant les quatre années de travaux, des filins de sécurité tendus sous l'ouvrage sauvèrent des dizaines de vies. Malgré cette spectaculaire toile d'araignée, trois hommes trouvèrent la mort pendant le chantier.

De 1897 à 1902, c'est au tour de la Société des Batignolles, sous la direction de l'ingénieur Paul Bodin, de construire sur la ligne de Carmaux à Rodez le viaduc du Viaur, long de quatre cent soixante mètres et haut de cent seize. Le grand arc central, de deux cent vingt mètres de portée, est encore plus large que celui de Garabit. Des articulations corrigent aussi bien les déformations des matériaux sous l'effet des écarts de température que les poussées dues au vent et au passage des trains. Ces rotules sont posées non seulement à la clef qui joint au milieu du pont les deux demi-tabliers mais aussi à la liaison entre la base des fermes et les culées en maçonnerie.

Les charpentiers et les riveteurs occupés à construire les deux moitiés du tablier progressent en cages volantes qui coulissent sur l'extrémité du tablier. Un contrepoids permet d'équilibrer un porte à faux de dix mètres. Dans ces sortes de grues pivotantes, à plus de cent mètres au-dessus du vide, les ouvriers rivent ainsi plus d'un million de rivets. Chaque jour, l'espace entre les deux équipes rétrécit de quelques décimètres jusqu'à ce que la réunion des deux parties du tablier fasse coïncider les extrémités et les aligne parfaitement.

De 1901 à 1909, la SFCM, nouvelle dénomination des Ets Cail, construit sur la ligne de Montluçon à Clermont-Ferrand le viaduc de Fades, qui surplombe de cent trente-deux mètres la vallée de la Sioule, et demeure à ce jour le plus haut viaduc ferroviaire de France. À la différence des viaducs du Garabit et du Viaur, le tablier ne repose pas sur des arches, mais directement sur des piles. Les trois travées à treillis d'acier, avec cent quarante-quatre mètres de portée pour celle du milieu, portent sur deux piles de quatre-vingt-douze mètres de haut, en moellons de granit, dont la largeur diminue progressivement de la base au sommet. La corporation des maçons itinérants de la Creuse les construit sans échafaudage, car elles sont évidées de façon à laisser un monte-charge circuler à l'intérieur d'un puits de deux mètres de large.

Paul Séjourné reste entièrement fidèle à la pierre, qui permet des teintes plus chaudes que le béton. Il dédouble la voûte en plusieurs anneaux superposés, de façon à mieux répartir les efforts. Son chef-d'œuvre reste le pont de Fontpédrouse, encore appelé pont Séjourné, long de deux cent trente-sept mètres et haut de soixante-cinq, qui surplombe la Têt, sur la ligne du Train Jaune, de Villefranche-de-Conflent à Bourg-Madame, dans les Pyrénées-Orientales. On lui doit aussi, entre autres, le pont Adolphe, à Luxembourg, celui de Constantine, sur le Rummel, celui du Castelet, sur l'Ariège, la série des trois viaducs de Morez, dans le Jura, et ceux de la Vesse et de la Calanque des eaux salées, sur la ligne de Marseille à Miramas.

Le Northern et le Southern Railroads

La période 1860-1900 voit la plus grande expansion du réseau ferré des États-Unis, qui croît de cinquante mille kilomètres en 1860 à trois cent vingt mille en 1900. À l'ouest du Mississippi, il est multiplié par soixante-dix-sept en quarante ans, passant de mille cinq cents kilomètres à cent seize mille. Bien avant que les Russes aient construit le Transsibérien et les Allemands le Bagdad Bahn, les Américains ont mis en service huit transcontinentaux. Ils en achèvent trois en un an, en 1883, l'année même où, en France, Freycinet fait valider par le Parlement son plan ambitieux de chemins de fer d'intérêt local. Trois en un an ! Autre année record, 1887 : les États-Unis mettent en service cette année-là vingt mille six cents kilomètres de lignes nouvelles, à peu près autant que la France en quarante-trois ans, de 1827 à 1870.

Le jour même, 2 juillet 1864, où le gouvernement de Washington avait accru la concession de terres de l'Union Pacific, il avait concédé à un autre groupe une ligne transcontinentale beaucoup plus au nord, du lac Supérieur à Portland, Oregon. Ce Northern Pacific reprenait en fait le projet initial d'Asa Whitney. Cette fois, la bande de terrain concédée, cinquante kilomètres de chaque côté de la voie, deux fois plus large que celle octroyée à l'Union et au Central Pacific, représentait dix-neuf millions d'hectares, cent quatre-vingt-dix mille kilomètres carrés, un territoire plus grand que l'Angleterre et le Pays de Galles réunis. Le chantier avait cependant bien du mal à démarrer lorsque, en 1870, Jay Cooke, un financier de Philadelphie appâté par l'espérance de plus-values foncières, prit le contrôle de la nouvelle compagnie.

Malheureusement, les terres des Dakota, du Montana et de l'Idaho, moins fertiles que prévu, n'attiraient guère les capitalistes et les fermiers. Jay Cooke confia alors à des journalistes un énorme battage publicitaire. Au passage, pour rameuter les investisseurs et les émigrants allemands, il baptisa Bismarck la principale ville du Dakota du Nord. Cette propagande fut loin de donner les résultats escomptés, d'autant que les Indiens, exaspérés d'être à nouveau expulsés de leurs territoires de chasse, se montraient de plus en plus menaçants. En 1873, le Northern Pacific n'avait encore posé que mille kilomètres de voies depuis Saint Paul et cent kilomètres depuis Portland, lorsque la nouvelle se répandit que Jay Cooke avait grassement payé la presse pour vanter les richesses imaginaires des territoires traversés. La crise de confiance fit boule-de-neige, entraîna l'écroulement de l'empire financier de Jay Cooke, la faillite du Northern Pacific, et, de fil en aiguille, la crise économique mondiale de 1873. Deux ans plus tard, un repreneur, Henry Villard, déjà propriétaire de l'Oregon Steamship Company et de l'Oregon Central Railroad, embaucha vingt-cinq mille ouvriers pour terminer la ligne, mais fit faillite à son tour.

Retour au Central Pacific, plus au sud. Dès 1869, le Silver Palace, un train de luxe composé de sept wagons-lits, deux wagons ordinaires de voyageurs et un fourgon à bagages, relie en six jours et demi New York à Oakland sur la baie de San Francisco. Les mines d'or et d'argent de Californie et du Nevada ont fait de San Francisco le centre financier de l'Ouest, une grande ville avec des théâtres et l'un des meilleurs hôtels du monde, le Palace Hotel. Les quatre associés du Central Pacific, les Big Four, y transfèrent le siège de leur compagnie et s'arrangent pour perdre leurs livres de comptes dans le déménagement, sage précaution pour se mettre à l'abri d'une enquête de police sur les pots-de-vin qu'ils ont pu verser. Ils acquièrent trente-six hectares en front de mer, créent des ferries sur la baie de San Francisco, et lancent l'Occidental and Oriental Steamship Company pour commercer avec l'Extrême-Orient. En même temps, ils rachètent la concession de la Southern Pacific Railroad et achèvent une ligne de chemin de fer de San Francisco à Los Angeles et San Diego. Puis ils construisent leur propre usine de locomotives, les Vulcan Iron Works, d'où sortiront la *Governor Stanford*, la *Pacific*, la *Huntington*, la *Judah*, puis la *Gorilla*, la *Blue Bird*, la *Diana*, la *Flyer*, la *Goliath*, la *Growler* – « Grognon » –, la *Hercules*, la *Magpie* – « Pie bavarde » –, la *Sampson*, la *Sultana*, la *Jupiter* et la *Fox*, toutes avec des chaudières à bois et de grandes cheminées en forme de ballon.

L'exploitation des chemins de fer rapporte généralement moins que leur construction et, une fois la ligne terminée, la plupart des promoteurs cherchent à se dégager. C'est le cas de Thomas Durant, à l'Union Pacific. Les Big Four, au contraire, adoptent une stratégie différente. Ils ont bien sûr observé que les rails en fer, friables, se brisent ou se redressent parfois sous les roues des wagons au point d'en traverser les planchers, et que les essieux, les roues, les supports d'essieux, en fonte, sont cassants. Or, en 1855, un Anglais, Henry Bessemer, a inventé un procédé économique pour réduire la teneur de la fonte en carbone, en soufre et en phosphore, et obtenir à un prix raisonnable un acier résistant. Informés que, depuis 1865, les laminoirs de Chicago commencent à fabriquer des rails d'acier bien plus solides que les rails en fer, les Big Four remplacent systématiquement leurs rails de fer par d'autres d'acier, améliorant ainsi un chemin de fer qu'ils avaient construit dans l'urgence.

Ils apprennent aussi le métier de l'exploitation et s'ingénient à développer le trafic, moins massif qu'espéré. En 1870, après vingt ans de ruée vers l'or, l'industrie minière a disparu, ses cités champignons sont devenues des villes fantômes. Reste à trouver un nouveau filon, à créer un nouveau rêve. Ce seront les fermes familiales. Jusqu'alors, les immigrants n'avaient pas les moyens d'amener leur famille en Californie.

Désormais, c'est chose possible. Le Central Pacific encourage l'établissement de colons, leur offre le voyage aller à très bas prix et leur vend à des conditions raisonnables les terres qui lui ont été concédées.

Là ne s'arrête pas l'ambition des quatre associés. La loi ne leur ayant octroyé qu'une partie du premier transcontinental, la plus à l'ouest, ils cherchent à en développer un second, qui leur appartienne entièrement. Au départ de San Diego, ils lancent une nouvelle ligne, baptisée Southern Pacific, en direction du fleuve Colorado et de l'Arizona. Leur idée : suivre le 32e parallèle le long de la frontière mexicaine, si possible jusqu'au Texas et au golfe du Mexique.

Ils ne sont pas les seuls, car il leur faut compter avec Thomas Scott, le président du Pennsylvania Railroad, devenu la plus importante compagnie de chemin de fer du monde, qui dessert New York, Philadelphie, Pittsburgh, Chicago et Saint Louis. Septième des onze enfants d'un aubergiste, Thomas Scott a dû quitter très tôt l'école après la mort de son père et chercher du travail comme manutentionnaire. Mais, le soir, il s'est plongé dans la lecture pour compléter son instruction. Il a acquis ensuite une formation professionnelle à l'office de perception des péages des canaux et routes de Pennsylvanie puis chez un transporteur. Entré en 1850 au Pennsylvania Railroad comme adjoint au chef d'une petite gare, il a rapidement grimpé tous les échelons. Neuf ans plus tard, il est devenu le numéro deux de la compagnie et, en 1861 et 1862, le Président Lincoln l'a nommé sous-secrétaire d'État à la Guerre chargé de contrôler l'ensemble des lignes de chemin de fer et de télégraphe de l'Union. C'est lui qui a embauché Andrew Carnegie pour s'occuper du télégraphe, et organisé, en 1863, le transfert de treize mille soldats de Nashville à Chattanooga avec leurs chevaux et leur matériel. De retour au Pennsylvania Railroad à la fin des hostilités, voyant la compagnie bien menée, il a préféré se consacrer au développement du réseau. Son idée est de relier Philadelphie à San Diego via Saint Louis et El Paso, par une nouvelle ligne baptisée Texas and Pacific, pour laquelle il a reçu une concession de huit millions d'hectares. C'est plus ou moins le même trajet que le Southern, mais en sens inverse.

En 1876, son Texas and Pacific n'a encore construit que trois cent vingt kilomètres jusqu'à Fort Worth. Collis Huntington, décidément l'homme fort de la Bande des Quatre, conclut avec lui un accord. Les deux lignes concurrentes feront leur jonction à Yuma, à la frontière de la Californie et de l'Arizona. Cette petite ville poussiéreuse au bord du fleuve Colorado n'a de remarquable qu'une garnison de cavalerie chargée de surveiller les Apaches.

Les équipes du Southern Pacific atteignent Yuma avec une grande longueur d'avance sur celles du Texas and Pacific et y amènent une généreuse quantité de whisky qu'elles s'empressent de partager avec les cavaliers. Les libations durent une semaine. Quand les soldats reprennent leurs esprits, les hommes du Southern Pacific ont déjà posé plusieurs kilomètres de voies sur le territoire de l'Arizona et gagné la population à leur cause. En 1877, le gouvernement s'incline devant le fait accompli.

De surcroît, les Quatre vont pouvoir profiter des difficultés de Thomas Scott. En juillet 1877, devant la dégradation des résultats du Pennsylvania Railroad, il a tenté de réduire de 10 % les salaires de ses cheminots et de doubler la longueur des trains pour comprimer les effectifs. Il s'est alors heurté à une grève violente. À Pittsburgh, en représailles contre une attaque de la milice locale, les grévistes ont incendié le dépôt de chemin de fer. Le mouvement s'est étendu à la moitié des États-Unis et s'est accompagné d'une grève générale pour la journée de huit heures. Des émeutes ont éclaté, dénoncées par la presse bourgeoise comme une Commune américaine, et une vingtaine de personnes ont été tuées par la police.

Dans ce climat, Thomas Scott a accepté d'arrêter le Texas and Pacific à El Paso, sur la frontière du Nouveau-Mexique et du Texas. De fil en aiguille, le Southern Pacific achève, en janvier 1883, le second transcontinental en prenant le contrôle du Galveston, Harrisburg and San Antonio, qui lui donne accès à Algiers, juste en face de La Nouvelle-Orléans.

L'année suivante, Leland Stanford fonde, près de son ranch de Palo Alto, la Stanford University, à la mémoire d'un fils très brillant, mort à seize ans après avoir conçu plusieurs nouveaux modèles de locomotives à vapeur. Collis Huntington, qui lui succède en 1890 à la présidence du Southern Pacific, possède la sixième fortune américaine, derrière John Rockefeller, William Astor, Cornelius Vanderbilt, William Vanderbilt et Jay Gould. À sa mort, en 1903, il léguera une précieuse collection de tableaux au Metropolitan Museum.

Deux autres transcontinentaux sont terminés la même année. En août 1883, après avoir surmonté la chaleur torride, les vents de sable et les attaques des Navajos et des Apaches, l'Atchison, Topeka and Santa Fé Railway, de Cyrus K. Holliday, parti de Chicago et de Kansas City, atteint Los Angeles. Un mois plus tard, après bien des avatars, le dernier crampon du Northern Pacific, qui relie Saint Paul à Portland, Oregon, est enfoncé à Gold Creek, Montana.

Les barons voleurs

Pendant la seconde moitié du XIXe siècle, grâce au chemin de fer, la vie des Américains, change du tout au tout. C'est une mutation plus profonde et soudaine qu'aucune autre génération n'en a connue et n'en connaîtra par la suite. Des milliers d'objets de consommation, jusque-là tissés, cousus ou mis en conserve à la maison, sont désormais disponibles en magasin, venus du monde entier. La vie de la ménagère américaine en est transformée.

Longtemps, les compagnies de chemins de fer américaines n'avaient desservi que de courtes distances, et ne laissaient circuler sur leur réseau que leurs propres wagons. Voyageurs et marchandises ne pouvaient poursuivre leur voyage qu'au prix de transbordements à chaque correspondance avec un autre réseau. D'autant que, pour empêcher la concurrence de lignes des États voisins, beaucoup de compagnies avaient adopté des écartements différents. Chacun faisait ce qu'il voulait. En 1871, il y avait encore aux États-Unis dix-neuf écartements différents. Les lignes desservant la même ville n'étaient pas toujours interconnectées. Les transferts de l'une à l'autre offraient l'avantage de laisser les wagons des compagnies sur leurs propres territoires, mais frustraient les usagers. Aussi, au fur et à mesure de l'accroissement des déplacements, le besoin se fit sentir de laisser circuler les wagons jusqu'à destination sans transbordement. Cela entraîna notamment, de 1870 à 1887, la standardisation de l'écartement à la norme anglaise, 1 435 mm, la plus répandue.

Un homme cependant, refusa de jouer le jeu, Cornelius Vanderbilt. Cet émule de Machiavel était né en 1794 dans une famille assez modeste de Staten Island, près de New York et avait quitté l'école pour travailler comme son père sur les ferries. À seize ans, il emprunte cent dollars à sa mère pour acheter un bateau et, un an plus tard, il réussit à lui rembourser le principal avec mille pour cent d'intérêt. À dix-huit ans, pendant la guerre de 1812 avec l'Angleterre, il décroche un contrat avec le gouvernement pour assurer l'approvisionnement des forts autour de New York. Un contrat juteux qui lui donne les moyens d'acheter trois voiliers. Il y gagne le surnom de Commodore, qu'il garde toute la vie.

De là, il s'intéresse aux bateaux à vapeur et crée, en 1829, une compagnie de navigation. La plupart des voies navigables étaient concédées avec un monopole exclusif à des compagnies ayant des accointances avec le gouvernement local. Ainsi, l'État de New York, qui avait accordé un privilège sur le fleuve Hudson à l'inventeur Robert Fulton. Afin de se débarrasser de ce nouveau concurrent, celui-ci crut l'amadouer en lui proposant une coquette rémunération pour piloter un de ses bateaux.

« Ce n'est pas l'argent qui m'intéresse, lui répondit Cornelius Vanderbilt, mais de faire triompher la libre concurrence. »

Et le jeune homme obtint gain de cause devant la Cour Suprême qui cassa le monopole de son adversaire.

Dix ans plus tard, Cornelius Vanderbilt exploite près de cent bateaux à vapeur, dont plusieurs ferries entre Boston et New York et passe même pour le plus gros employeur des États-Unis. Pendant la ruée vers l'or, grâce à ses tarifs extrêmement bas, il accapare l'essentiel du trafic maritime entre New York et San Francisco. Nullement découragé par le souvenir d'un déraillement sur la ligne Camden/Amboy, où il a eu deux côtes cassées et le poumon perforé, il pressent si bien l'avenir du chemin de fer qu'il vend en 1862 toutes ses affaires de navigation pour investir dans ce créneau.

Il achète ainsi le New York and Harlem Railroad, puis le Hudson River Railroad, qui relie New York à Albany, la capitale de l'État de New York. La gare d'Albany Ouest, leur terminus, est également le terminus du New York Central qui prend le relais jusqu'à Buffalo. Le Commodore souhaite mettre la main dessus, afin d'avoir un jour sa ligne New York-Chicago de bout en bout, mais il ne veut pas en payer les actions à leur juste prix. Aussi s'arrange-t-il pour paralyser la correspondance en gare d'Albany Ouest en imposant une attente de trois à quatre heures. Un matin d'hiver de 1867, où il neige à gros flocons, prétextant qu'une loi lui interdit de franchir l'Hudson, il fait stopper ses trains à la gare précédente, Albany Est, et contraint les voyageurs à quatre kilomètres à pied sous la neige avec leurs valises pour gagner Albany Ouest. L'événement fait baisser le trafic du New York Central et dégringoler le cours de ses actions. Le moment venu, Cornelius Vanderbilt achète le New York Central pour une bouchée de pain et, du jour au lendemain, il assure à Albany la correspondance immédiate entre les deux lignes. Ainsi naît le New York Central and Hudson River Railroad.

L'étape suivante est la prise de contrôle de la ligne concurrente, l'Erie Railroad, connue pour la fréquence de ses accidents depuis le départ de Charles Minot, société très mal gérée par deux aventuriers inséparables, Jay Gould, un petit homme discret, et Jim Fisk, un gros homme joufflu, ancien garçon de cirque qui a fait fortune pendant la guerre dans la contrebande du coton du Sud, et qui aime se pavaner dans New York en calèche tirée par trois chevaux blancs et trois chevaux noirs, avec deux cochers noirs en uniforme blanc et deux cochers blancs en uniforme noir.

Cornelius Vanderbilt achète massivement des titres de l'Erie Railroad, mais Jay Gould émet frauduleusement des actions nouvelles. En 1873, le Commodore fait arrêter ces émissions par décision du juge Bernard, de l'État de New York. Jay Gould et Jim Fisk ripostent en obtenant une décision contraire d'un juge complaisant. Qu'importe, le juge Bernard n'en tient aucun compte et délivre un mandat d'arrêt contre Jay Gould et Jim Fisk. Prévenus de l'imminence de leur arrestation, le duo ramasse la comptabilité de l'Erie Railroad et six millions de dollars en cash, produit de la dernière émission et, escorté par une centaine de brutes à gages, fonce jusqu'au ferry de Jersey City. Après une brève échauffourée à l'embarcadère avec les shérifs submergés par le nombre, ils réussissent à s'enfuir à Jersey City, situé dans l'État de New Jersey, donc hors de la compétence territoriale du juge Bernard. Là, ils s'installent au Taylor Hotel, rebaptisé Fort Taylor par Jim Fisk, tout excité par le caractère quasi-militaire de cette aventure et, au sous-sol, continuent de faire marcher la planche à imprimer les actions.

Le Commodore obtient du juge Bernard la nomination de son propre fils comme administrateur judiciaire de l'Erie Railroad, mais l'autre magistrat dessaisit Vanderbilt junior et fait nommer à sa place un politicien. Jay Gould finit par être arrêté et ramené à Manhattan. Alors, il corrompt le shérif chargé de le garder et se fait conduire à Albany, siège du parlement de l'État de New York, avec sa valise pleine de dollars. Là, il prend une chambre d'hôtel et, tandis que le shérif campe devant sa porte, envoie un sosie démarcher, un à un, suffisamment de sénateurs pour faire légaliser son augmentation de capital. Puis, pendant que les membres de la Chambre locale des Représentants attendent avec impatience leur tour de distribution, il conclut finalement une transaction avec son adversaire.

En 1877, à quatre-vingt-trois ans, Cornelius Vanderbilt, qui contrôle quatorze lignes de chemins de fer, est l'homme le plus riche du monde. Le jour de sa mort, à New York, une tempête souffle le toit en verrière de la gare monumentale de Grand Central, qu'il a fait construire six ans plus tôt, en association avec le New York and New Haven Railroad, sur la 42e rue Est. Une gare monumentale où trône sa statue, au milieu d'une frise triomphale.

Jay Gould, malgré une série de procès qui l'oblige à se retirer de l'Erie Railroad, continue sur sa trajectoire. À la différence d'un Collis Huntington passionné de construction et d'exploitation des chemins de fer, il s'intéresse purement et simplement à la spéculation financière, à l'achat et à la revente de titres en empochant chaque fois de substantielles plus-values. En 1878, il jette son dévolu sur le Kansas Pacific en faillite. Après avoir obtenu des créanciers un concordat, il claironne son intention de lui faire construire une ligne de Denver au Pacifique. Pour se mettre en position de l'en empêcher et protéger son monopole sur le trajet, la direction de l'Union Pacific se sent forcée d'acheter des actions du Kansas Pacific. Du coup, le cours du titre Kansas Pacific remonte, ce qui permet à Jay Gould de revendre dans d'excellentes conditions. À force de répandre de fausses nouvelles et de tirer les ficelles, il parvient à se créer à la fin du siècle un véritable empire qui comprend cinq compagnies de chemins de fer, le Missouri and Pacific, le Denver and Rio Grande, le Saint Louis and South Western, le Missouri, Kansas and Texas et l'Union Pacific, sans compter le métro aérien de New York et la Western Union, la puissante compagnie de télégraphe.

Ce petit homme brun à la barbe noire, cynique, est l'exemple de ces promoteurs sans scrupule, appelés *Robber Barons*. Les Barons voleurs, un surnom qu'on donne à partir de 1880 à certains magnats du rail, tels que Gould, Vanderbilt, Cooke et les Quatre Associés du Central Pacific, comme d'autres diraient les « requins de la finance », se font attribuer des concessions qui leur donnent le droit d'émettre des obligations gagées sur des terrains adjacents à des lignes qui n'existent que sur le papier. Le public gogo souscrit des millions d'obligations et s'imagine aider le développement de régions nouvelles. Les Anglais, au fond de leurs cottages, achètent des titres d'emprunts américains, comme bientôt les Français vont souscrire des emprunts russes. Cela finit par représenter deux fois plus de lignes de chemins de fer que nécessaire. Certaines se feront une concurrence ruineuse. En 1900, coexisteront par exemple dix-huit lignes indépendantes et concurrentes entre New York et Chicago, où les trains lutteront de vitesse à la minute près, roulant souvent côte à côte sur des sections à voies multiples pour arriver le premier. Belle illustration du principe de la compétition comme seul moteur des grandes choses de ce monde. D'autres lignes en revanche ne seront jamais construites et leurs promoteurs disparaîtront avec l'argent des souscripteurs.

Jay Gould, lui, n'est motivé que par le pouvoir et l'argent. Il ne s'intéresse pas plus à son personnel qu'à la technique ferroviaire. En 1886, une grève éclate à Marshall, au Texas, lorsqu'un membre du syndicat des Chevaliers du Travail est licencié pour avoir participé à un meeting pendant les heures de travail. Le mouvement fait tache d'huile. Deux cent mille cheminots débraient en Arkansas, dans l'Illinois, au Kansas, au Missouri, au Texas, d'abord par solidarité, puis pour des revendications de salaires, de durée et de sécurité du travail.

Jay Gould marque un point lorsqu'un autre syndicat, la Fraternité des Mécaniciens, refuse de se joindre au mouvement. Il recrute alors des briseurs de grève pour remplacer les grévistes et fait appel aux vigiles de Pinkerton, une célèbre agence de détectives, pour interrompre par la force les meetings des syndicats, brutaliser meneurs et sympathisants. Selon des syndicalistes, Jay Gould aurait dit « qu'il se sentait capable de payer la moitié de la classe ouvrière pour tuer l'autre moitié ». En représailles, les cheminots laissent les chaudières se refroidir, ce qui fait perdre chaque fois cinq ou six heures pour remettre les locomotives sous pression. Après l'échec d'une tentative de conciliation, les violences se multiplient. On incendie des cabines d'aiguillage et des ateliers de réparation. On tire même sur un train en circulation. Provoqués ou pas, ces actes de violence sont systématiquement imputés aux grévistes.

Jay Gould s'en prévaut pour recourir aux forces de l'ordre. Les gouverneurs du Missouri et du Texas mobilisent la milice et les Texas Rangers contre les grévistes. La menace d'avoir à affronter la troupe et, pire encore, les sévices des sbires de Pinkerton, incite des milliers de cheminots à reprendre le travail. L'échec de la grève retire tout crédit aux Chevaliers du Travail dont les chefs, démoralisés, se divisent. Dans ce contexte, deux autres syndicalistes, Samuel Gompers et Peter McGuire, organisent une convention à Columbus, Ohio, qui va créer un syndicat plus efficace, l'American Federation of Labor.

Le Canadian Pacific Railway

Au Canada, le chemin de fer a commencé par trois petites lignes. La première relie quelques mines de charbon de Nouvelle Écosse aux ports maritimes, mais ces charbonnages ne donnent pas l'élan à un véritable réseau national, car le Canada a d'excellentes voies navigables. En 1836, une seconde ligne relie Saint John, sur la rivière Richelieu, à La Prairie, en face de Montréal, ce qui raccourcit considérablement le voyage de Montréal à New York ou Boston, surtout l'hiver, lorsque le Saint-Laurent et la rivière Richelieu sont pris par les glaces. Enfin, le Montréal and Lachine Railway contourne les rapides de Lachine et rejoint en amont le cours navigable du Saint-Laurent. Tout cela est encore peu de chose. Le Canada ne disposera d'une grande ligne, cinq cents kilomètres, qu'en 1853, le Saint Lawrence and Atlantic Railway, de Portland, Maine, à Montréal. Prolongée en 1859 jusqu'à Toronto et la rivière Saint Clair, elle prendra alors le nom de Grand Trunk Railway.

Le véritable coup d'envoi est donné en 1867 lorsque le dominion du Canada intègre en une véritable nation ce chapelet de colonies britanniques assez disparates.

À l'Est, Ottawa se sent obligée de promettre aux Provinces maritimes une ligne de Campbellton, au Nouveau-Brunswick, à Mont-Joli, au Québec, et de la raccorder au Grand Trunk

Railway. Son achèvement, en 1876, donne naissance à l'Intercontinental Railway.

Mais la grande affaire est à l'Ouest, car on veut à tout prix éviter la mainmise des Yankees sur les mines d'or et d'argent du sud-est de la Colombie-Britannique et du sud-ouest de l'Alberta, d'autant que les filons sont plus aisément accessibles depuis les États-Unis. La Colombie-Britannique subordonne carrément son adhésion au dominion à la construction d'un transcontinental canadien. Elle pose même deux conditions draconiennes : le chantier doit démarrer d'ici deux ans et être terminé dans les dix ans.

Le Grand Trunk pourrait fort bien se charger de l'affaire. Mais, plutôt que de s'étendre vers l'ouest, ses dirigeants croient avoir mieux à faire à transporter vers l'Atlantique les productions du Middle West américain et préfèrent prolonger leurs lignes vers Chicago. Faute de fonds privés canadiens et résolu à exclure tous capitaux américains, Ottawa se résigne à créer une compagnie publique et nomme à sa tête Sandford Fleming, un ancien de l'Intercontinental Railway.

Pour voir où faire passer sa ligne, celui-ci parcourt en tous sens le Manitoba, le Saskatchewan, l'Alberta, la Colombie-Britannique, au total un territoire cinq fois plus vaste que la France et connu seulement des trappeurs et des marchands de fourrures. Comment trouver le meilleur passage à travers les montagnes Rocheuses ? Des zones assez fertiles pour une mise en valeur agricole ? Des sites où jeter les ponts pour franchir les rivières ? Un port en eau profonde pour être le terminus sur le Pacifique ? Autre impératif : il faut à tout prix s'écarter de la frontière avec les États-Unis, dont on garde mauvais souvenir en raison d'incidents survenus pendant la guerre de Sécession. Sandford Fleming observe le vol des aigles. Là où ils passent doit se trouver un col par où le train passera aussi. Finalement, il choisit un itinéraire qui part de la rive nord du lac Supérieur, traverse Calgary, le col du Kicking Horse, les vallées des fleuves Thompson et Fraser et débouche près de ce qui sera Vancouver. Un premier tronçon, du lac Supérieur à Winnipeg, est construit en 1875, et un second, de Port Moody, sur le Pacifique, au lac Kanloop, en 1880.

Le chantier piétine cependant jusqu'à ce que George Stephen, James Hill, Duncan McIntyre, Richard Angus et John Kennedy forment une compagnie privée, le Canadian Pacific Railway, à laquelle le gouvernement fédéral accorde une forte subvention et cent mille kilomètres carrés de terrains. Sous l'impulsion de James Hill, que nous retrouverons à la tête de deux transcontinentaux américains, le Canadian Pacific nomme ingénieur en chef Cornelius Van Horne, qui a fait ses preuves à l'Illinois Central et au Chicago, Milwaukee and Saint Paul.

Un conflit avec une tribu indienne, la Blackfoot First Nation, les Pieds-Noirs, dont le tracé traverse les territoires de chasse, est réglé à l'amiable par un missionnaire, le père Lacombe[83], en offrant au chef Crowfoot un laissez-passer à vie sur les lignes du Canadian Pacific.

Le passage le plus difficile est le col de Kicking Horse. L'hiver, il tombe jusqu'à trois mètres de neige en une seule journée. Il faut une heure pour grimper une rampe de sept kilomètres à 44 ‰, suivie d'une autre de six kilomètres à 40 ‰. La descente est encore plus redoutable : les déraillements y sont si fréquents qu'on doit poster en permanence des aiguilleurs, diviser les convois en petites rames et ajouter un freinage de secours. Après vingt-six ans à ce régime, le Canadian Pacific se résignera à creuser, comme les Suisses au Saint-Gothard, un tunnel de huit kilomètres en spirale, qui réduira de cent quatre-vingts mètres le dénivelé au sommet et ramènera la pente à 22 ‰.

Aux difficultés du relief s'ajoute, en 1884, le manque d'argent. Le Canadian Pacific, au bord de la faillite, va être sauvé in extremis par une révolte des fermiers blancs et surtout des métis[84] qui tentent de constituer au Saskatchewan un État indépendant du Canada. La police montée essuie défaite sur défaite, jusqu'à ce que le chemin de fer offre de transporter les troupes fédérales. Au printemps 1885, les renforts parviennent ainsi à destination en neuf jours au lieu de trois mois lors de la campagne précédente. Du coup, la rébellion est écrasée et le gouvernement accepte de renflouer la compagnie.

Enfin, le 7 novembre 1885, à Craigellachie, en Colombie-Britannique, le dernier crampon est enfoncé et le Canadian Pacific achevé. Il s'étend sur quatre mille six cent cinquante kilomètres, de Montréal à Port Moody, au fond de l'estuaire du Burrard Inlet. L'année suivante, jugeant ce site trop encaissé pour la grande ville qu'il envisage, Van Horne prolonge la ligne de vingt-deux kilomètres jusqu'à Coal Harbour, l'actuelle Vancouver. Un premier train circule en 1887 de Montréal à Vancouver.

L'insuffisance de la population à l'ouest de Winnipeg prive néanmoins pendant encore vingt ans le Canadian Pacific, entreprise privée comme ses consœurs américaines, de la manne indispensable pour moderniser ou étendre ses lignes de manière significative. C'est seulement vers 1905 que la culture du blé se développera et qu'arriveront au Saskatchewan et en Alberta des immigrants venus pour la plupart des États-Unis. Comme pour l'Union Pacific et le Central Pacific, le Canadian Pacific a été construit juste à temps pour unifier une grande nation. Sans lui, le Canada, peut-être, n'aurait pas existé, en tout cas, il ne s'étendrait pas jusqu'au Pacifique. L'équilibre financier ne viendra que plus tard. Il permettra alors la construction d'hôtels célèbres, à Banff, sur le lac Louise, à Winnipeg, le Royal Alexandra, à Toronto, le Royal York, et à Québec, le Château Frontenac. Un train de grand luxe, le Canadian, avec voitures à toit panoramique, relie de nos jours Toronto à Vancouver en soixante-dix heures.

Dès 1895, le Canadian Pacific suscite cependant des émules. Le Canadian Northern Railway, né de la volonté des fermiers de briser le monopole du Canadian Pacific et d'un prêt de cinq mille dollars de la mère supérieure d'un couvent de Montréal, commence lorsque l'entrepreneur britannique William Mackenzie prête main-forte à un confrère local, Donald Mann, pour construire une petite ligne au Manitoba. Tous deux regardent ensuite résolument vers l'Ouest. La jonction

Winnipeg-Edmonton est achevée en 1905 et la ligne atteint Vancouver en 1915, à travers les canyons des fleuves Thompson et Fraser, sur la rive opposée à celle empruntée par le Canadian Pacific. Dans l'autre direction, vers l'Est, le Great Northern prend le contrôle de petites compagnies de l'Ontario, du Québec et des Maritimes, et se lance en 1911 dans la construction d'une liaison entre Port-Arthur, sur le lac Supérieur, et Montréal, où elle entre, en 1915, par un tunnel sous le mont Royal.

Un troisième larron intervient à son tour, le Grand Trunk. Après avoir longtemps fait la sourde oreille à toutes les invitations du gouvernement d'Ottawa, il s'irrite maintenant des visées du Canadian Pacific vers l'Est et ne peut plus ignorer l'immigration et les progrès de la production de blé à l'Ouest. Il s'engage à son tour dans la compétition, mais opte alors pour un tracé plus au nord, par le col de Yellowhead. Ouvert en 1903, le chantier de ce troisième transcontinental canadien atteint Port Rupert en septembre 1914. Malheureusement, la seconde voie sera arrachée en 1916 et ses rails envoyés au front en France.

90 % de la population du Canada habite à moins de trois cents kilomètres de la frontière des États-Unis. La bande à mettre en valeur est étroite, étirée en longueur. Le Canadian Northern et le Grand Trunk feront faillite et ne devront leur salut qu'à leur nationalisation en 1920. Le Canadian Pacific est maintenant concurrencé par le secteur public, qui regroupe le Canadian Northern, le Grand Trunk, le National Transcontinental et l'Intercolonial, fusionnés au sein du Canadian National. Chacun des deux finalistes, Canadian Pacific et Canadian National, ne peut survivre qu'en desservant l'intégralité du territoire national, alors qu'aux États-Unis aucune compagnie n'est assez grande pour desservir tout le pays.

James Hill, bâtisseur d'empire

Après s'être intéressé aux débuts du Canadian Pacific et avoir fait nommer à sa tête Cornelius Van Horne, James Hill en a démissionné, en 1882, pour entreprendre lui-même un nouveau transcontinental.

Obligé par la mort de son père à gagner sa vie dès l'âge de quatorze ans, ce cadet d'une famille de dix-huit enfants a trouvé un emploi de bureau qui lui a permis d'apprendre la comptabilité, mais bientôt l'esprit d'aventure l'a poussé à se joindre à la campagne saisonnière des trappeurs en quête de fourrures dans les montagnes Rocheuses. À Saint Paul, Minnesota, manquant de peu le départ des trappeurs, il est devenu agent de transit d'une compagnie de navigation à vapeur sur le Mississippi. Bonne occasion de compléter sa formation par une seconde expérience, celle de transitaire. Si un accident le rend borgne et l'empêche de servir dans une unité combattante, la guerre de Sécession lui donne l'occasion d'apprendre un troisième métier, fournisseur des armées. Pour acheter le foin et l'avoine, les revendre à la cavalerie, les transporter et les entreposer, il n'a pas son pareil.

La paix revenue, James Hill devient l'agent de la Saint Paul and Pacific Railroad, dont les locomotives marchent au bois. Persuadé que le charbon ferait mieux l'affaire, il s'associe avec un grossiste en épicerie, Chauncey Griggs, et fonde Hill, Griggs and Company qui, en quelques années, accapare un quasi-monopole du commerce du charbon dans toute la région. Puis, avec un autre associé, Norman Kittson, il forme une compagnie de navigation à vapeur et se fait coopter au conseil d'administration de plusieurs banques locales. James Hill magnétise les hommes, les inspire, rachète des entreprises en difficulté, apprend leur métier, les redresse et les revend avec une plus value.

Ses affaires de négoce et de transport l'amènent à visiter la vallée de la Rivière Rouge, au Manitoba, jusqu'à Winnipeg. Impressionné par la fertilité du sol, il persuade deux financiers canadiens, Donald Smith, de la Compagnie de la Baie d'Hudson, et George Stephen, président de la Banque de Montréal, d'y construire avec lui un chemin de fer. L'occasion se présente lors de la déconfiture du Milwaukee, Saint Paul and Minneapolis Railroad, qui a mal encaissé la crise économique de 1873 et la destruction des récoltes, deux années de suite, par les sauterelles. Avec Normann Kittson, Donald Smith et George Stephen, James Hill réussit à la racheter pour le cinquième de sa valeur et la rebaptise Saint Paul, Minneapolis and Manitoba Railway Company.

Moyennant une concession d'un million deux cent mille hectares de terres vite valorisées par d'excellentes récoltes de céréales, il relie Saint Paul à Winnipeg. Puis il fait venir des colons de Norvège et de Suède en leur offrant, outre la gratuité du voyage, des allocations de bois et de cheptel. Au lieu de bâtir des chemins de fer pour desservir des régions habitées, James Hill pose ses lignes à travers des étendues désertes dont il a mesuré le potentiel à nourrir une population.

Sans subventions, sans même la moindre concession de terre, il lance ensuite, au nord du Northern Pacific de Villard, un nouveau transcontinental à travers le Wisconsin, le North Dakota, le Montana et le Washington. En 1893, sa ligne, longue de 2 700 kilomètres, atteint le Puget Sound à Everett, près de Seattle. Il la baptise le Great Northern.

Son succès tient d'abord au soin apporté à étudier personnellement le tracé, à évaluer pentes et courbes. Mais aussi à sa persévérance à faire la promotion des territoires traversés par ses lignes et à y encourager l'installation de colons. James Hill envoie en Europe des chercheurs de têtes avec des photos de fermes du Nord-Ouest pour inciter des émigrants à venir s'établir le long du Great Northern ; il leur montre comment moderniser leurs cultures, leur accorde des crédits et importe pour eux les meilleures races de bétail. Il transporte pour l'expédier au Japon le coton du Texas et de la Louisiane, les céréales du Minnesota et les métaux du Colorado. Mais, soucieux d'éviter la jalousie, de ne pas prêter le flanc à ceux qui voudraient l'obliger à baisser ses tarifs, il agit avec discrétion et dissimule ses profits. Ses investissements incessants pour moderniser ses voies, ses ouvrages d'art, son matériel roulant, il les fait passer en charges d'exploitation.

Sa réussite est telle qu'en 1896 James Hill peut racheter le Northern Pacific en difficulté. Son empire ne cessera de grandir. En 1970, le Great Northern et le Northern Pacific fusionneront avec le Burlington Railroad, puis, en 1995, avec l'Atchison, Topeka and Santa Fe, pour former la Burlington Northern Santa Fe, actuellement la plus grande compagnie américaine de chemins de fer avec, à son actif, trois des dix transcontinentaux d'Amérique du Nord : le Chicago-Kansas City-Los Angeles de l'Atchison, Topeka and Santa Fé, achevé en août 1883, le Saint-Paul-Portland du Northern Pacific, achevé en septembre 1883 et le Saint-Paul-Seattle du Great Northern, achevé en juin 1893. Les sept autres transcontinentaux sont l'Union Pacific et le Central Pacific, de Council Bluffs à Sacramento, achevé en mai 1869, le Southern Pacific, de San Diego à Algiers, achevé en janvier 1883, le Montreal-Vancouver du Canadian Pacific, achevé en mai 1885, le Chicago-Seattle du Milwaukee, Saint-Paul and Pacific, achevé en mai 1909, le Saint-Louis-Oakland du Western Pacific, achevé en juillet 1911, le Moncton-Winnipeg-Prince Rupert du Grand Trunk Pacific, achevé en février 1914 et le Montreal-Vancouver du Canadian Northern, achevé en janvier 1915.

Le réseau des États-Unis qui desservait trente-sept kilomètres fin 1830, quatre mille cinq cents en 1840, quatorze mille quatre cents en 1850, quarante-neuf mille en 1860, quatre-vingt-quinze mille en 1870, cent cinquante mille en 1880, deux cent soixante-trois mille en 1890, trois cent dix mille en 1900, trois cent quatre-vingt-cinq mille en 1910, en dessert quatre cent huit mille en 1916. De ce total, les Vanderbilt contrôlent 10 %, le groupe du Pennsylvania 10 %, Harriman, 9 %, Hill, 9 %, Morgan, 8 % et Gould 8 %. À l'exception de quelques régions désertes du Far West, aucun point du territoire n'est à plus de quarante kilomètres du sifflement d'une locomotive.

Les wagons frigorifiques

Dans les années 1840 et 1850, les fermiers américains vivaient bien et se passionnaient pour les chemins de fer. Ils permettaient aux autorités de leur comté de concourir à leur financement. Il leur arrivait même d'hypothéquer leurs fermes pour en acheter des actions. On cite le cas du Wisconsin où treize mille fermiers de huit comtés s'étaient cotisés pour souscrire les titres d'une compagnie censée les desservir prochainement.

À la génération suivante, ce bel enthousiasme fait place à l'amertume. Plus les colons progressent vers l'ouest, plus ils pratiquent la culture spécialisée et s'éloignent des marchés urbains qui constituent leur clientèle. Les distances augmentent et ils dépendent de plus en plus des chemins de fer. Or, sur les longs trajets du Middle West et de l'Ouest, les compagnies profitent souvent d'une situation de monopole pour pratiquer des tarifs beaucoup plus élevés qu'à l'Est où elles sont soumises à une concurrence effrénée. Le producteur du Minnesota en arrive à payer trois fois plus cher pour expédier sa récolte de blé à Saint Paul ou Minneapolis que le courtier de Minneapolis pour la réexpédier à New York.

Ces fermiers sont d'autant plus en colère contre les compagnies qu'ils savent qu'elles accordent des conditions préférentielles à de gros clients et des laissez-passer gratuits aux hommes politiques, aux juges et aux journalistes.

Exaspérés par tant d'injustices, ils s'organisent peu à peu pour résister aux tarifs prohibitifs et adhèrent à une institution sociale et éducative, la Grange nationale, qu'ils transforment en force politique de façon à coordonner leurs votes et faire élire des législatures d'État favorables à leur cause. Ils espèrent ainsi mettre un terme aux abus les plus flagrants.

Après la crise économique de 1873 et les troubles sociaux de 1877, le mécontentement fait tache d'huile. Ce ne sont plus seulement les fermiers mais l'opinion publique tout entière que choque l'immense fortune des Gould et des Vanderbilt et les dividendes que continuent de verser le New York Central, le Baltimore and Ohio ou le Pennsylvania Railroad. On accuse en outre fréquemment les grandes compagnies de corruption et de manipulation d'actions.

On s'indigne de l'énormité des concessions de terres accordées pour construire les transcontinentaux, en moyenne 6,8 % de la surface du territoire, mais 23 % du North Dakota, 19 % du Minnesota, 16 % du Kansas, 13 % de l'Iowa et de la Californie. On oublie que, grâce au système du damier, des sections alternées, ces concessions ont aussi bénéficié à la nation en créant un marché pour la partie restée au domaine public et qui, sans le chemin de fer, serait demeurée invendable. On oublie aussi qu'elles ont largement contribué à attirer des colons et permis à la population des Dakotas, par exemple, de se multiplier par trente en trente ans. Qu'elles ont élargi la masse imposable. Et que, si l'Union et le Central Pacific ont fait de belles plus-values au Nebraska et en Californie, elles n'ont pas gagné grand-chose au Wyoming, dans l'Utah et le Nevada, où les terrains ont trouvé difficilement preneur.

On s'indigne aussi des prêts consentis aux grandes compagnies par les pouvoirs publics, sans voir que ces prêts ont été intégralement remboursés, tardivement, certes, mais avec des intérêts cumulés.

De manière plus pragmatique, les fermiers, les commerçants et les municipalités obtiennent des législatures de plusieurs

États, l'Ohio et l'Illinois, une réglementation des tarifs de transport qui supprime les discriminations. Mais dès qu'il s'agit du trafic entre États, ces législatures se montrent impuissantes, la Cour Suprême casse leurs mesures de régulation. Les États ne peuvent contrôler les prix que sur leur territoire. Alors, dans un climat de plus en plus délétère, le Congrès vote, en 1887, l'Interstate Commerce Act. Cette loi interdit les pratiques discriminatoires à l'encontre des petits clients, les ristournes occultes et rend obligatoire la publication des tarifs, qui doivent être « raisonnables et justes ». Elle charge à cet effet une Commission du commerce entre les États de recevoir les réclamations, d'auditionner les témoins et de contrôler la comptabilité des compagnies. C'est un vrai défi à la philosophie américaine du laisser-faire, mais ladite commission n'a guère de moyens. D'ailleurs, ses cinq premiers membres sont choisis parmi des personnalités favorables aux compagnies.

Ce n'est pourtant pas l'interventionnisme de l'État qui va sauver les fermiers du Middle West, mais bien plutôt, comme souvent en Amérique, l'ingéniosité et l'esprit d'entreprise. En l'occurrence, l'invention et la généralisation des wagons frigorifiques.

Jusqu'à la guerre de Sécession, la viande fraîche était acheminée sur pied jusqu'à la ville. Aucun moyen n'existait pour lui éviter de se gâter pendant le transport, aussi chaque ville avait-elle son abattoir qui produisait autant d'ordures que d'odeurs nauséabondes. Lorsqu'on transportait la viande sur de longues distances, il fallait la saler et la fumer, puis l'emballer dans des barils. La viande fraîche était donc chère et ne se trouvait sur les étals qu'à certaines périodes de l'année, de sorte qu'on pouvait juger du rang social et du revenu d'un citadin américain à la quantité et à la qualité de la viande fraîche à sa table.

À la fin de la guerre, Chicago est devenu la plaque tournante des expéditions vers la côte Atlantique du bétail élevé dans les grandes plaines du Middle West. Des colonnes interminables de bestiaux piétinent parfois deux mille kilomètres dans la poussière jusqu'à Kansas City, la tête de ligne, où ils sont embarqués dans des fourgons à destination des abattoirs. Périple éprouvant, qui amaigrit la plupart des bêtes et en tue un bon nombre. Arrivées au terme de ce voyage, elles sont livrées sur pied aux bouchers des alentours ou abattues et fumées ou salées pour être acheminées jusqu'aux marchés de l'Est. Cette odyssée accroît encore le taux de pertes et augmente le coût réel du transport. En 1851, le Northern Railroad of New York et l'Ogdenburg and Lake Champlain Railroad mettent en service la « glacière sur rails », un fourgon aux parois doublées de blocs de glace pour le transport du beurre jusqu'à New York et Boston. En 1857, un conditionneur de Chicago, Gustavus Swift, expérimente pendant l'hiver sur le Michigan Central l'expédition de viande en fourgons les portes grandes ouvertes. Cette expérience est cependant trop limitée pour permettre d'en tirer des conclusions pratiques. En 1868, son confrère George Hammond construit plusieurs wagons réfrigérés par des blocs de glace extraits des Grands Lacs, mais à grande vitesse les carcasses de bœuf se balancent dans les courbes et provoquent des déraillements qui mettent un terme à l'entreprise.

Gustavus Swift revient à la charge en 1878 et fait alors construire par Andrew Chase un fourgon bien ventilé et muni d'un sous plafond où il dispose les blocs de glace de façon à faire redescendre l'air frais vers les carcasses bien amarrées dans la partie inférieure du wagon, ce qui abaisse le centre de gravité et évite le tangage.

Techniquement, c'est parfait, mais il reste à vaincre les réticences des compagnies américaines. Celles-ci craignent que la généralisation du transport frigorifique ne ruine leurs investissements pour le transport sur pied : wagons équipés de râteliers à foin et d'abreuvoirs, enclos aménagés près des gares. Gustavus Swift conclut alors un accord avec le Grand Trunk Railway pour faire transiter ses expéditions par le Canada. En le voyant transporter ainsi à Boston 3 000 carcasses de bœuf par semaine, ses concurrents, tels Philip Armour, suivent son exemple.

Le wagon réfrigéré permet d'abattre le bétail au Middle West et de l'expédier aux villes de l'Est. L'expédition de la viande en carcasses réduit de plus du tiers les frais de transport par rapport à l'envoi du bétail sur pied. Il évite aussi d'avoir à le nourrir pendant le transport et de faire périr des animaux d'étouffement dans les wagons. Gustavus Swift et Philip Armour organisent l'abattage industriel à Chicago et donnent l'élan à la fabrication de wagons réfrigérés. Les quartiers de viande y sont suspendus à mi-hauteur à des glissières qu'on peut raccorder à celles des chambres froides des entrepôts frigorifiques. Le wagon s'arrête de façon à avoir ses portes juste en face de celles de l'entrepôt, et le transfert de la viande se fait facilement. Les deux endroits sont à la même température. Pas une seconde n'est perdue. La viande reste sur le crochet auquel elle a été suspendue après l'abattage.

Après le bœuf et les produits laitiers, les oranges de Floride, puis de Californie, empruntent les wagons frigorifiques ou isothermes. En 1907, le Pacific Fruit Express met en service six mille wagons dédiés au transport des fruits et légumes vers la côte Est. Ces trains ouvrent un immense marché à l'agriculture de Floride et de Californie et mettent les fruits, les légumes, les œufs, les produits laitiers à la portée de tout foyer américain en n'importe quelle saison. Les longues files de cinquante wagons de marchandises ou davantage, avec les noms des chargeurs auxquels ils appartiennent – Green Lines, Star Union, Empire Lines – et qui les exploitent sur différents réseaux, sont comme un catalogue de l'économie nationale. Le chef de toute gare de triage doit connaître le contenu de chaque wagon de marchandises, sa destination et la voie sur laquelle il se trouve.

En France, le réseau du Midi met en service vers 1895 les wagons foudres pour le transport des vins de Béziers. Ce sont des sortes de cuves tronconiques en bois, posées sur des wagons plats. Une aubaine pour les chapardeurs, armés d'un seau et d'une chignole, qui opèrent la nuit dans les gares de triage et rebouchent les trous avec une cheville. Mais leurs beaux jours s'arrêtent avec l'apparition des wagons citernes métalliques.

Naissance de la traction électrique

La fin du XIXe siècle est aussi l'époque des premiers balbutiements de la traction électrique, des tramways de Werner von Siemens à Berlin, de Magnus Volk à Brighton et de Frank Sprague à Richmond, Virginie, dans les années 1880, et des métros de Londres, en 1890, de Liverpool en 1893, et de Paris, en 1900. Dans tous les cas, il s'agit alors de courant continu capté par caténaire, pour le tramway, ou par le troisième rail, pour le métro.

Tel n'est pas l'avis de George Westinghouse. Toujours passionné par le transport des fluides, qu'il s'agisse d'air comprimé, de gaz ou d'électricité, il continue de déposer des brevets d'invention – il en déposera en tout trois cent soixante et un – et de former des compagnies pour les mettre en application – il en créera soixante. Après avoir construit en 1893 une ligne de transport haute tension en courant alternatif entre les chutes du Niagara et la ville de Buffalo – une première mondiale –, il met au point un convertisseur de courant alternatif en courant continu. Lorsque la municipalité de Baltimore interdit la traversée de la ville par les locomotives à vapeur, il s'associe avec Baldwin Locomotive Works pour construire, en 1895, des locomotives alimentées en courant alternatif. Elles reçoivent le courant d'un conducteur aérien par l'intermédiaire d'un patin fixé à un bras pliant.

Les Suisses et les Allemands ne sont pas en reste. Brown Boveri électrifie dès 1899 un tronçon de quarante-cinq kilomètres entre Burgdorf et Thoune, tandis que Siemens et AEG font circuler sur la ligne expérimentale de Marienfeld-Zössen, près de Berlin, un autorail alimenté lui aussi en courant alternatif, qui atteint en 1903 la vitesse phénoménale de 213 km/h. Un record qui ne sera battu qu'en 1954.

À Paris, pour disposer d'un terminus plus central que la gare d'Austerlitz, la Compagnie du Paris-Orléans construit la gare d'Orsay, ce qui impose un tunnel de quatre kilomètres entre les deux gares. La proximité de la centrale électrique d'Ivry permet d'éviter d'y faire circuler des trains à vapeur. Huit petites locomotives électriques, les *silencieuses*, encore appelées *boîtes à sel*, assurent, dès 1902, la liaison gare d'Orsay-gare d'Austerlitz, et, quelques années plus tard, la section Austerlitz-Juvisy. Elles sont toujours prêtes à partir. Plus besoin d'interminable mise en pression, il suffit de capter le courant continu qui circule dans un troisième rail, comme au métro. La Compagnie de l'Ouest suit cet exemple et électrifie la ligne de Paris Invalides à Versailles rive gauche.

Trois autres compagnies françaises, qui entendent profiter du voisinage de centrales hydroélectriques pour électrifier des lignes de montagne, hésitent entre le courant continu et le courant alternatif. Outre une compagnie minière des environs de Grenoble, ce sont le PLM et surtout le Midi. Le PLM adopte en 1901 le 550 V à courant continu par le troisième rail pour la ligne à voie étroite du Fayet à Chamonix, à fortes rampes. De son côté, pour desservir sa mine d'anthracite, la Compagnie de Saint-Georges-La-Mure construit en 1902 une ligne de trente kilomètres jalonnée de dix-sept ponts et dix-huit tunnels, le Petit Train de la Mure, qui fait encore de nos jours la joie des touristes. Depuis 1905, cette ligne pittoresque est alimentée en 2 400 V à courant continu, une tension presque sans exemple ailleurs dans le monde.

Quant à la Compagnie du Midi, elle édifie la plus haute ligne d'Europe sans crémaillère, celle de Cerdagne, de Villefranche-de-Conflent à La-Tour-de-Carol. Sur soixante-deux kilomètres, avec dix-neuf tunnels et six viaducs, dont le superbe viaduc de Fontpedrouse, de Paul Séjourné, elle remonte le cours de la Têt jusqu'au col de La Perche, le franchit à 1 592 m d'altitude, et redescend la vallée de la Cerdagne jusqu'à Bourg-Madame, avant de remonter légèrement vers La-Tour-de-Carol. De part et d'autre du col, la pente atteint 6 %. En 1910, la ligne est électrifiée en 850 V à courant continu. Elle est toujours desservie par le Train Jaune, pour le grand bonheur de touristes et des skieurs.

La Compagnie du Midi envisage alors, en raison de son éloignement des centres de production de charbon et de sa proximité des Pyrénées, d'électrifier neuf cent cinquante kilomètres de lignes. Il s'agit, tout d'abord, des liaisons Perpignan-Villefranche-de-Conflent, Pau-Toulouse et Pau-Canfranc, puis de deux autres lignes transpyrénéennes programmées suite à une convention passée avec l'Espagne en 1904. Après enquête en Suisse et en Allemagne, elle choisit le 12 kV alternatif 15 2/3 Hz et passe commande à Westinghouse-Baldwin de vingt-sept locomotives électriques. Ce programme ambitieux sera profondément remanié en 1920 lorsque les pouvoirs publics imposeront le retour au courant continu.

Le Transsibérien et le Turksib

En Russie, le réseau de chemins de fer avait, dans les années 1880, à peu près la même étendue que le réseau français. À la ligne de Saint-Pétersbourg à Moscou s'étaient ajoutées les liaisons Moscou-Nijni-Novgorod, Moscou-Varsovie, et de nombreuses lignes en Ukraine, Kiev-Balta et Kiev-Odessa, par exemple, auxquelles des capitaux et des entreprises françaises comme Fives-Lille et Cail avaient prêté un concours très actif. Les fermiers pouvaient vendre leurs récoltes à un prix plus stable, sur un marché plus étendu. De nouvelles mines ont été mises en valeur. Et la demande de rails et de matériel roulant a donné une forte impulsion à l'industrie du pays tout entier.

Si l'on grelottait dans les voitures de troisième classe, en revanche, des poêles bourrés de bois maintenaient une température constante dans les voitures des deux autres classes. Les premières classes, plus larges et plus hautes qu'en Europe, avaient d'amples fauteuils capitonnés garnis d'oreillettes, qui, réunis deux à deux par des rallonges, se transformaient la nuit quasiment en couchettes. Quant aux locomotives, alors que dans le reste de l'Europe mécaniciens et chauffeurs restaient exposés au vent et à la pluie, en Russie une cabine les protégeait du froid et une rambarde leur évitait de glisser sur les tôles gelées. À Paris et à Londres, les mauvaises langues daubaient d'ailleurs sur les « ponts promenades » des locomotives russes.

À la différence des déplacements en Russie d'Europe, pour aller en Sibérie on devait toujours se contenter, l'hiver, du traîneau, et, l'été, de la *tarantass*, un chariot sans ressorts, couvert d'une simple capote de toile. Pour rompre cet isolement, Mouraviev, le gouverneur de la Sibérie orientale, puis divers promoteurs étrangers, ont bien soumis depuis 1857 plusieurs projets de chemin de fer, mais l'administration les a enterrés l'un après l'autre.

Cette grande idée, deux hommes vont la faire passer du rêve à la réalité, le tsar Alexandre III et Serge Witte. Grand amateur de trains à vapeur, ce tsar aime se griser de vitesse, un goût que son ministre des Voies et Communications s'emploie à flatter, au grand dam du directeur des chemins de fer du Sud-Ouest, Serge Witte, justement. Cet homme d'exception, d'abord voué aux mathématiques, était finalement entré aux chemins de fer mais avait aussitôt tiré les leçons de plusieurs accidents de transports de troupes survenus au cours de la guerre russo-turque. Aussi, en octobre 1888, à l'annonce d'un voyage du tsar sur une ligne dont il a la responsabilité, il insiste lourdement pour qu'on modère la vitesse du train impérial. Rien n'y fait, le ministre courtisan maintient ses ordres absurdes et, le 29 octobre 1888, à Borki, le train déraille, faisant vingt-huit morts et trente-sept blessés. Doué d'une force peu commune, Alexandre III sauve la famille impériale en soutenant de ses mains le plafond du wagon près de s'effondrer. Mais, dès son retour à Saint-Pétersbourg, il limoge le ministre incompétent et donne à Serge Witte une promotion.

Dès lors, celui-ci fait une carrière fulgurante. Ministre des Voies et Communications en 1892, il s'engage à fond dans un projet pharaonique, la construction d'un chemin de fer de neuf mille six cents kilomètres le long du 55e parallèle, qui traversera huit fuseaux horaires et aboutira à l'océan Pacifique. Visionnaire, Serge Witte poursuit en réalité deux objectifs. D'une part, il voit dans les richesses minières de Sibérie le moyen d'industrialiser la Russie à toute vitesse. D'autre part, le chemin de fer lui paraît le meilleur moyen de peupler la Sibérie avec ces moujiks que le tsar précédent, Alexandre II, a affranchis du servage, mais auxquels il a oublié de donner de terres. Du même coup, pense Serge Witte, on en fera le grenier à blé de toute la Russie.

D'autres raisons, politiques celles-là, emportent l'adhésion d'Alexandre III. La Sibérie occidentale a bien quelques villes accessibles en traîneau en un mois, et des voies d'eau, l'Ob et ses affluents, qui assurent une desserte convenable. En revanche, la Sibérie centrale n'est guère accessible, car les fleuves qui la traversent, l'Ienisseï, l'Angara, la Lena, coulent uniquement vers le nord. Si l'armée n'a pas les moyens de ravitailler en toutes saisons les garnisons isolées, les Bouriates risquent d'y fomenter des troubles et les Chinois de s'immiscer dans la région. Le tsar n'a pas manqué d'être impressionné par le concours apporté en 1885 par le Canadian Pacific au général Middleton pour venir à bout de la révolte des métis au Saskatchewan.

Quant à la Sibérie orientale, à quoi bon avoir fondé Vladivostok et y avoir construit un grand port s'il faut un an de voyage à travers la taïga et la toundra pour communiquer avec elle ? Ce projet de Transsibérien, de l'avis du tsar, devrait enfin lui permettre de contrôler les vastes étendues inhabitées à l'Est. À l'instar des Américains au Far West.

Ce chemin de fer ne sera pas, de longtemps, une affaire rentable, Serge Witte le sait. Sans doute faudra-t-il traverser tantôt d'immenses forêts gorgées d'eau sur de grandes profondeurs, tantôt des régions désertiques, des terres gelées en permanence – le permafrost –, franchir quelques-uns des fleuves les plus larges de la planète, percer des tunnels dans le roc, affronter un climat rigoureux, les brigands, les loups. Peut-être même les tigres. Aussi, contrairement à ce qui a été fait pour les transcontinentaux américains, il estime irréaliste d'en concéder la construction et l'exploitation au secteur privé. Ce sera une affaire d'État. D'ailleurs la ligne servira aussi bien l'armée que les civils.

Mais où trouver l'argent pour construire ce chemin de fer et monter en Russie des usines de rails, de wagons et de locomotives ? La réponse va de soi : à l'étranger. Des capitaux anglais ont financé depuis un demi-siècle la construction des chemins de fer en Amérique du Nord, en Argentine, en Inde, en Australie. Lui, c'est aux prêteurs français et belges qu'il s'adresse. En cette époque où la France se sent menacée par la Triple Alliance de l'Allemagne, de l'Autriche-Hongrie et de l'Italie, la Russie apparaît comme le seul recours. Bientôt, le tsar viendra à Paris à l'invitation du président Félix Faure. Les journaux français reçoivent du gouvernement russe d'énormes bakchichs pour orchestrer une intense campagne de propagande : « Prêter à la Russie, c'est prêter à la France ! » Et les banques, le Crédit Lyonnais en tête, appâtées par de grosses commissions, couvrent ce matraquage de leur notoriété.

À cette époque, il n'existe ni assurance vieillesse ni caisses de retraites. La façon la plus courante de préparer sa retraite consiste à épargner et à placer son épargne en emprunts d'État, en rentes. Pourquoi pas en emprunts russes, qui semblent plus ou moins garantis par l'État français ? En trente ans, un million cinq cent mille épargnants français, un père de famille sur six, prêtent seize milliards or à la Russie, l'équivalent de 3,5 % du produit national brut. Voilà comment le réseau russe a doublé de longueur entre 1895 et 1905 et comment nos grands-parents se sont retrouvés porteurs de titres du Transsibérien, des Chemins de fer transcaucasiens, des Chemins de fer du Sud-Ouest russe, du Chemin de fer de Koursk-Kharkov-Azov ou du Nord-Donetz. Serge Witte n'a pas à redouter qu'un ministre des Finances vienne contrecarrer ses projets car, depuis 1893, le ministre des Finances, c'est lui. Ah ! le grand homme qui nous a tous ruinés !

De 1887 à 1891, les expéditions des ingénieurs Mezheninov, Vyazemskly et Ursati cherchent le meilleur passage à travers la région du lac Baïkal, la Sibérie centrale et la vallée de l'Oussouri. Les brigades d'éclaireurs et de géomètres se déplacent à cheval, escortées par des cosaques armés jusqu'aux dents. L'été, dans la steppe surchauffée, elles font monter des colonnes de poussière, dont les tourbillons affolent les bêtes. Seul dérivatif, la chasse aux oies et aux canards sauvages, dans les marais, lorsqu'une lune cotonneuse laisse traîner des éclats d'argent sur l'eau. Brefs moments de détente après les travaux de triangulation et de piquetage. Ou encore, à l'automne, lorsque la neige n'est pas encore trop épaisse, on peut poser des pièges. Qui sait si l'on ne réussira pas à capturer quelques hermines ou quelques visons ?

Comme pour le premier transcontinental américain, le chantier du Transsibérien débute aux deux extrémités à la fois, Tcheliabinsk à l'Ouest, Vladivostok à l'Est. Le 31 mai 1891, ultime étape de son tour du monde, le tsarévitch Nicolas, le futur Nicolas II, après une fervente prière en public, bien sûr, pose la première pierre de la gare de Vladivostok. De là, le tronçon oriental remonte vers le nord le long de la rivière Oussouri et gagne Khabarovsk, sur le fleuve Amour. À l'autre bout du chantier, la ligne reste à l'écart de Tomsk, où les rives de l'Ob semblent trop marécageuses pour y construire un pont. Tomsk est pourtant alors la ville la plus peuplée de Sibérie, mais les ingénieurs préfèrent franchir le grand fleuve plus au sud à partir d'une modeste bourgade qui grandira et deviendra Novossibirsk. Le pont, qui reçoit le nom du tsar, est le plus grand de l'époque, avec ses sept travées de cent trente mètres dont une seule suffirait à enjamber la Seine, une vraie forêt de treillages, de fers entrecroisés, de pilastres et de poutrelles d'acier. En janvier 1899, Irkoutsk pavoise pour l'arrivée du premier train de voyageurs en provenance de Moscou.

Les ouvriers – par moments leur effectif atteint quatre-vingt-neuf mille – sont pour la plupart des bagnards, la tête à moitié rasée, ou des déportés politiques stimulés par des promesses de remise de peine. Des saisonniers chinois et coréens viennent aussi travailler chaque été sur le chantier oriental jusqu'au moment où les glaces risquent de bloquer le bateau du retour. Tout ce monde manie des outils primitifs, la hache, la pelle, le pic, la pioche et la brouette.

Il faut faire venir de loin, de très loin, les pierres et les briques. Les rails arrivent au printemps par l'océan Arctique et sont débarqués à Krasnoïarsk, sur l'Ienisseï. Les terrassiers se remettent alors au travail, nivellent le sol et montent une voie étroite plusieurs centaines de mètres devant le convoi de pose. Les hommes soulèvent un à un les rails apportés par les wagonnets tirés par des chevaux. Ils les coincent contre les coussinets, puis ils posent les éclisses, serrent les boulons, vérifient l'écartement. Inlassablement, le travail se répète. Chaque fois, on démonte la voie de chantier pour la remonter plus loin. L'hiver, quand le gel interrompt les travaux de la voie, on passe à la construction des gares, des dépôts de combustible, des châteaux d'eau, on bûcheronne les traverses.

Le Transsibérien est construit à l'économie : des rails un tiers plus légers que le standard habituel en Russie, un ballast moitié moins épais, des traverses très espacées, aucun traitement contre le pourrissement. Trop étroite, posée trop près des rivières, la plate-forme est parfois emportée par les crues. Beaucoup de ponts sont en bois, et le sol marécageux nécessite souvent une multitude de petits ponts ou de remblais pour maintenir la voie hors des atteintes de l'eau. Les premières années d'exploitation, la ligne est perpétuellement en cours de reconstruction. Dans les régions montagneuses, entre l'Ienisseï et Irkoutsk, ou à l'est du lac Baïkal, les rampes atteignent 17,5 ‰. Beaucoup de trains déraillent au milieu des forêts de bouleaux argentés.

Qu'importe, le Transsibérien avance de six cents kilomètres par an et, en quelques années, la Sibérie, terre de répulsion, devient terre d'accueil. Sur son sol vierge, la propriété paysanne n'est plus un mythe mais une réalité. Au fur et à mesure de son avancement, la ligne se rentabilise, non pas avec les premières ou les deuxièmes classes, mais avec les troisièmes classes. Car, en quelques années, un million d'émigrants prennent possession d'un lopin, voire d'un domaine. Un million d'enfants de moujiks passifs et résignés deviennent de fiers Sibériens. Des pionniers qui incarnent l'espérance d'un monde nouveau. Pendant ce temps, à Paris, à l'Exposition universelle de 1900, au pied de la tour Eiffel, le pavillon de la Sibérie expose quatre voitures du Transsibérien ; des toiles peintes défilent devant les visiteurs, déroulant sous leurs yeux un panorama saisissant de montagnes, de rails, de ciels, d'isbas et de traîneaux. De quoi donner l'illusion d'un voyage extraordinaire.

Les Chinois ne viennent-ils pas, de leur côté, d'autoriser les Russes à construire l'« Est chinois », deux bretelles du Transsibérien pour raccourcir de neuf cents kilomètres la liaison entre le lac Baïkal et le Pacifique et relier directement Moscou à Pékin ? L'une traverse le désert de Gobi et suit l'itinéraire des caravanes de thé. L'autre emprunte les steppes et les forêts de Mandchourie. Chantiers difficiles, tous les deux. L'hiver, en Mongolie, le vent souffle en tempête. En quelques minutes, les herbes des marécages, figées par le gel, se brisent sous la violence des rafales. Si le train de pose est trop éloigné du chantier, l'équipe court s'abriter derrière les chariots et les traîneaux ; les chevaux se serrent croupe contre croupe ; enfin, le vent se calme et la neige tombe à gros flocons. En Mandchourie, ce n'est guère mieux, les bandits profitent de la situation confuse en Chine et les Cosaques doivent protéger les poseurs de voie chinois contre leurs razzias. On plante des poteaux entourés de paille sèche et badigeonnés de bitume. Dès qu'une attaque est signalée, on donne l'alerte en incendiant les poteaux et la lueur du feu se voit de loin.

Dès 1900, les premiers trains assurent la liaison de Moscou à Pékin et Vladivostok. À chaque gare, l'énorme lanterne américaine de la locomotive éblouit les voyageurs sur le quai. Le mécanicien, penché à l'extérieur de la cabine, la main sur le régulateur grand ouvert, freine en utilisant la pression de la contre-vapeur. Pendant les arrêts pour ravitailler le tender en eau et en bois – les locomotives marchent au bois – ou pour changer de locomotive, les voyageurs courent remplir leur samovar d'eau bouillante. Puis, le chef de gare, sanglé dans son uniforme, vérifie que sa montre marque bien la même heure que l'horloge de la gare, et donne un coup de sifflet impératif. Le mécanicien déclenche un autre sifflement, autrement puissant, celui de la locomotive, et le train démarre lentement, dans le concert du choc métallique des attelages, du bruit de roues sur les joints des rails, du jappement de l'air dans les conduites de frein. Le panache de fumée s'étire vers le poste d'aiguillage, les lumières rouges du fourgon s'estompent et disparaissent. En route vers le bout du monde !

La ligne n'est pas achevée pour autant. Le Transsibérien comporte encore deux lacunes, deux traversées en bateau. La première, de soixante-quatre kilomètres, sur le lac Baïkal, véritable mer intérieure, grande comme la Belgique et profonde de 1 600 mètres. Son eau claire est d'une étonnante pureté, mais sa surface souvent agitée ; l'été, de fréquentes tempêtes causent des naufrages. L'hiver, la glace épaisse se ride d'énormes crevasses qui entravent la circulation des traîneaux. Il faut alors embarquer sur un des deux brise-glace livrés en pièces détachées par Armstrong, un chantier britannique, et montés sur place. Chacun peut transporter vingt-cinq wagons.

Seconde interruption, de taille, celle-là, la descente en bateau à vapeur, sur 2 270 kilomètres, de la rivière Chilka et du fleuve Amour, de Sretensk à Khabarovsk, à neuf cents kilomètres au nord de Vladivostok. Qu'importe, cela met Shanghai à seize jours de Paris ou de Londres, au lieu de trente-quatre par la mer.

Si la Turquie est alors « l'homme malade » de l'Europe, la Chine est celui de l'Asie. Sa faiblesse aiguise l'appétit de ses voisins russe et japonais. Outre un droit de passage pour la section orientale de leur Transsibérien, les Russes arrachent aux Chinois la concession de la base navale de Port-Arthur et, de fil en aiguille, un protectorat sur toute la péninsule de Liatung. Pour prix de leur neutralité, les Japonais leur demandent de les laisser mettre la main sur la Corée. Des négociations s'engagent pour délimiter les sphères d'influence des deux impérialismes, mais les Russes, persuadés d'avoir l'avantage du nombre en cas de conflit, ne veulent rien entendre. À croire qu'une victoire facile redorerait le prestige du tsar et rabaisserait le caquet aux révolutionnaires. En 1903, Serge Witte, alors Premier ministre, estime l'économie de la Russie encore trop faible pour se lancer sans péril dans une guerre contre le Japon et manifeste son désaccord en donnant sa démission.

Les Japonais sont au courant des difficultés de croisement sur la voie unique du Transsibérien. Ils savent que la traversée du lac Baïkal, la fragilité des rails et des ponts ralentiront considérablement l'acheminement des troupes russes jusqu'à la côte du Pacifique. Sans attendre que l'adversaire comble ses lacunes, ils prennent les devants. Sans déclaration de guerre, ils déclenchent en 1904 les hostilités en attaquant Port-Arthur. Par surprise et de nuit.

Au début de la guerre, sur sa voie unique avec onze kilomètres entre deux évitements, le Transsibérien n'achemine que treize trains par jour, qui roulent lentement sur les rails trop légers. Déjà saturé par les incessants convois de céréales, le trafic est complètement désorganisé par les transports de troupes. L'hiver met en évidence la lenteur de la traversée du lac Baïkal en brise-glace ; on doit improviser un chemin de fer sur la glace pour y faire rouler à toute petite vitesse locomotives et wagons chargés de canons ; une voie ferrée démontable, bien sûr, juste avant le dégel.

À la fin de la guerre russo-japonaise, la Russie doit abandonner, par le traité de Portsmouth, son protectorat sur la Mandchourie et donc un tronçon du Transsibérien. Il lui faut alors construire une déviation de mille kilomètres par le nord, le long du fleuve Amour, avant de redescendre plein sud sur Vladivostok.

Il faut aussi renforcer la ligne. On ajoute quatre-vingt-huit voies supplémentaires d'évitement, on élargit la plateforme, on met des rails plus lourds et on remplace les ponts à tréteaux de bois par des ponts métalliques. Quatre trains par semaine assurent désormais en dix-huit jours la liaison Moscou-Vladivostok, à 25 km/h de moyenne. Deux transsibériens russes d'un confort moyen, avec une particularité, unique au monde : un wagon chapelle, avec clocher miniature, lieu du culte pour les fidèles des quatre-vingt-onze petites gares éparpillées tout le long de la voie. Et deux luxueux transsibériens de la Compagnie Internationale des Wagons-lits, avec voitures-lits dotées de « bûches électriques », des bâtons de silicium placés dans une ampoule en verre. Leur wagon-restaurant se transforme entre les repas en wagon-salon pour jouer aux échecs et écouter le piano à l'heure du thé. La voiture-bains offre, outre de petites baignoires de porcelaine, une salle de gymnastique. Ces deux trains-là jouissent d'un grand prestige auprès des

Européens fortunés, car ils sont fréquentés par les diplomates qui regagnent leur poste en Extrême-Orient.

En 1914, s'achève le chantier du Circum-Baïkal, qui contourne sur deux cent soixante-dix-sept kilomètres le lac par le sud, à travers la montagne, avec trente-neuf tunnels, cinq cents ponts, cinquante galeries pare-avalanches et quatorze kilomètres de murs de soutien. En 1916, on inaugure le détour de deux mille kilomètres le long du fleuve Amour, entre Kuenga et Khabarovsk, pour contourner la Mandchourie. Avec neuf mille deux cent quatre-vingt-dix-sept kilomètres, c'est le plus long voyage en train qu'on puisse faire d'une seule traite.

Commencée en 1891, la construction du Transsibérien s'achève donc en 1900 ou en 1916, selon qu'on considère le raccourci par l'Est chinois ou le trajet complètement en territoire russe. Elle aura donc pris plus longtemps que le premier transcontinental américain, mais pour un trajet beaucoup plus long. Comme lui, ce chemin de fer a peuplé, mis en valeur tous les territoires sur son parcours et unifié une nation en reliant des populations qui s'ignoraient encore plus que celles des États-Unis.

En revanche, faute de financement, le Transsibérien ne comporte aucune desserte nord-sud, donc aucune amorce de réseau. Deux exceptions, cependant, un embranchement qui, depuis Novossibirsk dessert Tomsk, à soixante-dix kilomètres au nord, et un autre, en direction de l'Asie centrale, le Turksib. Là-bas, au Turkestan notamment, le sol est riche, mais les pluies trop faibles pour permettre deux récoltes par an. Au lieu du coton, parfaitement adapté à son climat, on y pratique des cultures vivrières. Or, une bonne division du travail voudrait que le Turkestan se spécialise dans le coton et se ravitaille en céréales en Sibérie occidentale, où le rendement du blé est bien meilleur. Pour faciliter les échanges entre ce grenier à coton et ce grenier à blé, le gouvernement du tsar projette un chemin de fer de mille quatre cent quarante kilomètres entre Arysh, dans l'actuel Ouzbékistan, et Novossibirsk, point de raccordement au Transsibérien. La section nord, dite ligne de l'Altaï, de Novossibirsk à Semipalatinsk, dans l'actuel

Kazakhstan, ouvre effectivement le 21 octobre 1915 ; il est prévu de confier la section sud, Semipalatinsk-Arysh, à un consortium à capitaux français. La guerre civile suspend les travaux. Staline les reprend en fanfare et envoie des déportés finlandais et estoniens réaliser en cinq ans, de 1926 à 1931, ce que le monde entier célébrera comme « le chemin de fer de Staline. »

Le Djibouti-Addis-Abeba

Autour des années 1900, en matière de chemins de fer, les trois retardataires sont l'Afrique, le Proche-Orient et le Japon. Pourtant, là aussi, on commence à s'agiter. C'est le cas, par exemple, de l'Éthiopie.

Dans les années 1880, Ménélik II, héritier du roi Salomon et de la reine de Saba, monte sur le trône du légendaire royaume d'Abyssinie. Cet homme fort réussit à établir son autorité sur tous les féodaux qui se disputaient le pouvoir. Il se fait sacrer Négus, Empereur, Roi des Rois, Lion conquérant de la tribu de Juda, élu de Dieu, puis étend sa suzeraineté sur le Harrar et finit par devenir maître d'un empire deux fois grand comme la France, auquel il donne le nom d'Éthiopie. Il crée de toutes pièces une nouvelle capitale à Addis-Abeba, sur les hauts plateaux, y fait percer de vastes avenues et installer l'éclairage électrique. Addis-Abeba compte aujourd'hui cinq millions d'habitants.

Ménélik s'appuie sur Alfred Ilg, un ingénieur suisse que sa nationalité rend peu suspect de visées colonisatrices. Il lui fait entièrement confiance. Cet homme-là ne vient-il pas d'installer un remarquable système d'adduction d'eau au nouveau palais impérial et de construire des ponts ? Mieux encore, il a formé l'armée éthiopienne au maniement des armes modernes, improvisé une usine de munitions et largement contribué à la victoire éclatante que les Éthiopiens viennent de remporter à

Adoua sur les Italiens. La première, et peut-être la seule victoire des Africains sur des Européens !

Enchanté, le Négus fait d'Algred Ilg son ministre des Affaires étrangères. Quant à Léon Chefneux, un Français qui a fait montre d'une honnêteté scrupuleuse pour négocier la frappe de pièces de monnaie et l'impression de timbres-poste à son effigie et pour extorquer une rançon aux Italiens en échange de la libération de leurs prisonniers, Ménélik le nomme consul général d'Éthiopie pour l'Europe entière.

Malgré leur défaite, les Italiens se cramponnent à l'Érythrée, qui serait l'accès naturel de l'Éthiopie à la mer, et font d'Asmara, à 2 343 m d'altitude, la capitale de leur colonie. Ils projettent de la relier au port de Massawa par une ligne de cent dix-huit kilomètres, à écartement de 950 mm, qu'ils mettront quatorze ans à construire avec une pente de 35 ‰ et vingt-neuf tunnels.

Aux yeux d'Alfred Ilg et de Léon Chefneux, ce projet italien représente un véritable défi. Pour se maintenir au pouvoir et résister aux visées colonialistes des Italiens et, sait-on jamais, des Anglais, le Négus a besoin d'un approvisionnement régulier en armes. Des trafiquants européens comme Arthur Rimbaud les importent d'Europe, encore faut-il qu'ensuite des chameliers somalis les amènent du port de Zeyla, d'Obock ou de Tadjoura jusqu'à Addis-Abeba.

Algred Ilg et Léon Chefneux, qui sont amis, proposent à Ménélik de construire un chemin de fer de sept cent quatre-vingt-quatre kilomètres à voie unique et écartement métrique depuis Addis-Abeba jusqu'à Djibouti. Djibouti, c'est la minuscule capitale de cette Côte française des Somalis, la colonie, grande comme quatre départements, que les Français viennent de créer en réunissant leurs comptoirs d'Obock et de Tadjoura à leur protectorat sur le pays des Issas. Ce chemin de fer sera six ou sept fois plus long que celui des Italiens. Symbole de cette modernité occidentale sur laquelle le roi des rois souhaite bâtir son empire, il remédiera à la lenteur des caravanes.

Le Négus acquiesce et envoie un message au président de la République française, Sadi Carnot, pour lui demander son soutien. Pas de réponse.

Faute de mieux, il accorde alors, en 1894, une concession à Alfred Ilg et à Léon Chefneux. Ceux-ci, avec quelques actionnaires français et belges, fondent une compagnie privée, la Compagnie impériale des chemins de fer éthiopiens, la CIE. En 1897, impressionné par la victoire d'Adoua, le gouvernement français finit par autoriser le passage du chemin de fer par sa colonie.

La CIE confie les travaux à l'entreprise Duparchy-Vigouroux. Alexis Duparchy a déjà construit des chemins de fer et des ports au Portugal, en Russie et en Turquie. Il se charge de recruter des ingénieurs français, des contremaîtres italiens ou grecs, et d'effectuer les achats en Europe. Car tout doit être importé, les rails mais aussi les traverses et même les poteaux télégraphiques, qui doivent être en fer, à cause des termites. Les locomotives viendront de Winterthur, la ville natale d'Alfred Ilg, mais la plupart des wagons sont des Decauville. Léon Vigouroux, lui, reste sur place à conduire les études, et à embaucher des terrassiers somalis et yéménites.

Le premier rail est posé à Djibouti en 1897. Un convoi continu de dromadaires achemine jusqu'au chantier le ciment, les rails, le ravitaillement et l'eau. Ces travaux, les tribus nomades, les Issas en particulier, les voient d'un très mauvais œil. Les ouvriers lutinent leurs femmes, et le chemin de fer porte atteinte à leur monopole du transport caravanier. Aussi, chaque kilomètre est-il âprement disputé à coups de fusil ou de présents. Il n'est pas rare que des ouvriers soient massacrés par des tireurs embusqués derrière les buissons. On raconte cependant que les négociations musclées se sont adoucies le jour où un ingénieur français a écarté les pieds et dit aux chefs somalis : « Dans l'immensité de votre territoire, nous ne vous demandons rien que l'espace entre mes deux jambes, comment pouvez-vous nous le refuser ? » Appréciant peut-être cet humour, les chefs se sont résignés. En contrepartie, ils ont obtenu la gratuité du transport ferroviaire pour les membres de leur clan. Mais, plus d'une fois, les Somalis arrachent les rails et les éclisses pour en faire des pointes de lances. Ou encore, ils confectionnent des bracelets avec les fils télégraphiques.

Le kilomètre 163 est atteint en 1899, mais le coût de la construction s'est avéré bien supérieur au montant prévu. Impossible de continuer dans ces conditions. Léon Chefneux cherche alors à négocier une augmentation de capital auprès d'investisseurs britanniques. Il y parvient. Mais, en France, les milieux nationalistes n'ont pas désarmé depuis l'affaire de Fachoda. Ce n'est pas encore l'entente cordiale. « La ligne de Djibouti doit rester française, écrit *Le Temps*, afin que l'Éthiopie devienne une sorte de colonie avec tous les avantages d'une colonie et sans entraîner aucune de ses responsabilités. » Sous la pression de l'opinion publique, le gouvernement Waldeck-Rousseau accorde à Léon Chefneux un financement mais commet la bévue de le subordonner à une concession de terres le long de la voie, sans avoir pris la peine de consulter Ménélik.

Outré par cette incorrection, le Négus voit là une atteinte à sa souveraineté. Du coup, non seulement il s'oppose à la construction du second tronçon, mais il menace de saisir le premier. Résultat : la Compagnie du chemin de fer dépose son bilan en 1907.

Le médecin personnel de l'empereur, le Guadeloupéen Vitalien, profite alors de l'occasion pour se faire accorder une nouvelle concession et relancer les travaux avec le concours, cette fois, de la Banque de l'Indochine. Une nouvelle compagnie est créée en 1909, la Compagnie française du chemin de fer éthiopien, la CFE, avec la garantie de l'État français. Le conseil d'administration est présidé à tour de rôle par un Français et par un Éthiopien. Les travaux reprennent en 1912 et, en 1917, vingt ans après la pose du premier rail, une locomotive à vapeur fait son entrée triomphale à Addis-Abeba, à 2 300 m d'altitude.

La ligne a sept cent quatre-vingt-trois kilomètres, dont quatre-vingt-dix en territoire français. La charge est de quatorze tonnes à l'essieu, les rampes atteignent 22 ‰ et les courbes cent mètres de rayon. Il y a trente-quatre gares, cent quatre-vingt-sept ponts mais un seul tunnel. La voie est unique et dépourvue de signalisation. Quand un train arrive en gare, le chef de station entame au téléphone avec son collègue de la gare suivante un long conciliabule sur le temps qu'il fait, sur la santé du troupeau ou des enfants avant de demander si la voie est libre. Pourtant il n'y aura jamais de télescopage, grâce au « bâton frontal ». Le train montant récupère un anneau sur une potence qui lui donne le droit d'emprunter la ligne. Il la dépose au bout du tronçon à son passage et le train descendant peut alors quitter sa voie d'évitement pour s'engager à son tour sur la voie principale en récupérant l'anneau. Aucun train ne s'y engage sans bâton pilote.

Pour ce superbe pays, complètement enclavé et tourné vers le Moyen-Orient plutôt que vers le reste de l'Afrique, et pour ses soixante millions d'habitants, ce chemin de fer est l'un des deux seuls accès à la mer, au monde extérieur, l'autre étant la route vers le port d'Assab, en Érythrée. À son heure de gloire, dans les années 1930 à 1933, il a eu cinquante-quatre locomotives et cinq cent onze wagons, et le voyage prenait en moyenne vingt-sept heures d'Addis-Abeba, la ville au climat tempéré, ombragée par les eucalyptus, à Djibouti, dans la chaleur torride.

Pendant leurs cinq années d'occupation, les Italiens ont modernisé la ligne, utile à leurs transports de troupes, et ajouté quatre autorails Fiat et de nouvelles locomotives pour réduire la durée du voyage. Mais la situation s'est dégradée depuis qu'en décembre 1938 Mussolini, persuadé de n'avoir plus rien à redouter des démocraties occidentales, a jeté le masque et revendiqué carrément Nice, la Savoie, la Corse, la Tunisie et la Côte des Somalis. Cette fois, forcée de réagir, la France envoya à Djibouti un croiseur et des tirailleurs sénégalais. Ne pouvant plus prendre possession de toute la ligne de chemin de fer, les Italiens décidèrent de construire des routes goudronnées entre Addis-Abeba, Assab et Massawa. Dès lors, Djibouti cessa d'être le seul débouché de l'Éthiopie sur la mer, et le trafic, aussi bien du chemin de fer que du port, s'effondra.

Ce fut à nouveau le cas de 1962 à 1991, lorsque l'Éthiopie annexa l'Érythrée et trouva plus commode d'utiliser les routes d'Addis-Abeba à Assab et Massawa. Depuis 1991 et la fermeture de sa frontière avec l'Érythrée, l'Éthiopie a à nouveau besoin de transiter par Djibouti. Mais la compagnie, devenue entre-temps le Chemin de fer Djibouto-Éthiopien, le CFDE, propriété conjointe des gouvernements éthiopien et djiboutien, a négligé d'entretenir les voies et les ponts et de renouveler le matériel.

De nos jours, le chemin de fer est encore là, mais, faute d'argent et de pièces détachées, en bien triste état. D'ailleurs, depuis que les relations se sont normalisées avec l'Érythrée, le trafic marchandises est de plus en plus détourné par la route, vers Assab plutôt que Djibouti. Le CFDE, qui a perdu 90 % du trafic au profit de la route, ne dispose plus que de douze locomotives en état de marche, toutes très anciennes et sans cesse réparées avec les pièces détachées d'autres machines. Le train de voyageurs ne circule plus qu'entre Djibouti et Dire Dawa. Au-delà, compte tenu du mauvais état des rails, du ballast et des ponts, on ne laisse plus passer que des trains de marchandises, et encore pas tous les jours.

Les vieilles locomotives pissent la vapeur par tous les joints. Avant d'attaquer une rampe, le tortillard prend de l'élan en se lançant à tombeau ouvert dans la descente qui précède. Bien souvent, avant d'arriver au sommet, la locomotive essoufflée doit s'arrêter faute de pression. On se laisse alors descendre à reculons, tous freins desserrés, pour reprendre de l'élan ; on marque un temps d'arrêt pour refaire de la pression, ce qui permet parfois d'aller tirer une gazelle, puis les coups de sifflet – pas trop prolongés, il faut ménager la vapeur – invitent les voyageurs à remonter en vue d'un nouvel essai.

La compagnie a licencié la moitié de son personnel. Les employés restants sont très attachés au chemin de fer où ils travaillent souvent de père en fils. Cette communauté est liée par une langue – le français – et la tradition de jouer à la pétanque. Ils attendent qu'une privatisation vienne sauver leur entreprise d'une mort certaine, tous attendent l'acheteur providentiel. Un opérateur privé sud-africain a étudié, puis refusé, l'offre du gouvernement éthiopien. Un autre projet est à l'étude. En attendant, les employés se battent pour sauver leur chemin de fer.

Ce train pas comme les autres donne un étonnant spectacle d'improvisation et d'exotisme. Pourtant, la locomotive est française, les wagons français. Plus extraordinaire encore, les écriteaux sont toujours écrits en français : « Inspecteur chef de gare », « Facteur chef », de même que les panneaux d'affichage : « Ce jour [un blanc], le train voyageurs [un blanc] est en retard de [un blanc]. » De même, les cheminots éthiopiens, entre eux, parlent français et jouent à la pétanque. Car, en attendant le train, on a le temps de jouer aux boules. Au fait, quand part-il, ce train ? A-t-il du retard ? Il devait partir à onze heures, il est midi passé et rien ne bouge. Enfin, on finit bien par s'en aller. La sirène retentit régulièrement pour signaler son passage aux marcheurs et aux ânes. À quelle heure arrivera-t-on ? Nul ne s'en soucie, on est parti, c'est l'essentiel.

Spectacle passionnant que ce voyage, à commencer par la gare, aux murs peints en jaune criard et au toit rouge foncé. Les voyageurs sortent aussi bien par les fenêtres que par les portes lorsque certaines sont bloquées, ce qui arrive assez souvent. C'est une cacophonie de chansons diffusées à la radio, d'appels de mendiants, de cris de camelots, de vieilles femmes qui offrent du lait ou des œufs et de gens qui confient des commissions. L'odeur d'épices et de parfums bon marché se mêle à celle de l'urine, des excréments et de feux de bois où se consument quelques bouts de pneus.

Dans les wagons, quelques moutons et chevreaux introduits clandestinement sont cachés sous les banquettes. Les poulets se promènent librement de wagon en wagon. Sans paraître incommodés par une forte odeur d'urine, tout le monde mâche de l'orge grillée, de la canne à sucre ou des feuilles de khat, un euphorisant, stimulant du cœur et de la respiration, qui vous emporte vers le rêve. Le jour, on entend des gens courir sur le toit. La nuit, il arrive que des riverains s'amusent, à l'aide de chambres à air tendues entre deux arbres, à lancer des pierres sur les fenêtres des compartiments où brille une veilleuse.

La vitesse de croisière est 40 km/h. Mais lorsqu'une côte se profile ou à chaque traversée de village, des enfants font la course de vitesse de chaque côté des rails. Il arrive aussi que le train ralentisse en pleine voie. C'est un nuage de sauterelles qui se laisse écraser, laissant sur les rails une pâte gluante qui freine les roues des locomotives. Ou encore un dromadaire qui promène sur la voie, indifférent aux appels du gardien, aux coups de trompe, comme aux clameurs des voyageurs.

Le Bagdadbahn

En 1890, l'Asie n'avait encore que trente-deux mille kilomètres de chemins de fer, dont vingt-sept mille en Inde. C'était bien peu en regard des deux cent vingt-trois mille kilomètres de l'Europe et même des dix-neuf mille de l'Australie. La Turquie d'Asie, par exemple, ne comptait guère qu'un millier de kilomètres de lignes, Haydar Pacha-Izmit, Smyrne-Dimer et Smyrne-Alachehir, construites par des investisseurs et des ingénieurs anglais. À l'exception de l'Espagne, de l'Italie, de l'Égypte et de la Russie, où la présence française se faisait sentir, c'étaient en effet surtout les capitaux anglais qui finançaient la construction des chemins de fer à travers le monde, non seulement dans l'Empire britannique, mais aux États-Unis, au Mexique, en Amérique du Sud, au Japon. Partout.

Or, à partir de 1888, les Allemands entrent en scène, avec une percée spectaculaire en Turquie. L'opération s'effectue en quatre temps. Tout d'abord, en 1888, un marchand de fusils Mauser, Alfred von Kaulla, et le président de la Deutsche Bank, Georg von Siemens, réussissent à souffler à un consortium franco-anglais la concession de la ligne Izmit-Ankara, puis des embranchements Izmit-Brousse, Eskichehir-Konya et Ankara-Kayseri, soit en fin de compte près de deux mille kilomètres de lignes, toutes en Anatolie. La concession est accordée pour cent quatorze ans à la Compagnie des chemins de fer d'Anatolie, à capitaux allemands, qui sous-traite les travaux à une entreprise allemande de travaux publics, Philip Holzmann.

Puis, en 1900, le gouvernement turc confie à un ingénieur allemand, August Meissner, l'étude et la construction du Chemin de fer du Hedjaz, une ligne de mille trois cents kilomètres de Damas à Médine. Présenté comme devant faciliter le pèlerinage à La Mecque, et effectivement financé par les dons des fidèles, il doit en réalité servir à renforcer le pouvoir du sultan sur l'ensemble de la région. Ce chantier en territoire bédouin, sans autre moyen logistique que des dromadaires, sans bois pour les traverses, sans eau pour les chaudières des locomotives à vapeur, sans protection contre le soleil, représente un véritable défi.

August Meissner réussit à en venir à bout en 1908, ce qui lui vaut le titre de pacha. Puis il dirige la construction du Bagdad Bahn, de Konya à Bagdad et Bassorah, soit deux mille trois cents kilomètres, une ligne concédée en 1903 par le sultan Abdul Hamid aux Chemins de fer d'Anatolie suite à une visite de Guillaume II en 1898.

Ces chemins de fer ont une telle importance stratégique que certains voient dans leur construction par les Allemands une des causes de la Grande Guerre. Du point de vue strictement turc, la liaison Constantinople/Bassorah et, plus encore, celle de Damas à Médine doivent permettre à l'empire ottoman – jusqu'alors qualifié d'« homme malade » – de préserver son hégémonie sur les provinces éloignées du Moyen-Orient, de maintenir son contrôle de l'Arabie, voire de rétablir sur l'Égypte une influence que lui ont ravie les Anglais.

Pour le kaiser, il s'agit de rien moins que d'un Berlin-Bagdad Bahn, donnant au Reich un accès direct à sa colonie de Tanzanie sans passer par le canal de Suez, de mettre la main sur les gisements de pétrole récemment découverts à Mossoul et Kirkouk et d'approvisionner en mazout les navires de la Kriegsmarine par le port de Bassorah.

Déjà, ouvriers turcs, kurdes et arméniens ont travaillé cinq ans, côte à côte, au premier tronçon du Bagdad Bahn, de Konya à Bugurlu, et les études de terrain pour franchir la chaîne du Taurus s'achèvent en 1909. Au moment de redémarrer les travaux, une révolution nationaliste ourdie par les Jeunes Turcs dépose Abdul Ahmid, détruit la vieille ville d'Adana et massacre vingt-deux mille Arméniens. Les ingénieurs refusent de livrer aux tueurs leurs ouvriers arméniens mais ils n'ont plus le cœur à l'ouvrage et, traumatisés, quittent le pays.

Après plusieurs mois d'interruption, le chantier reprend l'été 1910. La traversée du Taurus par un col à 1 465 m d'altitude nécessite quarante-quatre tunnels et un long viaduc. Les éléments en acier arrivent par bateau à Alexandrette, d'où une voie de chemin de fer les amène à pied d'œuvre. Plus loin, la plaine entre le Tigre et l'Euphrate, la Mésopotamie, est inondable, il faut surélever les voies par d'interminables remblais. Le prix au kilomètre est très élevé. La ligne sera-t-elle jamais rentable ?

Malgré tout, elle inquiète les Anglais. Sa construction risque de faire péricliter le canal de Suez, le cordon ombilical avec l'Inde. Et de nuire à leur quasi-monopole sur les rives de l'océan Indien. Ils envoient une espionne, Gertrude Bell, qui réussit à s'attirer les bonnes grâces d'Auguste Meissner.

« Cet après-midi, Meissner est venu me chercher, écrit-elle à son père le 28 mars 1914[85]. Les palmiers se penchaient sur les rives du Tigre et une flottille de vieux bateaux voguait sur le fleuve grossi. Les flots boueux du Tigre, les palmiers, les Arabes chantant – le vieil Orient – et, au beau milieu de tout cela, les locomotives immaculées, les Allemands aux yeux bleus et aux chevaux courts avec leurs mouvements secs et rapides, leur allure un peu militaire. Les soldats de l'Occident viennent pour conquérir, leur arme est la technologie. »

En août 1914, un télégramme de Berlin apprend à August Meissner que la guerre est déclarée. Les travaux sont suspendus, et les hommes en état de porter les armes tenus de se présenter immédiatement au consulat d'Allemagne à Alep. Le sultan Mehmet V, qui cherche un allié de poids, reçoit de tous côtés des propositions d'alliance. Des Allemands, bien sûr, mais aussi des Anglais, des Russes et des Français.

Ce sont les Allemands qui l'emportent : ils n'ont aucune prétention territoriale en Turquie, leurs officiers entraînent les troupes turques depuis plusieurs années, et le kaiser offre à la Turquie deux cuirassés modernes. À Noël 1914, la Turquie entre en guerre et les ingénieurs allemands retournent au chantier du Bagdad Bahn. Il leur reste à construire cinq cents kilomètres, deux tronçons sur quatre, l'un au centre, l'autre dans la montagne, où trois tunnels sont inachevés. Pour couvrir les 2 019 kilomètres d'Istanbul à Bagdad, le voyage prend encore vingt-deux jours, et il n'est évidemment plus possible de faire transiter du matériel par le canal de Suez, d'autant que les Britanniques se sont emparés de Bassorah.

Thomas Lawrence, qui a réussi à retourner contre les Turcs les Bédouins de l'émir Fayçal, mène la vie dure aux équipes de Meissner. Les avions de reconnaissance allemands ne peuvent surveiller toute la ligne, tout photographier, signaler tous les sabotages. La poussière et le sable abîment leurs moteurs. Les soldats turcs venus de Médine et de La Mecque meurent de faim et de soif dans le désert.

August Meissner fait ses adieux en 1917 à son chantier sans voir achevée l'œuvre de sa vie. Son rêve se perd dans les sables. Le 1er octobre 1918, les Anglais prennent Damas. En 1919, le traité de Versailles annule les concessions faites aux Allemands et force la Deutsche Bank à céder à une banque suisse toutes ses actions dans les chemins de fer de Turquie. Il faudra encore attendre 1940 pour que premier train effectue de bout en bout la liaison Istanbul-Bagdad.

Cinquième partie

LE TRAIN EN PANNE
1914-1964

La journée de huit heures, la concurrence de la route puis de l'avion portent de sérieux coups à l'exploitation des chemins de fer. Les compagnies, accusées de tous les maux, sont ligotées par l'État. Dans toutes les démocraties, elles sont acculées à fermer progressivement la moitié ou presque de leurs lignes. La Pacific 231 *continue de faire rêver, mais la traction à vapeur coûte de plus en plus cher. Déjà apparaissent l'autorail diesel et la locomotive électrique. Un Français, Louis Armand, reprend l'initiative avec la traction électrique en courant industriel alternatif.*

La guerre actuelle est une guerre de chemins de fer

Pour une génération d'hommes qui, jusque-là, n'avaient jamais quitté leur village, la guerre de 1914-1918 sera souvent le premier voyage en train et parfois le dernier. Les chemins de fer vont jouer un rôle capital dans le déploiement des armées d'un front à l'autre. « La guerre actuelle est une guerre de chemins de fer », déclare Joffre.

L'état-major allemand comporte une division ferroviaire dont le chef, Wilhelm Groener, organise de main de maître la mobilisation de 1914. Depuis plusieurs années, il a affecté un officier à chaque ligne et, aux jeux de guerre annuels, il vérifie l'aptitude de tous à s'adapter aux changements de situation.

Persuadé que, compte tenu de leur réseau de chemins de fer, les Russes mettront trois mois à mobiliser, le haut commandement allemand pense avoir le temps de mettre la France hors de combat en l'envahissant à travers la Belgique. Une menace sous-estimée par les Français. Un traître, la tête entourée de bandages ne laissant voir qu'une moustache grise et des yeux perçants, a pourtant communiqué moyennant finance à un officier de notre service d'espionnage la première mouture du plan Schlieffen. Rien n'y fait : en haut lieu, on s'attend à une attaque en Lorraine, et c'est exclusivement sur cette frontière que, du 1er au 20 août 1914, dix mille trains concentrent nos cinq armées, soit douze cent mille hommes et quatre cent mille chevaux.

Pour assurer le succès de la doctrine à la mode, « l'offensive à outrance », et du Plan 17, la marche irrésistible jusqu'à Mulhouse, Strasbourg et Mayence, l'état-major français compte sur une diversion opérée par nos alliés russes sur le front oriental. La France a largement financé la construction de leurs chemins de fer et de leurs usines d'armement et envoyé mission sur mission à Saint-Pétersbourg pour coordonner les opérations militaires. Certes, les Russes seront bien incapables de concentrer leurs six millions cinq cent mille hommes en deux semaines, mais le tsar promet de lancer une offensive avec huit cent mille hommes à M + 15 jours. De quoi tenir en respect au moins deux armées allemandes.

C'est une double méprise. Les Allemands attaquent en Belgique, là où les Français ne les attendaient pas. Et les Russes en Prusse orientale, plus tôt que prévu par les Allemands. Mais l'état-major russe a fait l'impasse sur le ravitaillement. Après plusieurs jours sans manger et sans boire, les soldats russes, en proie au délire, les gourdes vides, en sont réduits à sucer la boue. C'est le désastre de Tannenberg. Pour les Allemands, l'alerte a été chaude. Ils ne s'en seraient sans doute pas sortis sans l'aptitude du général Groener à transporter en une ou deux semaines d'un front à l'autre des centaines de milliers d'hommes et de chevaux.

Les Alliés ne sont pas en reste. Les chemins de fer passent sous l'autorité militaire, les points sensibles, les tunnels, les viaducs, sont gardés par des vieux, les « territoriaux », qui portent sur leur habit civil un brassard tricolore marqué GVC, « garde-voies et communications ». Faute de main-d'œuvre, on recrute massivement en Chine des paysans payés un franc par jour pour venir travailler sept jours sur sept à reconstruire des centaines de kilomètres de voies détruites, à édifier des embranchements pour acheminer le corps expéditionnaire britannique ou des voies en courbe pour diriger le tir de lourds canons de marine que l'on a montés sur des wagons. Certains de ces travailleurs chinois resteront en France après la fin des hostilités et seront à l'origine du quartier chinois de Paris.

La plupart de ces voies de chemin de fer improvisées sont à voie étroite, système Decauville, une invention qui remonte à 1875. Cette année-là, l'automne avait été particulièrement humide, il pleuvait tous les jours et, dans les plaines de Picardie, de la Beauce et de la Brie, les betteraves étaient abondantes. Les tombereaux et les charrettes s'enlisaient dans les champs. Il fallait décharger, dégager l'attelage, recharger à nouveau et recommencer 50 m plus loin. Les hommes et les bêtes s'épuisaient, le temps pressait, l'hiver approchait, des milliers de tonnes de betteraves allaient rester à pourrir dans les champs. Paul Decauville, un gros agriculteur betteravier d'Évry-Petit-Bourg, avait eu une idée : pourquoi ne pas installer des petites sections de voies le long des rangs de betteraves et y faire rouler un chariot avec un gros panier ? Le rang fini, quelques hommes suffiraient à déplacer l'installation jusqu'au rang suivant. Sitôt dit, sitôt fait. Il avait construit une voie de deux rails espacés de 40 cm et reliés par des traverses en fer plat. Du coup, l'ensemble ne s'enfonçait plus dans le sol. Un ouvrier avait alors proposé de fabriquer des wagonnets. Son idée avait plu. Vu l'urgence de la récolte, on avait produit en quantité rails, traverses et wagons. Avant les premières gelées, on avait terminé le débardage des neuf mille tonnes de betteraves. Devant ce succès spectaculaire, tous les agriculteurs des environs s'étaient empressés d'acheter ce système si facile à monter et démonter.

Paul Decauville avait alors ajouté à son chemin de fer portable des plaques tournantes et des locomotives, puis construit le petit train du Jardin d'acclimatation au bois de Boulogne et celui de l'Exposition universelle de Paris en 1889, qui avait transporté sans accident six millions de voyageurs. C'était la meilleure des publicités : la France entière avait voulu du Decauville, surtout les colonies. Son entreprise, forte maintenant de neuf cents ouvriers, fabriquait des rails, des traverses et du matériel roulant non seulement pour des exploitations agricoles ou industrielles mais aussi pour des lignes de chemins de fer locales.

Le colonel Prosper Pechot avait ensuite adapté ce système à l'usage militaire. Sur des rails de cinq mètres, assez légers pour être déplacés par deux hommes, et à écartement de 60 cm, des wagons à bas centre de gravité pouvaient transporter de l'artillerie, même des canons de 320 mm. Les deux cheminées caractéristiques encadrant leur chaudière à foyer central donnaient cependant aux locomotives Decauville une silhouette facile à repérer. Belle cible pour l'ennemi.

L'état-major français avait seulement oublié de penser aux blessés et n'avait pas apporté la même attention aux services sanitaires qu'à l'utilisation des chemins de fer pour déployer l'artillerie. En 1914, blessés et gazés rentrèrent du front en wagons à bestiaux jamais nettoyés, couchés à même la paille qui avait servi au transport des chevaux et la gangrène fit autant de victimes que les balles ou les éclats d'obus. Il fallut attendre 1915 pour voir apparaître des trains sanitaires convenables, certains même avec des voitures à bogies offertes par des donateurs américains anonymes.

Après l'entrée en guerre des Américains en avril 1917, un immense flux de fournitures et de matériel de guerre converge de l'Ouest et du Middle West vers les ports de l'Atlantique, mais la guerre sous-marine – les terribles *U-boats* – réduit le tonnage disponible pour traverser l'Atlantique. Les gares maritimes sont embouteillées. Des dizaines de milliers de wagons immobilisés servent d'entrepôts en attendant un hypothétique cargo.

Pour reprendre en mains la situation, le président Wilson place les chemins de fer sous l'autorité d'un fonctionnaire, William Gibbs McAdoo, qui interdit d'expédier sans s'être assuré au préalable de la possibilité d'un rapide déchargement à destination. Pour rendre le trafic plus fluide, il supprime également ceux des trains de voyageurs qui font double emploi. Cette nationalisation temporaire favorise une innovation : le contrôle centralisé du trafic. Pour réduire les bouchons, un seul opérateur contrôle les aiguillages et les signaux de toute une ligne.

Se pose ensuite le problème du transport de l'armée Pershing – deux millions d'hommes et cinq millions de tonnes de matériel – sur le territoire français, depuis les ports de débarquement de Brest, Saint-Nazaire, Nantes, La Palice, Rochefort, Pauillac et Bordeaux, jusqu'au front de Lorraine. Le seul trajet disponible emprunte des voies secondaires à activité normalement réduite, via Bourges et Nevers. Sur cette « ligne américaine », les gares n'ont pas été prévues pour de telles circonstances et ne possèdent pas assez de voies de garage. Aussi s'efforce-t-on de constituer des trains complets, qui n'aient à subir aucun tri en cours de route. Comme en Amérique, on retire aux chefs de gare la responsabilité du mouvement pour la confier à des *dispatchers* qui surveillent par téléphone la circulation des trains tout au long de leur parcours.

Devant l'incapacité de l'industrie française à construire des locomotives en nombre suffisant, on passe commande à Baldwin et à American Locomotive, Alco, de neuf cents locomotives 140, les Pershing. Leur particularité est de pomper l'eau dans des réservoirs sur le toit des voitures. La réduction du cheptel français posant également un problème de ravitaillement en viande, les armées américaines organisent le transport de la viande congelée. Ils amènent mille cinq cents wagons frigorifiques et construisent des entrepôts dans les ports. En quittant la France, les Américains céderont aux compagnies du Paris-Orléans, du PLM, du Nord et de l'Ouest ces wagons, qui s'avéreront très utiles au transport des primeurs de la vallée du Rhône, des fleurs de la Côte d'Azur et du poisson de Boulogne-sur-Mer ou de Dieppe.

À partir du 1er décembre 1917, un train par jour rapatrie en France des permissionnaires de l'armée d'Orient ou de divisions envoyées renforcer les Italiens après le désastre de Caporeto. C'est ainsi qu'arrive à Modane, le 12 décembre 1917 vers 19 h 30, un train de vingt wagons bondés de plus d'un millier de militaires en provenance d'Italie. Ce soir-là, l'arrêt à Modane semble s'éterniser. Le mécanicien s'est en effet aperçu que le frein automatique de sa locomotive ne contrôlait plus que les trois premières voitures et personne ne parvient à le réparer. Finalement, on se contente de placer des serre-freins sur les toits de sept wagons pour actionner les freins manuels en cas de nécessité.

Le mécanicien refuse quand même de partir. Jusqu'à Saint-Michel-de-Maurienne, le trajet comporte quinze kilomètres de descente avec une pente moyenne de 25 ‰, et le règlement est formel : avec vingt wagons, il faut absolument deux locomotives afin d'être sûr de pouvoir freiner convenablement. Or, la deuxième locomotive vient d'être réquisitionnée pour tirer dans l'autre sens un train de munitions. Les permissionnaires s'impatientent. L'officier responsable du trafic ferroviaire se fâche et ordonne au mécanicien de s'exécuter. Sinon, c'est la prison. Ou, pire encore, le front.

Le mécanicien hésite, mais finit par obéir. Lorsque le chef de gare donne finalement le signal du départ, à 22 h 47, il manque à l'appel une quinzaine de poilus qui ont bu au buffet plus que de raison. La première voiture, celle des officiers, est vide, car ils se sont tous esquivés en abandonnant leurs hommes pour monter sur un rapide. Qu'importe ! On part. Le démarrage s'effectue normalement, très lentement. Avant la forte pente qui précède le tunnel des Épines Blanches, le mécanicien ferme l'arrivée de vapeur pour mieux contrôler son lourd convoi. Voyant cependant que la vitesse continue à augmenter, il donne à coups de sifflet l'ordre aux sept camarades positionnés sur les toits d'actionner les freins manuels de leurs wagons. Sentant quelque chose d'anormal dans le comportement de son train, il bat à contre-vapeur et lâche du sable sous les roues de sa locomotive pour essayer de s'arrêter complètement et de prendre d'autres dispositions de freinage.

Rien à faire. Le train recommence à prendre de la vitesse. Un ralentissement sensible se fait sentir sur un palier peu après la gare de La Praz. Mais, à la pente suivante, le train accélère rapidement : 70 km/h, 100 km/h.

Entassés dans ces wagons en bois sans confort, les soldats jouent aux cartes ou dorment comme ils peuvent, harassés après des mois au front et un voyage interminable. D'autres chantent à tue-tête, tout à la joie du retour. Ils se savent attendus par leur mère, leur femme, leurs enfants. Maintenant qu'ils roulent sur la terre natale, ils se voient déjà chez eux.

Certains y seront le lendemain matin, d'autres dans quinze ou vingt heures encore.

Pourtant, quelques-uns commencent à s'inquiéter. Le train, qui ne devrait pas dépasser les 40 km/h frôle un moment les 135 km/h. Déjà, un serre-frein, terrifié par la vitesse, s'est laissé glisser du toit sur le marchepied et, de là, il s'est jeté sur le bord de la voie, où il s'est blessé grièvement. Quelques soldats de son wagon l'ont vu et en font autant, mais avec la vitesse, on les retrouvera tous morts sur le talus. Les chants ont cessé. Les dormeurs sont réveillés. Par la fenêtre on voit passer, illuminant la nuit, les gerbes d'étincelles que les patins de freins font sur les roues. On commence à crier de terreur.

Lorsque le train aborde à 102 km/h les deux courbes inversées qui se succèdent dans une longue tranchée juste avant Saint-Michel-de-Maurienne, c'est la catastrophe. À l'amorce de la deuxième courbe, la voiture de tête, vide depuis le départ des officiers, et donc plus légère, déraille et se met en travers de la voie. Les dix-neuf wagons suivants viennent buter contre elle. Ils s'enchevêtrent, s'encastrent, s'empilent sur quatre hauteurs. Dans le bruit infernal, la confusion, le mécanicien ne se rend pas compte de la rupture d'attelage. Il poursuit sa route jusqu'à Saint-Michel-de-Maurienne, où il parvient à arrêter la locomotive et son tender quelques centaines de mètres avant la gare. Descendu de sa machine, il s'aperçoit enfin de la rupture des attaches et de la perte du convoi, resté un kilomètre en arrière.

Un témoin, l'agent en service à la gare de La Praz, racontera plus tard :

« J'ai entendu des coups de sifflet saccadés provenant de plus loin que le disque en amont de la gare. Le train est passé ici à une vitesse vertigineuse. Immédiatement, je me suis précipité au téléphone pour alerter la gare de Saint Michel. J'ai dit à mon collègue : "Dégage les voies, surtout n'envoie pas de train !" »

Cet agent a évité à la catastrophe d'avoir été encore plus meurtrière. En effet, le chef de gare de Saint-Michel-de-Maurienne s'apprêtait à donner sur l'autre voie le départ à un train de militaires écossais à destination de Modane et de l'Italie.

Les deux convois se seraient croisés dans la fameuse tranchée avec les conséquences effroyables que l'on devine.

Dans cette tranchée justement, après le fracas assourdissant, règne un grand silence. Dans le noir, les survivants rampent pour sortir de l'amas de ferrailles enchevêtrées et tâcher de dégager les copains évanouis ou blessés. Et voilà que, dans ce chaos, le feu prend quelque part, sans doute allumé par des bougies, car l'enquête apprendra que l'éclairage électrique ne fonctionnait pas à bord. Bientôt l'incendie fait rage. Au milieu du brasier alimenté par le bois des wagons, on entend de sourdes explosions, des grenades ou des cartouches emportées par les soldats, qui explosent sous l'effet de la chaleur.

Depuis la gare de Saint-Michel, les secours s'organisent, d'abord les soldats écossais, puis la population de la petite ville et des environs, mais le feu empêche jusqu'au lendemain après-midi de pénétrer dans l'amoncellement de débris qui obstrue la tranchée. Il faudra déblayer pendant cinq jours pour faire le bilan de cette catastrophe, la plus terrible de l'histoire des trains : quatre cent vingt-cinq tués sur le coup, plus deux cents morts les semaines suivantes des suites de leurs brûlures ou de leurs blessures[86].

Trotski et Deschanel, deux hommes pressés

Le rail est le seul moyen de transport terrestre qui ne craigne ni la neige ni la boue au moment du dégel. C'est en train que Trotski est rentré triomphalement en mai 1917 à Saint-Pétersbourg de son exil en Finlande et, élu président du soviet révolutionnaire de guerre, c'est à bord d'un train blindé que, il va galvaniser l'armée rouge et renverser une situation dramatique. Car, non seulement les Allemands occupent l'Ukraine et les États baltes, mais les Russes Blancs, conduits par des chefs expérimentés, Koltchak, Dénikine, Youdenitch, Wrangel, attaquent depuis tous les points cardinaux.

Le 7 août 1918, Léon Trotski vole au secours de Kazan menacé par l'artillerie de Koltchak. En hâte, il embarque deux cents hommes à bord d'un train spécial avec de l'artillerie, des munitions et du matériel médical. Le convoi est lourd, il lui faut deux locomotives. Direction Kazan. Les communications étant interrompues, Léon Trotski ne peut savoir, en quittant Moscou, que la ville est déjà aux mains de l'ennemi, et que les restes de l'armée rouge se sont repliés à Svyazhsk, une petite ville sur la Volga.

Les cheminots n'ont pas encore pris clairement parti pour la révolution, aussi le train avance lentement. Il arrive à Svyazhsk juste à temps. Il est urgent de défendre cette ville. Sa chute ouvrirait à l'ennemi la route de Nijni-Novgorod, puis de Moscou. Les Rouges, qui ont perdu la plupart de leurs canons, sont démoralisés. À moins de renforts, ils ne peuvent plus faire grand-chose. Et dès la moindre éclaircie, l'aviation ennemie les bombarde.

Léon Trotski renvoie alors une locomotive à Moscou chercher du ravitaillement, des munitions et des canons de marine. Cette deuxième locomotive servira par la suite d'agent de liaison, la première restant en permanence sous pression, prête à suivre les brusques déplacements du front. Puis Léon Trotski met son uniforme de cuir noir, grimpe sur le toit d'un wagon et harangue les militaires. Il galvanise le courage des chefs, Rosengoltz, Smirnov, Mikhailov, Kolozov, Raskolnikov, il en fait des hommes à lui, dévoués à la vie à la mort. Staline les fera plus tard tous fusiller. La raison ? Leur fidélité, justement.

À bord de son train blindé, Léon Trotski réorganise l'Armée rouge, il l'éduque, la dirige, la ravitaille. À partir de détachements de partisans, de réfugiés échappés aux Blancs, de paysans mobilisés dans les districts voisins, d'ouvriers venus des centres industriels, il forme des compagnies, des régiments, des divisions. En deux ou trois semaines, grâce à ses discours vibrants d'énergie, il amalgame en une troupe combative cette masse disparate d'individus démoralisés par une succession de défaites, de retraites. De bandes anarchiques de partisans habitués à élire leurs officiers, il fait une troupe disciplinée. Au besoin, il confie des commandements à d'anciens officiers tsaristes, flanqués, bien sûr, de commissaires politiques chargés de veiller, revolver au poing, au respect de l'idéologie. Chaque fois que Léon Trotski inspecte une division, il convoque des représentants de tous les échelons de la hiérarchie et, sans fard, carrément, discute avec eux de leurs besoins en armes, en munitions, en vêtements, en bottes, en ravitaillement. Rien n'est laissé au hasard. Chaque détail a son importance. Toujours, l'échange de vues se termine par des décisions pratiques.

Ce train est une sorte de cuirassé terrestre. Derrière les wagons blindés armés de canons et de mitrailleuses, une vingtaine de wagons ordinaires servent de dortoirs, de restaurant, de cuisine, de salle de conférences, d'armurerie, d'infirmerie, sans oublier la station radio, pour capter les émissions de toute l'Europe, la salle du télégraphe, le tribunal, la prison et l'imprimerie, où sont imprimés les tracts et les ordres du jour.

Depuis ce train, arme de guerre autant que de propagande, Léon Trotski dirige l'armée soviétique. Sans se prendre pour un stratège, il écoute les experts et donne les ordres en conséquence. La guerre civile se déroulant surtout à la périphérie du pays, sur huit mille kilomètres, il se déplace d'un front à l'autre, apparaît aux moments les plus critiques ou juste avant une offensive. En trois ans, il parcourt cent cinq mille kilomètres, traverse l'Ukraine, les rives de la Volga, les environs de Smolensk, les bords de la Dwina. On le voit aussi bien à Rostov sur le Don qu'à Saint-Pétersbourg.

L'approche de son train légendaire rend l'espoir aux troupes fatiguées, rattache le détachement le plus isolé à l'armée entière, à la vie du pays. Les bruits alarmants, les doutes se dissipent, le moral se relève. L'élan donné suffit pour plusieurs semaines, parfois jusqu'au retour du train. Pour l'armée en création, le train, toujours au courant de ce qui se passe partout ailleurs, est le messager d'autres mondes.

À force de s'approcher des premières lignes, il lui arrive d'être bombardé, canonné, mitraillé. Il ne déraille qu'une fois, et encore à petite vitesse, en approchant d'une gare. Par suite d'une erreur d'aiguillage, plusieurs wagons ont versé sur le bas-côté. Celui de Léon Trotski est couché, la portière endommagée est bloquée, mais il réussit à sortir par une fenêtre. C'est la nuit, on n'y voit rien. Se croyant tombé dans une embuscade, il s'attend à entendre siffler les balles, mais perçoit seulement les plaintes d'un blessé. Un homme s'approche, une lanterne à la main, le chef de train. Il n'y a pas d'embuscade, mais neuf wagons, dont le wagon-restaurant, sont détruits. Léon Trotski aurait pu être tué. Comme il se sort toujours indemne des situations les plus critiques, il a le sentiment d'être invulnérable.

Quel contraste avec le pauvre président de la République française tombé du train en pyjama ! Après la victoire de 1918, les élections ont amené en France un raz de marée de députés et de sénateurs de droite. Or ceux-ci, à la surprise générale, au lieu de porter Clemenceau, « le Tigre », à la présidence de la République, ont choisi, en février 1920, une personnalité moins autoritaire, Paul Deschanel. Un brillant orateur et académicien mais qui, à peine arrivé à l'Élysée, commence à donner des signes de dépression. Est-ce l'angoisse accumulée pendant la guerre, le surmenage de la campagne électorale ou la déception de constater que ses nouvelles fonctions sont purement honorifiques, on ne sait. En tout cas, le nouveau président a des absences. À en croire les mauvaises langues, le jour où des fillettes des écoles sont venues en délégation lui offrir un superbe bouquet, il a détaché les fleurs une à une et les leur a jetées à la figure. Vrai ou faux, le ragot se colporte.

Le 24 mai 1920 au soir, le président Deschanel prend le train pour aller inaugurer un monument à Montbrison. En se couchant, il se sent agité et prend un calmant, un somnifère. Une heure passe. Son compartiment est surchauffé. Légèrement indisposé, il va à la fenêtre, à moitié assoupi, et tente de baisser la vitre. Elle résiste. Alors, il se suspend de toutes ses forces aux poignées. Brusquement, la fenêtre cède et la glace s'ouvre jusqu'en bas. En effet, les voitures présidentielles sont privées de barres d'appui, afin que le public puisse bien voir le président. Paul Deschanel perd l'équilibre, il est projeté au dehors. Par un hasard providentiel, le train roule alors à 50 km/h à cause d'une zone de travaux, et le président tombe sur un talus gazonné.

Le visage tuméfié et ensanglanté, il se relève, pieds nus et en pyjama, et marche le long de la voie. Il finit par rencontrer un garde-barrière : « Mon ami, ça va vous étonner, dit-il, mais je suis le président de la République ! » Interloqué, celui-ci l'emmène chez lui et court avertir la gendarmerie tandis que sa femme lui prodigue quelques soins. Les gendarmes envoient un télégramme aux gares les plus proches pour prévenir qu'un individu se déclarant Deschanel prétend être tombé du train présidentiel. Le message est relayé le long de la ligne, mais l'histoire paraît invraisemblable. Personne n'en tient compte. C'est seulement vers sept heures, au moment où le train entre en gare de Roanne, que le valet de chambre du président, en frappant à sa porte pour lui apporter son petit déjeuner, constate sa disparition.

Le surlendemain, comme si de rien n'était, Paul Deschanel préside le conseil des ministres. Mais l'opinion s'empare de l'affaire. Clemenceau a ce mot : « Cela ne m'étonne pas, M. Deschanel a toujours été pressé[87]. » Deux nouveaux incidents se produisent et le président finit par démissionner.

Les premières années de l'après-guerre, il n'y a pas que des monuments à élever à la mémoire des morts, il y a aussi à reconstruire les infrastructures ferroviaires anéanties par les Allemands au fur et à mesure de leur retrait des zones qu'ils occupaient dans le nord et l'est de la France. Raoul Dautry, le nouvel ingénieur en chef du Nord, s'attelle à cette tâche avec ardeur. Il lui faut aussi recruter massivement afin de compenser les pertes au front et de pallier les effets de la loi des huit heures, votée en 1919, qui réduit sérieusement le temps de travail. Pour fixer la main-d'œuvre et établir un climat de paix sociale, il met en chantier trente-deux cités-jardins réservées aux cheminots, notamment à Lille, Béthune, Lens, Aulnoye, Tergnier, Longueau, Creil et Le Blanc-Mesnil. Des cités avec des jardins potagers, des rues larges et généralement courbes, des écoles, des stades. La plus caractéristique de ces cités cheminotes est sans doute celle de Tergnier, dont Raoul Dautry a dessiné un plan qui figure trois roues de locomotive. Ce faisant, il poursuit un double but : améliorer les conditions de vie du personnel – d'ailleurs il anime une Ligue nationale contre les taudis – mais aussi le fidéliser, créer une petite patrie. Pour obtenir un logement dans une cité jardin, le cheminot doit donner des gages de son zèle. Toute participation à une grève entraîne l'exclusion ; d'ailleurs, les militants syndicalistes les plus actifs habitent à l'extérieur.

Le Train bleu

Cette même année 1920 où le président Deschanel a défrayé la chronique et où commence l'engouement pour les stations de sports d'hiver du Tyrol, on assiste aux débuts de l'Arlberg-Orient-Express, par Bâle, l'Arlberg, Innsbruck et Salzbourg. C'est aussi l'époque où l'Orient-Express est remplacé par le Simplon-Orient-Express, de façon à éviter soigneusement l'Allemagne en passant par Milan, Venise, Zagreb et Belgrade, les villes de nos alliés pendant la Grande Guerre. Pendant les quatre-vingt-seize heures du trajet Paris-Constantinople, le petit nombre des voyageurs, quatre-vingt-huit au maximum pour seulement quatre voitures-lits et une voiture-restaurant, ont amplement le temps de faire connaissance. En 1930, le Taurus Express leur permet de continuer l'aventure sur l'autre rive du Bosphore, jusqu'au Caire via Beyrouth et Damas. À une époque où l'avion n'offre encore guère de possibilités de voyage, ces dessertes exotiques dans un univers féerique aux frontières abolies font sensation.

Un hiver, arrêté par les congères, l'Orient-Express reste bloqué en Thrace orientale, à cent trente kilomètres d'Istanbul, par cinq mètres de neige. La nuit, la neige tombe si fortement qu'au petit matin le train est recouvert, on ne le voit plus. Dehors, il fait moins 25 degrés. Après une nouvelle journée d'attente, le thermomètre, dans les compartiments, descend à zéro degré. Un maharadjah fait le tour des compartiments, des liasses de billets de banque à la main, pour acheter à prix d'or des manteaux pour ses nombreuses épouses, vêtues seulement de voiles.

Les voyageurs tiennent une sorte d'assemblée générale avec le personnel. Quelques braves se dévouent pour aller chercher des secours. Après avoir creusé, avec les pelles à charbon, un tunnel sous la neige, ils avancent à grand-peine, enfonçant jusqu'au ventre dans la neige fraîchement tombée. À Tchekesskany, le village voisin, bien misérable, ils ne trouvent à acheter que quelques poulets et un mouton. Certainement pas assez pour nourrir tout le train. Heureusement, quelques fusils sont entreposés dans le fourgon, sage précaution lorsqu'on voyage à l'époque dans les Balkans. Alors, on part à la chasse au loup, et l'on survit ainsi cinq jours, jusqu'à l'arrivée d'un chasse-neige.

L'épisode inspirera à Agatha Christie, lors d'un séjour au Pera Palace d'Istanbul, un fleuron de la chaîne hôtelière des Wagons-lits, un de ses plus célèbres romans policiers, *Le Crime de l'Orient-Express*. Le célèbre détective Hercule Poirot, rencontrant à Istanbul son ami M. Bouc, directeur à la Compagnie, obtient par son intermédiaire une place dans le train en partance pour Calais. Au cours du voyage, un homme au passé mystérieux, M. Ratchett, est retrouvé assassiné de douze coups de poignard. Une tempête de neige, en plein cœur de la Yougoslavie, bloque le train, dérange les plans du meurtrier, et favorise l'enquête de Poirot qui, après examen des faits, suppose que le meurtrier se trouve encore à bord du train.

Le parc français de la Compagnie internationale des wagons-lits sera racheté en 1962 par la SNCF et remplacé progressivement par des voitures pour restauration rapide. Le Simplon-Orient-Express deviendra ainsi un train très ordinaire, le Direct Orient, fréquenté surtout par des travailleurs turcs ou yougoslaves en quête de travail à l'Ouest, avec pour tout bagage une pauvre valise en carton. Jusqu'à ce qu'un Suisse, Albert Glatt, et un Américain, James Sherwood, propriétaire du Cipriani à Venise et du San Michele à Florence, fassent revivre la Belle Époque en rachetant trente-cinq voitures de la CIWL éparses à travers l'Europe et vouées à la démolition, et en lançant, en 1982, le Nostalgie-Istanbul-Orient-Express, puis le Venise-Simplon-Orient-Express. Deux fois par semaine, il fait circuler onze voitures-lits aux couloirs d'acajou et de palissandre, de bois de rose ou de citronnier. Et les voyageurs se retrouvent pour dîner en smoking et robe du soir aux voitures-restaurants dans un décor de bacchanales où l'on retrouve le talent de Lalique.

En 1922, deux ans après le Simplon-Orient-Express naît le Train Bleu. Jusqu'alors, les voitures du Calais-Méditerranée Express, comme sur tous les trains, ont une caisse en bois de teck sur châssis métallique. En cas de déraillement, la caisse, fragile, risque de voler en éclats, et le châssis, plus robuste, de perforer et de détruire la caisse des autres voitures. Cette année-là, afin d'améliorer la sécurité, la Compagnie internationale des wagons-lits met en service les premiers wagons à caisse en acier, munis de surcroît d'une ceinture en acier de seize centimètres d'épaisseur, véritable bouclier de protection à hauteur des passagers. Ces voitures paraissent énormes, avec leur gros toit rond surmonté d'aérateurs et leurs marchepieds qui descendent très bas. Les rivets de la caisse, tous à tête fraisée, donc invisible, donnent un aspect lisse et net à leur peinture bleu sombre, rehaussée de lettres et de filets jaune vif.

Dès lors, le Calais Méditerranée Express se fait appeler le Train Bleu ou, pour les snobs, *Le Bleu.* La couleur bleue à filet d'or devient symbole de luxe, au point que la Compagnie se met à tout repeindre en bleu, même les anciens wagons en teck conservés sur les autres lignes.

Les voitures du Train Bleu ont une nouvelle suspension à quarante ressorts, un éclairage électrique, des couloirs d'acajou et des parois lambrissées décorées par Lalique en pâte de verre. Le wagon-restaurant, à la lumière tamisée par de petits abat-jour de soie rose, offre un cadre feutré et raffiné, une ambiance douce et complice. Innovation : les singles, ces compartiments à cabinet de toilette individuel pour passagers voyageant seuls communiquent désormais entre eux. Voilà qui facilite les brèves rencontres.

Entre Calais et Nice, on change six fois de locomotive. Une Pacific Nord de Calais à Paris ; une loco-tender de manœuvre de la gare du Nord à la gare de Lyon via la Petite Ceinture ; une *Pacific 231*, qui roule à 115 km/h de moyenne avec des pointes à 140 km/h de Paris à Laroche-Migennes ; une Mountain 241, à quatre essieux moteurs, plus puissante que rapide, pour la rampe du Seuil de Bourgogne, entre Laroche-Migennes et Dijon, où le chauffeur doit enfourner une pelletée de charbon toutes les deux ou trois secondes ; une *Pacific 231* de Dijon à Lyon ; une autre Pacific 231 ou une 220 Coupe-vent, à la face avant à pans obliques genre proue de navire pour lutter contre le mistral dans la vallée du Rhône, de Lyon à Marseille ; et enfin une Mountain 241 sur la section Marseille-Vintimille, afin de franchir les Maures et l'Esterel.

Le Train Bleu ne fonctionnait que de novembre à mai, pour la clientèle des princes russes et des riches aristocrates venus hiverner sur la Côte d'Azur. À partir de 1929, il circule toute l'année. Les hôteliers recherchent désormais une clientèle plus jeune, et ouvrent pour la première fois leur établissement à la belle saison. Mais un billet à bord du « Bleu » coûte la valeur de plusieurs mois de salaire d'un ouvrier poseur de voie. Aussi, ce train au nom de rêve ne transporte qu'une minorité de privilégiés. Parmi les habitués, Paul Morand, Rachmaninov, André Citroën, Cécile Sorel, Sacha Guitry, Charles Trenet, Jean Gabin, Fernandel, Coco Chanel. Sans oublier Jean Cocteau, à qui le Train Bleu inspire le scénario du ballet éponyme, de Bronislava Nijinska, sur une musique de Darius Milhaud. Comme par hasard, ses principaux personnages sont le beau gosse, le joueur de tennis et le joueur de golf.

Dans les années 1950, le Festival de Cannes accorde un répit au Train Bleu grâce aux starlettes qui se font photographier aux fenêtres des wagons. Mais, sous les coups de l'auto et de l'avion, ses voitures pullman achèvent leur carrière en 1976

Les wagons tout acier que nous voyons apparaître dès 1922 sur le Train Bleu se généralisent bien lentement. Qu'on en juge par la catastrophe de Pomponne, survenue onze ans plus tard. Le 23 décembre 1933 au soir, de nombreux voyageurs s'apprêtent à prendre le train afin d'aller fêter Noël en province. Pour répondre à l'affluence, la Compagnie de l'Est a affrété plusieurs trains supplémentaires, dont un express Paris-Nancy et un rapide Paris-Strasbourg. L'express, parti le premier, stoppe en pleine voie devant un signal rouge entre les gares de Lagny et de Pomponne. Après plusieurs minutes d'attente, on entend un grondement sourd et le rapide survient à 110 km/h. C'est la catastrophe. Les cinq wagons de queue du Paris-Nancy implosent sous le choc. Leur caisse en bois sur châssis de métal est pulvérisée en milliers d'éclats meurtriers. Le lendemain à l'aube, alors que les secours s'affairent encore sur les lieux de l'accident, on dénombre deux cents morts.

À l'exception du conducteur de la locomotive du second train, toutes les victimes se trouvaient sur le premier train. À la chapelle ardente dressée gare de l'Est, le président Albert Lebrun vient se recueillir devant les cercueils. Une enquête est aussitôt lancée pour déterminer les causes de l'accident et les responsabilités. Pourquoi l'express s'est-il arrêté en pleine voie ? Pourquoi le signal imposait-il l'arrêt ? Le gel est-il en cause ou est-ce encore un attentat des ligues fascistes ? Pourquoi le bilan est-il si élevé et pourquoi a-t-on utilisé des wagons de conception archaïque ? Sans répondre à toutes les questions, l'enquête révèle que les wagons à caisse bois servent régulièrement à pallier le manque de matériel aux périodes d'affluence. De fait, les éclats de bois ont fait beaucoup de victimes et si l'on n'en compte aucune parmi les passagers du rapide, c'est que celui-ci était intégralement composé de wagons tout acier.

À la suite de cette catastrophe, les wagons à caisse en bois sont retirés progressivement des grandes lignes, réservés aux trains de banlieue et ne doivent en aucun cas dépasser 60 km/h.

Le bel été 1936

Depuis 1914, l'enthousiasme suscité par le plan Freycinet s'est lentement évanoui, la France ne construit plus de chemins de fer que dans son empire colonial, au Congo par exemple. Savorgnan de Brazza avait eu, dès 1882, l'idée d'un chemin de fer entre Brazzaville et l'Océan, mais l'idée n'a pris corps qu'après la mise en exploitation, en 1907, des gisements miniers de Mindouli. Cinq ans plus tard, la Société des Batignolles présente un avant-projet : une voie unique, de cinq cent douze kilomètres avec des évitements tous les seize kilomètres et des courbes très serrées, parfois jusqu'à cent mètres de rayon.

Le chantier dure dix ans, de 1923 à 1933. À ses extrémités, la ligne traverse la savane, mais au centre, sur soixante-treize kilomètres, elle franchit le terrible massif montagneux du Mayombé, une forêt terriblement hostile. Dans la chaleur moite, accablante, il faut y construire quatre-vingt-douze ponts ou viaducs et percer douze tunnels. Le terrain, très dur, ne permet pas d'employer des pelles mécaniques. Tout se fait à la main. Un travail interminable, surtout au tunnel de faîte du Bamba, qui s'éboule plusieurs fois, laissant les eaux boueuses se déverser par la brèche, ce qui oblige sans cesse à boiser.

Avant de traverser son domaine, assurent les croyances locales, les Français négligent de faire des offrandes à Mami Watta, déesse des eaux et maîtresse du Mayombé. Alors, pour se venger, elle s'acharne à détruire la nuit ce que les hommes ont construit le jour, les tunnels s'écroulent, les viaducs s'effondrent. Jusqu'à ce qu'enfin, pour calmer sa colère, on lui présente des excuses et on lui fasse des offrandes. Alors, tout rentre dans l'ordre.

Mais, à la terreur de l'univers magique succèdent les épidémies. Pour suppléer à la mortalité foudroyante, l'administration coloniale enrôle cent trente mille hommes d'un bout à l'autre de l'A.E.F., l'Afrique équatoriale française, dépeuplée depuis la traite des Noirs. Un recrutement forcé, accompagné, en cas de résistance, de la mise à sac des villages. On enlève des nomades Saras au Tchad sec et désertique, à plus de mille cinq cents kilomètres au nord, pour les jeter au cœur de cette forêt du Mayombé, la plus humide de toute l'Afrique. Comme bien d'autres, nombre d'entre eux tombent, victimes de la maladie du sommeil, du paludisme, de la dysenterie et du serpent noir N'Douma. Ceux qui ne succombent pas d'accident ou de maladie meurent de langueur. Du lever du jour à la tombée de la nuit, le travail est harassant : creuser à la pioche, transporter les rails Decauville et les lourds matériaux de construction de la Société des Batignolles.

En 1934, les souffrances s'arrêtent le jour où une rutilante locomotive à vapeur entre en gare. À grands jets de vapeur, à grand renfort de puissants sifflements, elle salue la foule gaie et bruyante, debout sur les marchepieds, assise sur les toits. La ligne du Congo-Océan sert la publicité de la Société des Batignolles, mais le journaliste Albert Londres, qui effectue un grand reportage pour *Le Petit Parisien*, avance le chiffre de dix-sept mille déracinés morts d'épuisement, de faim ou de maladie dans l'enfer du Mayombé. Chiffre exagéré peut-être, mais effrayant.

En métropole, au contraire, la France commence, à partir de 1925, à fermer les lignes d'intérêt local, construites durant les années 1885 à 1910. La guerre de 1914 a gravement endommagé les réseaux du Nord et de l'Est, alors que les tarifs sont restés bloqués quatre ans. La loi des huit heures a ensuite entraîné l'embauche massive de nouveaux salariés insuffisamment formés. Là-dessus, l'État a forcé les compagnies à accorder des réductions à un nombre croissant de voyageurs. Cela a commencé par les mutilés de guerre, puis les parents pauvres de soldats morts au champ d'honneur. Moyennant la preuve du décès du militaire, du degré de parenté des demandeurs et de l'insuffisance de leurs ressources, ils bénéficient des bons de réduction de 50 % en troisième classe pour un pèlerinage aux champs de bataille. Suivront les cartes de familles nombreuses, et, en 1936, les billets de congés payés.

En juin 1936, le gouvernement Léon Blum fait voter, entre autres, la loi instituant deux semaines de congés payés, mais les salariés et leurs familles n'ont pas les moyens d'en profiter. Le temps presse. Les congés commencent le 3 août, dans un peu plus d'un mois. Le sous-secrétaire d'État aux Transports, Léo Lagrange, a alors une idée : faire accorder par les compagnies de chemins de fer 40 % de réduction aux bénéficiaires de congés payés. Il convoque leurs dirigeants. À l'exception de Raoul Dautry, qui dirige le réseau État depuis 1928, c'est-à-dire l'Ouest, tous appartiennent au secteur privé.

L'épouse du ministre, Madeleine Lagrange, se souvient de cette négociation, dont elle a assuré le secrétariat : « Je vois encore, assis en cercle, ces messieurs, immobiles et silencieux, à l'exception d'un seul. Léo expose son projet. L'unique interlocuteur formule des objections : "Les chemins de fer ne peuvent transporter à perte tant de monde !"

« Je me rappelle une phrase prononcée avec un zézaiement qui m'est resté dans l'oreille : "C'est *antiferroviaire* ce que vous demandez là !" »

Comment cet homme ne pouvait-il pas comprendre que le droit aux loisirs et aux vacances n'était pas octroyé mais conquis, et qu'en définitive, si la multitude partait en vacances, c'était une bonne occasion à saisir pour les chemins de fer ?

Léo parla encore une fois. Je ne me rappelle pas ce qu'il a dit, mais seulement de la flamme un peu sévère qu'il mit dans ses paroles.

Puis, le silence.

Je pensais : « C'est fichu. Nous n'avons aucun pouvoir sur ces gens. »

Léo : « Est-ce oui ou non, messieurs ? »

Après un temps, vint la réponse de Dautry :

« C'est oui, monsieur le Ministre. Dans quatre jours, vous aurez le billet Lagrange[88]. »

Des centaines de milliers de Français partent pour la première fois en vacances, découvrent les plages de la Méditerranée et de l'Atlantique, les montagnes des Alpes et des Pyrénées. Cela provoque une affluence sans précédent dans les trains ce bel été 1936 qui marquera profondément la mémoire collective.

C'est le règne de la *Pacific 231*, avec ses deux essieux porteurs à l'avant, ses six roues motrices de 1,83 m de diamètre au centre et son essieu porteur à l'arrière. Elle tire une douzaine de voitures à 115 km/h de moyenne, avec des pointes à 140 km/h. D'abord importée des États-Unis, elle est construite en France depuis 1922 par Schneider, Fives-Lille et Batignolles-Châtillon et reçoit deux perfectionnements qui augmentent son rendement. L'un, la *surchauffe*, dessèche la vapeur en la soumettant, à travers une multitude de petits tuyaux, à la violente chaleur des gaz. Le fluide obtenu étant plus chaud et plus sec, il y a moins de condensation dans les tuyauteries et les cylindres. L'autre, le *compound*, évite de libérer à l'extérieur une vapeur à une température encore élevée, donc réutilisable. Après avoir fait passer la vapeur par un gros cylindre à haute pression, on la recycle dans un petit cylindre à basse pression, c'est ce qu'on appelle *la boîteuse* en jargon de métier.

En 1923, la *Pacific 231* inspire une symphonie à Arthur Honegger, passionné de chemin de fer. En 1939, Jean Gabin la pilote pour le film de Renoir, *La Bête humaine.* On peut encore en voir une en action sur la Vapeur du Trieux, un train touristique qui circule de Paimpol à Pontrieux.

Avec le tender, la *Pacific 231* atteint dix-neuf mètres de long. Elle pèse cent vingt tonnes et peut en remorquer quatre cents. Pour supporter un tel poids, il a fallu remplacer les anciens rails de fer par des rails d'acier, augmenter le nombre des traverses de soutien, renforcer les attaches par des selles ou des coussinets. Mais l'arrivée des voitures à voyageurs entièrement métalliques et le carénage aérodynamique des locomotives, à la mode dans les années 1930, alourdissent encore la charge. Au sommet de la longue rampe à 8 ‰ du seuil de Bourgogne, entre Laroche Migennes et Dijon, les *Pacific* se traînent à 75 km/h, épuisent leurs réserves de vapeur et forcent les locomotives suivantes à attendre avant de s'engager derrière elles.

La solution, c'est la *Mountain 241*, avec un quatrième essieu moteur. Née aux États-Unis pour franchir les montagnes Rocheuses, elle est bientôt construite en France par Schneider.

En cette époque de traction vapeur, le renchérissement du charbon pèse sur le compte d'exploitation des compagnies de chemin de fer. L'occupation par l'ennemi des bassins houillers du Nord et du Pas-de-Calais a privé la France pendant la guerre de la majorité de sa production nationale et la guerre sous-marine a perturbé l'importation de charbon anglais et américain. Aussi, le PLM, le Paris-Orléans et surtout le Midi, qui desservent des lignes proches des Alpes, du Massif Central et des Pyrénées, se tournent pour la traction vers l'énergie hydro-électrique. Dans un souci de standardisation, le ministère des Travaux publics forme une commission qui impose l'alimentation en 1 500 V continu, ne laissant le choix qu'entre la prise de courant par caténaire et le troisième rail. La caténaire ne crée aucune interruption au droit des aiguillages et des passages à niveau. Elle va rapidement supplanter le troisième rail, qui ne subsiste plus de nos jours que sur les lignes de Chamonix et de Cerdagne. D'autant qu'un industriel français, Faiveley, met au point, en 1924, un dispositif pour régler la force d'appui du pantographe[89] sur le fil de la caténaire.

Le Midi tiendra son programme et électrifiera mille neuf cents kilomètres en dix ans, de 1920 à 1930, les autres réseaux suivront plus timidement. La traction électrique est avantageuse pour les trains lourds qui ont besoin de puissance, mais, jusque vers 1950, les rapides demeurent à traction vapeur[90].

Le Paris-Orléans se contente d'électrifier Paris-Vierzon, le PLM Chambéry-Modane et l'État électrifie Paris-Le Mans plus cent vingt kilomètres de lignes de banlieue. Le gouvernement s'oppose à l'électrification des réseaux du Nord et de l'Est, de peur d'un éventuel sabotage par les Allemands. Au total, le réseau électrifié passe de 184 kilomètres en 1920 à trois mille trois cent quarante en 1938, l'essentiel sur l'ancien réseau du Midi. C'est beaucoup moins que les chemins de fer allemands ou suisses.

La vapeur offre pourtant beaucoup d'inconvénients : la lente montée en pression de la chaudière, la fréquence des ravitaillements et des opérations d'entretien, la pénibilité du travail, la puissance limitée, le mauvais rendement énergétique. Aussi cherche-t-on d'autres solutions. Dans les gares de triage, se multiplient les locotracteurs diesel de manœuvre disponibles dès le premier coup sur le démarreur.

En 1937, le PLM fait tirer les trains de marchandises par des locomotives diesel, qui assurent d'une traite les mille cent kilomètres de Paris à Menton, alors que la traction vapeur obligeait à changer cinq fois de locomotive. Mais, dans la France des années 1930, devant la concurrence du camion et de l'autocar, les compagnies se tournent aussi vers les constructeurs d'autos pour leur demander des véhicules rapides, confortables et à faible coût d'entretien. De Dion-Bouton propose de simples adaptations de l'autobus à la voie ferrée ; Renault et Michelin, de véritables automotrices lourdes, les autorails. Leur voiture de tête, tout en transportant des voyageurs, abrite le moteur sous son plancher, comme sur les petites locomotives de manœuvre.

Ces autorails, qui assureront en France jusqu'à 40 % du trafic voyageurs en 1961, sauveront de la fermeture bien des lignes secondaires. Ce sont au contraire les grandes lignes que vise Ettore Bugatti avec son autorail articulé aérodynamique, qui couvre en 1935 les cinq cent quatre kilomètres de Paris-Strasbourg en 3 h 30, à 140 km/h de moyenne. Ses bogies, à quatre essieux soutenus par des ressorts à lames, ont une telle tenue de voie qu'il peut franchir sans dérailler une courte portion sans rail. Au démarrage, le conducteur *met les gaz* à fond. Dès qu'il gagne de la vitesse, des jets de vapeur jaillissent des pots d'échappement latéraux et balaient le quai au grand dam des chefs de gare et des étalages de marchands de journaux. Le poste de conduite, placé sur le toit dans un kiosque surélevé, permet de circuler dans les deux sens avec une parfaite visibilité. Inutile donc d'avoir une cabine à chaque extrémité. Au total, il se vendra deux cent cinquante autorails De Dion, trois cent trente Renault, quatre-vingt-huit Bugatti et cent trente-cinq michelines.

Devant la concurrence des autocars, les fermetures de lignes se précipitent, le réseau français passe de quarante-deux mille kilomètres en 1930 à trente-et-un mille de nos jours. Mais les compagnies ont beau fermer les lignes les moins rentables et remplacer le plus possible la traction vapeur par la traction électrique, le diesel ou l'autorail, elles sont condamnées par la concurrence de la route. Leur déficit se creuse d'année en année, elles ne survivent qu'à coup de subventions de l'État. La Compagnie de l'Ouest, aux abois, fusionne avec le réseau de l'État, et le Paris-Orléans avec le Midi.

En 1937, toutes les compagnies sont nationalisées. Contrairement à une opinion reçue, il ne s'agit pas d'une nationalisation sanction, édictée par le gouvernement du Front populaire, comme celle de la Banque de France ou de certaines industries d'armement. C'est seulement l'été 1937, après la chute de Léon Blum et son remplacement par Camille Chautemps, qu'un décret-loi donne force exécutoire à une convention négociée librement entre l'État et les quatre grandes compagnies privées, le Nord, l'Est, le PLM et le P.O.-Midi, qui donne naissance à la SNCF. L'État apporte les réseaux de l'État et d'Alsace-Lorraine et reçoit 51 % des actions ; les quatre compagnies privées se partagent les 49 % restants, jusqu'en 1982, date à laquelle l'État restera seul actionnaire. Entre-temps, elles ont droit, non plus à des dividendes, mais à un intérêt de 6 %, qui vaut amortissement et rémunération.

Aux États-Unis, le déclin des chemins de fer commence en 1916, à peu près au même moment qu'en France. Cette année-là, soixante-cinq mille locomotives, dont les premières *Pacific 231*, et deux millions cinq cent mille wagons roulent sur les quatre cent trois mille kilomètres de lignes que se partagent cent cinquante compagnies privées américaines. Par la suite, la concurrence des transports routiers, aggravée par le développement des autoroutes gratuites, puis la crise de 1929, font chuter le trafic ferroviaire. Cédant aux pressions de l'opinion, l'Interstate Commerce Commission refuse aux compagnies, contrairement aux autres commerces et industries, le droit de gagner suffisamment d'argent pour attirer du capital. Du coup, elles plongent dans le rouge, suppriment des trains, ferment des gares, puis des lignes.

Incapables d'entretenir convenablement leurs voies, il leur faut limiter la charge par essieu. Si l'on veut des locomotives très puissantes, donc très lourdes, par exemple pour traîner d'interminables trains de charbon sur les rampes de la ligne Cheyenne-Laramie, au Wyoming, il faut allonger les locomotives pour en répartir le poids sur le plus grand nombre de roues possible. D'où l'idée de locomotives articulées. Beyer-Peacock, à Manchester, et la Franco-Belge, en Belgique, construisaient depuis 1911 des locomotives 260-062, les Beyer-Garratt, des monstres de quarante mètres de long avec leur tender, qui tiraient des trains lourds sur les voies d'Australie, de Nouvelle-Zélande, du Brésil, d'Algérie, d'Afrique du Sud et de Russie. L'Union Pacific commande à son tour en 1941 à Alco une locomotive articulée, la Big Boy, qui mesure également quarante mètres de long avec ses douze paires de roues et son tender à sept essieux. La Beyer-Peacock et la Big Boy sont moins exigeantes en personnel et même en charbon que plusieurs locomotives accouplées.

Certaines compagnies tentent de réagir à la débâcle du trafic voyageurs en imitant le Train Bleu et le Simplon-Orient-Express. Elles lancent des trains de luxe avec des voitures à caisse en Inox et bogies à six roues au lieu de quatre, qui évitent les secousses. Un salon observatoire solarium permet d'admirer les montagnes Rocheuses ou les cactus géants de l'Arizona et, une fois le repas terminé, les voitures restaurants se transforment en night-clubs, où la lumière diminue progressivement jusqu'à une teinte rose, tandis que des musiciens jouent du swing ou du tango. Ces trains, à réservation obligatoire, ces *Limited*, sont le California Zéphyr, l'Empire Builder, l'Empire State Express, le Sunset Limited. Mais c'est le chant du cygne, et le dernier d'entre eux, le Twentieth Century, quitte en 1967 pour la dernière fois la gare de New York Central.

Pendant cette période de l'entre-deux-guerres, bien peu de réseaux ferrés sont épargnés par la crise. C'est pourtant le cas de la Russie et de l'Italie fasciste, où l'Elettrotreno ETR 220 relie, en 1939, Milan à Florence à 203 km/h de moyenne. De l'Argentine aussi où, de 1921 à 1948, un ingénieur nord-américain, Richard Maury, construit au nord-ouest du pays, à la frontière avec la Bolivie et le Chili, une ligne de montagne à voie étroite de deux cent dix-sept kilomètres, depuis Salta, à 1 187 m, jusqu'à la Polvorilla, à 4 330 m. Cette ligne servait à transporter vers le Chili le coton, le tabac, le bétail et le bois de l'Argentine et, en sens inverse, des minerais de cuivre, de plomb et de soufre. Dépourvu de crémaillère, ce chemin de fer, qui culmine à 4 475 m à Abra Chorillo, a nécessité deux zigzags, vingt et un tunnels dont deux hélicoïdaux, vingt-neuf ponts et treize viaducs.

Le plus étonnant est justement le viaduc de la Polvorilla. Long de deux cent vingt et un mètres et construit avec une pente de 16 ‰ à 65 mètres au-dessus du vide, il décrit une courbe asymétrique de deux cents mètres de rayon. La butée de l'ouest se trouve cinq mètres plus haut que celle à l'est. On mesure le miracle d'avoir réussi à ajuster à la perfection sur le site les mille six cents tonnes de poutrelles d'acier coulées en 1932 à Trieste et acheminées par bateau à Buenos-Aires. Encore maintenant, un célèbre train touristique, le *Tren de las Nubes*, le Train des Nuages, effectue l'aller et retour à la belle saison en quinze heures, à la moyenne de 35 km/h.

Le pont de la rivière Kwai

Tout autant que la précédente, la Seconde Guerre mondiale est une guerre de chemins de fer. En 1944, avec moins de matériel roulant qu'en 1918 et un réseau un quart moins étendu, les chemins de fer américains transportent un tonnage supérieur de 82 %. Une seule division d'infanterie demande quarante-huit trains de dix-huit voitures de voyageurs plus vingt trains de cinquante-cinq wagons de marchandises. La guerre précédente ne comportait qu'un seul front, la plupart du trafic allait aux ports de l'Atlantique, entraînant un retour à vide à l'ouest. Cette fois, avec ses deux fronts, la guerre suscite un trafic plus équilibré. Comme en 1862 et en 1917, le gouvernement américain prend, en 1942, le contrôle de toutes les compagnies : une Association of American Railroads établit des horaires interréseaux permettant aux trains de troupes ou de matériel de traverser le pays encore plus vite que les trains de voyageurs civils en temps de paix. Dans la seule année 1943, quarante-deux mille trains transportent ainsi onze millions de soldats.

Les Japonais ont aussi le sens de l'organisation. En 1942, ils décident de construire au nord de Bangkok, à travers la jungle de Thaïlande et de Birmanie, une ligne de chemin de fer de quatre cent quinze kilomètres pour acheminer le matériel nécessaire à l'invasion de la Birmanie, voire de l'Inde. S'ils réussissent à terminer ce chantier en quatre mois, avant la mousson, cet exploit pourra également alimenter leur propagande dans tous les territoires occupés, valoriser leur efficacité et dissuader peut-être toute velléité de résistance. Aussi, non contents d'y envoyer en travail forcé soixante-huit mille prisonniers britanniques et australiens, des sous-hommes à leurs yeux, ils réquisitionnent deux cent mille travailleurs indiens, malais ou indonésiens. Des coolies attirés à Singapour par la promesse de contrats mirifiques.

Cette ligne sera un Death railway, un chemin de fer de la mort. Dix mille soldats japonais aux ordres du général Futumatsu harcèlent les malheureux accusés de travailler trop lentement. Sans cesse, ils crient : « Speed up ! Speed up ! » et, joignant le geste à la parole, font pleuvoir les coups de baguettes. Dans ce bagne, pas de marteaux-piqueurs, seulement de la dynamite, des pelles, des pioches et des masses pour enfoncer les crampons.

« Il y avait tant de mouches dans le camp, témoigne un rescapé, que chacun devait en attraper cent pour l'appel du soir et les montrer sur une feuille de bananier, sinon il était battu. On grelottait, on avait le paludisme. Beaucoup mouraient de choléra, le corps contorsionné. Le matin, en se levant, on était entouré de cadavres. Le soir, on fermait les yeux pour ne plus voir tous ces mourants. Ceux qui n'en pouvaient plus se pendaient, et, quand on allait aux latrines, on se cognait dedans[91]. »

Le chantier dure un an, d'octobre 1942 à octobre 1943. Dans ce bagne dépourvu de médecin, difficile de dénombrer les morts. À en croire les Japonais, il y en aurait eu cinquante mille mais d'autres sources font état de quatre-vingt seize mille victimes, dont dix-huit mille prisonniers de guerre. La mousson empêchait de brûler les corps. C'est seulement après la fin de la saison des pluies qu'on put dresser un grand bûcher.

Inspirés par le roman de Pierre Boulle, les auteurs du film *Le Pont de la rivière Kwai* ont laissé croire que, par fierté, le colonel anglais, incarné superbement par Alec Guinness, aurait collaboré avec les Japonais et se serait opposé au sabotage du pont. Bien au contraire, les officiers anglais ont veillé à ce que le béton soit mal mélangé et ils ont ramassé quantité de fourmis blanches pour manger les parties en bois. Le pont est toujours là, moins élevé que dans le film. En revanche, il est vrai que, spontanément, les prisonniers se sont mis au pas pour défiler en sifflant. Ce geste superbe reste dans toutes les mémoires.

Au moment même où tant d'hommes connaissent l'enfer sur le chantier de ce Death Railway, un nombre encore plus effroyable s'entasse dans les trains de la mort. Sur trois cent trente mille juifs résidant en France en 1940, soixante-quinze mille, non plus seulement des hommes, sont déportés vers les camps d'extermination, deux mille cinq cents seulement en reviendront. La direction de la SNCF, restée passive devant leur transport en train à Drancy puis en Allemagne ou en Pologne, adressera sans pudeur au ministère de l'Intérieur des factures pour ces convois qualifiés par elle de « transports en troisième classe ». Des wagons plombés, pour « 40 hommes ou 8 chevaux », où ils étaient entassés à cent vingt, derrière des volets garnis de fil de fer barbelé avec seulement quelques fentes pour respirer. En moyenne, le voyage durait soixante heures, et l'on n'ouvrait la porte qu'une seule fois.

Certes, chaque départ se faisait dans un grand déploiement de SS et les cheminots avaient interdiction d'y assister. Mais le seul exemple connu de refus d'obéissance est celui d'un mécanicien au dépôt de Brive, Léon Bronchart. Encore ne s'agissait-il pas de déportés juifs, mais de déportés pour faits de résistance.

« Le 31 octobre 1942, raconte-t-il, je suis à Montauban commandé pour assurer la traction du train 4 128. Je vois qu'on ajoute une rame au train que je dois emmener. Sur les marchepieds, des policiers gardent les portières. Je demande au sous-chef de gare la raison d'un tel service d'ordre. C'est un transfert d'internés politiques, me dit-il. Aussitôt, ma décision est prise : je refuse d'emmener le train.

« Chef de gare, chef de dépôt, sous-chef de dépôt, inspecteur, tous les gradés viennent au pied de la machine me raisonner. Malgré les conseils, les objurgations, les sommations, les menaces, je reste sur ma position. Quand j'en ai eu assez, j'ai coupé moi-même la machine et me suis rendu au bureau du chef de dépôt. Je lui ai dit : "Si vous voulez, faites venir un médecin. Il pourra constater que je ne suis ni fou ni ivre." À mon retour au corps de garde, des camarades étaient là, de différents dépôts, certains les larmes aux yeux. Ils se sont précipités vers moi pour me dire : "Il n'y a que toi de courageux, Bronchart, à partir d'aujourd'hui, tout ce que tu nous demanderas, nous le ferons"[92]. »

Six semaines plus tard, Léon Bronchart, traduit devant le Conseil de discipline, justifie son acte en rappelant sa guerre de 1914, son évasion, son retour au front, ses citations, sa médaille militaire. Impressionné, le Conseil de discipline finit par se déclarer incompétent.

Dans ces trains de déportés, Staline va puiser une funeste inspiration : l'idée d'un chemin de fer de mille trois cents kilomètres au nord du Cercle polaire, *la Grande Voie ferrée du Nord*. De 1949 à 1953, il envoie des centaines de milliers d'esclaves construire une voie ferrée entre Salekhard et Ikarga censée doubler la voie maritime de l'océan Arctique. Les premiers travailleurs forcés qui survivent au voyage ne trouvent aucun baraquement en arrivant, rien que des pelleteuses, des pioches et des barbelés.

Dans les marécages, ils ont le corps dévoré par les moustiques et les mouches. Toute l'année, ils souffrent de dysenterie ou de diarrhée hémorragique. L'hiver, les crachats se transforment en glace et les corps gelés gisent sur le plancher des wagons. La faim et la soif deviennent leur obsession, ils en sont réduits à dévorer la graisse des machines, à boire l'urine gelée. Pour économiser leurs forces, tout compte, même la manière de respirer. Vidé de toute sensation, transformé en bête blessée, chacun ne voit de salut que dans la mort. La loi du camp semble être : « Toi, tu meurs aujourd'hui, moi je meurs demain. »

Le 25 mars 1953, vingt jours après le décès de Staline, le conseil des ministres donne l'ordre d'arrêter les travaux. Le chantier est abandonné alors qu'il manque encore cinq cents kilomètres. Les premières eaux du dégel emportent les ponts et tout tombe en morceaux. Quatre-vingt mille hommes sont morts pour rien. Tant de vies gâchées en pure perte.

La bataille du rail

La Seconde Guerre mondiale est une guerre du pétrole. Sur douze millions de tonnes d'essence consommées en 1940 par l'armée allemande, quatre millions seulement sont de l'essence synthétique, le reste sort des puits de Roumanie ou est importé par des voies compliquées à travers le blocus anglais. Faute de pétrole, les Allemands ont besoin du chemin de fer à vapeur. Aussi mettent-ils dans les trains des hommes à eux, les Bahnhof, qui se mêlent de tout. Leurs contrôles tatillons exaspèrent les cheminots, qui sont aussi les premiers, bien avant le reste de la population, à constater le pillage en règle du pays par l'occupant. Il leur suffit de lire les marques apposées sur les wagons pour voir sans cesse partir vers l'Allemagne des chargements de pommes de terre, de farine, de tabac.

Et ceux que leur travail amène à Chagny, Moulins, Bourges, Vierzon, Tours, Bordeaux ou Hendaye, près de la ligne de démarcation, ont plus d'une fois l'occasion d'assister à l'arrestation de prisonniers évadés, d'Alsaciens-Lorrains ou de juifs qui fuient la zone occupée. Alors, spontanément, sans toujours mesurer les risques, il arrive qu'un cheminot prenne en charge un évadé ou un juif, lui file son veston bleu et sa sacoche pour franchir la ligne. Ainsi devient-on peu à peu résistant.

La nouvelle de l'exécution, le 7 mars 1942, de Pierre Sémard, sera ressentie comme un choc et exacerbera dans la profession les sentiments anti-nazis. Cet ancien commis charcutier, garçon de courses et employé de notaire, entré au PLM comme homme d'équipe, devenu ensuite militant syndicaliste, représentait la CGT au conseil d'administration de la toute nouvelle SNCF lorsque la police française l'a arrêté en 1940 en raison de son appartenance au parti communiste. Interné à Fresnes, transféré de prison en prison, il a été fusillé comme otage par les Allemands. Son poignant carnet de bord, *Les Jours sombres*, rédigé dans sa cellule, se termine par ces mots :

« Je meurs avec la certitude de la libération de la France. Dites à mes amis les cheminots qu'ils ne fassent rien pour aider les nazis. Les cheminots me comprendront, ils m'entendront, ils agiront ! J'en suis convaincu. Adieu, chers amis, l'heure de mourir est proche, mais je sais que les nazis qui vont me fusiller sont déjà vaincus et que la France saura poursuivre le bon combat. »

Désormais, chez les quatre cent mille cheminots, on sent un mouvement d'âme unanime, sans fausse note. Cela va de la passivité complice, qui est générale, à l'engagement véritable, aux actes de résistance que neuf mille d'entre eux paieront de leur vie, fusillés ou morts en déportation. Ceux qui entrent en résistance le font souvent naturellement, sous l'effet d'un réflexe, d'un coup de cœur devant une situation urgente et inattendue. « En voyant passer un convoi de résistants prisonniers acheminés sur Fresnes, tel employé leur crie fraternellement : “Courage ! Il n'y en a plus pour longtemps !” Tel contrôleur poinçonne imperturbablement la liste des points de chute d'un parachutage que lui tend distraitement, au lieu de son billet, un voyageur tiré de son sommeil[93]. » Tel autre encore, ayant reçu l'ordre de livrer une locomotive aux Allemands, choisit celle dont la chaudière a des fissures et s'arrange pour que cela ne se voie pas.

Dès la fin de 1940, Max Heilbronn crée Résistance-Fer, un groupe rattaché au commandant d'Estienne d'Orves, puis à

Henri Frenay. Il lui donne trois missions : accueil, renseignement, sabotage.

L'accueil consiste à pratiquer des embauches fictives, à distribuer des tracts ou de faux papiers, à aider des hommes à franchir clandestinement la ligne de démarcation. Depuis décembre 1940, à la gare de triage de Longueau, près d'Amiens, les personnes désireuses de passer en zone interdite se retrouvent au Café de l'Espérance, près du dépôt SNCF.

Seconde mission : le renseignement. Chaque jour, les cheminots déchiffrent les indications apposées sur les wagons et transmettent à Londres des informations sur les ordres de mouvement des trains allemands, sur leur composition, leur chargement, afin d'aider le Bombers Command à cibler des objectifs utiles.

Un témoignage parmi d'autres illustre ce travail de renseignement, celui de Raymond Triais, alors chef du service du Mouvement à la circonscription de Boulogne-sur-mer[94]. C'était en 1944. Les Allemands construisaient dans le Pas-de-Calais des rampes de lancement pour les avions sans pilote V 1 destinés à semer la terreur à Londres.

« La Résistance me chargea de visiter un embranchement près de Rue d'où chaque jour, deux trains de wagons bâchés partaient à destination d'installations militaires ultra-secrètes en construction dans une zone strictement interdite, au nord-est de Desvres. Je devais déceler les points sensibles à bombarder et dresser un plan de cette zone afin de la rendre repérable par l'aviation alliée.

« Il entrait bien dans mes attributions de visiter les gares pour contrôler la situation des wagons et rechercher “les wagons qui dormaient”, surtout dans la période de pénurie où nous nous trouvions. Mais je n'avais jusqu'alors jamais pénétré dans une installation “verboten”, gérée par des militaires allemands.

« Dès le lendemain, nanti des états réglementaires utilisés pour contrôler le matériel roulant, je me présentai, de l'air le plus ingénu possible. Et j'entrepris le fastidieux travail de relever les coordonnées des wagons présents. Pour donner le change, je rapprochais les renseignements ainsi recueillis des états de matériel tenus par la gare.

« Je fis, de mémoire, un plan sommaire des points sensibles, la mini-centrale électrique, le transformateur, les installations de stockage et de tri, les hangars. Chaque fois, je situais leur position par rapport à l'orée d'un petit-bois, au lac d'où l'on extrayait le sable et le gravier, au clocher de l'église, aux voies ferrées et à la gare. Je m'imaginais aviateur, je complétais le dessin par toutes sortes de renseignements. »

Troisième mission : le sabotage. Cela commence par le camouflage des avaries, le changement sur les wagons des étiquettes de destination, par des erreurs volontaires dans les écritures, des fausses manœuvres dans les gares de triage.

Louis Armand révolutionne la traction électrique

On peut aussi saboter les locomotives à vapeur en faisant semblant de détartrer les chaudières. C'est ainsi que Louis Armand entre dans la Résistance.

Depuis qu'il est responsable matériel et traction de la région sud-est de la SNCF, il étudie le phénomène d'entartrage. L'eau, même très claire, contient en dissolution des substances solides. Lorsqu'elle se transforme en vapeur, les unes déposent une boue qui sort facilement lorsqu'on vide la chaudière. Mais d'autres, des sels de calcium et de magnésium, forment sur les parois des tubulures des dépôts durs qui adhèrent comme un vernis aux tôles d'acier. Ce tartre entrave l'échange de calories entre les gaz chauds et l'eau, empêche la transmission de la chaleur, diminue le rendement de la machine, augmente la consommation de charbon. En élevant la température des tubes et des tôles qu'il enveloppe, il affaiblit leur résistance aux efforts mécaniques et entraîne des dilatations inégales. La présence de deux métaux différents, le fer et le cuivre, baignant dans une eau chargée de sels dissous, corrode certaines pièces. D'où de fréquentes opérations d'entretien qui immobilisent les locomotives et les équipes. D'urgence, les chaudronniers des dépôts doivent effectuer dans les foyers encore chauds d'exténuants travaux pour étancher les fuites.

Louis Armand a ses idées là-dessus. Jeune ingénieur des Mines, il a débuté sa carrière à la circonscription de

Clermont-Ferrand, où il a fait des observations très originales sur la floculation des eaux minérales de Vichy. Il estime que le problème varie d'une région à l'autre en raison de la diversité de l'eau. Il faut donc à l'aide d'un doseur introduire un produit désincrustant adapté à la qualité particulière de l'eau approvisionnée par le tender.

En 1941, Louis Armand met donc en place un service, le TIA, « Traitement intégral Armand », où, sous couleur de détartrer les chaudières de locomotives à vapeur pour améliorer leur rendement, on s'arrange en fait souvent pour les saboter.

Lorsque Chaban-Delmas, délégué militaire national du général de Gaulle, confie à Jean-Guy Bernard le soin de regrouper dans Résistance-Fer les cheminots alors engagés dans divers réseaux de Résistance, Louis Armand entre en contact avec lui. Après son arrestation en janvier 1944, il le remplace à la tête de ce réseau, puis se fait muter à la région Ouest, une région où il sent qu'il va se passer des choses.

La Résistance prépare un plan d'actions à lancer le jour du débarquement et à poursuivre sans relâche tout au long des quinze jours suivants afin de donner aux Alliés le temps de consolider leur tête de pont. Le Plan Rouge consiste à détruire les dépôts de munitions, le Plan Noir les dépôts de carburants, le Plan Jaune les postes de commandement, le Plan Bleu les lignes électriques. Le Plan Violet vise à interrompre ou à perturber au maximum les communications téléphoniques et télégraphiques de l'ennemi, le Plan Tortue à couper ou embouteiller les routes. Le Plan Vert a pour objectif la paralysie des transports ferroviaires, afin d'empêcher ou du moins ralentir l'acheminement des renforts allemands vers les plages de débarquement. Au signal donné en code par la BBC, la radio de Londres, chaque équipe doit faire sauter ou couper un point déterminé.

Louis Armand participe à l'élaboration de ce Plan Vert. Les dernières mises au point se font en mai 1944 dans son appartement, avenue de Villiers à Paris. Ce sera une réussite. Le 6 juin 1944, à Ambérieu, près de Lyon, vingt cheminots aidés par quatre-vingts maquisards font sauter d'un seul coup cinquante-deux locomotives. Pour mieux donner le change aux Allemands, les inciter à sortir du dépôt et à gagner les abris, ils ont eu l'idée de déclencher toutes les alarmes à la fois, de façon à simuler une attaque aérienne.

Un tel plan suppose de multiplier les contacts et les allées et venues. Cela finit inéluctablement par éveiller les soupçons. Arrêté par la Gestapo le 24 juin 1944, Louis Armand est interné à Fresnes et placé sur la liste des otages. Des négociations menées avec l'aide d'un agent de l'Intelligence Service le feront miraculeusement échapper au peloton d'exécution. Les Allemands le relâcheront in extremis le 18 août 1944 ainsi que trois mille deux cent quarante-cinq autres détenus des prisons de Fresnes et de Romainville, en vertu de l'accord passé par le consul de Suède Raoul Nordling avec le général von Choltitz.

Mais, pendant ses huit semaines de cellule, Louis Armand a trouvé moyen d'occuper son esprit, toujours tourné vers l'avenir, à mûrir un projet pour la SNCF. Celui d'électrifier les chemins de fer à partir du réseau général en courant alternatif à la fréquence industrielle de 50 périodes par seconde, 50 Hz. La technique du futur.

À la Libération, le parc traction de la SNCF se trouve dans une situation catastrophique. Sur dix-sept mille locomotives à vapeur, neuf mille ont été détruites et cinq mille réquisitionnées par les Allemands. Les diesels ont été épargnés à cause de la pénurie de carburant et les électriques en raison des différences de courant entre la France et l'Allemagne, mais le réseau électrifié ne couvre encore que trois mille trois cent quarante kilomètres. L'occupant a aussi prélevé plus de la moitié des wagons de marchandises et le tiers des voitures de voyageurs.

La SNCF récupère en Allemagne, au titre des dommages de guerre, quarante-deux locomotives Décapode, à cinq essieux moteurs, un modèle allemand capable de tirer à 105 km/h un train de deux mille tonnes. Mais son poids fragilise la voie et sa longueur oblige à ralentir fortement dans les courbes. Le salut viendra plutôt du plan Marshall. Devant l'incapacité de l'industrie française à reconstituer rapidement son parc de locomotives, la SNCF achète mille quatre cents Mikado 141 chez Baldwin, Lima et Montréal, trois constructeurs américains. Sa cabine semi-fermée et son large siège rembourré valent à cette locomotive le surnom de la Belle Américaine. Et, au lieu du charbon, que la France devrait importer du pays de Galles ou des États-Unis, elle brûle du fuel. On obtient la pression de marche en une heure trente au lieu de deux heures trente. La conduite du feu, plus simple, permet de se passer de chauffeur, le mécanicien assurant seul le tout. Une nouvelle ère s'ouvre.

L'Amérique est à la mode, qu'il s'agisse de jeeps, de tracteurs, de pipelines ou de chewing-gum. Dans tous les domaines, le modèle américain fait des adeptes. Des missions d'ingénieurs de la SNCF vont aux États-Unis étudier le chemin de fer. Dans ce grand pays, qui produit pourtant un charbon excellent pour la traction et moins cher que le pétrole, ils sont frappés de voir la vapeur abandonnée au profit du diesel-électrique. L'Amérique s'est mise progressivement au diesel à partir de 1935 pour le transport de voyageurs et de 1941 pour ce qui est du fret. C'est la revanche du Sud contre le Nord, le pétrole du Texas contre le charbon de Pennsylvanie. Le diesel permet de parcourir des milliers de kilomètres entre deux révisions, et sa transmission, qui offre moins d'à-coups que celle de la traction à vapeur, fatigue moins les rails. Il peut fonctionner comme une centrale électrique embarquée et entraîner un alternateur qui produit un courant alimentant un moteur analogue à celui des locomotives électriques. De plus, la General Motors, qui s'est lancée dans la fabrication de locomotives à moteur diesel, offre la vente en leasing, des facilités de paiement, la formation du personnel, des centres de pièces détachées, des systèmes d'échange standard. Bref, beaucoup de services.

La traction vapeur consomme vraiment trop d'eau et de charbon. Elle impose le port de lunettes de protection contre les escarbilles. Et surtout, au bout de deux heures de parcours, il faut aller au dépôt recommencer un long cycle d'entretien et de mise sous pression. Enfin, le tender représente un poids mort à remorquer et nécessite des aires de stockage pour le charbon, des grues, des convoyeurs, des toboggans de déchargement. Avec la même quantité d'énergie, le diesel-électrique est trois fois plus puissant que la locomotive à vapeur. Il évite la conduite à deux, qu'impose la traction vapeur, et les infrastructures fixes indispensables à la traction électrique.

Les pays du bloc communiste, notamment la Chine, où le charbon et la main-d'œuvre ne coûtent pas cher, conserveront longtemps la traction à vapeur. Les Suisses, au contraire, sont les pionniers de la traction électrique, les Américains, ceux du diesel. Entre ces trois solutions, la SNCF hésite. Tout en achetant des locomotives à moteur diesel à Baldwin, puis à la Compagnie Electromécanique et à Brissonneau et Lotz, elle électrifie de 1949 à 1952 la ligne Paris-Lyon et continue de commander jusqu'en 1952 à Schneider des locomotives à vapeur, qu'on verra tirer jusqu'en 1972 des trains de voyageurs et jusqu'en 1974 des trains de marchandises.

Le moteur électrique le mieux adapté à la traction est le moteur à courant continu, qui offre de bons couples de démarrage et de freinage. Mais l'apparition des convertisseurs statiques, des thyristors, permet de redresser le courant alternatif et de délivrer du courant continu.

Devenu président de la SNCF, Louis Armand organise en 1950 avec une locomotive Oerlikon une expérience sur la ligne Aix-les-Bains-La-Roche-sur-Foron. Elle démontre l'avantage d'utiliser le courant EDF alternatif 25 kV monophasé à fréquence industrielle 50 Hz plutôt qu'une ligne spéciale sous courant continu. À puissance identique, l'alternatif monophasé se contente d'intensités moins élevées, permet d'utiliser une caténaire plus légère et de se raccorder tous les cinquante kilomètres sur des postes EDF existants au lieu de construire des sous-stations tous les douze kilomètres. Bref, il économise 40 % du coût des investissements fixes. Il suffit d'équiper d'un transformateur les locomotives alimentées en alternatif pour abaisser la tension à la valeur convenable, puis d'un redresseur à semi-conducteurs pour délivrer aux moteurs un courant continu.

Devant les très bons résultats de cette expérience, Louis Armand fait électrifier en alternatif 25 kV monophasé 50 Hz l'artère Valenciennes-Thionville qui ravitaille la sidérurgie lorraine en charbon du Nord-Pas-de-Calais et les constructions mécaniques du Nord en produits sidérurgiques lorrains. C'est la ligne de chemin de fer la plus chargée de France. Au fil des mois, la caténaire alimentée en courant alternatif tisse sa toile dans les régions de l'Est et du Nord, encore jamais électrifiées. De trois mille trois cent soixante kilomètres en 1939, le réseau électrifié français passe à neuf mille trois cent vingt kilomètres en 1971. De nouvelles locomotives bi-courant circulent aussi bien sur les lignes du Nord et de l'Est, sous courant alternatif, que sur celles du Centre, de l'Ouest et du Sud, sous courant continu.

Louis Armand fait école. Des ingénieurs accourent du monde entier à Lille aux Journées d'information de mai 1955. Le Portugal, la Finlande, l'URSS, l'Inde, et bientôt le Japon adoptent à leur tour le courant alternatif 25 kV alternatif 50 Hz. Les premières années, cela vaut à Alsthom et à Jeumont-Schneider, les constructeurs français, de belles commandes de locomotives.

Ce progrès décisif marque la fin d'une grande épopée, la disparition de la traction vapeur et de l'équipe mécanicien-chauffeur, unis pour le meilleur et pour le pire. Désormais, le conducteur de locomotive est un homme seul. Sa cabine se limite à quelques appareils : le pupitre de commande des pantographes, le manipulateur de contrôle du moteur de traction, le volant d'immobilisation et de changement de sens de la marche, la robinetterie de freinage à air comprimé, les interrupteurs.

Les 28 et 29 mars 1955, dans les Landes, sur la ligne droite et plate de Facture à Morcenx, deux locomotives, une Jeumont-Schneider et une Alsthom, atteignent la vitesse record de 330 km/h. Cet essai permet d'observer les points essentiels à maîtriser. L'un est la déformation de la voie par les vibrations consécutives à la décélération. L'autre, le maintien du contact entre le fil de la caténaire, dont la hauteur varie du fait du vent ou des courbes, et l'archet articulé du pantographe, solidaire des turbulences aérodynamiques générées par le train. Tout en restant élastique pour éviter des chocs trop violents, la caténaire, où transitent des intensités de 800 A, doit demeurer suffisamment tendue pour résister aux sautes de vent et à l'effort imposé par le passage du pantographe. Elle se comporte comme une corde vibrante : excité par le pantographe au maximum de sa pression mécanique, son fil de contact propage une onde à 600 km/h. Plus le train se rapproche de cette vitesse, plus la caténaire se déforme. Ces réflexions préparent l'étape suivante, la très grande vitesse.

En attendant, la SNCF continue à fermer de petites lignes, comme celle de Pau à Canfranc, dans les Pyrénées. Le 27 mars 1970, un train de sept wagons chargés de maïs quitte la gare de Pau à destination de Canfranc. Il est tracté par deux locomotives électriques. Le convoi dépasse la gare de Lescun et attaque une rampe à 35 ‰. Mais, ce matin-là, il fait froid dans la vallée d'Aspe et la sous-station électrique d'Urdos ne fonctionne pas, entraînant des chutes de tension entre les deux sous-stations de Bedous et des Forges-d'Abel au milieu des fortes pentes de la ligne. Peu après la sortie d'un tunnel, le couplage patine sur les rails couverts de givre. Impossible de sabler les rails, les sablières des deux locomotives sont vides !

Les deux mécaniciens descendent mettre des cailloux de ballast sous les roues. En les écrasant, la rame pourrait retrouver son adhérence et repartir. C'est une bonne idée mais la sous-station des Forges d'Abel disjoncte et, privée de freinage, la rame part à la dérive. Les deux agents n'y peuvent rien. Le convoi dévale la ligne. Il aborde à plus de 100 km/h le passage à niveau automatique de la route de Lescun, qui n'a pas le temps de se fermer et il finit sa course dans le gave d'Aspe au pont de l'Estunguet. Déséquilibré par la vitesse, un wagon accroche la cage de ce pont métallique en courbe serrée. Dans un fracas de tôles pliées, il s'effondre avec le train. Les dégâts matériels sont spectaculaires, mais l'accident n'a pas fait de victimes. Facilement accessible et de faible portée, le pont aurait pu être remplacé sans difficultés. Mais la SNCF, arguant d'un déficit d'exploitation, décide de ne rien entreprendre et en profite pour fermer la ligne.

Cette décision conduit à l'abandon de la gigantesque gare internationale de Canfranc, aux trois étages et aux trois cent soixante fenêtres, située à la frontière, du côté espagnol et reliée à la France par un tunnel de huit kilomètres. C'était, lors de son inauguration en 1924 par le roi Alphonse XIII et le président Doumergue, l'une des deux plus grandes gares d'Europe. Abrité par le dôme central, le somptueux hall des guichets, agrémenté de moulages en stuc et de lampes Art nouveau, débouchait sur un large escalier de marbre blanc. Aujourd'hui, la gare de Canfranc n'est plus qu'un fantôme où le vent s'engouffre par les vitres cassées, les fils des caténaires pendant des poteaux.

Tandis que, dans la plupart des pays développés, le chemin de fer recule devant la concurrence de l'avion et surtout de la route, il continue de progresser à toute allure dans les pays riches en minerais, l'URSS, la Chine, l'Australie et le Canada.

En 1945, s'ouvre ainsi une nouvelle phase de l'histoire des chemins de fer canadiens. Il ne s'agit plus de forger l'unité nationale, comme avant 1886, ni de favoriser la mise en valeur agricole et le peuplement, mais cette fois d'exploiter les mines et la forêt.

Pendant plus d'un siècle, l'Ontario et le Québec importaient le charbon bitumineux et l'anthracite de Pennsylvanie et de Virginie. Depuis 1945, le Canada, au contraire, est devenu exportateur de charbon. L'exploitation des gisements de coke est encouragée en Colombie-Britannique par l'industrialisation du Japon et des pays d'Asie riverains du Pacifique, pauvres en charbon.

De même, alors que la Seconde Guerre mondiale a sérieusement entamé les réserves américaines de minerai de fer proches du lac Supérieur, on a découvert en 1954 la grande mine de fer à ciel ouvert de Schefferville, dans le nord du

Québec et construit une ligne de cinq cent cinquante kilomètres pour la relier au port de Sept-Îles, sur le Saint-Laurent, puis une ligne de trois cents kilomètres, de Labrador City à Port Cartier, également sur le Saint-Laurent. De ces ports, des navires minéraliers remontent le Saint-Laurent jusqu'aux hauts-fourneaux proches des Grand Lacs. Enfin, en 1965, une ligne de six cents kilomètres est également construite de Roma Junction, dans le nord de l'Alberta, jusqu'à Hay River, un port sur le Grand Lac des Esclaves, dans les territoires du Nord-Ouest, pour transporter le minerai de plomb et de zinc de Pine Point.

Sixième partie

LE RENOUVEAU
1964-2008

En Amérique, les compagnies privées de chemins de fer délaissent le transport des voyageurs pour investir massivement dans celui des marchandises. À l'inverse, le Japon, puis l'Europe de l'Ouest, se focalisent sur la construction de lignes de voyageurs à très grande vitesse et creusent des tunnels ferroviaires de plus de cinquante kilomètres de long. L'Inde est le pays où le chemin de fer imprègne le plus la vie quotidienne, mais c'est en Chine qu'il accomplit les bonds les plus spectaculaires, d'abord pour le transport du charbon et, depuis peu, dans la très grande vitesse.

Le Bullet Train

Plus que tout autre peuple au monde, les Japonais aiment voyager en train. Ils le prennent seize fois plus souvent que les Français, sur des distances, il est vrai, généralement plus courtes.

Les débuts du chemin de fer y ont pourtant été très tardifs. C'est en 1872 que leur gouvernement, sur le conseil de l'ambassadeur de Grande-Bretagne, a fait construire une première ligne de vingt-quatre kilomètres de Tokyo au port de Yokohama. Certains ministres, craignant l'afflux des étrangers, avaient bien tenté de s'opposer au projet, mais les Anglais avaient eu le dernier mot, leurs banquiers avaient réuni les capitaux suffisants et leurs ingénieurs, payés fort cher, avaient mené les travaux à bonne fin.

Les dix premières années, tout était britannique, l'encadrement, les rails, le matériel roulant. Mais les Japonais envoyèrent de jeunes ingénieurs en Angleterre apprendre le métier et, dès 1880, ils maîtrisèrent eux-mêmes toutes les techniques, du percement des tunnels à la fabrication des wagons. Restaient les locomotives, qu'ils continuèrent d'importer d'Angleterre puis des États-Unis et d'Allemagne, jusqu'à ce que Richard Trevithick, le petit-fils de l'inventeur de la locomotive à vapeur, épouse une Japonaise, se fixe au Japon, et les aide à construire leur première locomotive en 1893. À partir de

1912, la boucle fut entièrement bouclée et, le pays, devenu majeur et autonome, put se passer complètement de l'étranger.

Les Japonais sont un peuple discipliné et organisé. On le vit, en 1925, lorsqu'ils réussirent l'exploit de remplacer en une seule journée les attelages manuels de la totalité de leurs cinquante-cinq mille wagons. Ce jour-là, l'armée entière aida les cheminots à disposer les nouveaux systèmes le long des voies à l'endroit précis où les trains devaient s'arrêter. À l'heure dite, tous les trains s'arrêtèrent avant de reprendre la route quelques heures plus tard avec leurs attelages automatiques.

À cette date, le réseau avait atteint quatorze mille cinq cents kilomètres mais avec des courbes très serrées et un écartement étroit, 1 067 mm, adapté sans doute aux parcours en montagne, mais absolument pas au trafic incroyablement dense entre Tokyo, Yokohama, Nagoya, Kobe et Osaka, où se concentre 40 % de la population de l'archipel. En 1960, il était encore impossible d'y dépasser une moyenne de 110 km/h.

Compte tenu des montagnes, la densité de peuplement sur la partie habitable du Japon est dix fois celle de la France. Une telle concentration de population, aisée de surcroît, explique pourquoi ce pays, malgré un retard d'un demi-siècle sur l'Europe, a pu en matière ferroviaire la rattraper, puis la dépasser. Asphyxié par la circulation aérienne et routière, il a réinventé le chemin de fer et construit, à côté de son ancien réseau, une infrastructure complètement nouvelle.

L'idée d'un train à grande vitesse, le *Bullet Train*, capable de rouler à 150 km/h au lieu de 95 km/h, remonte à 1940. Il s'agissait de relier Tokyo à Osaka, les deux plus grandes villes du pays, en quatre heures au lieu de huit. Les expropriations et les premiers tunnels commencent dès 1941. La guerre du Pacifique interrompt le chantier, mais ces premiers travaux se révéleront très utiles par la suite.

À la fin des années 1950, le Japon a si bien reconstruit son économie que la ligne Tokyo-Osaka, dite Tokaido, bien qu'électrifiée en 1956, est totalement saturée. De l'avis général, il faut la mettre à quatre voies. Le président de Japan

National Railways, la société publique de chemins de fer, a une tout autre idée : une ligne entièrement nouvelle, à l'écartement européen, 1 435 mm au lieu de 1 067 mm, avec des courbes plus larges, 2 500 m de rayon au lieu de 350 m, permettant de rouler beaucoup plus vite. Le rayon de courbure, voilà la clef de la vitesse. Son idée passe pour farfelue, mais il s'entête et finit par convaincre. Pour éviter qu'un revirement gouvernemental ne vienne ruiner le projet, il se hâte de faire appel à un financement de la Banque Mondiale. De cette façon, l'État sera définitivement engagé.

Cette ligne à grande vitesse, surnommée *Shinkansen* – nouvelle artère ferroviaire – est construite en cinq ans, de 1959 à 1964. Un tour de force. La voie, avec ses rails soudés extrêmement longs et ses traverses en béton, est clôturée et surélevée afin d'éviter les passages à niveau, et comporte des viaducs et des tunnels sur 40 % de ses cinq cent quinze kilomètres. Elle est alimentée par courant alternatif 25 kV, une leçon que les ingénieurs japonais ont fidèlement retenue des Journées d'information organisées en mai 1955 par Louis Armand.

Ce premier Shinkansen, de Tokyo à Osaka, est mis en service le 1er octobre 1964, dix jours avant l'ouverture des Jeux olympiques de Tokyo. Sagement, on a testé deux ans plus tôt sur une petite section les réactions du public. Cela a permis de se rendre compte des effets désagréables du changement de pression à l'entrée dans les tunnels et d'améliorer en conséquence l'étanchéité des voitures. À chaque extrémité du tunnel, le passage d'un train à grande vitesse forme un effet de piston qui comprime et détend l'air, ce qui génère des ondes de pression susceptibles d'affecter le tympan. Pour les minimiser, des balises implantées à l'approche des tunnels actionnent des dispositifs pneumatiques sur les portes des voitures, les ouvertures des sanitaires et les bouches de climatisation.

Les Japan National Railways choisissent alors un horaire très simple : les trains directs quittent Tokyo à toutes les heures juste et les express à toutes les demies. Les signaux de voie sont remplacés par des consignes de vitesse affichées en permanence sur le tableau de bord. Le conducteur n'a qu'à se laisser guider. S'il enfreint les consignes, le train ralentit automatiquement afin d'éviter un accident.

Trois industriels japonais s'associent pour construire le matériel roulant : Kawasaki, Nippon Sharyo et Hitachi. Au lieu de locomotives, les trains de douze voitures à classe unique ont une motrice à chaque extrémité pour repartir immédiatement du terminus en sens inverse. Les rames se succèdent toutes les six minutes avec une vitesse de pointe de 210 km/h et une moyenne de 163 km/h. Sur les distances relativement réduites du Japon, l'avion n'est pas plus performant, car le trafic aérien est chargé. Mais, contrairement au futur TGV français, le Shinkansen, du fait de la différence d'écartement – 1 435 mm – ne peut circuler sur les autres lignes du pays, restées au standard 1 067 mm.

Le succès est immédiat. En deux ans et demi, le cap des cent millions de voyageurs est atteint. En 1970, pour l'Exposition universelle d'Osaka, les rames passent à seize voitures et le Shinkansen devient aussi populaire que le bus ou le métro.

À une époque où, en Europe, la mode est à l'automobile et où décideurs et médias ne voient dans le rail qu'une survivance archaïque, le Japon se lance et construit près de deux mille kilomètres de lignes de voyageurs à très grande vitesse. En 1972, le Tokaido est prolongé d'Osaka à Okayama et, en 1975, jusqu'à Hakata, dans l'île de Kyushu. Sur cette extension de cinq cent quarante-quatre kilomètres, dénommée Sanyo, 75 % du parcours est constitué d'ouvrages d'art et les courbes sont beaucoup plus larges, 4 000 m de rayon, au lieu de 2 500 m.

À la fin des années 1970, Japan National Railways connaît cependant de sérieuses difficultés. Sur la partie ouest du réseau, elle subit la concurrence des compagnies aériennes. Sur la partie est, les riverains, incommodés par le son, lui intentent d'interminables procès et l'obligent à édifier des murs antibruit et à ralentir dans les agglomérations.

La reprise se dessine vers 1982, avec la mise en service des lignes d'Omiya à Morioka et Niigata dans les montagnes du centre et du nord de l'île de Honshu. Des millions de banlieusards peuvent travailler au centre de Tokyo tout en continuant d'habiter la campagne. Ils empruntent des rames de seize voitures à deux niveaux, qui transportent jusqu'à 1 634 voyageurs et se succèdent en moyenne toutes les quatre minutes, voire toutes les deux minutes aux heures de pointe. Elles roulent à 250 km/h, sauf en milieu très urbanisé, où elles doivent éviter le bruit.

Le coût du percement des grands tunnels – le Rokko, de seize kilomètres, en 1972 ; le Skin Kannon, de dix-neuf kilomètres, en 1975 ; le Haruna, de quinze kilomètres ; le Nakayama, de quinze kilomètres, et le Daishimuzu, de vingt-deux kilomètres, en 1982 – pèse lourdement sur la rentabilité de JNR et conduit à sa privatisation, à son démembrement en sept compagnies et à une pause des investissements. Un rebond de la fréquentation permet cependant d'introduire sur les nouvelles lignes le Shinkansen E 2, qui atteint 275 km/h, tandis que sur Tokyo-Osaka, où le rayon de courbure reste à 2 500 m, le pendulaire fait passer la vitesse de 210 km/h à 270 km/h.

Sept lignes de Shinkansen sont situées sur l'île de Honshu. La plus ancienne est exploitée par Japan Railway Central depuis 1964 sur les cinq cent quinze kilomètres de Tokyo à Osaka. La seconde, en service depuis 1975, d'Osaka à Hakata, soit cinq cent cinquante-quatre kilomètres, est concédée à Japan West Railway. Les cinq autres, toutes à l'est et au nord de l'île, sont le fief de Japan East Railway qui, à elle seule, transporte seize millions de voyageurs par jour, autant que l'ensemble des réseaux des pays membres de l'Union européenne. Ce sont Omiha-Niigata, deux cent soixante-dix kilomètres, inaugurée en 1982 ; Tokyo-Morioka, cinq cent quatre-vingt-treize kilomètres ; Morioka-Akita, cent vingt-sept kilomètres ; Fukushima-Shanyo, 149 kilomètres, inaugurée en 1992 ; Tagasaki-Nagano, cent dix-sept kilomètres, mise en service en 1997. Avec Japan Kyu Shu, qui exploite depuis 2004 sur l'île de Kyu Shu la ligne Kagoshima-Yatsushiro, cent vingt-six kilomètres, le Shinkansen circule en 2007 au total sur deux mille quatre cent cinquante et un kilomètres de lignes.

Japan Railway East, inquiète du tassement de la demande que laisse cependant prévoir le vieillissement de la population japonaise, cherche un complément de revenus dans la création de centres commerciaux aux abords des gares. Mais, bien qu'un moment ralentie, la construction repart de plus belle. Trois extensions sont en cours. Au sud, Japan Kyu Shu construit la section nord de sa ligne, de Yatsushiro à Hakata. Au centre, à partir de Nagano, Japan Railway Central poursuit en direction d'Hakusan.

Au nord, enfin, Japan East Railway progresse de Hachinohe à Aomori, soit trente-neuf kilomètres dont un tunnel de vingt-six kilomètres, le Hakkoda. La ligne continuera sur l'île d'Hokkaido, mais le tunnel de Seikan, sous le détroit de Tsugaru, qui relie les deux grandes îles de Honshu et de Hokkaido, n'a qu'un chemin de fer à voies étroites. Ce tunnel, long de cinquante-quatre kilomètres dont vingt-trois sous la mer, a été creusé à la dynamite, de 1971 à 1983, en raison de la nature volcanique des roches, très instable, après un typhon qui avait fait couler cinq ferries. Son point bas se trouve à 240 m sous la surface des eaux et à 100 m sous le fond marin.

On évoque également l'éventualité d'un tunnel sous-marin de plus de deux cents kilomètres entre Karatsu, sur l'île de Kyushu, la plus occidentale du Japon, et Pusan, en Corée du Sud. L'ouvrage émergerait à mi-parcours sur les îles d'Iki et de Tsushima, séparées par cent trente kilomètres de mer. Mais peut-on construire un tunnel entre la Corée et le Japon, les voisins si longtemps ennemis et si peu disposés à s'accorder, même sur le nom du détroit ?

La nouvelle génération de Shinkansen disponible en 2011, le Fastech 360, aura le nez en forme de flèche, des bogies carénées pour réduire la consommation d'énergie, et des freins de type aéronautique. Elle devrait pouvoir rouler à 360 km/h, un sacré progrès par rapport aux 210 km/h de la première génération. Mais est-ce bien souhaitable ? Cela risque d'être bruyant, de faire chauffer la caténaire et d'allonger la distance de freinage. La résistance de l'air à l'avancement du train croît avec le carré de la vitesse. Déjà, pour passer de 250 km/h à 300 km/h, on consomme 25 % d'énergie en plus.

Le Pays du Soleil levant représente un cas extrême, à l'opposé des États-Unis. Au Japon, le rail est consacré à 95 % au service de voyageurs. C'est assez normal : le pays est peu étendu, dépourvu de charbon ou de minerais, et très peuplé. L'Amérique du Nord, au contraire, est un véritable continent aux grands espaces presque vides, avec d'abondantes richesses minérales à transporter par voie terrestre sur de très grandes distances.

En tout cas, pour un coup d'essai, le Shinkansen s'est révélé un coup de maître. En quarante ans, il a véhiculé quatre milliards de voyageurs sans un seul accident. Le retard moyen à l'arrivée, toutes causes confondues, ne se chiffre pas en minutes, mais en secondes. En octobre 2004, un séisme de magnitude 6,8 a fait dérailler un train circulant à 200 km/h, mais sans causer de victimes.

Si Kawasaki et Hitachi n'ont pu empêcher Alstom de vendre son TGV en Corée, ils ont pris leur revanche en exportant leur Shinkansen à Taiwan, en Angleterre et en Chine. À Taiwan où, depuis janvier 2007, il couvre en 1 h 30 les trois cent cinquante kilomètres de Taipeh à Kaoshiung, un de leurs atouts a été l'interface des freins du Shinkansen avec les sismographes placés sur la voie. L'île venait d'être secouée par un tremblement de terre de forte magnitude et l'opinion reste très sensible à ce risque. En Chine où, également depuis janvier 2007, pour ménager les susceptibilités, le Shinkansen construit par Sifang sous licence Kawasaki dessert les lignes Shanghai-Hangzhou et Shanghai-Nankin. En Angleterre, où le Shinkansen d'Hitachi relie Londres à Folestone depuis novembre 2007.

Le TGV

Dans les années 1960, en Europe, au contraire, personne ou presque ne parie sur l'avenir des trains de voyageurs. Leur déclin semble inévitable face aux progrès de l'automobile et de l'avion. On croit à la stabilité, voire à une légère augmentation du trafic marchandises mais à la dégringolade du trafic voyageurs. C'est bien d'ailleurs au trafic lourd de marchandises dans le Nord et la Lorraine que pensait Louis Armand en préconisant la traction en courant alternatif monophasé. Or, le contraire va se produire : c'est le trafic voyageurs qui va sauver la SNCF. À ses débuts, le TGV est donc regardé d'un œil sceptique, voire critique. Ce sera à la rigueur, croit-on, un succès technique mais un échec commercial et, plus probablement, un échec sur tous les plans.

En 1965, alors qu'on continue de fermer en France les unes après les autres les lignes départementales de chemin de fer, l'ingénieur Jean Bertin réveille l'opinion en imaginant un système inédit de train à réaction glissant sur un coussin d'air et guidé par une voie en béton en forme de « T » renversé. Très léger et sans aucun contact avec la voie, il offre une vitesse de croisière de 250 km/h. Lors d'essais à l'échelle 1/2 sur une piste de sept kilomètres aménagée sur la plate-forme d'une ancienne ligne, Massy-Chartres, il atteint un moment 428 km/h. Record réédité en grandeur nature en 1969 sur une piste construite entre Artenay et Orléans. Deux inconvénients cependant. D'abord, sa faible capacité, cent soixante voyageurs, l'apparente à un autorail plutôt qu'à un train. Ensuite, il est difficile de lui adapter des aiguillages et quasiment impossible de l'intégrer au réseau existant. Or, après avoir circulé à grande vitesse sur une ligne nouvelle, le train de l'avenir doit pouvoir continuer à vitesse normale sur le reste du réseau, sans transbordement. Il doit être compatible.

La SNCF propose alors une ligne à la fois innovante et interconnectable avec le réseau conventionnel, le TGV, donc capable de l'irriguer. En décembre 1970, le rapport Coquard lui donne l'avantage au sur l'aérotrain et affirme la possibilité de faire rouler des trains de voyageurs à 260 km/h à cinq minutes d'intervalle sur une ligne nouvelle tracée comme une autoroute avec des courbes de grand rayon, 6 000 m. si possible. L'essentiel tient à la courbe. Cette infrastructure nouvelle, à imaginer, serait réservée aux trains de voyageurs, à l'exclusion des trains de marchandises.

On pense d'abord à une liaison Paris-Lille, mais l'abandon, le 20 janvier 1975, du projet de tunnel sous la Manche laisse la priorité au trajet Paris-Lyon, dont la voie classique est saturée avec les sports d'hiver dans les Alpes, la ruée sur la Côte d'Azur en été et le transfert à Fos d'une partie de la sidérurgie.

Première difficulté : le tracé. Compte tenu de la faible puissance disponible à l'époque des premières machines à vapeur, les voies ferrées du XIXe siècle évitaient les forts dénivelés et suivaient les vallées. Elles étaient donc en pente douce, mais sinueuses, épousant chaque méandre des rivières. Les premiers progrès de la motorisation ont incité à tracer de nouvelles voies sur les plateaux, quitte à recouper les vallées par des ponts et des viaducs. Il fallait cependant creuser des tranchées et établir des remblais pour éviter aux locomotives à vapeur des rampes de plus de 5 ‰.

Or, l'ennemi de la vitesse, ce ne sont plus les côtes, mais les virages qui font dérailler les bolides. À partir du moment où l'on dispose de motrices dix fois plus puissantes, on peut leur faire gravir des pentes beaucoup plus fortes. Une ligne de chemin de fer à grande vitesse doit avoir le profil d'une autoroute. À condition d'avoir des courbes de grand rayon, rien ne s'oppose à jouer aux montagnes russes, on a moins à se préoccuper de tranchées, de remblais et de tunnels. Par contre, comme l'autoroute, la voie à très grande vitesse doit être clôturée, éviter les passages à niveaux, franchir en viaducs routes, rivières et passages pour animaux avec toutefois moins de travaux, puisqu'elle est moins large.

Second défi : le matériel roulant. Faut-il des locomotives ou des autorails ? Les bureaux d'études de la SNCF font alors la synthèse de deux inventions américaines, le bogie et le soufflet, et imaginent une solution originale : des rames automotrices articulées. Les bogies, au lieu d'être situés sous les voitures, sont placés sous un anneau qui relie les extrémités de remorques contiguës. Cet anneau est constitué d'un soufflet et de ressorts pneumatiques associés à deux cadres boulonnés sur les deux caisses. En cas de collision, l'anneau fait coulisser l'attelage sous le châssis, empêche les remorques de se chevaucher et le convoi de se disloquer. La rame reste monolithique, rendant très improbable que les voitures se couchent sur le ballast. La rame articulée présente cependant un inconvénient : pour réparer un élément d'une remorque, il faut monter sur vérins la totalité de la rame. Les installations de réparation doivent donc être adaptées à la longueur de la rame et non plus à celle de la remorque.

Autre difficulté : assurer la stabilité des bogies, minimiser le mouvement de lacet, l'oscillation continuelle de droite à gauche et de gauche à droite. Les bureaux d'études de la SNCF et d'Alsthom ont pallié cet inconvénient en accrochant les moteurs directement aux caisses, de façon à alléger la masse solidaire des bogies.

Les années 1960, le pétrole semble inépuisable et son prix relatif baisse constamment. La traction électrique, avec le coût élevé de ses installations fixes, caténaires et sous-stations, ne semble pas le bon choix. La tentation est grande d'adapter au train la turbine à gaz des hélicoptères. Sur les voies classiques de Paris-Cherbourg, Lyon-Nantes et Lyon-Strasbourg, les turbotrains démontrent leur fiabilité et leur aptitude à rouler à 300 km/h. Aussi munit-on les motrices du premier prototype de TGV, le 001, de deux turbines entraînant un alternateur qui délivre le courant de traction. Le 4 avril 1972, des essais dans les Landes permettent de tester la transmission, les freins, la suspension et la stabilité des bogies. La consommation importante de carburant, les nuisances sonores et la pollution infligées aux riverains militent cependant contre la turbine. Le 6 mars 1974, cinq mois après le premier choc pétrolier consécutif à la guerre du Kippour, un conseil ministériel restreint entérine la ligne nouvelle Paris-Sud-Est. Après trois heures de débat consacrées à la politique énergétique et au lancement de nouvelles centrales nucléaires, lorsqu'arrive sur la table le projet de TGV, il passe sans discussion, laissant néanmoins ouvertes deux options : traction électrique ou turbine à gaz. C'était le dernier conseil présidé par Georges Pompidou. Quatre semaines avant sa mort.

Dès 1974, à la suite de nouveaux essais, toujours sur la ligne des Landes, on munit les motrices de barres anti-roulis, pour raidir la suspension et limiter l'inclinaison des caisses dans les courbes, afin que les pantographes gardent bien le contact avec les caténaires. Le 12 février 1976, l'option électrique l'emporte définitivement, la turbine à gaz est mise hors jeu. La SNCF commande à Alsthom et au groupement Francorail MTE deux rames TGV tout électriques et, en option, quatre-vingt-cinq rames de série.

La vitesse ne permettant pas au conducteur d'observer en toute sécurité les signaux sur la voie, un système de communication sol-train affiche en permanence les consignes de marche sur le tableau de bord de la cabine de conduite. Réciproquement, un poste de commandement à terre surveille la vitesse de toutes les rames en circulation d'un bout à l'autre de la ligne et leur état de marche, y compris la température de leurs essieux.

Chaque voie est découpée en cantons de mille cinq cents mètres, où ne doit circuler qu'un seul train à la fois. À chaque entrée et sortie du canton, une balise injecte un faible courant dans le rail, pour fournir un « circuit de voie ». Quand un train se déplace sur le canton, ses essieux métalliques créent un court-circuit immédiatement détecté par le poste d'aiguillage le plus proche, qui intègre alors la position du train dans une base de données contenant les itinéraires de tous les trains et l'état de tous les aiguillages. Un ordinateur corrèle ces paramètres et en déduit la vitesse limite à observer dans chaque canton pour respecter les espaces nécessaires à la sûreté du trafic. Cette information, envoyée au pied de la motrice, est récupérée par des capteurs positionnés devant le premier essieu et acheminés à la cabine. Un calculateur embarqué couple l'information avec ses propres données et en déduit la vitesse à respecter, qui s'affiche en vert pour autoriser le conducteur à avancer à la vitesse maximale prévue, et en blanc s'il doit ralentir. S'il ne respecte pas la consigne, il reçoit un signal sonore et le système peut même freiner automatiquement le train.

La première ligne à très grande vitesse ramène la distance de Paris à Lyon de cinq cent douze à quatre cent vingt-cinq kilomètres dont trois cent quatre-vingt-neuf kilomètres pour la section proprement à grande vitesse, de son embranchement sur l'ancien itinéraire, à Combs-la-Ville dans la banlieue sud de Paris, à son raccordement à Sathonay-Rillieux, à quelques kilomètres au nord de Lyon. Délaissant le parcours sinueux de la voie classique, qui dessert Sens, Laroche-Migennes, Dijon et Chalon, la nouvelle ligne coupe presque en ligne droite à travers le Morvan. Deux gares nouvelles à l'écart des agglomérations, Montchanin-Le Creusot et Macon-Loché, favorisent un tracé rectiligne. Le TGV s'élance allègrement sur le Morvan à l'assaut de rampes, parfois à 35 ‰, un profil encore jamais osé sur de grandes lignes et qui serait même considéré comme excessif sur des voies de montagne. L'énergie cinétique emmagasinée dans les motrices permet de les gravir sans trop pénaliser la consommation électrique et de descendre en roue libre. Le passage de lourds trains de marchandises n'aurait pas toléré de pentes supérieures à 15 ‰ et aurait nécessité de nombreux ouvrages d'art. Et surtout, il déformerait la voie. Aussi cette ligne à grande vitesse est-elle réservée aux trains de voyageurs, et le fret continue d'emprunter l'itinéraire classique.

Les travaux commencent en décembre 1976, en Saône-et-Loire. L'été 1979, une fois achevée la plate-forme, on commence à poser la voie. Le ballast est un tiers plus épais que sur une ligne ordinaire. Les rails, plus lourds eux aussi, soudés en barres de 300 m ou 400 m, sont posés sur des dalles en béton et l'entraxe[95] des voies augmenté pour limiter l'effet de souffle au croisement de deux trains. Au lieu d'être posés à l'horizontale, les rails sont inclinés à 1/20 sur des traverses constituées de deux blocs de béton reliés par une barre d'acier.

Puis on installe la signalisation, les télécommunications et leurs câbles. On monte la caténaire en tendant fortement le fil de contact en cuivre. Tout en restant élastique pour éviter des chocs trop violents, elle doit être suffisamment tendue pour résister aux sautes de vent, encaisser le frottement et la pression des pantographes et leur assurer un appui très ferme, quasiment immobile même à grande vitesse.

En septembre 1981, François Mitterrand inaugure la première section de la ligne, le tronçon sud, long de deux cent soixante-dix kilomètres, entre Saint-Florentin-Vergigny et Sathonay-Rillieux. Paris et Lyon sont désormais reliés en 2 h 40. La mise en service du tronçon nord Combs-la-Ville-Saint-Florentin, deux ans plus tard, en septembre 1983, fait encore gagner quarante minutes. La vitesse maximum passe alors de 260 à 280 km/h.

Ce premier TGV voit le jour dix-sept ans après le premier Shinkansen, mais il tient ses promesses. Les devis d'origine ont été respectés à quelques pour cent près, qu'il s'agisse de l'infrastructure ou du matériel roulant. Et, rapidement, le trafic dépasse les prévisions les plus optimistes. Entre Paris et Lyon il est multiplié par 2,4 et, entre Paris et les grandes villes du Sud-Est par 1,5. À la différence du supersonique Concorde, il rend la vitesse accessible à tous. Les rames se succèdent parfois toutes les quatre minutes. Les jours de pointe, il en circule jusqu'à cent soixante-cinq. Elles parcourent en moyenne quatre cent cinquante mille kilomètres par an et sont prévues pour durer vingt-cinq ou trente ans.

Au TGV Sud-Est, en réalité Paris-Lyon, succède le TGV Atlantique. Long de trois cent quarante-six kilomètres, il comporte un tronc commun de cent vingt-quatre kilomètres, de Paris à Courtalain, et deux branches, en forme d'« Y », l'une jusqu'à Connéré, près du Mans, l'autre jusqu'au contournement de Tours. La branche ouest, ouverte en septembre 1989, met Rennes à 2 h 05 de Paris, au lieu de 3 heures ; la branche sud suit un an plus tard, en septembre 1990. Ce TGV Atlantique comporte plusieurs perfectionnements : les amortisseurs entre caisses et bogies sont doublés et un contrepoids augmente la tension des pantographes afin de capter le courant même par fortes chaleurs. Surtout, sauf pour le contournement de Tours, les trains sont alimentés en 25 kV alternatif, plus facile à transporter à distance, sur des caténaires plus légères, supportant mieux usure et échauffement. Offrant davantage de puissance, ce courant autorise cette fois les 300 km/h. Désormais, tous les TGV construits par Alsthom, même pour l'exportation – en Espagne, en Corée, et bientôt en Italie, au Maroc et en Argentine –, seront alimentés en 25 kV alternatif. En mai 1990, au cours d'essais près de Vendôme, une rame atteint 515 km/h sans causer le moindre dégât à la voie, contrairement au fameux record de 331 km/h en 1955, qui avait sérieusement déformé une voie des Landes.

Vient ensuite le TGV Nord, qui relie Paris à Lille en mars 1993, suivi d'Eurostar, lorsque le tunnel sous la Manche, Eurotunnel, espéré, commencé, abandonné, recommencé depuis plus d'un siècle, véritable serpent de mer, est finalement mis en service en novembre 1994. Sa longueur, de Sangatte à Folkestone, cinquante-quatre kilomètres, est la même que celle du Seikan, ouvert onze ans plus tôt au Japon, mais comprend trente-sept kilomètres sous la mer, moitié plus que le Seikan.

Depuis les années 1950, la raréfaction des équipes de mineurs expérimentés et les progrès des tunneliers ont détrôné le creusement à l'explosif. Pour le tunnel sous la Manche, il a fallu utiliser d'énormes tunneliers multifonctions, de cent vingt mètres de long. Leurs têtes rotatives, munies de molettes en acier trempé, sont pressées avec des vérins contre la roche. Tandis que ces têtes attaquent la roche, la réduisent en bouillie et récupèrent automatiquement les débris pour les évacuer vers l'arrière, le milieu de l'engin pose les voussoirs qui consolident l'ouvrage. Ces machines réduisent les risques d'accidents, évitent les éboulements et les coûteux travaux de soutènement et permettent d'avancer bien plus vite. Mais, à l'intérieur du tunnelier, pour compenser la pression de l'eau sur les parois, les hommes vivent dans un environnement pressurisé qui les soumet à des pressions élevées ; avant leur retour à l'air libre, ils doivent, comme les plongeurs, subir des cycles de décompression.

Le gabarit d'Eurotunnel, 5,57 mètres de hauteur, permet, outre les trains de voyageurs Eurostar et les trains de fret, le transit de navettes porte-autos, porte-camions et porte-autocars. Pour répondre à de sévères normes de sécurité incendie, les trains ont des équipements antifumée, des cloisons et des portes coupe-feu. Si une motrice prend feu à l'intérieur du tunnel, un dispositif automatique permet de décrocher une partie de la rame et de repartir en sens inverse avec la motrice indemne pour évacuer l'ensemble des voyageurs.

Le matériel Eurostar est compatible avec le système de signalisation et le gabarit britannique, plus étroit que sur le continent. Il est alimenté en France par caténaire en courant alternatif 25 kV, en Angleterre par le troisième rail en 750 V continu, et en Belgique par caténaire en courant continu 3 kV. Car le TGV dessert aussi Bruxelles depuis 1997, Liège depuis 2002, et Anvers depuis 2007.

L'exploitation commerciale d'Eurotunnel se révèle un échec. Le trafic camions, autos et autocars diminue. Le raccourcissement de la durée du trajet Paris-Londres, ramenée en novembre 2007 à 2 h 15 avec l'achèvement de la ligne à grande vitesse Folkestone-Londres Saint-Pancras, n'augmente pas autant qu'espéré le trafic passagers d'Eurostar. Le nouveau tronçon Ashford/Saint-Pancras, long de trente-neuf kilomètres, dont vingt-deux kilomètres en tunnel, qui dessert les deux gares intermédiaires d'Ebbsfleet, près de la ville nouvelle de Kent Thamesside, et Stratford, futur siège des Jeux olympiques de 2012, a coûté une fortune en expropriation et en construction. Son concessionnaire, HSBC, a acheté à Hitachi vingt-neuf rames de Shinkansen, dont les moteurs, les bogies, les caisses en aluminium, les portes et le système de conduite ont été fabriqués au Japon, les roues et les essieux en Angleterre, les freins, les pantographes et la signalisation en France et en Italie.

Après le TGV Paris-Sud Est, le TGV Aquitaine, Eurostar et le TGV Nord, la ligne suivante a été l'interconnexion Ile-de-France, une rocade TGV de cent deux kilomètres, qui dispense les voyageurs province-province d'avoir à changer de gare dans Paris, ce qui était nécessaire depuis la fermeture de la ligne de Petite Ceinture. Les gares nouvelles de Roissy, Marne-la-Vallée et Massy facilitent aux Franciliens l'accès au réseau. Grâce à cette interconnexion, Lille est raccordée à Lyon depuis mai 1994, et le TGV Atlantique à Lille et Lyon depuis juin 1996.

Suit alors une pause de six ans jusqu'à l'ouverture, en juin 2001, du maillon Valence-Marseille du TGV Méditerranée, qui met Marseille et Montpellier respectivement à 3 heures et 3 h 07 de Paris. Le nouveau matériel bénéficie d'une suspension pneumatique et d'un moteur qui évite les à-coups de l'effort de traction. Il comporte, comme le Paris-Lyon depuis 1996, des rames à deux niveaux, le duplex. Augmenter le nombre de rames en circulation eût créé des contraintes de signalisation. Allonger les trains eût demandé d'allonger les quais, voire de reconstruire les gares. Pour rester au-dessous de la charge à l'essieu autorisée, on a préféré remplacer les caisses en acier par des caisses en alliage aluminium-magnésium-silicium et fabriquer les planchers en profilés et en panneaux composites en nid-d'abeilles.

Au total, pour la période 1976-2001, les lignes à grande vitesse, tout en se développant en France trois fois moins vite que les autoroutes, soixante kilomètres par an au lieu de deux cent vingt kilomètres, ont renversé la tendance déclinante du trafic voyageurs, qui était menacé par le succès d'Air Inter. La fréquentation de ce TGV dont personne ne voulait a fait un bond spectaculaire. À lui seul, il assure près de la moitié des revenus de réseau ferré de France. Il est devenu un instrument d'aménagement du territoire. Les villes, au lieu de se battre pour un aéroport, se battent désormais pour être desservies par le TGV, bien que la moitié des kilomètres qu'il parcourt effectivement le soient sur des lignes classiques et à vitesse classique.

Après une nouvelle pause, de 2001 à 2006, le programme français repart de l'avant avec le TGV Est, construit avec des courbes de 7 000 m de rayon, en prévision d'une vitesse de 320 km/h. À titre de comparaison, la première ligne à très grande vitesse, le Shinkansen Tokaido en 1964, avait des courbes de 2 500 m de rayon qui réduisaient la vitesse à 210 km/h. La première section du TGV Est, de Vaires-sur-Marne à Baudrecourt, entre Metz et Nancy, a été ouverte en juillet 2007 à la circulation aussi bien des ICE que des TGV. Son ouvrage d'art le plus spectaculaire est le viaduc de Jaulny, long de 480 m et haut de 50 m, sur le Rupt de Mad, affluent de la Moselle. Les TGV Est poursuivent leur route jusqu'à Luxembourg, sous 1,5 kV continu, et jusqu'à Mannheim et Munich, sous 15 kV 16,7 Hz, ce qui impose d'équiper leurs motrices de transformateurs tri-courant.

Au total, depuis la mi-2007, la France compte mille huit cent quarante-sept kilomètres de lignes à grande vitesse, contre deux mille quatre cent cinquante et un kilomètres au Japon, parti, il est vrai, dix-sept ans plus tôt. On prévoit de prolonger en 2014 le TGV Est de Baudrecourt à Vandenheim, près de Strasbourg, et d'achever fin 2011 le TGV Rhin-Rhône Dijon-Mulhouse, une ligne de cent quarante-huit kilomètres qui réduira de près de deux heures la durée du voyage Paris-

Mulhouse. La liaison Paris-Rennes, interrompue actuellement à Connerré, près du Mans, pourrait être achevée en 2013. Enfin, Bouygues, Eiffage et Vinci s'apprêtent à soumissionner dès 2009 à un appel d'offres pour la concession du prolongement du TGV Aquitaine de Tours à Bordeaux.

Le pendulaire

Le réseau italien n'offrant que des lignes au tracé tourmenté, Mussolini avait lancé à grand renfort de tunnels, de ponts et de viaducs, la construction de lignes plus directes, les *direttissime*, électrifiées en 3 kV continu, avec le moins possible de passages à niveau et de stations intermédiaires. La plupart des petites localités du parcours restaient desservies par les anciennes lignes, reliées aux nouvelles par de simples bretelles.

Dès 1927, une première *direttissima* raccourcit sensiblement le trajet Rome-Naples en évitant notamment le mont Cassino. En 1934, grâce à de nombreux tunnels, dont un de dix-neuf kilomètres, une seconde *direttissima* réduit de moitié la durée du trajet Bologne-Florence. La section intermédiaire, Florence-Rome, reste assez sinueuse, mais en 1939 un autorail réussit à la parcourir à 165 km/h de moyenne, avec des pointes à 203 km/h. Cette liaison est redessinée de 1970 à 1992, mais toujours alimentée en 3 kV continu.

Plutôt que de la voie, la novation vient alors du matériel roulant, le pendulaire, le *Pendolino*, une invention d'ingénieurs de Fiat Ferroviaria. Dans les courbes, la force centrifuge tend à rejeter tout mobile vers l'extérieur, déséquilibrant les passagers debout dans la rame et provoquant des vibrations de basse fréquence qui donnent une sorte de mal de mer. Cette force, on peut la compenser par un dévers de la voie vers l'intérieur de la courbe. Plus on l'incline, plus on évite de dérailler mais, du même coup, on rend périlleux l'éventuel stationnement en courbe de wagons citernes.

On peut aussi corriger la force centrifuge en inclinant artificiellement en sens contraire non plus la voie, mais la caisse, pour la redresser. C'est cela, le pendulaire. Encore faut-il agir au bon moment, sans quoi on risque des avatars comme en a rencontré, dans les années 1970, l'Advanced Passenger Train britannique. Des capteurs d'adhérence roue-rail, des accéléromètres, des gyromètres, placés sur le premier bogie de la première voiture transmettent des signaux à un ordinateur. Celui-ci reconnaît la géométrie de la courbe, tient compte du décalage lié à la vitesse du wagon et à sa position dans la rame, et délivre une consigne d'inclinaison à des vérins situés sur chaque bogie. Cet asservissement compense 70 % de la force centrifuge et permet d'aborder les courbes avec une vitesse supérieure de 40 % à la normale. Cela coûte moins cher qu'une ligne nouvelle, c'est la vitesse à moindre coût.

En 2000, Alstom rachète Fiat Ferroviaria, mais deux autres constructeurs développent à leur tour un système pendulaire, un espagnol, Talgo, et un allemand, Adtranz, racheté en 2001 par Bombardier, un Canadien. Entre-temps, les chemins de fer italiens, les Ferrovie dello Stato, changent de stratégie. Constatant que le rail n'assure en Italie que 6 % du trafic voyageurs et 11,5 % du trafic marchandises, elles chargent une filiale spécialisée, Treni Alto Velocità SpA, de construire un réseau entièrement nouveau de mille deux cents kilomètres de lignes à grande vitesse, une dorsale, Milan-Naples, et une transversale, Turin-Venise. Bien qu'à rayon de courbure supérieur à 4 000 mètres et alimentation en 25 kV alternatif, ce réseau reste mixte, fret et voyageurs, accessible indifféremment aux trains de marchandises et aux trains pendulaires de voyageurs. Cette mixité multiplie les interconnexions avec les lignes existantes et limite les pentes à 18 ‰, alors qu'une ligne dédiée aux voyageurs aurait toléré des rampes de 35 ‰.

Sur la dorsale Milan-Naples, la direttissima Florence-Rome est conservée, mais prolongée au sud par une section

Rome-Naples, dont les cent quatre-vingt-quinze premiers kilomètres ont été ouverts en janvier 2006 et les dix derniers le seront en 2008. Plus au nord, Milan-Bologne, cent quatre-vingt-deux kilomètres, ouvrira en 2008, suivie en 2009 par Bologne-Florence, presque entièrement en tunnels, avec notamment ceux de Vaglia (dix-neuf kilomètres), Firenzuola (quinze kilomètres), Pianiro (onze kilomètres), Raticosa (dix kilomètres) et Monte Bibele (neuf kilomètres).

La transversale Turin-Venise est moins avancée. Turin-Novare, Milan-Treviglio et Padoue-Venise, cent trente-trois kilomètres au total, ont été mis en service en 2006-2007, mais Novare-Milan et Treviglio-Verone-Padoue sont à échéance 2009 et 2013.

Ce réseau italien de lignes à très grande vitesse pourrait ensuite être complété par trois antennes, de Turin à Gênes, vers le tunnel suisse du Lötschberg, et enfin vers l'Autriche, à travers le tunnel sous le Brenner.

L'Inter City Express

Devant le succès du TGV, la Deutsche Bahn s'intéresse à la très grande vitesse. De 1991 à 1993, elle ouvre trois lignes nouvelles, Mannheim-Stuttgart, Hanovre-Würzburg et Hanovre-Berlin, totalisant 612 kilomètres. L'ICE 1 de Siemens, composé de rames à deux motrices et douze remorques voyageurs, y roule à 250 km/h. À la différence du TGV, l'ICE n'est pas articulé, ses bogies sont sous les voitures. Mais, comme lui, il peut poursuivre sa route à vitesse réduite sur des lignes classiques, relier ainsi Munich à Hambourg et à Berlin.

Survient alors un accident grave : le 3 juin 1998, suite à la rupture d'une jante, l'ICE Munich-Hambourg déraille à 200 km/h à Eschede, entre Hanovre et Hambourg, et heurte un pont, faisant cent un morts et quatre-vingt-huit blessés. Une nouvelle génération lui succède alors, l'ICE 2, composée d'une seule motrice et de cinq ou six remorques. Une simple cabine de conduite à chaque extrémité permet à la rame de circuler dans les deux sens, mais la motrice se trouve en queue, ce qui déstabilise la rame en cas de forts vents latéraux, puisque le train est poussé par la motrice.

La Deutsche Bahn ouvre une nouvelle ligne de Hanovre à Berlin puis, de 2002 à 2006, encore quatre autres, Cologne-Francfort, Berlin-Hambourg, Cologne-Düren et Nuremberg-Ingolstadt.

En association avec Adtranz-Bombardier, Siemens a développé une troisième génération de matériel roulant, l'ICE 3, ou Velaro. Les seize moteurs de traction, au lieu d'être placés dans les motrices avant et arrière, pour tirer et pousser le train, sont répartis par groupes de deux sous le plancher des huit remorques voyageurs. Cela réduit la charge à l'essieu et la consommation d'énergie. De plus, la moitié des essieux étant motorisés, les accélérations sont plus faciles. Mais surtout, en libérant de leurs moteurs les voitures d'extrémité, on augmente sensiblement le nombre de places de voyageurs. Les sièges situés juste derrière la cabine de conduite bénéficient d'une vue panoramique sur la voie et peuvent se transformer en salon ou salle de conférence. Deux inconvénients toutefois : le train est moins stable au vent et les voyageurs de la voiture de tête davantage exposés en cas de collision.

Trois nouvelles lignes ICE sont décidées : Karlsruhe-Bâle, Nuremberg-Leipzig et Stuttgart-Ulm. Par ailleurs, l'ICE 3 est homologué pour circuler jusqu'à Zurich et Vienne, sous la même tension d'alimentation et, sous trois autres tensions, jusqu'à Amsterdam, Bruxelles et Paris. En outre, trois pays étrangers l'ont adopté, l'Espagne, la Russie et la Chine. En Espagne, concurremment avec les trains du constructeur basque Construcciones y Auxiliar de Ferrocarriles, CAF, le Velaro roule sur la ligne à grande vitesse Madrid-Barcelone. En Russie, après un léger élargissement de la caisse pour tenir compte de l'écartement russe de 1 520 mm, il équipera en 2014 les lignes Moscou-Saint-Pétersbourg et Moscou-Nijni Novgorod. En Chine, moyennant un transfert de technologie au profit de Tangshan Locomotive and Rolling Stock Works, qui construira cinquante-sept rames sur soixante, il assurera la liaison Pékin-Tianjin.

La Deutsche Bahn fait circuler la nuit les trains de fret sur les lignes à grande vitesse pendant les heures de fermeture au trafic voyageurs. Réciproquement, des trains pendulaires empruntent les lignes existantes, plus sinueuses. Finalement, à l'exception de la ligne à grande vitesse Cologne-Francfort, strictement dédiée à l'ICE en raison de ses pentes de 4 %, le réseau allemand est mixte marchandises voyageurs, qu'il s'agisse de lignes anciennes ou nouvelles. Certaines, comme Francfort-Mannheim, sont extrêmement chargées, jusqu'à trois cents trains par jour, d'où une incidence sur les horaires des ICE.

C'est une différence essentielle par rapport à la France du TGV et au Japon du Shinkansen, qui pratiquent la ségrégation pure et simple entre les deux types de trafic. En effet, sauf sur le contournement de Tours et plus tard sur la ligne du Perthus et les contournements de Nîmes et de Montpellier, la SNCF bannit des lignes à grande vitesse les trains de marchandises. D'abord, à cause des fortes rampes. En second lieu, si l'on fait circuler des trains lourds sur des lignes à grande vitesse, il faut également des rails plus lourds. Tertio, le trafic mixte de trains circulant à des vitesses très différentes réduirait le débit de la ligne. Enfin, l'effet de souffle produit par le croisement avec un train à grande vitesse risque de déstabiliser le chargement des trains de marchandises.

Pour accéder à la grande vitesse, la France, la Belgique et les Pays-Bas ont donc construit ex nihilo des lignes nouvelles, à courbes à très grand rayon, comparables, dans leur principe, aux autoroutes, qui permettent un gain de vitesse d'environ 40 % pour les trains de voyageurs, mais excluent la circulation des trains de marchandises. Leur écartement étant compatible avec celui des lignes anciennes, leurs TGV circulent non seulement sur les deux mille trois cents kilomètres de lignes nouvelles spécifiques, mais aussi sur deux mille cinq cents kilomètres des lignes anciennes les mieux entretenues. Par contre, l'entretien insuffisant du reste du réseau nécessite parfois des ralentissements de précaution.

D'autres pays, l'Angleterre, la Suède, la Finlande, la Tchéquie, la Slovénie, la Russie, ont fait le choix de conserver les lignes existantes quitte à rectifier quelques courbes. Ils misent sur le train pendulaire pour gagner en moyenne 10 % de vitesse tout en laissant circuler les trains de marchandises.

On peut aussi combiner les deux techniques, TGV ou ICE et pendulaire. Au surcoût de construction de la ligne dédiée à la grande vitesse, s'ajoute alors celui de l'équipement embarqué du pendulaire. En revanche, ce doublé offre l'avantage de conserver une vitesse relativement élevée lorsque le train poursuit sa route sur des lignes classiques aux courbes serrées.

Deux aventures familiales, Bombardier et Oriol

Aidée par la manne financière de l'Union européenne, l'Espagne met les bouchées doubles pour rattraper son retard et dépasser les autres pays d'Europe.

La RENFE, la Régie des chemins de fer espagnols, a débuté en 1992 la construction d'un réseau à grande vitesse, Alta Velocidade Española, AVE, à l'écartement 1 435 mm et alimenté en 25 kV alternatif. Il est donc isolé du reste du réseau ferroviaire espagnol, encore en 1 668 mm et 3 kV continu.

Pour équiper en TGV la première ligne de ce réseau, Madrid-Cordoue-Séville, soit quatre cent dix-sept kilomètres, Alstom s'est associée à Construcciones y Auxiliar de Ferrocarriles, CAF. Ce partenaire, un Basque espagnol, se bornait, à l'origine, à assembler des matériels ferroviaires à motorisation française ou allemande. Mais depuis qu'il a breveté un dispositif de bogie à écartement variable, permettant de passer à petite vitesse d'un écartement à un autre, son ambition a grandi. Pour résoudre le problème espagnol, il propose maintenant son propre train à grande vitesse capable de s'adapter à plusieurs écartements et tensions électriques. De plus, sans doute avec l'arrière-pensée de s'attaquer au marché français, il vient de racheter un petit constructeur français, CFD Soulé, dont l'usine de Bagnères-de-Bigorre a livré récemment des autorails à la Tunisie, la Corse et aux chemins de fer de Provence.

Après avoir marqué une pause, la RENFE a construit Madrid-Tolède puis Madrid-Barcelone, inaugurée en février 2008, équipée par Siemens, Bombardier et Talgo, pionnier d'un nouveau type de pendulaire. Bombardier, Talgo, c'est l'occasion d'évoquer deux aventures familiales, celles des Bombardier et des Oriol.

Voici juste cinquante ans, en 1958, une toute petite entreprise québécoise, L'Autoneige-Bombardier Limitée mettait sur le marché un scooter des neiges, le skidoo. Joseph-Armand Bombardier, le fils d'un fermier de Valcourt, un village des Cantons de l'Est, au sud-est de Montréal, n'avait pas fait les grandes écoles mais il avait l'esprit inventif. À la génération suivante, son gendre, Laurent Beaudoin, a hissé cette affaire qui reste familiale au rang de premier constructeur mondial de matériel ferroviaire, avec cinquante-six mille salariés dans seize pays sur quatre continents, dont vingt-neuf mille dans la branche ferroviaire. Son histoire mérite d'être racontée.

L'aventure commence en 1935, pendant une tempête de neige. À cette époque, le gouvernement du Québec ne déneige pas les routes. Impossible aux médecins, aux pompiers, aux prêtres, de se rendre rapidement dans les fermes isolées. Faute de pouvoir l'emmener à l'hôpital, Joseph-Armand perd ainsi son premier né, un enfant de deux ans. Au lieu de l'abattre, ce coup du sort fortifie sa résolution. Il est garagiste. Son métier consiste à réparer les voitures et les batteuses mais, dans ce pays aux interminables hivers enneigés, il réfléchit au moyen de rompre l'isolement des campagnes, de circuler aussi aisément à la mauvaise qu'à la belle saison.

Joseph-Armand ne manque pas d'esprit d'entreprise. Dès son plus jeune âge, il s'ingéniait à fabriquer des modèles réduits, des bateaux, des tracteurs ou des locomotives qu'il motorisait avec des rouages d'horloges ou de pièces de machines à coudre. À quatorze ans, à la veille du Nouvel An 1922, il a réservé une surprise à ses parents. Il a sorti sur la neige un engin à quatre patins propulsé par un moteur de récupération muni d'une hélice. Sur cette étrange moto, il a parcouru avec son frère les rues du village dans un bruit infernal. Que de fois, dans son garage, n'a-t-il pas motorisé des scies ou des pompes à eau avec des outils de sa conception ! Pour ses besoins en électricité, il a installé un barrage et une turbine sur la rivière la plus poche. Et, depuis treize ans, il ne cesse de perfectionner son espèce de moto, de l'essayer sur toutes sortes de neiges, mouillée, poudreuse, croûteuse ou glacée.

En 1935 donc, Joseph-Armand Bombardier décide de se lancer et de commercialiser un véhicule chenillé, avec une cabine en contreplaqué pour un ou deux passagers, un moteur à deux temps et une bonne suspension. Les premiers acheteurs sont des médecins de campagne et des ambulanciers. Peu à peu, il engage des ouvriers agricoles de Valcourt qu'il recycle en ouvriers qualifiés, il transforme son garage en usine et confie à ses frères ou à ses cousins le commercial et la gestion. Puis il élargit sa gamme avec des véhicules pour sept ou dix personnes, chenilles de caoutchouc à l'arrière, skis à l'avant, qu'il destine à la poste, aux transports de troupes, au ramassage scolaire, aux pompiers, à l'exploitation forestière ou à la prospection minière.

En 1958, à la demande d'un missionnaire en tournée dans le grand nord de l'Ontario, Joseph-Armand revient à ses premières amours et crée le fameux ski-doo. Aussitôt, c'est le succès, un grand succès. Mais, à sa mort, en 1964, la Bombardier Limitée n'est encore qu'un constructeur de scooters des neiges et de scooters nautiques.

Le rachat, en 1970, de Rotax, son fournisseur autrichien de moteurs, amorce un virage vers de nouvelles activités, car Rotax est aussi un fabricant de wagons. Bombardier décroche en 1974 un contrat pour fournir au métro de Montréal quatre cent vingt-trois voitures.

Sur cette lancée, il construit une nouvelle usine dans le Vermont, aux États-Unis mais suffisamment près de ses bases du Québec. Grâce à cette implantation, il obtient en 1982 une commande de huit cent vingt-cinq voitures pour le métro de New York. Sept ans plus tard, il participe avec Alsthom à la construction du train pendulaire Acela, Boston-Washington.

Le rachat de Brugeoise et Nivelles en Belgique et d'ANF Industrie à Crespin, dans le nord de la France, l'aide à décrocher, toujours en partenariat avec Alsthom, le marché Eurotunnel de construction des navettes pour le transport des autos et des autocars. Mais c'est surtout en Allemagne que Bombardier frappe un grand coup en rachetant successivement deux constructeurs de wagons, à Aix-la-Chapelle et à Berlin, puis, en 2001, Adtranz, la filiale ferroviaire de Daimler Chrysler. Parallèlement, Bombardier s'est diversifiée dans l'aéronautique en rachetant Canadair, Learjet et de Havilland.

En Chine, avec son associée Sifang Locomotive and Rolling Stock, dont elle a modernisé l'usine de Qingdao, Bombardier a pris une commande de six cent quarante voitures de voyageurs pour lignes à grande vitesse. Les caisses seront fabriquées en Chine, les bogies et l'appareil propulsif en Europe. Et, avec un autre partenaire chinois, Dalian Locomotive and Rolling Stock, Bombardier construit cinq cents locomotives électriques pour trains de marchandises.

L'aventure ferroviaire de la famille Oriol commence de son côté en 1942, lorsque José Luis de Oriol y Urigüen rencontre Alejandro Goicochea. Talgo, ce sont en effet les initiales de Tren Articulado Ligero Goicochea Oriol. Articulé car, première originalité, les roues de ce train n'ont pas d'essieux, mais s'appuient sur celles de la voiture précédente grâce à une armature articulée de triangles isocèles. Léger car, depuis l'origine, les Talgo sont construits en aluminium. Goicochea, parce que leur inventeur est l'ingénieur Alejandro Goicoechea, de triste réputation. Pendant la guerre d'Espagne, chargé par les républicains de construire sur les hauteurs environnant Bilbao une sorte de ligne Maginot, le *Cinturon de hierro*, la ceinture de fer, il rejoignit les franquistes avec les plans des fortifications et leur indiqua tous les points faibles, ce qui leur permit de s'emparer de la ville en juin 1937. Oriol, parce que José Luis de Oriol y Urigüen, auquel il expliqua son brevet, en comprit aussitôt l'intérêt et s'employa à en financer la réalisation.

Le premier Talgo, entré en service en 1950 sur la ligne Madrid-Irun, a reçu un système automatique de changement d'écartement, installé tant aux gares frontières de Cerbère-Port Bou et d'Hendaye-Irun que sur le réseau espagnol, qui permet de passer sans arrêt, entre 5 et 15 km/h, du réseau à 1 668 mm au réseau à 1 435 mm et vice versa. Puis Talgo est entré dans le marché de la grande vitesse ferroviaire avec le *Talgo pendular.* Des trains Talgo circulent non seulement en Espagne, mais aussi au Kazakhstan, en Bosnie et dans le nord-ouest des États-Unis.

Les challengers de la grande vitesse

Retour à l'Espagne. La ligne Madrid-Valladolid, ouverte en décembre 2007 avec un tunnel de vingt-huit kilomètres sous la Sierra de Guadarrama, sera prolongée en 2011 jusqu'à Oviedo, en 2012 jusqu'à Vigo et Saint-Jacques-de-Compostelle, et, en 2013, jusqu'à Burgos, Bilbao et San Sebastián, désenclavant complètement les Asturies, la Galice et le Pays basque. En Andalousie, la ligne Cordoue-Malaga ouverte également en décembre 2007, sera suivie de La Antequera-Grenade en 2009 et de Madrid-Valence-Alicante-Murcie en 2011. La ligne Madrid-Barcelone sera prolongée jusqu'à Figueras en 2009.

Au nord-est, la liaison Figueras-Perpignan, quarante-quatre kilomètres dont un tunnel de huit kilomètres sous le Perthus, a été concédée au consortium TP Ferro, qui regroupe à parts égales deux majors l'un français l'autre espagnol des travaux publics, Eiffage et Dragados. C'est la première fois en Europe depuis Eurotunnel qu'un groupe privé obtient la concession d'une ligne ferroviaire à grande vitesse. Les travaux sont financés à 10 % par les fonds propres d'Eiffage et de Dragados, à 40 % par un emprunt auprès d'un pool bancaire, et à 50 % par des subventions de la France, de l'Espagne et surtout de l'Union européenne. Onze viaducs et vingt-cinq ponts éviteront toute rampe supérieure à 18 ‰ et rendront la ligne accessible aux trains de marchandises, une innovation pour une ligne à grande vitesse française ou espagnole. Les TGV à 320 km/h s'intercaleront entre les TER à 120 km/h et les trains de marchandises à 100 km/h. L'alimentation sera à 25 kV alternatif et l'écartement au standard 1 435 mm.

Le Portugal s'est engagé plus tard que l'Espagne dans la voie de la grande vitesse. Mais Lisbonne sera reliée en 2013 à Badajoz et à Porto, puis en 2015 à Vigo.

À l'autre bout de la péninsule, l'Espagne et le Maroc ont confié en 2003 à Lombardi Engineering, une ingénierie suisse, l'étude préliminaire d'un tunnel sous le détroit de Gibraltar. Une utopie, si l'on songe à la quasi-faillite d'Eurotunnel et aux faibles ressources du Maroc, qui pourraient être mieux utilisées autrement. Une entreprise périlleuse eu égard aux violents courants marins auxquels seront exposés les bateaux chargés de la construction, et au risque de séismes à la jonction des plaques tectoniques européenne et africaine. On a passé outre. Déjà, la campagne de sondages sous-marins est achevée. Là où la distance entre les deux continents n'excède pas quatorze kilomètres, la mer a 900 m de profondeur, ce qui alourdirait le coût des travaux. Aussi a-t-on préféré un tracé plus à l'ouest, de Malabata, entre Tanger et Ceuta, à la pointe Paloma, entre Tarifa et Trafalgar. Du coup, le tunnel aura trente-huit kilomètres de long dont vingt-huit kilomètres sous l'eau. À 400 m au-dessous du niveau de la mer, ce sera le tunnel sous-marin le plus profond du monde.

Si le projet se concrétise, cet ouvrage ressemblera beaucoup au Tunnel sous la Manche. Deux galeries ferroviaires séparées et raccordées à une galerie de service, et trois types de trains : des trains de marchandises, des trains de voyageurs et des navettes pour transporter les véhicules routiers. Sa construction prendra au moins quinze ans.

La Turquie n'est pas en reste. Istanbul, métropole de onze millions d'habitants, souffre de pollution et du bruit surtout aux abords des deux ponts suspendus sur le Bosphore. Pour désengorger le trafic automobile, les Turcs, aidés par un financement japonais, construisent actuellement, d'un bout à l'autre de l'agglomération, depuis Halkali, en Europe, jusqu'à Gebze, en Asie, une ligne express de banlieue, longue de soixante-seize kilomètres, avec de nombreux tunnels, dont un sous le Bosphore, d'où son nom de Marmaray, qui rappelle la Marmara, la mer intérieure entre le Bosphore et les Dardanelles.

Ce tunnel sous le détroit, creusé par Drogus, une entreprise turque de travaux publics, sera achevé en 2008, après de grandes difficultés, notamment l'existence de failles sismiques très actives, avec l'éventualité de séismes d'intensité 9 sur l'échelle de Richter. La découverte des vestiges d'un port datant de Constantin, vers 320 après J.-C., avec ses quais, ses remparts et des bateaux, a aussi sensiblement retardé les travaux.

Un groupement Alstom-Drogus-Marubeni réhabilite la ligne de chemin de fer existante, la complète, l'équipe et la raccorde au métro d'Istanbul. Drogus creuse les tunnels, construit les gares, pose la voie. Marubeni fournit les sous-stations de traction, les équipements électromécaniques des gares, les télécommunications et le système d'information des passagers. Alstom se charge de l'électrification et de la signalisation et pilote l'ensemble du projet. Reste à choisir le fournisseur des quatre cent quarante voitures dont la mise en service est prévue pour 2011.

Avec l'aide, cette fois, de la Banque Européenne d'Investissement, la Turquie modernise son réseau de dix mille kilomètres de lignes sinueuses et généralement à voie unique. Grâce à une quarantaine de tunnels, une ligne à grande vitesse et à double voie réduira en 2009 de moitié la durée du voyage Istanbul-Ankara. Le constructeur espagnol CAF fournira le matériel roulant ainsi que celui de la ligne à grande vitesse Ankara-Konya, dont la construction a commencé en 2006.

En revanche, pour les cinq autres lignes à grande vitesse envisagées, Ankara-Smyrne, Ankara-Sivas, Istanbul-Bursa, Ankara-Bursa et Istanbul-frontière bulgare, un consortium formé par le Coréen Rotem et le turc Tivasas construira à Adapazari, en Turquie, le HSR-350 X coréen, qui ambitionne les 350 km/h et ressemble comme deux gouttes d'eau au TGV d'Alstom.

Les Coréens, qui ont exigé d'Alstom de forts transferts de technologie en contrepartie de la fourniture en 2004 de douze des quarante-six rames du Séoul-Taegu, la première ligne à grande vitesse de Corée du Sud, entrent en effet dans la compétition avec leurs propres matériels. Rotem, filiale de Hyundai, ne se contente pas d'équiper entièrement la suite du réseau coréen à grande vitesse, les sections Taegu-Pusan, de cent vingt-neuf kilomètres avec soixante-quinze tunnels, et Osong-Mokpo, de deux cent trente kilomètres, dont l'achèvement est prévu respectivement pour 2008 et 2017. Elle apparaît déjà comme un concurrent redoutable à l'international, où elle livre des trains de voyageurs à la Turquie et à la Syrie, des trains de banlieue à New Delhi et Philadelphie, des wagons de métro à Athènes, Rio de Janeiro et New Delhi.

Un train de 7 kilomètres de long

Si le Japon et l'Europe de l'Ouest ont consacré des ressources considérables à édifier des réseaux à très grande vitesse pour trains de voyageurs, en revanche ils ont négligé de moderniser, voire d'entretenir, les lignes classiques où circulent les trains de marchandises. La charge utile y est limitée à huit mille tonnes en Suède, cinq mille en Allemagne et même trois mille six cents en France. Au contraire, les pays neufs aux grands espaces et aux abondantes ressources minières, l'Australie, le Brésil, l'Afrique du Sud, l'Amérique du Nord mènent une politique radicalement différente. Résolus à privilégier la circulation de trains lourds de marchandises, trente-deux mille tonnes au Brésil, vingt et un mille en Afrique du Sud, cent mille en Australie, ils renforcent leur réseau classique et se désintéressent du trafic voyageurs, abandonné à l'avion.

En Mauritanie, entre la mine de Zerouate et le port de Nouadhibou, un gigantesque grondement derrière les dunes, à croire que la terre explose, et le convoi apparaît derrière les amoncellements de sable. Cela n'en finit pas. Derrière quatre motrices bleu et blanc, un train de deux cent dix wagons s'étire sur deux mille cinq cents mètres. Chaque jour, trois trains pleins dans un sens et trois vides dans l'autre parcourent sept cents kilomètres de désert en dix-huit heures. Le problème, c'est le sable que soulèvent les tornades de vent plusieurs jours de suite. Il s'infiltre dans les machines, recouvre les voies, use les rails.

Au Sénégal, Arcelor-Mittal ouvrira en 2011 une liaison avec Dakar pour desservir sa mine de fer de Falémé, à la frontière du Mali. Après le Transgabonnais des années 1980, les Chinois, toujours à l'affût de matières premières pour leur industrie en plein essor, construisent au Gabon une ligne de cinq cent soixante kilomètres de la mine de fer de Belinga au port de Santa Clara et, au Soudan, ils réhabilitent la ligne de Khartoum à Port-Soudan. Ils sont meilleur marché que les Occidentaux, leurs financements ne sont pas exposés à des changements politiques, et leurs ingénieurs sont passés maîtres en construction ferroviaire.

En Afrique du Sud, des trains de deux cents wagons de 21 000 tonnes transportent sur cinq cent quatre-vingts kilomètres le charbon du Transvaal au port de Richards Bay, sur l'océan Indien, et sur huit cent soixante et un kilomètres le minerai de fer jusqu'à Saldhana Bay, sur l'Atlantique. Deux lignes électrifiées, prochainement mises à trente tonnes à l'essieu.

Les chemins de fer argentins, construits au XIXe siècle par des compagnies privées britanniques, étaient en déliquescence depuis leur nationalisation par Peron. Le dictateur avait laissé leurs effectifs se gonfler inconsidérément de près de cent mille cheminots perpétuellement en grève. Une nouvelle privatisation, survenue en 1992, a redressé le service fret mais abandonne une bonne partie du service voyageurs, actuellement réduit aux lignes de banlieue, à la pittoresque ligne à vapeur et à voie étroite de La Trochita, en Patagonie, et à une ou deux grandes lignes au départ de Buenos Aires. Il est néanmoins question périodiquement de réhabiliter deux Transandins, le Central, de Mendoza à Los Andes, au Chili, et de Zapala à Los Lajas, au Chili également. Et Alstom équipera une ligne à grande vitesse à construire entre Buenos Aires et Rosario.

La situation est beaucoup plus favorable au Brésil. Le trafic marchandises par rail y connaît une vigoureuse expansion, qu'il s'agisse du soja ou du minerai de fer, dont le pays a extrait 320 millions de tonnes en 2006. Le plus gros producteur, Vale da Rio Doce, exploite le gisement d'Itabaro, au Minas Geraes. Sur les neuf cent cinquante kilomètres de son ancienne ligne à voie métrique, de la mine de Vitoria à Minas au port de Tubarao, des locomotives des années 1950 voisinent avec de puissantes General Electric Dash 9. Par groupes de cinq, trois en tête plus deux intercalaires, elles tirent trois cent vingt wagons de cent tonnes, formant des convois de trois mille deux cents mètres de long, ce qui réduit de 10 % la consommation de fioul. Avec seulement cinq mille employés, cette simple ligne à voie métrique achemine autant de tonnes/kilomètres par an que tout le trafic fret de Réseau Ferré de France.

Vale da Rio Doce exploite aussi depuis vingt ans une seconde ligne, de huit cent quatre-vingt-dix kilomètres, encore plus rentable, entre le bassin minier de Carajas, au nord du pays, et le port de Ponta da Marena, près de Sao Luis. Le chargement des camions sur wagons plats évite aux chauffeurs de conduire à travers la jungle amazonienne. Cette ligne, à écartement de 1 600 mm, permet une charge de 31,5 tonnes à l'essieu et atteint des records mondiaux de productivité : onze millions de tonnes/kilomètres par wagon et par an. Des performances encore meilleures sont attendues de wagons de 110 tonnes au lieu de 100.

Sur le Canadian Pacific, des trains de quatre-vingt-quinze wagons et de onze locomotives, soit une charge utile de 11 000 tonnes, transportent le charbon des montagnes Rocheuses au port de Roberts Bank, près de Vancouver, d'où il est exporté au Japon. Un calculateur embarqué vérifie que la charge et la traction soient bien équilibrées, de façon à éviter tout effet d'accordéon susceptible de provoquer des ruptures d'attelage.

De même, d'interminables trains acheminent le charbon des mines de Nouvelle-Galles du Sud jusqu'à Newcastle, le plus grand port charbonnier du monde, sur la côte est de l'Australie. Mais le record du train le plus long est détenu par l'Australie-Occidentale, fief des trois grandes compagnies minières, BHP, Rio Tinto et Fortescue Metals. Chaque jour, une vingtaine de trains gigantesques amènent trois cent mille tonnes de minerai de fer des mines de Mount Newman ou de Pilbara à Port Hedland et Port Dampier, au bord de l'océan Indien, d'où elles sont embarquées à destination de la Chine, de la Corée ou du Japon.

BHP Iron Ore Railroad, au trafic en pleine expansion, renforce ses voies de façon à faire circuler des trains de six locomotives et de trois cent vingt wagons avec une charge de quarante et une tonnes par essieu. Le 21 juin 2001, pour tester un nouveau système de conduite sur les quatre cent vingt-six kilomètres de Mount Newman à Port Hedland, un convoi de 99 700 tonnes dont 82 262 tonnes de minerai, s'est étiré sur 7 353 mètres de long, avec un seul mécanicien à bord. Un seul homme pour six cent quatre-vingt-deux wagons de cent vingt tonnes de charge utile, tractés par huit locomotives à moteur diesel, trois en tête et cinq en position intercalaire, cinq mille six cent quarante-huit roues au total. Cela en dit long sur les écarts de productivité entre cheminots de par le monde.

En revanche, les différents États de cet immense pays, jaloux de leur autonomie, laissent coexister trois écartements de rails différents : 1 060 mm, 1 435 mm et 1 600 mm. Seul, l'Indian Pacific Sydney-Adelaide-Perth est à l'écartement standard. Ce qui n'empêche pas cet express de se traîner à 75 km/h de moyenne sur ses quatre mille kilomètres en ligne droite. Heureusement, il a des wagons-douches.

Les États-Unis

Aux États-Unis, on ne voit pas souvent passer les trains et d'ailleurs peu de voies sont doublées. Pourtant, avec deux cent soixante-douze mille kilomètres, leur réseau est, de loin, le plus étendu de la planète, et il y transite huit fois plus de tonnes/kilomètres que sur l'Europe entière. À ce paradoxe, deux raisons. D'abord, pour le trafic voyageurs, l'immensité des distances et la faible densité de population militent en faveur de l'avion. Si les trains de banlieue sont toujours d'actualité, en revanche le rail n'assure plus qu'un déplacement interurbain sur mille. En second lieu, les trains de marchandises sont en moyenne trois fois plus longs et huit fois plus lourds qu'en Europe, donc forcément moins fréquents, ce qui ne les empêche pas de transporter trente fois plus de marchandises que le réseau ferré français pour seulement cinq fois plus de population.

En 1971, pour enrayer le déclin de leur rentabilité, les compagnies américaines de chemins de fer ont demandé à l'État de les décharger du transport des voyageurs qui, avec 15 % des charges de personnel, n'assurait que 1 ou 2 % des recettes. Le gouvernement fédéral a accepté de reprendre ce service public et l'a confié à une société publique créée à cet effet, American Track Truck, en abrégé : Amtrak. Outre les banlieues, Amtrak dessert cinq cents agglomérations mais, sauf dans le corridor nord-est, de Boston-New York-Philadelphie-Washington, où elle a repris à une compagnie une ligne, assez sinueuse d'ailleurs, elle doit négocier avec les compagnies privées, demeurées propriétaires de leurs réseaux, des créneaux horaires sur quelques-unes de leurs lignes. Le reste, les neuf dixièmes environ, est entièrement dédié au trafic marchandises.

Amtrak exploite deux trains de luxe, le California Zéphyr, de Chicago à Denver et San Francisco, et le Sunset Limited, de La Nouvelle Orleans à Los Angeles. Son déficit chronique l'a obligé à renoncer à tout projet de ligne à grande vitesse, sauf sur les corridors du nord-est et du nord-ouest – Vancouver, Seattle, Tacoma, Portland, Eugene – où elle fait circuler, mais à seulement 170 km/h de moyenne, des trains pendulaires Alstom-Bombardier dans le premier cas, Talgo dans le second.

Dans les années 1970, les quatre majors du rail, Union Pacific-Southern Pacific, CSX, Burlington-Northern-Santa Fe et Norfolk-Southern, ont cédé leurs lignes déficitaires et leur vieux matériel aux petites compagnies locales pour se concentrer sur le service du fret sur deux cent mille kilomètres de grandes lignes.

Le transport du charbon tient toujours une très grande place dans la vie américaine. Avec une production d'un milliard de tonnes par an, il représente 51 % des sources d'énergie du pays, dix fois plus qu'en France, où 78 % de l'électricité est d'origine nucléaire. Ce charbon, principalement produit dans les montagnes Rocheuses, doit être transporté jusqu'aux zones industrielles et urbaines, à plusieurs milliers de kilomètres. Ainsi l'Union Pacific a mis à trois voies les cent quatre-vingts kilomètres de la ligne North Platte-Gibbon, au Wyoming, afin de charger chaque jour cinq cent mille tonnes de charbon sur une quarantaine de trains. Les performances des trains minéraliers d'Australie, du Brésil ou du Canada, déjà en plein essor, lui ont servi de modèle.

Mais il n'y a pas que le charbon. Les agrumes de Floride et de Californie, le bois de l'Ouest doivent aussi parcourir des distances considérables avant de parvenir aux centres de consommation du nord-est du pays. De même, les minerais de l'Ouest et les céréales du Middle West, dont une bonne partie est exportée vers l'Asie à partir des ports du Pacifique ou vers l'Europe via ceux de l'Atlantique et du Golfe du Mexique.

À ce transport en vrac, s'ajoutent depuis plusieurs décennies les trains porteurs de semi-remorques ou de deux niveaux de conteneurs. Ce trafic évolue en dents de scie, mais a ravi la première place au transport du charbon. Le volume sans précédent des importations d'Asie qui transitent par les ports de la côte ouest des États-Unis, Tacoma-Seattle, Oakland, Los Angeles, Long Beach, met la pression. L'Union Pacific et le Burlington Northern Santa Fe ajoutent des voies supplémentaires à leurs itinéraires transcontinentaux. Les chemins de fer canadiens investissent aussi pour augmenter la desserte des ports de Colombie Britannique, Prince Rupert, Vancouver ; les porte-conteneurs attendent devant les ports pour décharger leurs conteneurs de vêtements ou de chaussures, de jouets ou d'appareils électroménagers.

L'un dans l'autre, le rail assure ainsi en Amérique du Nord 40 % du trafic marchandises, contre 8 % en Europe, et avec une excellente rentabilité. Ce trafic a triplé en cinquante ans, avec moitié moins de locomotives. Contrairement aux Japonais et aux Européens, qui misent sur la traction électrique, presque toutes les locomotives américaines ont des moteurs diesel. Aux États-Unis, l'électrification des chemins de fer supposerait en effet des investissements considérables en lignes à très haute tension, en sous-stations électriques et en caténaires, incompatibles avec un habitat clairsemé. Les trains étant très espacés et la vitesse n'étant pas un objectif, les compagnies dépensent peu en signalisation. En revanche, elles ne lésinent pas sur le remplacement des traverses et surtout des rails, de plus en plus lourds pour supporter sans faille des wagons de cent quarante tonnes, soit trente-cinq tonnes à l'essieu, presque le double de la charge généralement acceptée en Europe.

Aux États-Unis, le trafic a triplé avec six fois moins de personnel, cent quatre-vingt-quatorze mille employés au lieu d'un million deux cent vingt mille en 1950. Pendant ce temps, la SNCF, pour un trafic à peine augmenté de moitié, s'est contentée de réduire ses effectifs des deux tiers, de cinq cent mille à cent soixante-cinq mille. Si la productivité des cheminots américains est dix-huit fois supérieure à celle de leurs collègues européens, c'est que le fret demande bien moins de personnel que les voyageurs. C'est aussi parce que 40 % d'entre eux sont des agents de conduite, alors qu'en Europe les roulants sont très minoritaires par rapport aux personnels sédentaires.

La France a-t-elle fait le bon choix ?

En Europe Centrale et en Europe de l'Est, le rail achemine encore 30 % du fret, grâce notamment aux échanges entre l'Allemagne et la Russie, et les profits générés par ce trafic absorbent les pertes du service voyageurs, qui y est demeuré relativement faible. L'Europe de l'Ouest offre une image radicalement inverse. Stimulée par l'exemple français, elle a délibérément privilégié le transport ferroviaire à grande vitesse des voyageurs plutôt que le transport des marchandises. Elle a préféré le médiatique au fondamental. Le rail n'y transporte plus que 8 % du fret, une chute vertigineuse par rapport aux 21 % des années 1970, et les trains de marchandises y circulent en moyenne à 18 km/h. Moins vite qu'un brise-glace sur la Baltique. D'où un déficit abyssal, que la progression du trafic voyageurs à grande vitesse, enrayée d'ailleurs par l'agressivité des compagnies aériennes low cost, est loin de pouvoir compenser.

Ce choix a donc, contrairement aux apparences, entraîné globalement une régression du rail, en contraste avec l'augmentation vertigineuse du transport routier et aérien. À ce rythme, l'Europe de l'Ouest, et tout particulièrement la France, va droit dans le mur.

À moins que la population ne modifie ses habitudes de déplacement, ce dont elle ne semble pas avoir envie. Ou que les hommes politiques fassent preuve de courage, ce qui a été le cas de la Suède, de la Suisse et, dans une moindre mesure, de l'Allemagne et de l'Angleterre. Certainement pas de la France. Dommage, car le train pollue moins, cause moins d'accidents, et utilise l'énergie trois ou quatre fois plus efficacement que le camion. Une énergie qui peut être d'origine hydraulique ou nucléaire, indépendante du cours du baril de pétrole. À partir d'une certaine distance, les économies d'énergie compensent le coût du transbordement et rendent le rail compétitif par rapport transport routier.

Hélas ! indépendamment des grèves, le service fret de la SNCF se dégrade. Il utilise mal ses wagons de marchandises, qui ne circulent en moyenne qu'une dizaine d'heures par jour et cinq jours par semaine. Deux fois moins que chez Canadian National, par exemple, où ils roulent dix-huit heures par jour sept jours sur sept.

Les régions prennent de plus en plus de poids et donnent la priorité aux voyageurs sur le fret. Les trains de marchandises sont souvent en retard. Il leur arrive d'attendre vingt-quatre heures, faute de locomotives ou de personnel aux points de remise des marchandises. Et les nombreuses fermetures de lignes intervenues en France depuis 1930 nous ont fait perdre, outre dix mille kilomètres de voies, des milliers de gares, de points de desserte, de ramassage ou de dépose.

Le nombre de wagons s'est aussi considérablement réduit, de sorte que si le prix du pétrole venait à augmenter subitement au point de rendre le transport de marchandises impossible par la route, le rail ne pourrait prendre la relève. Pour reconstruire ce qui a été détruit ou négligé, tant en installations fixes qu'en matériel roulant, il faudrait des décennies. C'est le prix à payer pour tant de désintérêt manifesté au transport ferroviaire du fret.

Ce déclin s'explique largement par la concurrence de la route. Mais il a également d'autres causes. Les industries extractives, les mines de charbon et de fer, clientèle originelle des chemins de fer, ont disparu en Europe, et tout particulièrement en France, remplacées par des industries de transformation adeptes des approvisionnements en « flux tendu ».

Pour ce nouveau type d'usagers, le temps vaut de l'argent, et le respect du délai devient la priorité absolue. La gestion sans stocks, une idée venue du Japon, est devenue le nouveau credo. Ainsi, dans les usines de montage d'automobiles, où chacun des milliers de composants d'une voiture doit parvenir « juste à temps », au moment idoine, et seulement dans les quantités voulues[96]. Au lieu que les fournisseurs, les sous-traitants, livrent tous les mois, on leur impose par exemple des livraisons tous les quatre jours. Pas question, pour autant, d'exposer les chaînes d'assemblage à un arrêt dû à une rupture d'approvisionnement. Donc, de faire confiance à un transporteur aux délais incertains.

La culture médiatique du record a sensibilisé l'opinion aux records de vitesse des trains de voyageurs plutôt qu'à la ponctualité des trains de marchandises ou à la productivité du personnel. Mais il y a pire : tant du fait du gabarit que de la qualité des rails, le réseau ferré européen ne s'est pas adapté aux longs convois de fret lourd. Trop légers, les rails n'acceptent qu'une charge à l'essieu limitée : vingt-cinq tonnes en Belgique et en Grande-Bretagne, vingt-trois tonnes en Allemagne, vingt-deux tonnes et demi en France et en Suisse. Seuls, les réseaux bulgare et scandinave admettent une charge supérieure à vingt-cinq tonnes. Or, on ne peut transporter économiquement du fret lourd sans renforcer les rails. Les Suédois et les Finlandais l'ont bien compris et ont mis deux lignes à trente tonnes par essieu, l'une au nord du pays, entre la mine de fer de Kiruna et le port norvégien de Narvik, l'autre au sud, pour acheminer au port de Göteborg le minerai de cuivre, le bois et les bobines de papier. Et ces deux pays sont les seuls en Europe de l'Ouest à connaître un trafic de marchandises trois fois supérieur au trafic voyageurs.

Les obstacles au passage des frontières n'arrangent pas les choses. Certes, depuis peu, huit trains de marchandises franchissent chaque jour la frontière franco-italienne à Modane sans changer de locomotive. Finies les longues heures de paperasseries et de recomposition des trains ; un arrêt de quelques minutes suffit pour changer de conducteur. Néanmoins, pour passer d'un pays à l'autre, le train rencontre encore toutes sortes d'obstacles : manque d'harmonisation entre les normes d'éclairage, de signalisation, de gabarit – plus large en Allemagne, plus étroit en Grande-Bretagne – de charge à l'essieu et surtout d'alimentation électrique. Quatre types différents de courant alimentent les caténaires, deux en courant continu, le 1,5 kV et le 3 kV, et deux en courant alternatif, le 25 kV 50 Hz et le 15 kV 16,7 Hz, sans compter le 750 V courant continu du troisième rail britannique. D'où de multiples conversions à l'intérieur de la chaîne de traction : la locomotive doit se mettre à l'allemand, à l'espagnol, etc. Seul, le diesel s'affranchit des disparités de courant d'un pays à l'autre et évite l'achat de coûteux engins polyvalents.

Bien plus que la différence d'écartement des rails, qui n'existe à vrai dire qu'aux frontières espagnole et polonaise, l'obstacle le plus sérieux à l'interopérabilité des trains entre pays membres de l'Union européenne, était la diversité des règles de sécurité et de signalisation. Pour résoudre cette difficulté, cinq équipementiers européens, Alstom, CSEE Ansaldo, Bombardier, Inversys et Siemens, se sont groupés pour construire un système commun de contrôle, l'European Rail Traffic Management System, ERTMS, qui remplace le cantonnement fixe par un cantonnement mobile. Des balises radio placées tous les cinq kilomètres localisent les trains à dix mètres près et leur font parvenir des instructions de vitesse ; les circuits de voie identifient en permanence la position des trains et en réfèrent au poste d'aiguillage local. Pour éviter de répercuter une perturbation ponctuelle au-delà de la portion dévolue au poste d'aiguillage, un poste régional de régulation, en liaison avec les postes d'aiguillage environnants, récupère et centralise la position de tous les trains et leurs heures de passage et compare ces données avec une liste de trains et d'heures de passage théoriques. Au-delà de quatorze minutes d'écart avec l'horaire prévu, ce poste régional réorganise le plan de circulation des trains. Finies les commandes manuelles d'aiguillage, remplacées par l'informatique. Le train transmet lui-même par satellite sa position exacte et le train suiveur reçoit l'interdiction de continuer tant que la balise implantée à la sortie du canton suivant n'a pas constaté le passage du train précédent. L'ERTMS facilitera le trafic des trains de marchandises dans quatre corridors internationaux qui pourraient être dédiés au fret. Deux nord-sud : Rotterdam-Bâle-Gênes et Stockholm-Munich-Naples et deux est-ouest : Aix-la-Chapelle-Duisbourg-Berlin-Varsovie-Terespol et Lyon-Vérone-Ljubliana.

Le rapprochement entre le maritime et le ferroviaire est une des clefs de la compétitivité aussi bien des chemins de fer que des ports. Tous ne sont pas logés à la même enseigne. Les ports français ont longtemps été considérés comme peu fiables en raison de la fréquence des grèves. Une simple menace de grève sur un port français provoque immédiatement la suppression par les armateurs de l'escale concernée. Nos ports auront beaucoup à faire pour rester dans la course et traiter les conteneurs expédiés par Hong Kong, Shenzhen ou Singapour. Si 55 % des marchandises transitant par le port de Dunkerque sont pré ou post-acheminés par le rail, la proportion tombe à 5 % au Havre, à Marseille ou à Fos-sur-mer. Marseille subit maintenant de plein fouet la concurrence des ports espagnols, Barcelone, Valence et Algesiras. Le Havre a beaucoup perdu au profit de Hambourg, d'Anvers et surtout de Rotterdam qui, depuis juin 2007, possède cent soixante kilomètres de voies ferrées dédiées exclusivement au fret jusqu'à la frontière allemande, la Betuweroute.

La constitution de trains-blocs, longs et homogènes, devrait alléger le coût des opérations de triage et donc améliorer la rentabilité du trafic marchandises. La norme actuelle limite la longueur des trains à sept cent cinquante mètres en France et en Allemagne, six cents mètres en Belgique et en Suisse, et même à quatre cent cinquante mètres en Grande-Bretagne, en Espagne et en Italie. Quel handicap par rapport aux trains mauritaniens de 2,3 kilomètres de long, aux trains américains et canadiens de trois, voire de six kilomètres, et aux trains australiens de quatre, voire sept kilomètres !

Faire circuler des trains lourds obligerait à remplacer la totalité des rails par des rails plus lourds. En revanche, l'allongement des trains n'entraîne que des mesures localisées : allongement des voies d'évitement et de triage, systèmes de freinage plus puissants. C'est beaucoup moins coûteux. La longueur des trains est limitée par celle des faisceaux de triage et des voies de garage, par la résistance des attelages et l'espacement des signaux.

Plus le train est long, plus l'onde de pression pneumatique qui actionne les freins met de temps à se propager de la locomotive au wagon de queue. Et plus les wagons tardent à freiner, plus la distance de freinage est importante. De sorte que si la queue commence à freiner bien après la tête du train, les wagons intermédiaires, placés en quelque sorte entre le marteau et l'enclume, sont soumis à des efforts de compression qui les écrasent au risque de les soulever. Pour éviter ces effets longitudinaux de compression, il faut former des trains homogènes, composés exclusivement de wagons à bogies, et coordonner électroniquement le freinage depuis les deux extrémités du convoi. En couplant par exemple deux rames de quarante porte-conteneurs chacune, soit deux fois cinq cents mètres de long, et en plaçant, comme sur le TGV, une motrice à chaque extrémité, on pourrait aussi gagner du temps dans les gares de triage.

À l'arrivée de chaque train, les wagons de marchandises sont détachés par un « préparateur » qui les « coupe » un par un en fonction de leur destination et remplit un bulletin de composition indiquant lesquels doivent être regroupés et dans quel ordre. Puis un *piqueur* télécommande un locotracteur diesel qui les pousse un par un à 3 km/h jusqu'à « la bosse », une voie en élévation. Là, des « vérificateurs » s'assurent de la correspondance des numéros de destination avec ceux du bulletin de composition, sondent à l'oreille l'état des plaquettes de freins, regardent s'il n'y a pas une porte ouverte ou une bâche détachée. Puis, à nouveau, le « piqueur » apprécie la distance d'arrêt nécessaire aux wagons et commande par informatique l'ouverture des aiguilles vers une des voies de garage. Et c'est parti ! Le wagon dévale la pente et vient sagement accoster au wagon de queue. En bas de la bosse, le « rateur » vérifie une dernière fois chaque wagon en partance. Et, si jamais tous ces hommes se trompent, un repérage électronique des voies calcule la longueur du train et signale que le train au départ n'a pas l'allure prévue.

Dans les gares de triage les plus modernes, un scanner photoélectrique lit l'étiquette apposée sur un côté du wagon, ce qui permet d'identifier son type, son propriétaire et son numéro. Un calculateur central le dirige alors vers la voie désignée, où des « retardateurs » agrippent automatiquement les roues avec une force calculée en fonction de la charge du wagon et de la direction du vent, de façon à ne pas trop le freiner ni accélérer.

Pour économiser ces coûteuses opérations de triage, l'idéal est de former des trains-blocs de wagons au chargement et à la destination homogènes. Ce sera sans doute facilité par la libéralisation de l'exploitation des trains de fret, prévue par une directive de l'Union européenne. Les pays qui ont déjà libéralisé ont réussi, mieux que les autres, à enrayer le déclin du trafic ferroviaire. C'est le cas de la Suède, où les opérateurs privés sont déjà solidement implantés, LKAB, par exemple, qui achemine elle-même son minerai de fer de ses mines de Kiruna et de Gällivara au port de Narvik. En Allemagne, la Deutsche Bahn, compagnie publique, a fusionné son département fret avec ceux de ses confrères hollandais et danois ainsi qu'avec l'activité armement naval et logistique du groupe Stinnes. La nouvelle entité ainsi formée, Railion, dispose d'un parc de trois mille locomotives et de quatre-vingt-dix-sept mille wagons et exploite des trains transfrontaliers. Depuis 2004, Railion a encore pris le contrôle de deux opérateurs de fret italien et suisse, notamment pour franchir les Alpes par le tunnel du Lötschberg. Il négocie actuellement des prises de participation ou des accords avec des partenaires anglais, belge et espagnol. Du coup, la Deutsche Bahn est redevenue bénéficiaire. En Angleterre, où le transport ferroviaire est privatisé depuis 1996 et où une dizaine d'opérateurs privés gèrent une quinzaine de lignes, le fret ferroviaire s'est accru en quatre ans de 30 %.

La libéralisation consiste à séparer les infrastructures, qui restent propriété de l'État, et l'exploitation, progressivement ouverte à la concurrence d'opérateurs privés nationaux ou étrangers. En France, la libéralisation du transport du fret ferroviaire devrait être complète en 2008, et celle du transport des voyageurs commencer en 2010. Dans cet esprit, la SNCF s'est séparée en 1997 de Réseau Ferré de France, gestionnaire des infrastructures, et de Systra, son ingénierie. Elle n'a conservé qu'un rôle d'exploitant, à partager de surcroît avec une douzaine de licenciés privés, qui ont tendance à écrémer le trafic, à se réserver le plus facile et le plus rentable, les trains complets de matières premières, laissant à Fret SNCF les miettes, les trains de wagons disparates.

Ces licenciés sont Colas-Rail, filiale de Bouygues, qui tracte des trains de granulats depuis les carrières des Deux-Sèvres ou des Vosges jusqu'aux centres d'enrobage en région parisienne ; Veolia Transport Cargo, qui a racheté Rail 4 Chem, filiale de quatre majors allemands de la chimie, et fait circuler des trains de produits chimiques entre Geleen Lutterade, aux Pays-Bas, et Chalampé, en Alsace ; Lorry Rail ; Euro Cargo Rail, filiale d'opérateurs anglais et canadiens, très active dans le transport des céréales ; Arcelor Mittal, qui s'est associé aux Chemins de fer luxembourgeois pour créer CFL Cargo ; Connex, filiale de Vivendi ; Maersk, un danois ; Europorte 2, filiale d'Eurotunnel ; B. Cargo, filiale de la Société nationale des Chemins de fer belges ; Mitsui Rail Capital Europe ; et enfin CFTA Cargo.

Ainsi, par exemple, la verrerie de Gironcourt, dans les Vosges, laisse Fret SNCF transporter le sable pour sa fabrication de bouteilles mais confie à Veolia Transport Cargo l'acheminement de ses bouteilles jusqu'à la brasserie Kronenbourg d'Obernai. Ou bien la coopérative Le Gouessart, producteur d'aliments pour le bétail, reçoit trois cent mille tonnes par an de céréales par Euro Cargo Rail en trois cents trains complets de vingt-deux wagons.

Robert Lohr, autodidacte

En dehors du transport en vrac, bien adapté aux granulats, aux produits chimiques ou aux céréales, l'avenir du rail semble appartenir aux transports combinés rail-route. Le ferroutage ou autoroute ferroviaire transporte sur wagons des camions complets, remorque et tracteur, et regroupe les chauffeurs dans une voiture de voyageurs. Bien qu'il semble particulièrement adapté à la circulation les jours fériés ou le week-end, lorsque la route est interdite aux poids lourds, il est pourtant rarement pratiqué en Europe. En ce domaine, le retard de la France s'explique par le bas gabarit de ses chemins de fer, 4,28 m en hauteur. Un camion trop haut risquerait d'arracher la caténaire ou de rester bloqué sous un tunnel. Pour faire circuler des trains porteurs de camions, il faudrait relever de cinquante centimètres les caténaires et de soixante-dix centimètres les ponts et les tunnels, pour obtenir ce qu'on appelle à la SNCF une LGF, ligne à gabarit fret. Ce sera le cas de la future ligne Lyon-Turin.

Le réseau des États-Unis, au contraire, a un gabarit plus haut, 4,80 m, bien moins de ponts et de tunnels, ce qui a facilité le fameux voyage du président Lincoln en corbillard Pullman, et encore moins de caténaires au-dessus des voies. Ce gabarit permet de superposer les conteneurs sur deux niveaux, le *double stack*, ou de charger des semi-remorques sans tracteur ni chauffeur qu'on remet à des camionneurs à destination.

Alors que les Américains pratiquent le ferroutage sur des milliers de kilomètres, nous ne l'utilisons que de façon très ponctuelle, à Eurotunnel par exemple, où le gabarit autorisé est 5,57 m. Or, les pertes de temps en chargements et déchargements, ne sont pas amortis par la longueur des trajets.

Faute de mieux, un constructeur alsacien, Robert Lohr, a mis au point un wagon articulé compatible avec le gabarit des lignes françaises et une plate-forme terminale adaptée au chargement ou au déchargement simultané de tous les wagons. Ce Robert Lohr est un autodidacte qui a arrêté ses études à dix-sept ans, après le décès de son père, pour reprendre la minuscule forge familiale. Des bennes agricoles il est passé successivement aux porte-chars pour l'Armée, aux remorques routières à deux étages pour le transport des voitures neuves, aux tramways sur pneus avec monorail de guidage, qu'il vend en Italie, en Chine et au Japon, et finalement au wagon porte semi-remorque, le Modalohr.

Chaque wagon Modalohr est muni aux extrémités de bogies et de roues de diamètre classique, afin d'éviter les échauffements, mais le plancher du plateau central, surbaissé à dix centimètres au-dessus des rails, forme deux alvéoles dimensionnées chacune pour un semi-remorque. Les camions se présentent de biais à une plate-forme terminale, en épi, où la chaussée affleure les rails. On fait pivoter latéralement les alvéoles des wagons, on décroche les remorques de leurs tracteurs, puis un système hydraulique latéral les soulève et les place sur les alvéoles. Une fois le chargement terminé, on fait à nouveau pivoter les alvéoles pour les recentrer sur le wagon.

Des terminaux de ce type sont en service depuis 2003 à Aiton, en Savoie et Orbassano, près de Turin, pour le ferroutage France-Italie et, depuis octobre 2007, entre Bettembourg, au Luxembourg, et Le Boulou, près de Perpignan. Chaque jour, Lorry Rail, une société d'exploitation constituée par Lohr avec la Caisse des Dépôts, Vinci Concessions, la SNCF et les

Chemins de fer luxembourgeois, fait circuler deux trains de ce type, un dans chaque sens, sept jours sur sept. L'objectif est de dix navettes par jour à l'horizon 2015. Chaque train peut acheminer quarante semi-remorques sans tracteur ni chauffeur en quatorze heures trente auxquelles il faut ajouter quarante minutes pour charger ou décharger un train complet. Une troisième autoroute ferroviaire est en projet entre Lille et Biarritz. Malheureusement, un an après son inauguration, l'autoroute ferroviaire n'affiche encore qu'un taux de remplissage de 30 %.

Le modèle suisse

Actuellement, 80 % du trafic marchandises entre la France et l'Italie transite par la route. On en connaît les inconvénients depuis la catastrophe du tunnel routier du Mont-Blanc, le 24 mars 1999. Chaque jour, les vallées de la Maurienne et de Suse voient défiler quatre mille cinq cents camions, car la ligne historique de chemin de fer par le tunnel du Mont-Cenis n'est plus à la mesure de la tâche. Elle est à voie unique et sa pente de 34 ‰ nécessite deux locomotives dès qu'il faut tirer un convoi de plus de mille cent tonnes. Elle sera mise à double voie en 2008 mais cela ne saurait suffire.

On envisage donc une nouvelle ligne Lyon-Turin, aux rampes limitées à 12 ‰, qui ferait gagner une dizaine de kilomètres et éviterait aux trains de fret la traversée de Chambéry. À l'ouest, de Lyon à Pontcharra, elle comporterait deux tracés séparés : un pour voyageurs, par les tunnels de Dullin et de l'Épine, l'autre, dédié au fret, par les tunnels de Chartreuse et de Belledonne. Au centre, de Saint-Jean-de-Maurienne à Venaus, le fret et les voyageurs emprunteraient un tunnel mixte de cinquante-trois kilomètres sous la frontière, entre 570 et 750 m d'altitude. En Italie, la voie resterait mixte avec deux tunnels, à Busselano et Musine-Gravio. Dans les sections mixtes, les priorités seraient inversées : le fret aurait la priorité sur les voyageurs.

On a déjà creusé à l'explosif deux descenderies, en forant huit mètres par jour, et prélevé des « carottes » pour reconnaître le terrain. Mais les riverains du Val de Suse, déjà perturbés par une ligne de chemin de fer, une autoroute, deux routes nationales et une ligne électrique à très haute tension, sont fermement opposés au projet. La perspective de voir aller et venir des engins de chantier pendant douze ans, jour et nuit, n'est pas pour les réjouir. Ils bloquent les chantiers et les routes. Des affrontements font des blessés. Aux dernières nouvelles, les opposants italiens ont lancé une opération « Achetez une place au premier rang », qui consiste à morceler les terrains situés sur le tracé, de façon à multiplier le nombre de propriétaires et à compliquer encore les procédures d'expropriation.

L'alternative serait d'augmenter le gabarit du tunnel actuel du Mont-Cenis, qui restreint pratiquement le ferroutage aux camions citernes. Et, si les gouvernements français et italien optent pour un partenariat public-privé, comment espérer convaincre le secteur privé de se lancer dans une pareille opération après les déboires d'Eurotunnel ?

Alors que les camions transportent 80 % du fret entre la France et l'Italie et 65 % du fret entre l'Autriche et l'Italie, leur part tombe à 50 % entre la Suisse et l'Italie. La Suisse, qui a réussi en six ans à réduire de 14 % le transit routier et à accroître de 10 % le trafic ferroviaire, fait ainsi figure d'exception. Elle est aussi le pays le plus ferroviaire d'Europe, avec trente-quatre voyages par an et par habitant contre vingt et un en Allemagne et seize seulement en France. Après les Japonais et les Indiens, les Suisses sont les troisièmes au monde pour le taux d'utilisation de leur réseau, pourtant l'un des plus denses. Et ils sont actuellement les seuls à construire de grands tunnels ferroviaires dans les Alpes.

L'histoire vaut d'être contée, car c'est une belle aventure pour la démocratie. Cela démarre en décembre 1987. Alors que le Saint-Gothard avait un tunnel routier et aucun tunnel ferroviaire, le Conseil fédéral et le Conseil national préconisaient un second tunnel routier. Indignées, une douzaine de personnes issues des cantons de montagne se réunissent à Andermatt pour réfléchir aux moyens de protéger les Alpes contre l'envahissement par les camions de l'Europe entière. Et en mai 1989, à grand renfort de fêtes et de conférences, elles lancent le mouvement « Initiative des Alpes ». En août 1991, des feux allumés dans toutes les Alpes symbolisent leur volonté de résistance.

Initiative des Alpes obtient un premier succès en 1992 lorsque les Suisses votent par référendum le creusement de deux grands tunnels ferroviaires, le Lötschberg et le Saint-Gothard, chacun avec deux galeries séparées de neuf mètres de diamètre, pour éviter les rampes actuelles de 26 ‰ entre le nord et le sud des Alpes. C'est le projet Alp Transit.

Elle remporte un second succès en juin 1996 en réussissant à faire capoter le projet du nouveau tunnel routier sous le Saint-Gothard. Enfin, elle triomphe lorsqu'une campagne sur le thème « pollueur égale payeur », aboutit à l'institution, à compter de janvier 2001, d'une redevance sur tous les camions de plus de 3,5 tonnes, suisses ou étrangers, en fonction du kilométrage parcouru dans l'année, du poids maximum autorisé et de la catégorie d'émissions polluantes. Cette taxe finance, outre le coût d'entretien des routes, une fraction du coût de construction des tunnels ferroviaires du Lötschberg et du Saint-Gothard, tant il apparaît difficile de le répercuter intégralement sur les seuls usagers du rail.

En combinant l'effet dissuasif de la redevance et l'effet incitatif du percement du premier tunnel, celui du Lötschberg, Initiative des Alpes espère réduire de moitié en onze ans le trafic des camions à travers les Alpes suisses. D'ores et déjà, les résultats acquis semblent conformes à cet objectif. Pour la première fois depuis 2001, le nombre de camions est passé sous la barre du million deux cent mille par an. La part du rail, en baisse constante depuis l'ouverture du premier tunnel routier du Saint-Gothard, s'est redressée pour atteindre aujourd'hui 65 % du trafic. Et le ferroutage de conteneurs et de semi-remorques non accompagnées connaît une forte croissance. Quelle leçon d'espérance et de volonté !

Le nouveau tunnel du Lötschsberg, entre Frutigen, dans le canton de Berne, et Raron, dans le Valais, a été ouvert en juin 2007. Long de trente-cinq kilomètres, vingt et un kilomètres en voie unique et quatorze kilomètres en double voie, il a une pente maximum de 13 ‰. Chaque jour, il voit défiler trente trains de voyageurs à 260 ou 200 km/h, selon qu'ils sont ou ne sont pas pendulaires, et quatre-vingts trains de marchandises, à une vitesse comprise entre 100 et 160 km/h. De plus, l'ancien tunnel du Lötschsberg, construit en 1913, 400 m plus haut, et long de quinze kilomètres, continue d'être desservi quotidiennement par soixante-six trains. Au total, cent soixante-seize trains par jour empruntent les tunnels du Lötschberg.

Quant au tunnel ferroviaire du Saint-Gothard, c'est en fait une succession de trois tunnels : au nord, celui du Zimmelberg, long de vingt kilomètres, depuis Zurich jusqu'à la hauteur de Zoug ; au centre, celui du Saint-Gothard proprement dit, d'Ertsfeld à Bodio, soit cinquante-sept kilomètres, le plus long du monde ; enfin, au sud, de Giubiasco à Lugano, celui du Monte-Ceneri, long de quinze kilomètres. Le tunnel central est actuellement avancé à 70 %. Ses rampes ne dépassent pas 3 ‰, sauf sur les accès, où elles atteignent 12,5 ‰. Une fois achevé, en 2019, l'ensemble constituera une série de quatre-vingt-douze kilomètres de tunnels ferroviaires, presque deux fois la longueur du tunnel sous la Manche.

Décidées à suivre ce bel exemple, l'Autriche et l'Italie ont signé, en juillet 2007, un accord prévoyant de doubler en 2022 par un tunnel de soixante-deux kilomètres la ligne classique Innsbruck-Fortezza, qui emprunte actuellement le col du Brenner.

La Russie

Comme en Suisse, les chemins de fer jouent un rôle essentiel en Russie. Ils transportent 41 % du fret, contre 52 % pour les pipelines et gazoducs et seulement 4 % pour la route. Le réseau de la Fédération de Russie a quatre-vingt-huit mille kilomètres de voies ferrées, dont trente-huit mille électrifiés. Staline avait continué d'investir dans les chemins de fer, notamment avec le Transcaspien et le Transaralien, afin de mettre en valeur des régions délaissées par les tsars.

Le Transsibérien a été mis à double voie dès avant 1939, mais son électrification a demandé soixante-treize ans, de 1929 à 2002. La ligne est encombrée de trains de dix mille tonnes d'hydrocarbures, de charbon et de minerais tirés à 60 à 65 km/h de moyenne, par d'énormes locomotives à six ou sept essieux moteurs. L'express de luxe Rossiya, qui relie deux fois par semaine Moscou à Vladivostok en huit jours, s'intercale entre ces monstres, avec la même lenteur. La décoration, les cristaux et l'argenterie de ses wagons-restaurants n'existent plus que dans nos rêves et dans la littérature.

Saturée, la ligne a été dédoublée du lac Baïkal au Pacifique par la Baikal Amour Magistrale, BAM, longue de quatre mille deux cent soixante-quinze kilomètres, avec deux mille deux cent vingt-huit ponts et neuf tunnels. Elle passe en moyenne à cinq cents kilomètres au nord de la ligne classique, dont elle se sépare à l'ouest du lac Baikal, qu'elle contourne par le nord, et gagne le Pacifique à Sovietskaia Gavan, au nord de Khabarovsk. La mort de Staline a suspendu les travaux, encore à leurs débuts. Brejnev les a repris bien plus tard, pour en faire un projet de prestige, et la ligne a été alors construite en dix ans, un record. Mais la crise économique consécutive à la perestroïka a durement frappé la région, qui a perdu en quinze ans, de 1990 à 2005, près de la moitié de sa population. Pour tenter de relancer la mise en valeur de la Sibérie orientale, le gouvernement actuel prévoit de construire plusieurs embranchements qui desserviront les mines de charbon, de fer, de titane et de vanadium.

La négociation éventuelle avec la Corée du Nord d'un couloir de passage pour les conteneurs sud-coréens à destination de l'Europe ouvre la perspective d'un important complément de trafic. Par ailleurs, un groupe d'ingénieurs russes, américains et canadiens a constitué l'Interhemispheric Bering Strait Tunnel and Railroad Group pour étudier la faisabilité d'un tunnel sous-marin de cent treize kilomètres entre Ouelen, dans la péninsule sibérienne de Tchoukotka, et Wales, en Alaska. La présence des îles Aléoutiennes permettrait de diviser l'ouvrage en une suite de deux tunnels, chacun d'une soixantaine de kilomètres. Ce serait le plus court chemin entre les États-Unis et la Chine. À condition, bien sûr, de construire six mille kilomètres de voies ferrées de Iakoutsk, en Sibérie, à Fort Nelson, au Canada. Les optimistes rêvent d'y voir un jour transiter des volumes de fret analogues à ceux du canal de Suez ou de Panama. Ils fondent leurs espoirs sur la vente ou la concession de terres de part et d'autre de la voie ferrée, comme jadis aux États-Unis, et sur la mise en valeur des gisements de métaux rares et d'hydrocarbures de Sibérie orientale.

L'Inde

Après les États-Unis, la Russie et la Chine, l'Inde a le quatrième réseau ferré du monde. Malgré ses soixante-trois mille kilomètres de lignes, il est, à surface comparable, trois fois moins dense que celui de la France, par exemple. Mais l'un des plus folkloriques et certainement le plus fréquenté de la planète : cinq milliards de voyageurs par an, nettement plus qu'en Chine, pourtant plus peuplée. L'Inde n'a d'autoroutes qu'à la sortie des grandes villes, et les Hindous doivent faire au moins quatre pèlerinages dans leur vie, se baigner sur chacune des deux côtes de l'Océan, dans les lacs gelés alimentés par les torrents de montagne et, bien sûr, à Bénarès, dans le Gange. Le billet de train y coûte dix fois moins cher que dans les pays occidentaux. Pourtant, des millions d'Indiens n'achètent jamais de billet et voyagent massés sur le toit, surtout sur les lignes de banlieue.

Dans les gares, de jour comme de nuit, une foule incroyable d'hommes en blanc et de femmes en saris de couleurs vives attend des trains éternellement en retard. L'attente fait partie du voyage. Le voyageur indien ne s'énerve pas. Jamais de cris. La patience est inscrite sur les visages et dans le calme des attitudes. Le temps, là-bas, n'a pas la même valeur que chez nous. Dans la plus grande simplicité, on se lave, on se fait raser devant tout le monde. Des porteurs à blouse rouge passent, portant sur la tête des charges étonnantes.

À peine monté à bord de sa machine, le mécanicien commence par prier, brûler de l'encens et demander protection à Dieu. Alors, seulement, il peut partir tranquille, bien qu'avec une foule aussi dense sur les quais et une signalisation aussi antique, les accidents soient fréquents.

Les Anglais avaient laissé un magnifique réseau ferré, avec des lignes comme le Bombay, Baroda and Central India, le Great Indian Peninsular, le Madras and South Mahratta. Tout cela a été nationalisé en 1947. Le matériel est vétuste, les lignes généralement à voie unique détrempées par la mousson. On ne dépasse guère 80 km/h, et même les express s'arrêtent dans de petites gares. Les voyages durent souvent plus de vingt-quatre heures. Pour compliquer les choses, l'écartement entre les rails varie d'une ligne à l'autre, ce qui impose fréquemment de changer de train. Qu'importe, on fait connaissance !

Un train de luxe contraste cependant avec la saleté et le bruit de tous les autres, le Palace On Wheels, qui promène les touristes à petite vitesse – mais pourquoi se presser – à travers le Rajahstan, à Jaipur, Jodhpur, Udaipur et Jaisalmer. À bord, le service est aussi attentionné qu'au temps des maharadjahs.

Les belles locomotives à vapeur construites jusqu'en 1971 à Chittaranjan, près de Calcutta, ont maintenant disparu et cédé la place à des électriques ou des diesels. Seuls témoins du passé, des petites machines s'époumonent sur les quatre-vingts kilomètres d'une pittoresque ligne de montagne, de Siliguri, dans les plantations de thé du Bengale occidental, à Darjeeling, une station climatique à 2 130 m d'altitude, dans l'Himalaya. Une station particulièrement chère aux amateurs de fraîcheur estivale, lorsque la plaine est écrasée de chaleur. Sur cette voie à écartement de 60 cm à courbes de 15 m de rayon, de minuscules locomotives à vapeur grimpent des rampes de 4 %, avec un équipage de six hommes. Deux assistants passent sans cesse des pelletées de charbon au mécanicien et au chauffeur, et deux sableurs, montés sur des garde-fous au-dessus des tampons, sablent la voie dans les pentes les plus fortes.

Les un million huit cent mille cheminots indiens ont une des productivités les plus faibles du monde, vingt-cinq fois inférieure à celle de leurs collègues américains. Les Indian Railways perdent de l'argent sur le trafic voyageurs, mais en gagnent avec le trafic des marchandises lourdes ou volumineuses, le charbon, les minerais, le ciment, le riz. En revanche, la lenteur et l'absence de ponctualité font s'éroder peu à peu au profit de la route leur part du trafic de produits manufacturés. Le volume du fret transporté par rail a augmenté en Inde huit fois moins vite qu'en Chine, aussi les Indian Railways envisagent-ils de créer entre les villes industrielles et les ports onze corridors de fret dédiés à des trains de conteneurs.

Le train du toit du monde

Le réseau ferré chinois, avec 7 % du total mondial, n'occupe encore que la troisième place au monde pour la longueur des voies, après ceux des États-Unis et de la Russie. Mais il absorbe déjà 25 % du trafic ferroviaire marchandises de la planète, ce qui le hisse au deuxième rang, juste derrière les États-Unis, et 17 % du trafic ferroviaire voyageurs, ce qui le met au troisième rang, derrière l'Inde et le Japon. Sur une longueur à peine double de celle du réseau français, les chemins de fer chinois acheminent quinze fois plus de marchandises. Aussi leur réseau est-il, et de loin, le plus saturé du monde. Il ne faut donc pas s'étonner que, chaque année, la Chine construise mille kilomètres de lignes nouvelles et mette également à double voie mille kilomètres de voies existantes. Et qu'elle prévoie d'accélérer encore le rythme avec la création annoncée de dix-sept mille kilomètres de lignes en quatre ans, dont sept mille dédiées aux voyageurs. C'est que la Chine revient de loin. De très loin.

À l'origine des chemins de fer chinois on trouve des Français et les Belges. Cela nous ramène à 1898. Paul Doumer, gouverneur de l'Indochine, avait établi un monopole sur le sel, le tabac et l'opium, pour financer un vaste programme d'infrastructures, à commencer par les ports et les chemins de fer de la colonie. De leur côté, afin de drainer le commerce chinois vers leur concession de Shanghai ou vers la Birmanie, les Anglais avaient développé la navigation sur les grands fleuves de Chine, qui coulent d'ouest en est.

Le poète Paul Claudel, notre consul à Hankéou, un port fluvial sur le Fleuve Jaune, accessible depuis Shanghai aux bateaux de haute mer, rêvait au contraire d'un grand chemin de fer nord-sud, du Tonkin au Transmandchourien, qui aide à exporter les produits de l'Indochine et raccourcisse le temps de voyage entre Hanoi et Paris, via Pékin et Moscou. C'était l'époque de la construction du Transsibérien, de l'alliance franco-russe et des emprunts russes, le temps des projets les plus fous, où les épargnants français préféraient les placements mirifiques en Argentine, en Afrique ou en Russie plutôt que dans l'industrie de la métropole. On retrouve dans *Partage de midi* l'ambiance assez particulière du petit cercle de diplomates, d'hommes d'affaires et d'aventuriers qui se côtoyaient alors en Extrême-Orient.

Après un an de négociations avec le gouvernement chinois, Paul Claudel obtint, en 1898, au profit d'un groupement franco-belge l'autorisation de construire une ligne de chemin de fer de mille deux cent vingt kilomètres de Pékin à Hankéou. Les Belges fournirent les rails. Leur chef de projet, Jean Jadot, réussit à achever la ligne en 1905 malgré la révolte des Boxers. La Société des Batignolles construisit tous les ponts et Schneider les locomotives.

Quoique plus court, huit cent cinquante kilomètres au total, et à écartement métrique, le chemin de fer du Yunnan, au sud de la Chine, fut une aventure encore plus extraordinaire. De 1901 à 1909, il mobilisa jusqu'à soixante mille ouvriers. Cette province très montagneuse était alors complètement isolée du reste du pays. Les Français avaient décidé de construire une ligne du port de Haiphong à Hanoi et même à Laokay, le poste frontière. Ils obtinrent des Chinois, également en 1898, une concession pour la prolonger jusqu'à Yunnan Fou, l'actuelle Kunming, la capitale du Yunnan. La construction en fut confiée à une société privée, la Compagnie française des Chemins de fer de l'Indochine et du Yunnan, le CIY, filiale à parts égales de la Société des Batignolles et de la Régie générale des Chemins de fer, du groupe Vitali.

Commencé en 1901 à Haiphong, le chantier atteignit dès 1903 Hanoi et Lao Kay. C'est alors, sur les quatre cent soixante kilomètres en territoire chinois, que les difficultés commencèrent. Que d'obstacles à surmonter ! Le relief imposa cent cinquante-cinq tunnels et cent sept viaducs, gigantesques mécanos de poutrelles amenées à dos de mulet en pièces détachées et assemblées avec des chaînes et des treuils au-dessus des précipices. Au kilomètre 111, le tunnel débouchait sur une muraille calcaire verticale à cent mètres au-dessus de la rivière du Faux-Namti qui, en ce point, coule entre deux à-pics. Il fallut franchir une brusque coupure de soixante-dix mètres de large. Un viaduc en maçonnerie était impensable. L'ingénieur Paul Bodin, de la Société des Batignolles, imagina alors de lancer deux arbalétriers triangulaires reposant à la base sur deux rotules sphériques et s'arc-boutant au sommet sur un axe cylindrique.

Chaque retour de la saison des pluies ramenait son cortège d'inondations et d'éboulements. Mais il fallait aussi compter avec les réticences des Tonkinois à travailler sur un chantier chinois, avec les superstitions des indigènes et les exactions des bandits qui les incitaient à déserter le chantier pour regagner leurs villages. Les coolies disparaissaient dans la jungle, une jungle dont bien peu sont ressortis vivants. On dut aller en recruter d'autres jusque dans le Kouang Si, dont les habitants avaient naguère démontré leur courage et leur ténacité sur le chantier du Central Pacific. Pour comble, en 1908, une bande armée de révolutionnaires s'empara quelque temps de la ligne et les autorités chinoises mirent du temps à reprendre en mains la situation.

Après bien des tribulations, le chemin de fer atteignit Yunnan Fou en 1909. D'abord affecté uniquement au transport de l'étain et de l'opium, principales richesses de la province, il servit aussi, à partir de 1934, à promener sur des michelines made in Clermont-Ferrand des touristes en mal d'aventures et à exporter au Tonkin des prostituées. Les bandits continuèrent néanmoins d'infester la région jusqu'en 1936, date où leurs chefs finirent par être capturés et décapités. Attachées à la valeur de l'exemple, mais soucieuses de ménager la susceptibilité des voyageurs français, les autorités chinoises accrochaient des mains coupées, plutôt que des têtes, aux fenêtres et aux portes des voitures de quatrième classe.

Pendant la guerre sino-japonaise, en 1937, le Japon établit un véritable blocus de la Chine en occupant les ports et les côtes. Écrasées, les armées chinoises se replièrent vers le sud et, du jour au lendemain, la ligne du Yunnan devint l'outil principal de ravitaillement des nationalistes. Malgré les protestations japonaises, la France accepta de faire transiter par le Tonkin la totalité du trafic qui leur était destiné. Les nationalistes manquaient de tout. L'acheminement du matériel militaire bénéficia alors sur la ligne de la CIY d'une priorité absolue, mais la corruption sévissait à tous les niveaux. En 1938, la voie ferrée devint encore plus précieuse lorsque l'armée décida de créer un aérodrome à Yunnan Fou. Les tonnages montèrent en flèche et le trafic voyageurs également, nombre de Chinois des régions côtières tentant de gagner la Chine libre pour échapper à la domination japonaise. D'un bout à l'autre du chemin de fer Haiphong-Yunnan Fou, les trains se succédaient sans interruption et faisaient trembler les ponts jetés sur les précipices.

Cette ligne du Yunnan sera prochainement remplacée par une nouvelle, en construction à l'écartement de 1 435 mm.

En 1949, à l'arrivée de Mao Tsé-toung au pouvoir, la Chine n'avait toujours que vingt-deux mille kilomètres de chemins de fer, moitié moins que la France, et presque toutes à voie unique. Depuis cette date, la longueur du réseau a été multipliée par quatre, pour atteindre soixante-dix-huit mille kilomètres de lignes en 2007, dont cinquante-trois mille à voie unique et vingt mille électrifiés. Pendant la même période, le volume du trafic voyageurs a été multiplié par vingt-quatre, et celui du trafic fret par quatre-vingt-un.

Cet extraordinaire essor est d'abord dû au charbon, dont la Chine produit en moyenne un milliard de tonnes par an, vingt fois plus qu'en 1949. Extrait au centre ouest et au nord du pays, le charbon est utilisé massivement sur la côte est, très industrialisée, souvent à plus de mille kilomètres de la mine. À lui seul, il représente 43 % du trafic marchandises des chemins de fer chinois, la même proportion qu'aux États-Unis. Il est arrivé que l'insuffisante capacité de transport le laisse s'accumuler sur le carreau des mines, forçant des usines à s'arrêter faute de combustible. Ainsi en 1985, où le rail n'a pu enlever que les deux tiers du tonnage extrait.

Déjà prioritaire sur une douzaine de grandes lignes, le transport du charbon dispose de plusieurs lignes dédiées telles que la « Magistrale de Shanxi », une ligne électrifiée de six cent cinquante-trois kilomètres dont cent vingt-huit kilomètres de ponts ou de tunnels, construite en 1992 entre le centre minier de Datong, au Shanxi, qui fournit 35 % de la production chinoise de charbon, et le port de Qinhuangdeo. Sur cette voie, dix-sept heures par jour, cent quatre-vingts locomotives Alstom-Datong Electric Locomotive tirent des trains de cent vingt wagons, soit au total dix mille tonnes, comme sur les lignes les plus chargées d'Amérique du Nord. Un second corridor charbonnier de huit cent dix kilomètres a été mis en service en 2003. Un troisième est en construction pour expédier au nord-est de la Chine le charbon du bassin de Xi Ujumqin Banner, en Mongolie intérieure.

Le reste du trafic marchandises est essentiellement constitué d'autres pondéreux en vrac, minerais, acier, fonte, hydrocarbures, produits chimiques, engrais, céréales. Par contre, la conteneurisation commence à peine, bien que Hong Kong, Shanghai et Shenzhen soient respectivement les deuxième, troisième et quatrième ports à conteneurs du monde, après Singapour mais avant Pusan, Kaoshung, Hambourg, Dubai et Los Angeles. Les conteneurs ne représentent encore en Chine que 2 % du trafic fret, contre 16 % en France. À peine débarqués dans les ports, ils sont chargés directement sur des camions. Les trains en transportent trente fois moins qu'en Amérique. Dix-huit terminaux ferroviaires de conteneurs vont cependant être construits dans les grands ports fluviaux du centre de la Chine, notamment à Wuhan, Chengdu et Chongking.

Vu ses amples ressources en charbon et en main-d'œuvre bon marché et l'absence de devises pour acheter à l'Occident des diesels ou des électriques, la Chine a conservé longtemps la traction vapeur. Sa célèbre locomotive *En avant*, à cinq essieux moteurs, a été construite à quatre mille exemplaires de 1956 à 1960. Très américaine d'aspect et de conception, elle était équipée de la chauffe mécanique par stoker qui amenait directement le charbon au foyer, du préchauffage de l'eau, d'injecteurs à vapeur, de l'éclairage électrique, d'une cuisine et d'une toilette. Aujourd'hui, elle a presque partout été remplacée par des diesels, des électriques ou diesels électriques d'Electro Motive Diesel, de General Elecric, de Siemens ou d'Alstom, construites de plus en plus souvent en Chine dans le cadre d'accords de transfert de technologie.

Au temps de Mao Tsé-toung, le transport de marchandises et, avant tout, du charbon, jouissait d'une priorité absolue. Seuls pouvaient prendre le train les détenteurs d'un ordre de mission. Depuis vingt-cinq ans, les déplacements sont libres mais, pour beaucoup, les voyages demeurent un rêve inaccessible. Neuf Chinois sur dix ne prennent le train qu'une fois par an, à la fête du Printemps, le Nouvel An chinois. La plupart portent en bandoulière l'inévitable bouteille Thermos, pour la cérémonie du thé. On sort d'un sac les feuilles de thé vert qu'on noie d'eau chaude. N'infusant qu'à l'eau bouillante, donc nettoyé de tout microbe, le thé protège de la dysenterie, maladie endémique dans tout le pays.

Les trains sont longs, vingt-cinq voitures en moyenne, et lents, 50 à 100 km/h. Bien que la société chinoise soit théoriquement une société sans classes, il existe quatre types de places. Le moins cher est « assis dur », puis « assis mou », « couché dur », environ trois fois le prix de l'assis dur, et, pour les plus fortunés, le « couché mou ». En classe molle – il faut parfois un à deux jours d'attente pour avoir le billet –, on rencontre surtout des étrangers et des Chinois de la diaspora. Les billets en classe dure s'obtiennent plus facilement et permettent de côtoyer des Chinois de près. À ces quatre classes, il faut ajouter les jeunes paysans attirés par les lumières de la ville, qui voyagent sans billet sur les tampons des wagons de marchandises. Chaque année émigrent ainsi plusieurs dizaines de millions d'enfants perdus, de paysans sans autre métier que le travail dans la boue des rizières.

À la différence du Japon, qui fait figure de précurseur en ce domaine, la Chine a attendu le troisième millénaire pour se lancer dans la voie de la très grande vitesse. En revanche, son programme prévoit de construire d'ici 2020 huit lignes totalisant onze mille quatre cent cinquante kilomètres, ce qui lui permettra de rattraper puis dépasser largement l'Europe de l'Ouest, où l'on s'attend à une pause, une fois franchi en 2010 le seuil de sept mille cinq cents kilomètres.

À l'inverse de tous les autres pays, la Chine a mis la charrue avant les bœufs et commencé par une ligne à lévitation magnétique d'une technologie futuriste, le Transrapid[97] ouvert en 2004 entre le centre de Shanghai et l'aéroport de Pudong. À mi-parcours, la vitesse de pointe atteint 430 km/h, ce qui en fait le train le plus rapide du monde. Mais, à effectuer les trente kilomètres en sept minutes, on n'en gagne que cinq par rapport au trajet en taxi, compte tenu du ralentissement aux extrémités, de la correspondance avec la station de métro, et surtout de la nécessité d'espacer de huit minutes les trains dont chacun absorbe la puissance d'alimentation électrique de la ligne entière.

En revanche, pour son réseau de lignes rapides à grande distance, le China Railway High-Speed, CRH, a choisi quatre technologies éprouvées : le pendulaire de Bombardier pour le CRH 1 ; le Shinkansen de Kawasaki pour le CRH 2 ; le Velaro de Siemens pour le CRH 3, et le pendulaire Alstom pour le CRH 5. Pour la petite histoire, il n'existe pas de CRH 4, car le chiffre 4 porte malheur en Chine.

Sur le CRH 1, Shenzhen-Hangzhou, la section Canton-Shenzhen, de cent quarante-six kilomètres, en service depuis 2004, est déjà si chargée qu'elle sera prochainement mise à quatre voies. Quant au CRH 3, Pékin-Shanghai, l'ouverture de la section Pékin-Tianjin, cent dix-sept kilomètres dont cent kilomètres en viaducs sur pieux profonds, est prévue pour août 2008, à l'occasion des Jeux olympiques de Pékin, avec soixante rames de Velaro livrées par le consortium Siemens-Tangshan.

Suivra en décembre 2009 la Wuhan-Canton, qui sera alors la plus longue ligne à très grande vitesse du monde. Ses neuf cent soixante-huit kilomètres comprendront trois cent soixante-deux kilomètres de ponts, dont un de dix kilomètres, et cent soixante-trois kilomètres de tunnels, dont un de dix kilomètres également. Au total, 57 % du parcours sera ainsi en ouvrages d'art. Le voyage en train prendra quatre heures, guère plus qu'en avion, compte tenu du temps des formalités d'enregistrement ou de contrôle et des liaisons entre centre-ville et aéroport.

Viendra ensuite la Pékin-Shenyang-Harbin, longue de mille sept cents kilomètres, où circulera un pendulaire Alstom-Changchung. Puis on complétera la Pékin-Tianjin jusqu'à Shanghai, de façon à parcourir mille trois cent vingt kilomètres en cinq heures. Enfin, la Canton-Shenzhen sera prolongée jusqu'à Hangzhou, soit mille six cents kilomètres.

Quatre lignes Est-Ouest à très grande vitesse sont également prévues : la Qingdao-Taiyuan, de sept cent soixante-dix kilomètres, électrifiée par Alstom ; la Shanghai-Hangzhou, longue de huit cents kilomètres, qui devrait ouvrir en 2010 avec un Shinkansen de Kawasaki-Hitachi ; la Xuzhou-Lanzhou, longue de 1 400 kilomètres ; et la Nankin-Wuhan-Chongking-Chengdu, soit 1 600 kilomètres.

Le nord-ouest de la Chine, où se trouvent la plupart des ressources naturelles, est assez bien desservi. Urumqi, la capitale du Xinjiang, ou Turkestan chinois, est reliée depuis 1962 à Lanzhou et à Xian, au centre du pays, depuis 1992 à Almaty, au Kazakhstan, et depuis 1999 à Kashgar, près de la frontière du Kirghizistan. La ligne Xian-Urimqi-Almaty pourrait être intégrée à un corridor de fret reliant Lianyungang, sur la mer de Chine, à Moscou et Berlin.

Au sud-ouest, par contre, tout restait à faire. Au-delà de Golmud, petite ville perdue dans le désert gris du Qinghai, longtemps terminus du chemin de fer de Pékin, il n'y avait qu'une méchante route construite par l'armée dans les années 1950 au prix de trois mille vies humaines, trois au kilomètre. Une route de mille cent quarante-deux kilomètres, qui demandait soixante-douze heures éreintantes en autocar. Or, depuis juillet 2006, comme l'annonce fièrement une inscription sur un portique de Gomud, « un dragon de fer danse sur le toit du monde ». Le train relie en effet en cinquante heures Lhassa à Pékin, 3 434 kilomètres dont neuf cent soixante kilomètres à plus de 4 000 m d'altitude.

Le Tibet n'a que deux millions d'habitants, chiffre infime en regard du milliard trois cents millions d'habitants de la Chine et, à part quelques gisements de cuivre ou de cobalt, les territoires traversés par *le Train du toit du monde* recèlent peu de minerais susceptibles de constituer un fret appréciable. Aucune raison économique donc, de construire un tel chemin de fer dans le froid, l'air raréfié et sous les tempêtes. Un travail de Titan.

Pourtant, en 2001, le gouvernement de Pékin a relevé le défi. Les mauvaises langues assurent qu'il s'agissait d'attirer massivement au Tibet des Chinois de l'ethnie han, pour rendre minoritaires les Tibétains de souche, diluer leur identité, leur culture, leur religion. Certains prétendent aussi qu'avec cette ligne, l'armée chinoise pourra acheminer en un mois douze divisions sur la frontière indienne et déployer sur rails une rampe de lancement de missiles. N'est-ce pas plus simplement une prouesse propre à flatter la fierté nationale, à entretenir l'ardeur patriotique du peuple chinois ? À exalter son esprit d'entreprise, sa grandeur. Après un tel exploit, plus rien ne lui paraît impossible.

Le tracé est grossièrement orienté nord-est sud-ouest. Au départ de Golmud, *le Train du toit du monde* escalade les pentes du Kunlun jusqu'au col de Tanggula, le point culminant, à 5 070 m, battant le record détenu depuis 1895 par le Ferrocarril del Norte au Pérou, avec ses 4 830 m. Suit l'interminable traversée des steppes des hauts plateaux au nord de l'Himalaya. Seule distraction, les antilopes et les immenses troupeaux de yacks et de moutons. Trente-trois passages aménagés sous la voie facilitent leurs migrations saisonnières.

Enfin, le train redescend à 3 641 m et franchit la rivière de Lhassa sur un pont aux piliers en forme de lotus, juste en face du Potala, le palais de l'ancien dalaï-lama.

Malgré des conditions inimaginables, les travaux ont été menés à bien en quatre ans, à une moyenne d'un kilomètre par jour. À seize mille travailleurs locaux, se sont ajoutés soixante-sept mille ouvriers venus de toutes les autres régions de la Chine. Le travail est impossible cinq mois d'hiver, où la température descend parfois à moins 40 degrés. Et l'été, il est parfois interrompu par des tempêtes de sable ou de grêle. Sans compter les risques sismiques : en novembre 2002, un fort tremblement de terre a bouleversé le chantier de fond en comble.

À moins quarante degrés, l'acier le plus robuste casse comme du verre, le ciment ne réussit pas à prendre et l'ouvrier ne peut travailler que trente-cinq minutes d'affilée, ensuite, il doit se reposer un quart d'heure. Et, au-dessus de 4 000 m, l'air contient un tiers d'oxygène de moins qu'au niveau de la mer, il faut éviter les mouvements violents, les efforts soutenus, les charges trop lourdes. Malgré leurs masques à oxygène, quatorze mille cinq cents ouvriers ont dû être hospitalisés pour emphysème, crise cardiaque, enflure des poumons.

Sur cinq cent soixante kilomètres, la ligne traverse le permafrost, au sol gelé en permanence, été comme hiver, sur au moins un mètre de profondeur. À la différence de la Sibérie ou de l'Alaska, le Qinghai et le Tibet, plus au sud, sont davantage ensoleillés l'été, la glace y fond pendant la journée. Mais après le coucher du soleil, il gèle à nouveau, et la superposition d'une couche gelée et d'une sous-couche humide provoque craquements et glissements de terrain. Pour éviter ce réchauffement diurne, maintenir le sol gelé et stable, il a souvent fallu injecter des agents de refroidissement.

La ligne, bien sûr à voie unique, n'est pas électrifiée. Elle n'a que trente gares, en moyenne une tous les cent dix kilomètres, mais mille deux cent quatre-vingt-six ponts et sept tunnels. Celui de Yangbajain, de trois kilomètres de long, a été foré à 4 264 m d'altitude à travers le rocher et la glace.

Sur un parcours aussi désertique, la signalisation est relayée par satellites, et la traction assurée par des diesels, d'énormes motrices bleu et blanc de General Motors ou de Dong Feng équipées de turbocompresseurs pour enrichir l'air, car la rareté de l'oxygène réduit l'efficacité du carburant.

Le groupement Bombardier Sifang Power Transportation – China South Locomotive and Rolling Stock Industries a livré trois cent soixante et un wagons vert sombre à écusson rouge. Ces wagons sont adaptés à ces conditions climatiques exceptionnelles. Les prises d'air de la ventilation sont munies de filtres contre le sable, la neige et la glace. Les baies vitrées filtrent 95 % du rayonnement ultraviolet. Les circuits électriques et les systèmes de télécommunications, vitaux dans le désert, sont protégés contre la foudre, précaution indispensable dans une région qui connaît jusqu'à quatre-vingt-deux jours d'orage par an.

Chaque jour, trois trains parcourent la ligne dans chaque sens depuis juillet 2007, dont un train de luxe avec wagons-lits à douches individuelles et wagons-salons à baies panoramiques. Au fur et à mesure qu'on s'élève en altitude, on insuffle de l'oxygène dans les wagons. Une équipe médicale est disponible en cas de malaise. Au départ de Golmud, le personnel ferme hermétiquement les fenêtres, met en marche la pressurisation et distribue les masques à oxygène. Et, en route pour l'aventure, à 120 km/h à travers le blizzard ou la tempête de sable ! Mais le réchauffement climatique ne risque-t-il pas de saper l'assise de la voie ?

La Chine a le vent en poupe. C'est à Pékin que se tiendra en 2010 le prochain congrès mondial de la grande vitesse. Malgré les émeutes de Lhassa, le 1er septembre 2009 le train le plus luxueux du monde circulera sur la ligne Golmud-Lhassa. Le billet coûtera vingt fois plus cher que le tarif ordinaire. La ligne Pékin-Shanghai sera bientôt cotée en Bourse.

China Railway Group, devenue la troisième entreprise mondiale de BTP avec deux cent quatre-vingt mille salariés, et China Railway Construction Corporation, qui a construit la ligne Transrapid de l'aéroport de Pudong et la ligne du Tibet, ont vu le cours de leurs actions grimper respectivement de 56 % et de 21 % lors de leur introduction à la Bourse de Shanghai en décembre 2007 et mars 2008. Les ambitions de ces deux entreprises chinoises ne se limitent pas à la Chine. En Arabie saoudite, par exemple, elles concourent à trois grands projets ferroviaires. Aux côtés d'entreprises saoudiennes, russes, australiennes et japonaises, elles ont remporté des marchés de construction du North South Railway. Cette nouvelle ligne de deux mille trois cent soixante-quatorze kilomètres, avec une charge de 32,4 tonnes à l'essieu, amènera en 2010 le minerai de bauxite d'Al Zabirah et le minerai de phosphate d'Al Jalamid jusqu'au port de Ras al Zawr, où l'on construit des usines d'aluminium et d'acide phosphorique. China Railway fait également partie de consortiums préqualifiés pour deux autres projets saoudiens, Landbridge et La Mecque-Médine. Landbridge est un chemin de fer en concession qui reliera Riyad à la fois à Djedda, sur la mer Rouge, et à Damman, sur le Golfe Persique. Quant à Médine-La Mecque, il s'agit d'une ligne à très grande vitesse qui reliera les deux villes saintes via le port de Djedda. Les trains s'y succéderont à cinq minutes d'intervalle aux heures de pointe les jours de grands pèlerinages, au Ramadan et surtout au Hadj, qui commémore l'anniversaire du sacrifice d'Abraham. Pour ce projet phare, China Railway a choisi de s'associer avec Alsthom plutôt qu'avec Hitachi.

Mais cette expansion à marches forcées se fait parfois sans observer toutes les règles de sécurité, un peu comme en Europe au XIXe siècle. C'est ainsi que le 23 janvier 2008, à 20 h 48, à Wifang, au nord-est de la Chine, un train circulant à 120 km/h a fauché une trentaine d'ouvriers travaillant sur la ligne Pékin-Qingdao. Bilan : dix-huit morts et neuf blessés. Sur la section en question, la vitesse était limitée à 45 km/h à partir de 21 heures, afin de permettre les travaux de nuit. Mais l'encadrement a fait reprendre trop tôt le service et les ouvriers, des migrants, n'avaient reçu aucune formation à la sécurité ferroviaire.

Le fantasme de la lévitation

La vitesse commerciale maximum des TGV augmente de façon continue, 260 puis 280 km/h sur le TGV Sud-Est, 300 km/h sur le TGV Nord, 320 km/h sur le TGV Est, sans changement radical dans la conception du matériel roulant.

Au cours d'essais, le 3 avril 2007, le TGV Est a atteint 575 km/h. L'intérêt de cette expérimentation est de recueillir, sur six cents capteurs posés sur la voie et sur le matériel roulant, de précieuses indications. Tant sur les efforts verticaux et transversaux de chaque *bogie*, sur leur stabilité, sur le soulèvement du pantographe et la qualité de captage du courant, sur la pression de l'air et la température des principaux organes, que sur l'envol du ballast. Mais au-delà des 320 km/h du TGV Est Européen, le coût d'entretien des trains et la surconsommation d'électricité font grimper la facture au-delà du raisonnable.

Les 350 km/h du Talgo Madrid-Barcelone, et les 360 km/h visé par le Shinkansen Fastech pour 2013, semblent une aberration. Le bruit augmente, les frottements entre les roues et la voie deviennent rédhibitoires, les efforts aérodynamiques risquent de soulever le ballast. Le freinage devient délicat, les disques étant sollicités à leurs limites, et l'on doit ajouter des freins électromagnétiques. La vitesse coûte cher, très cher. À masse identique, pour passer de 200 à 500 km/h, la consommation d'énergie est multipliée par quatre. Tout augmente, le coût d'entretien des voies, celui du matériel roulant, de la signalisation, des équipements de sécurité. À 500 km/h, le train coûterait plus cher que l'avion et circulerait donc à moitié vide.

Certains se sont imaginé qu'au-delà de 360 km/h, il valait mieux carrément supprimer le contact entre roues et rails, remplacer les roues par des aimants. Faire glisser au-dessus de la voie un train sans roues, sans essieux, sans caténaire, le faire flotter magnétiquement, l'attirer et le repousser de manière à équilibrer très exactement la force de gravité. Et, pour le propulser, utiliser un moteur linéaire. Remplacer le mouvement habituel de rotation par un mouvement de translation. Sans roues, on ne risque guère d'usure mécanique.

Le principe de la sustentation magnétique a été posé dès 1907 par Robert Goddard, l'inventeur américain de la fusée, dans un article de science-fiction. Un ingénieur français naturalisé américain, Émile Bachelet, qui avait mis au point des applications du magnétisme au traitement des rhumatismes, a exposé à Londres en 1914 une maquette de train à lévitation. Mais c'est seulement en 1934 que l'Allemand Hermann Kemper en a déposé le brevet et en 1967 que Siemens, Thyssen et Krupp ont créé un groupement industriel pour construire le Transrapid, dont le prototype 02 a atteint 164 km/h en 1971.

Deux barres de fer conductrices parallèles et horizontales reliées entre elles forment un champ magnétique stationnaire, le long duquel un véhicule se déplace avec un mouvement rectiligne uniforme. L'interaction de ce champ magnétique avec les électroaimants embarqués à bord du véhicule produit une force électromotrice. Pas de frottements, donc aucun risque d'usure de la voie, aucune vibration, moins de bruit.

Deux électroaimants placés sous le bas de caisse des wagons interagissent avec des barres de fer alimentées en courant alternatif situées sur les rebords en « T » d'une voie en béton. Lorsqu'on lui injecte un courant électrique, cette masse change très rapidement de pôle magnétique, attire et repousse alternativement les électroaimants alignés horizontalement sous les wagons. D'autres aimants, sur les flancs verticaux du bas de caisse, guident le train en le maintenant latéralement à un centimètre de la voie. La puissance n'est plus embarquée à bord du train, qui ne comporte plus ni locomotive ni motrice.

C'est la technique du Transrapid dont le prototype a atteint 435 km/h sur la voie expérimentale de l'Elmsland, à la frontière de l'Allemagne et des Pays-Bas. Moins bruyant qu'un TGV ou un Velaro, il grimpe des pentes trois fois plus fortes. En revanche, ce système est instable, la voie de guidage doit être surveillée en permanence par ordinateur, de peur que le train ne heurte le rail, et les mesures de sécurité à prendre en cas de coupure inopinée du courant ne sont peut-être pas au point. Surtout, la construction de la voie coûte trois fois plus cher que celle d'une ligne de TGV ou de Shinkansen. De plus, bien qu'il n'ait pas mis en cause la fiabilité du système, un accident survenu en 2006 en Allemagne sur la ligne d'essai a fait vingt-trois morts. Enfin, cette technologie va à l'encontre de l'effort entrepris pour harmoniser les infrastructures ferroviaires de l'Europe. Nous avons déjà plus de vingt systèmes différents de signalisation, six systèmes électriques et quatre différents écartements. Pourquoi ajouter encore un nouveau système ?

Aussi, le parlement allemand a-t-il annulé, coup sur coup, le projet de ligne Transrapid entre Berlin et Hambourg et même celui d'une liaison par ce moyen entre Munich et son aéroport.

Quant à la petite ligne Transrapid qui relie le centre de Shanghai à l'aéroport de Pudong, elle a connu bien des pannes. Le long de la voie, les câbles électriques nécessaires à la propulsion ont chauffé dangereusement, leur couche de protection extérieure brûlait. Les Chinois pensaient néanmoins prolonger la ligne au-delà de Pudong jusqu'à un second aéroport, Hong Qiao, pour l'Exposition universelle de 2010, puis encore de deux cents kilomètres, jusqu'à Hangzhou. Or, curieusement, le gouvernement, qui n'a pourtant pas hésité à déplacer des millions d'habitants pour édifier le barrage des Trois Gorges, aurait reculé devant une pétition initiée par une simple mère de famille, une certaine Mme Wang, qui craignait que les radiations électromagnétiques au passage du

Transrapid ne nuisent à la santé de son bébé. Les riverains auraient pris fait et cause pour elle et le projet serait suspendu. Tout bien pesé, les Chinois semblent vouloir s'en tenir à la technologie classique de type Shinkansen, TGV, pendulaire ou Velaro.

La seconde technique de lévitation, de sustentation magnétique, le Maglev d'Hitachi, fait appel à la supraconductivité. Refroidis au-delà d'un certain seuil, certains métaux voient leur résistance électrique disparaître. C'est le cas d'une fine bobine d'alliage de niobium et de titane refroidi à moins 269 degrés par de l'hélium liquide et enrobée dans une gaine de cuivre. Le courant qui la traverse s'écoule en permanence sans perte en ligne et génère entre les bobines installées sur la voie un champ magnétique très supérieur à celui produit par des aimants permanents. Le train se trouve propulsé à la fois par la force d'attraction entre les pôles opposés et par la force de répulsion existant entre ces mêmes pôles et les aimants supraconducteurs embarqués à bord du train.

Les parois internes de la voie en béton, cette fois au profil en « U », sont équipées de bobines alimentées en courant alternatif par des sous-stations de traction. Lorsque le train passe à grande vitesse, propulsé par un moteur linéaire, les aimants supraconducteurs embarqués sur ses bogies induisent dans les bobines de la voie un champ magnétique variable, qui attirent et repoussent les électroaimants embarqués, de sorte que les voitures rétablissent en permanence leur équilibre et se maintiennent au centre de la voie. Le train glisse ainsi sur une sorte de coussin magnétique similaire à celui produit par deux aimants de même polarité mis face à face. Le train, composé de plusieurs véhicules articulés, dispose de bogies qui le font décoller et atterrir à la manière d'un train d'atterrissage. Il est ensuite soulevé de façon stable, sans ajustage permanent, et à une distance par rapport à la voie plus importante que sur le Transrapid : dix à quinze centimètres, au lieu d'un centimètre. En élevant la fréquence du courant, on accélère le train ; en inversant la direction du champ magnétique, on le freine.

Depuis vingt-six ans, des essais sont menés dans la province de Yamanashi, à l'ouest de Tokyo, sur une voie de quarante-trois kilomètres avec un rayon de courbure de 8 kilomètres. En 2003, ils ont permis au Maglev de battre, à 581 km/h, le record mondial de vitesse et même à deux trains de se croiser à une vitesse relative de 1 003 km/h. Deux records toujours inégalés. Mais la nécessité de maintenir des bobines à des températures proches du zéro absolu rend le Maglev beaucoup plus coûteux que le Shinkansen.

Après avoir circulé onze ans à 42 km/h, sur une voie de six cents mètres à l'aéroport de Birmingham, le Maglev y a été abandonné, suite à de nombreuses pannes. Une expérience récente, en 2005, a été plus encourageante : sur une ligne de neuf kilomètres, il a transporté à 120 km/h vingt-deux millions de visiteurs à l'Exposition universelle de Nagoya, avec des pointes de cent cinquante-cinq mille passagers par jour. Rotem, du groupe Hyundai, envisage deux autres applications en Corée, l'une au parc d'expositions scientifiques de Daejon, l'autre pour relier deux terminaux de l'aéroport d'Incheon. Enfin, le Venezuela étudie un projet analogue, pour relier Caracas et son aéroport de Maiquetia, parcours très montagneux pour lequel le Maglev, qui tolère des rampes de 10 %, semble bien adapté. Mais il s'agit toujours de transport suburbain. Or, sur une distance courte, la rapidité du train à lévitation ne présente guère d'avantage par rapport à un métro de type Meteor.

Transrapid ou Maglev, la voie béton surélevée à cinq mètres au-dessus du sol, qu'elle soit en « T » ou en « U », est incompatible avec les lignes interurbaines existantes. Ces deux systèmes excluent donc l'un et l'autre tout prolongement, toute intégration dans un réseau ferroviaire classique. Au-delà de la voie en béton, leurs trains ne peuvent continuer sur une voie ferrée, pas plus que les trains classiques ne peuvent s'intercaler avec les leurs et circuler sur leur voie en béton. Sans compter que la surconsommation d'énergie pour maintenir le train en lévitation excède l'économie due à l'absence de frottement avec la voie. Pour ces raisons, les Allemands et les Japonais semblent avoir renoncé à la sustentation magnétique. De plus, la présence d'un champ magnétique très élevé à l'intérieur de la rame pourrait provoquer des troubles graves. Certes, dans le cas d'une liaison entre une métropole et son aéroport, la durée d'exposition à un tel champ magnétique reste très brève, mais nul ne sait quelles seraient les conséquences d'une exposition prolongée, sur une longue distance.

Il n'y a plus que des ingénieurs iraniens et suisses pour rêver à la lévitation. Les uns pour transporter les millions de pèlerins qui se rendent chaque année à Mashhad, une ville sainte à neuf cents kilomètres au nord-est de Téhéran. Les autres pour traverser la Suisse en souterrain.

Rodolphe Nieth habite Lausanne et travaille à Berne, à la section Essais et Mesures des Chemins de fer fédéraux, les CFF, et, pour ne pas changer les habitudes de sa famille, il s'impose chaque jour deux heures de trajet en train. Son travail l'amène à mesurer la déformation des voies au passage des trains. Constatant que la déformation des rails augmente plus que proportionnellement à la vitesse, il se demande comment concilier vitesse et économie. Rodolphe Nieth se documente alors sur les tunnels, car il a l'intuition d'y trouver une partie de la solution. Les tunnels permettent de s'affranchir à la fois de la géographie et des expropriations, toujours douloureuses, coûteuses, sujettes à mille oppositions. Ce qui l'intrigue, ce sont les raisons pour lesquelles, au passage des tunnels, les trains les plus rapides réduisent leur vitesse. Le déclic vient en lisant, dans une revue technique, l'article d'un opposant au Transrapid. L'auteur énumère les points faibles du projet : l'effet de traînée du véhicule, la résistance de l'air, la consommation énergétique, etc. Ses arguments négatifs étant liés à la résistance de l'air, Rodolphe Nieth se demande alors : « Pourquoi ne pas supprimer l'air ? Il suffirait de creuser des tunnels où l'on fasse le vide. De créer une dépression à l'avant du convoi et de chasser l'air à l'arrière, pour provoquer une surpression comme dans un réacteur d'avion. » Quand il est arrivé à la fin de l'article, le projet Swissmetro est né. Pourquoi ne pas associer dans un tunnel le vieux principe du train atmosphérique et celui, ultramoderne, de la lévitation ?

En 1980, Jacques Nieth soumet à sa hiérarchie un texte d'une trentaine de pages où il propose un tunnel de 3,80 m de diamètre, laissant seulement un espace libre de vingt centimètres autour d'un train de 3,40 m de diamètre. Dans ce faible espace, des pompes, installées tous les quinze kilomètres, feraient un vide partiel de façon à rendre quasi inexistante la résistance de l'air. Il propose de recréer en quelque sorte des conditions semblables à celles d'un vol du Concorde, à 15 000 m d'altitude. Mieux encore qu'un train sans roues, c'est un avion sans ailes. Le véhicule Swissmetro, pressurisé, ressemblera à une cellule d'avion, avec cette seule différence qu'il transportera quatre cents passagers et, en cas de panne générale, il tombera, au pire, de dix centimètres. La sortie et l'entrée par les larges portes de Swissmetro seront autrement plus rapides que sur les avions où deux portes sont abouchées aux passerelles d'accès télescopiques.

Pas de place pour loger une caténaire et un pantographe : la propulsion sera assurée par un moteur électrique linéaire. Une série d'aimants disposés sur le rail attirera puis repoussera ceux fixés sur la navette et le champ magnétique ainsi créé maintiendra le train en lévitation, à quelques centimètres du rail. Rodolphe Nieth suggère deux lignes en croix, de Genève à Saint-Gall via Lausanne, Berne, Lucerne et Zurich, et de Bâle à Milan via Lucerne et Bellinzona.

Sa démarche est cependant mal vue, on y voit une concurrence aux transversales ferroviaires alpines. La Suisse n'offre pas un marché de voyageurs suffisant pour entretenir côte à côte deux systèmes ferroviaires. En revanche, Rodolphe Nieth reçoit le soutien de quatre professeurs à l'École polytechnique de Lausanne, chacun apportant une expertise dans un domaine différent. Très vite, le petit cénacle arrive à la conclusion que le problème crucial est celui de l'aérodynamisme en tunnel sous vide partiel. Le convoi pousse devant lui une colonne d'air parce que la section du véhicule est à peine inférieure à celle du tunnel, et seule une partie minime de l'air est évacuée vers l'arrière. Il s'ensuit le long du train des écoulements d'air très rapides, probablement transsoniques, susceptibles de provoquer des vibrations importantes. Bien sûr, on pourrait, comme à Eurotunnel, creuser deux tunnels parallèles avec, à intervalles donnés, des galeries de liaison facilitant la circulation de l'air, mais comment interrompre le vide pour laisser les passagers descendre ou monter aux stations intermédiaires, puis recréer rapidement le vide pour faire repartir le train ?

Jusqu'en 1993, les pouvoirs publics suisses refusent d'allouer des crédits d'études au projet. Les choses changent après le voyage d'un ministre au Japon. « Alors, Swissmetro ? Ça avance ? Où en êtes-vous ? Qu'est-ce qui se passe ? » lui demandent les Japonais. Leurs questions décident le ministre à faire débloquer un petit crédit, auquel le Crédit Suisse et Electrowatt ajoutent une rallonge.

Swissmetro se fera-t-il un jour ? Le projet en est toujours au stade de la recherche et les Suisses préfèrent employer leur argent à terminer la construction des tunnels ferroviaires transalpins qui vont les libérer des nuisances des camions. Une opportunité se dessine cependant, la saturation à moyen terme de l'aéroport de Genève Cointrin, apparemment privé de toute possibilité d'extension. On parle d'un Eurometro souterrain capable de le relier en quinze minutes à celui de Lyon-Saint-Exupéry... à l'horizon 2025. Mais ni la propulsion par moteur linéaire, ni la sustentation et le guidage magnétiques n'ont encore démontré leur fiabilité, et la combinaison dans des tunnels à faible gabarit de technologies non éprouvées pose de graves problèmes de sécurité.

Vers la locomotive à moteur hybride

Le progrès ne consiste pas seulement à aller plus vite, mais aussi à gaspiller moins d'énergie fossile, non renouvelable. La première méthode a consisté à remplacer la vapeur, puis le diesel, par l'électricité. Beaucoup reste à faire dans ce domaine. Seule, la Suisse a électrifié la totalité de ses chemins de fer. L'Italie n'a électrifié que 69 % de ses seize mille kilomètres, le Japon, 61 % de ses vingt mille kilomètres, la Pologne, 60 % de ses vingt mille kilomètres, l'Espagne, 56 % de ses treize mille kilomètres, l'Allemagne, 56 % de ses trente-cinq mille kilomètres, la Chine 30 % de ses soixante-dix-huit mille kilomètres, l'Inde, 28 % de son réseau de soixante-trois mille kilomètres. Les États-Unis, où le diesel règne en maître, font figure de lanterne rouge en ce domaine. Ces chiffres sont cependant à corréler avec ceux du trafic. En France, par exemple, bien que le réseau ferré ne soit qu'à moitié électrifié, la traction électrique assure les trois quarts du kilométrage parcouru. Il faut aussi les corréler avec la tension utilisée, plus ou moins économe. Prenons le cas de la France. Elle a électrifié la moitié de ses trente mille kilomètres et prévoit d'électrifier encore six cent cinquante kilomètres d'ici 2010. Hormis quelques cas particuliers, son réseau ferré est coupé en deux : au sud de Paris, cinq mille huit cent soixante kilomètres sous 1,5 kV courant continu ; au nord, à l'est, à l'ouest et sur toutes les lignes à grande vitesse, huit mille deux cent cinquante-six kilomètres sous 25 kV 50 Hz alternatif, plus économique.

À défaut de se passer de pétrole, on peut aussi en consommer moins, éviter de faire tourner inutilement le moteur diesel des locomotives ou des autorails. Par exemple sur les voies de chemins de fer partiellement électrifiées. Qu'il manque seulement quelques kilomètres de caténaires, et on utilise souvent un diesel d'un bout à l'autre de la ligne, quitte à cracher aussi de la fumée et à faire du bruit sur toute la partie électrifiée. Bombardier vient de livrer à la SNCF des autorails à double motorisation, diesel et électrique. Désormais, en abordant un secteur sous caténaires, le conducteur coupe le diesel, lève son pantographe et le moteur électrique reprend la main, sans que l'autorail ait à s'arrêter. C'est aussi tout avantage pour les passagers, dispensés de changer de train. Cela n'empêchera cependant pas ces autorails de faire chauffer leurs moteurs bruyants dans les gares très longtemps avant de démarrer. Et, vu le surcoût de leur motorisation, ils ne seront vraisemblablement utilisés que sur des parcours fortement électrifiés, avec juste une petite portion dépourvue de caténaires. Il ne s'agit là encore que d'autorails bi-modes, où l'on passe alternativement du diesel à la caténaire, et vice-versa, sans interaction.

Toute autre est l'innovation de Frank Donnelly : la locomotive à moteur hybride. Au lieu d'être alimenté par le secteur, le moteur électrique est alimenté par des batteries rechargées par le diesel.

Frank Donnelly se destinait à l'enseignement lorsqu'il eut, au milieu des années 1970, l'occasion de s'impliquer dans les aménagements électriques du Train de l'Amitié américaine, une exposition itinérante pour célébrer le bicentenaire de l'Indépendance. De là, il entama au Canada une carrière dans les chemins de fer qui le conduisit, pendant ses heures de liberté, à travailler sur un projet de locomotive au gaz naturel. Il s'aperçut alors qu'il serait plus rentable de réfléchir aux moyens d'optimiser l'emploi des locotracteurs. Ces locomotives de manœuvre, quasiment toutes à moteur diesel, gaspillent en effet énormément de fuel sur les gares de triage pendant les temps morts entre les moments assez brefs où elles poussent des wagons à grouper ou à dégrouper. S'inspirant du moteur hybride de la Toyota Prius, il récupéra un certain nombre de vieilles locomotives à moteur diesel et les cannibalisa. Il conserva le châssis, le réservoir, les freins et le moteur de traction, mais retira le gros moteur diesel qu'il remplaça par une énorme batterie de trente tonnes et un petit moteur diesel, qui n'est là que pour la recharger. Ainsi naquit Rail Power Technology et sa locomotive Green Goat, qu'on voit de plus en plus souvent sur les gares de triage du Canadian Pacific, de l'Union Pacific et du BNSF.

Au Japon, la locomotive Kila E 200 utilise également un véritable moteur hybride pour faire circuler un train sur quatre-vingts kilomètres dans une région montagneuse où il serait difficile de monter les caténaires. Le démarrage du train est assuré par batterie. C'est seulement une fois atteinte sa vitesse de croisière que le diesel prend le relais. En phase de décélération et en descente, l'énergie est récupérée par les batteries. Outre l'économie de fuel, ce système réduit le bruit et la pollution au démarrage.

Hitachi va encore plus loin. Son New Energy Train, dont un prototype est en cours d'évaluation sur une ligne de quatre-vingt-dix kilomètres au nord de Tokyo, est équipé d'une motorisation hybride diesel-moteur à hydrogène. Ses deux piles à combustible se rechargent chaque fois que le train freine. Mais l'hydrogène ne se trouve pas sur terre à l'état naturel.

L'autre méthode consiste à ajouter au fuel des additifs provenant de la décomposition de matières végétales ou animales. Bombardier développe ainsi avec Virgin Train un autorail au biodiesel contenant 15 % d'huile de soja et de colza, une alternative à l'électrification des lignes peu fréquentées. La SNCF teste également des biocarburants contenant 8 à 30 % d'huile de colza. Le diester reste néanmoins plus onéreux que le pétrole. Polluant, corrosif, il encrasse les filtres et dégrade les joints Pour la petite histoire, Svensk Biogas, en Suède, récupère aux abattoirs la graisse et les intestins des vaches et les transforme en méthane pour alimenter un moteur à gaz sur un autorail qui fait chaque jour la navette sur les 80 kilomètres de la ligne Linköping-Västervik, au sud de Stockholm.

Deux siècles après les trains de minerai tirés par chevaux au pays de Galles ou au Northumberland, un siècle et demi après les locomotives qui sifflaient au Middle West et au Far West, quarante ans après les bolides d'Hitachi et d'Alstom, voici venir les autorails au gaz de vaches suédoises. Il est permis de rêver. Mais restons les pieds sur terre. La traction électrique en courant industriel monophasé de Louis Armand reste une valeur aussi sûre que les viaducs métalliques de Gustave Eiffel.

ÉPILOGUE

Le chemin de fer a l'avenir devant lui. Aux États-Unis, il se porte bien. En Chine, il connaît une expansion phénoménale. Mais aussi chez leurs fournisseurs de matières premières, la Colombie-Britannique, le Brésil, la Mauritanie, l'Afrique du Sud, l'Australie, où l'on trouve les plus longs trains du monde.

En Europe, où les mines et la métallurgie ne jouent plus le même rôle qu'au XIXe, le rail a cédé au camion d'énormes parts du marché du transport de marchandises, provoquant un effrayant gaspillage d'énergie fossile et des nuisances de moins en moins supportables. Et la démagogie n'a fait qu'aggraver cette destruction.

« C'est très sympa de faire circuler un nouveau matériel Bombardier ou Alstom avec le logo de la région, mais si dedans il n'y a que quatre gamins et trois retraités et que, pour lui donner la priorité, on immobilise cinq trains de fret, je ne trouve pas cela terrible, du point de vue de l'intérêt général », constate Dominique Bussereau, secrétaire d'État aux Transports.

La Suisse a été la première à réagir, à aider le rail à reconquérir le terrain. Elle a donné l'exemple avec ses grands tunnels du Lötschberg et du Saint-Gothard. Un exemple que l'Europe de l'Ouest, sortant peu à peu de son inertie en la matière, semble enfin décidée à suivre. À l'instar de Georges

Nagelmackers à la Belle époque, la Communauté européenne entend promouvoir la circulation de trains internationaux. D'abord en supprimant les arrêts interminables aux frontières. En standardisant la signalisation, la transmission de consignes entre balises et cabines de motrices. Puis en créant des corridors à gabarit approprié dédiés aux trains de fret. En ouvrant l'exploitation des trains à la concurrence du secteur privé.

Domaine d'avenir, le rail nous promet-il une révolution ? C'est improbable. Plutôt que de s'aventurer dans la sustentation magnétique, d'application limitée, on a davantage intérêt à perfectionner les techniques éprouvées, le couple caténaire-pantographe ou le moteur hybride diesel-batteries. À alourdir les rails, à allonger les quais, à augmenter le gabarit des voies sous les ponts et les tunnels. Et, tout simplement, à poursuivre l'électrification des réseaux. Ce qui fait la force de constructeurs comme Alstom, aussi compétents en caténaires et en signalisation qu'en matériel roulant.

La compétition internationale est de plus en plus vive. Hyundai-Rotem a remporté en Turquie plusieurs marchés avec des copies quasi conformes du TGV qu'Alstom lui avait livré pour la Corée. CAF pourrait en faire autant avec un matériel dérivé du TGV Madrid-Séville. Et les Chinois avec les technologies dont ils ont acheté les licences. Hitachi a enlevé le marché du train à grande vitesse du Kent ; heureusement que, faute de disposer encore en Europe d'une usine de construction ferroviaire, il hésite à s'aventurer sur le continent.

La France, celle qui se bat et qui gagne, a deux produits majeurs : l'Airbus A 380 et l'AGV.

L'AGV ? Oui, l'automotrice à grande vitesse. Car, depuis février 2008, le mot TGV a disparu du vocabulaire d'Alstom pour faire place à trois familles : le Duplex, le Pendolino et l'AGV.

Le Duplex, conçu à la demande de la SNCF, reliera en trois heures au lieu de quatorze Buenos-Aires à Cordoba, et en une heure au lieu de trois Tanger à Kenitra. Alstom le proposera de nouveau pour la liaison Buenos-Aires-Mar-del-Plata, tant il est vrai qu'une ligne en amène une autre, puis une troisième. C'est un peu comme une drogue, la très grande vitesse. Le Pendolino, le pendulaire, c'est le matériel dont Alstom livre une présérie à la Chine.

Quant à l'AGV, qu'elle a développé sur fonds propres avant même d'avoir une commande, Alstom le fera circuler dès 2010 sur Milan-Rome et Rome-Naples pour Nuovo Trasporto Viaggiatori, NTV, le concessionnaire italien de lignes à grande vitesse.

Tout en restant fidèle au principe des bogies intercaisses qui en fait le train le plus sûr, Alstom rompt avec la motorisation concentrée sur deux motrices. Désormais, comme le Velaro de Siemens, il opte pour une motorisation distribuée sur plusieurs voitures. Les rames de l'AGV ont six bogies motrices au lieu de quatre, les deux bogies supplémentaires étant situées sous la deuxième et l'avant-dernière voitures. Le transformateur, le convertisseur et l'équipement auxiliaire sont répartis sous le plancher d'autres voitures, libérant des places pour voyageurs dans les motrices d'extrémité. L'emploi de matériaux composites allège les sièges, les caisses et les articulations. Le long nez de la voiture de tête abrite trois systèmes d'absorption d'énergie capables d'encaisser un énorme choc sans déformer la cabine de conduite. Et, grâce à son profil concave, les flux d'air ne sont plus dirigés sur les baies vitrées, mais au dessous, atténuant bruit et vibrations.

L'appel d'offres pour le marché italien s'est terminé par un match à deux, Alstom contre Siemens. Pas étonnant, le président de NTV, Luca Cordero di Montezemolo, est un homme d'affaires expérimenté : il est également président de Fiat, de Ferrari et de la Cofindustria, le Medef italien. Pas question pour lui de traiter avec Bombardier, dont le Zefiro, tant attendu, n'existe toujours pas, encore moins avec Hyundai-Rotem. Le Velaro, certes, dispose d'une longueur d'avance avec le Moscou-Saint-Pétersbourg, le Moscou-Nijni Novgorod, et surtout le Madrid-Barcelone et le Pékin-Tianjin, en service dès cette année. Mais, à longueur et capacités égales, l'AGV est plus léger, il grimpe mieux les pentes et consomme moins d'énergie. De quoi lui donner toutes ses chances, le moment venu, sur les marchés de l'Arabie saoudite, de l'Iran et du Brésil.

Alain Frerejean, 22 mai 2008.

ANNEXES

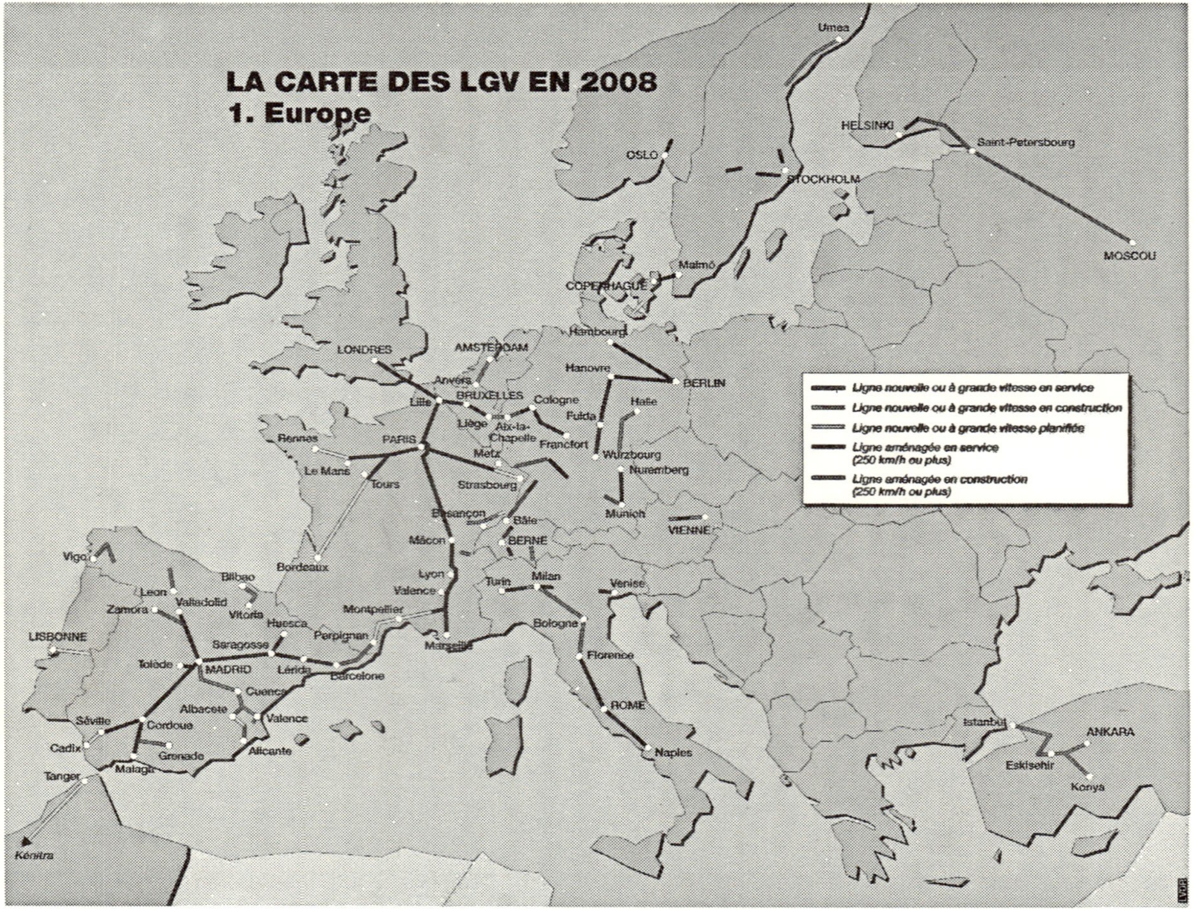
LA CARTE DES LGV EN 2008
1. Europe
Ligne nouvelle ou à grande vitesse en service
Ligne nouvelle ou à grande vitesse en construction
Ligne nouvelle ou à grande vitesse planifiée
Ligne aménagée en service (250 km/h ou plus)
Ligne aménagée en construction (250 km/h ou plus)
Umea
HELSINKI
Saint-Petersbourg
OSLO
STOCKHOLM
MOSCOU
Malmö
COPENHAGUE
Hambourg
LONDRES
AMSTERDAM
Hanovre
BERLIN
Anvers
BRUXELLES
Cologne
Halle
Lille
Liège
Aix-la-Chapelle
Fulda
Rennes
PARIS
Francfort
Le Mans
Metz
Wurzbourg
Tours
Strasbourg
Nuremberg
Besançon
Bâle
Munich
VIENNE
Mâcon
BERNE
Vigo
Bilbao
Bordeaux
Lyon
Turin
Milan
Venise
Leon
Valladolid
Valence
Zamora
Vitoria
Montpellier
Huesca
Bologne
LISBONNE
Saragosse
Perpignan
Marseille
Tolède
MADRID
Lerida
Florence
Barcelone
Cuenca
Albacete
ROME
Istanbul
ANKARA
Séville
Cordoue
Valence
Cadix
Grenade
Alicante
Naples
Eskisehir
Konya
Tanger
Malaga
Kénitra

LA CARTE DES LGV EN 2008
2. Extrême-Orient
Harbin
Shenyang
Qinhuangdao
PÉKIN
Tianjin
Dalian
Shijiazhuang
Taiyuan
Jinan
Qingdao
Zhengzhou
Xuzhou
CHINE
Nankin
Hefei
Shanghai
Wuhan
Hangzhou
Nigbo
Chengdu
Chongqing
Wenzhou
Fuzhou
TAIPEI
TAIWAN
Xiamen
Kaohsiung
Canton
Shenzhen
SÉOUL
CORÉE DU SUD
Taegu
Pusan
Sapporo
Hachinohe
Haomori
Akita
Morioka
Shinjo
Niigata
Fukushima
Nagano
Omiya
Kanazawa
TOKYO
Nagoya
Hiroshima
Osaka
JAPON
Hakata
Yatsushiro
Nagasaki
Kagoshima
Ligne à grande vitesse en service
Ligne à grande vitesse en construction
Ligne à grande vitesse planifiée
LVDR

Notes

Première partie. L'époque héroïque

1. Alain Frerejean, *Les Maîtres de Forges*, Albin Michel, 1996.

2. Le feu fait bouillir l'eau de la chaudière. Un robinet placé au-dessus de la chaudière permet d'introduire la vapeur d'eau dans un cylindre. Elle exerce une pression qui repousse vers le haut la face inférieure du piston. Cette pression est supérieure à la pression atmosphérique qui appuie en sens inverse sur la face supérieure du piston. Une fois le piston en haut du cylindre, on ferme le robinet de vapeur et l'on ouvre un autre robinet pour envoyer un jet d'eau froide dans le cylindre. Au contact de ce jet, la vapeur se condense. Un vide est ainsi créé. La pression atmosphérique n'est plus contrebalancée et repousse le piston vers le bas. Une fois le piston descendu, on ferme le robinet d'eau et l'on ouvre à nouveau le robinet de vapeur pour recommencer un nouveau cycle. Un système de tringles asservit l'ouverture et la fermeture des robinets au mouvement du balancier et permet à la machine de fonctionner automatiquement.

3. Nicolas Cugnot, ingénieur militaire, invente en 1770 la première automobile, un tracteur à moteur à vapeur et trois roues, pour tracter les canons, le *fardier*. Ce véhicule, dont le principal défaut était l'absence de freins, est exposé au Musée des arts et métiers.

4. Le *Pyroscaphe*, bateau à moteur à vapeur, transmission à double crémaillère et roues à aubes, conçu par François-Dorothée de Jouffroy d'Abbans et construit par Antoine Frerejean, a circulé pendant un an, de 1783 à 1784, sur la Saône, à Lyon, du pont de l'Archevêché à l'Ile Barbe. Voir Alain Frerejean, *Les Maîtres de Forges*, Albin Michel, 1996.

5. La guerre d'indépendance des colonies espagnoles, menée par Francisco de Miranda puis par Simon Bolivar, aboutit à la libération de la Colombie actuelle en 1819, puis du Venezuela en 1821, qui constituent en 1822, avec le Panama et l'Équateur, la fédération de Grande-Colombie.

6. Sir Humphrey Davy, 1778-1829, physicien et chimiste anglais, isole, grâce à l'électrolyse, le sodium, le potassium, le baryum et le calcium. Il passe pour l'inventeur de la lampe de sûreté à toile métallique destinée à prévenir dans les mines les explosions dues au grisou ou au poussier.

7. Blücher, général qui commande l'armée prussienne dont l'intervention a décidé du sort de la bataille de Waterloo.

8. Tandis que Richard Trevithick prenait un billet pour Falmouth, Robert Stephenson, au lieu de rentrer comme lui directement en Angleterre, décida de faire un crochet par les États-Unis. Dans la mer des Caraïbes, son bateau commença par sauver les rescapés d'un navire coulé dans un cyclone ; les malheureux n'avaient survécu qu'en mangeant le corps de leurs compagnons morts de faim. Puis, à une journée de voyage de New York, il fit à son tour naufrage dans une tempête. Tout le monde réussit à atteindre le rivage mais, dans l'aventure, Robert Stephenson perdit tous ses bagages et son argent. C'est ainsi qu'il fit connaissance avec les États-Unis.

9. Timothy Hackworth est né à Wylam, comme George Stephenson. Il a d'abord aidé Christopher Blackett et William Hedley à construire leur *Puffing Billy*, puis dirigé l'atelier de fabrication de locomotives des Stephenson pendant l'absence de Robert. En 1827, il devient directeur du Stockton & Darlington et construit sa propre locomotive, à trois essieux, la *Royal George*. L'échec de sa *Sans Pareille* à Rainhill est dû à une fêlure d'un des cylindres dont, curieusement, il avait sous-traité la fabrication aux Stephenson. Par la suite, Timothy Hackworth se spécialisera dans la construction de locomotives lourdes pour trains de marchandises.

10. John Ericsson, un Suédois expatrié en Angleterre puis aux États-Unis, est l'auteur de très nombreuses inventions, parmi lesquelles l'hélice propulsive (1837), la tourelle pivotante pour cuirassé (1854), qui trouva son application sur le *Monitor* des Confédérés pendant la guerre de Sécession, et le moteur solaire utilisant une chaudière située au foyer de deux miroirs concaves (1870).

11. Le 16 août 1819, le duc de Wellington avait fait intervenir la cavalerie pour réprimer avec une incroyable brutalité une manifestation populaire contre les droits de douanes sur les céréales. Il y avait eu onze morts et plusieurs centaines de blessés. Comme ce bain de sang avait eu lieu à Manchester dans un lieu appelé Saint Peters'Fields, on lui avait donné le nom de massacre de Peterloo, par dérision envers le héros de Waterloo.

12. La bataille de Bunker Hill, le 17 juin 1775, près de Boston, démontra la capacité des Insurgés américains à soutenir une bataille rangée contre l'armée régulière britannique.

13. West Point, la plus ancienne école militaire américaine, située sur un point haut à quatre-vingts kilomètres au nord de New York.

14. L'Anglais Charles Babbage, professeur de mathématiques à Cambridge, présente en 1835 le concept d'un moteur analytique et réalise, trois ans plus tard, le premier ordinateur numérique.

15. Ross Winans, 1796-1877, fit fortune en déposant de nombreux brevets et en construisant trois cents locomotives. Il devint ainsi l'un des premiers multimillionnaires des États-Unis. Il défraya ensuite la chronique par son engagement politique en faveur des Sudistes, son invention d'un canon à vapeur monté sur un wagon blindé, et surtout de navires futuristes, effilés comme des cigares, et peut-être à l'origine du sous-marin.

16. Louis de Gallois, fort d'une expérience en Sarre, était persuadé que beaucoup de bassins houillers, notamment près de Saint-Étienne, devaient aussi contenir des gisements de fer. Il devint en 1819 directeur de la Compagnie des mines de fer de Saint-Étienne.

17. Alain Frerejean, *Les Maîtres de Forges*, Albin Michel, 1996.

18. Louis de Boigues, marchand de fer à Paris, fonda en 1821 une forge à l'anglaise à Fourchambault, dans la Nièvre. La fille de son associé, Georges Dufaud, épousa le fils de Richard Crawshay, le maître de forges de Merthyr Tydfil qui avait si peu confiance dans la locomotive de Richard Trevithick. Du moins, Richard Crawshay communiqua-t-il à Georges Dufaud des secrets de fabrication qui contribuèrent au succès des forges de Fourchambault.

19. L'idée d'assurer une bonne surface de chauffe grâce à un grand nombre de petits tubes traversant l'eau de la chaudière aurait cependant déjà été brevetée par James Neville, en Angleterre, en 1826.

20. L'une en 1828, pour une ligne d'Epinac au canal de Bourgogne, l'autre en 1833, pour une ligne d'Alès à Beaucaire.

21. Le maréchal Soult, qui contribua à la victoire d'Austerlitz, et que Napoléon fit duc de Dalmatie, fut ministre de la Guerre et, à trois reprises, président du Conseil sous Louis-Philippe.

22. Cité par Jean Lenoble, *Les Frères Talabot*, Lucien Souny, 1989, p. 144.

23. Les Pereire lancent le lotissement de la Cité Médicis à proximité du château et du parc. Par la suite, ils achèteront encore une réserve foncière de vingt-neuf hectares en lisière de forêt.

24. Adolphe d'Eichtal resta toujours un ami proche des Pereire, qui lui confièrent en 1855 la présidence de la Compagnie générale transatlantique.

25. Samson Davillier, fondateur de la Caisse d'Épargne et gérant de la Banque de France.

26. Émile Pereire mariera ses filles aux fils de Davillier et de Thurneyssen.

27. *Le Moniteur*, 3 août 1836.

28. François Arago, physicien et astronome, étudia la polarisation, les interférences lumineuses et l'électromagnétisme. C'était aussi un parlementaire.

29. *Impressions de Mme de Girardin*, lettre du 25 août 1837.

30. *Le Moniteur universel*, 3 août 1838.

31. L'un d'eux, Achille Fould, sera l'un des principaux ministres de Napoléon III.

32. Marguerite Yourcenar, *Archives du Nord*, Gallimard, 1977, pp. 106-114.

33. Gazette des Tribunaux, du 22 novembre au 4 décembre 1842.

34. Selon certaines sources, Alexis Hallette serait l'inventeur du chemin de fer atmosphérique. C'est lui qui aurait eu en 1843 l'idée de munir de lèvres artificielles l'ouverture du tube propulseur qui donne accès à la tige, de façon à assurer l'étanchéité du système. Il est mort en 1846 au retour d'un voyage en Angleterre où le London and Croydon faisait des essais sur son invention.

35. Lettre de Frédéric Ozanam à sa femme, cité dans J.-P. Adam, *Aux origines du chemin de fer Paris-Rouen*, Études normandes, troisième trimestre 1976, p. 11.

36. Témoignage d'Adélaïde Bauche, qui a laissé aux Archives de la Seine-Maritime dix volumes d'archives manuscrites concernant la vie de Rouen au XIXe.

37. *The Illustrated News* du 27 mars 1843. Courtoisie et traduction de Gérard Lecornu, Harfleur.

38. *Le Journal des Chemins de fer* du 23 mai 1846.

39. Actuellement le quai de New York, près de la passerelle Debilly.

40. Paul Camille Denis se fit ensuite entrepreneur à son compte, construisit plus de mille kilomètres de chemins de fer en Allemagne, fut anobli et prit le nom de von Denis.

41. John Cockerill, émigré d'Angleterre en 1817, construit un haut-fourneau au coke à Seraing, près de Liège, et un chantier de construction navale à Hoboken, près d'Anvers. Dans les années 1830, il construit rails, wagons et locomotives, ponts et paquebots. Ses usines assureront la prospérité de la région pendant près d'un siècle.

42. Effectivement, il semble que la différence d'écartement ait compliqué l'invasion de la Russie par la Wehrmacht.

Deuxième partie. Il était une fois dans l'Ouest

43. Thomas Edison a déposé plus de 1 200 brevets d'invention, dont ceux de la lampe à incandescence, du phonographe, du cinéma et des constructions préfabriquées.

44. Alain Frerejean, *De Gutenberg à Bill Gates*, Tallandier, 2001, p. 184.

45. La bataille de Shiloh, qui se déroula les 6 et 7 juillet 1862, fit 3 500 morts et 16 000 blessés. Elle débuta par une attaque des Sudistes qui surprirent les Nordistes encore endormis. Ils firent des prisonniers mais perdirent du temps à les transférer vers l'arrière, ce qui donna au général Grant le temps de se ressaisir. Les Nordistes reçurent des renforts la nuit suivante, et le général Beauregard, qui commandait les Sudistes, préféra se retirer.

46. Paul Israël, *Edison, A life of invention*, John Wiley & Sons, 1998, p. 16 et George Parsons Lahrop, *Talks with Edison*, cité par Ronald W. Clark, *Edison, L'Artisan de l'avenir*, Belin, 1977, p. 133.

47. Dickson, *The Life and Inventions of Thomas Alva Edison*, Crowell, 1894, cité par Ronald W. Clark, *op. cit.* p. 35.

48. Neil Baldwin, *Edison, inventing the century*, Hyperion, 1995, p. 396, et Ronald W. Clark, *op. cit.* p. 293.

49. John Brown, militant abolitionniste, organisa un coup de main le 16 octobre 1859 contre l'armurerie militaire de Harper's Ferry, afin de se donner les moyens de créer et de défendre une colonie refuge pour les esclaves noirs en fuite. Fait prisonnier, il fut condamné à mort par un tribunal de Virginie et pendu. Son sacrifice fit de lui un héros pour les anti-esclavagistes.

50. Ceci est le récit original de William Pittenger, publié en 1887 à partir de ses souvenirs, sous le titre : *A History of the Great Railway Adventure.* Ces souvenirs ont inspiré deux films célèbres : *The General*, le Mécano de la General, de Buster Keaton, et *The Great Locomotion Chase*, L'Infernale poursuite, de Walt Disney.

51. Beauregard, un général sudiste.

52. Rome, en Géorgie.

53. David Howard Bain, *Empire Express, Building the first Transcontinental railroad*, Penguin Books, 2000, p. 13-14.

54. Asa Witney, *Diary*, p. 103.

55. David Howard Bain, *op. cit.* p. 29.

56. Les États-Unis déclarent la guerre au Mexique en 1846, sous la pression des démocrates du Sud, qui souhaitent renforcer leur influence sur l'État fédéral en acquérant de nouveaux territoires et en y étendant l'esclavage. Les Américains, grâce à la supériorité de leur armement, s'emparent de Mexico. Par le traité de Guadalupe Hidalgo, le Mexique leur cède pour 15 millions de dollars de l'époque le Texas, le Nouveau-Mexique, l'Arizona, le Colorado, la Californie et l'Utah, soit un territoire deux fois et demi plus grand que la France.

57. Albert Richardson, dans le *Sacramento Union* du 27 décembre 1866, cité par Stephen Ambrose, *The Men who built the Transcontinental railroad, 1863-1869, Nothing like it in the world*, Simon & Schuster, 2000.

58. The Star Spangled Banner – la Bannière étoilée – est un poème écrit en 1814 par Francis Rey qui avait assisté pendant la guerre de 1812 au bombardement et à l'attaque de Fort Mc Henry, à Baltimore, par la marine britannique, et à l'héroïque résistance de ses défenseurs pour y laisser flotter le drapeau américain. Ce poème est devenu l'hymne national américain.

59. Le crampon d'or est conservé précieusement dans une banque de San Francisco.

60. Koechlin fusionne avec les Ateliers de Graffenstaden pour constituer l'Alsacienne de Machines de Graffenstaden, qui se repliera à Belfort en 1871 pour devenir l'Alsacienne de Construction mécaniques. En 1928, une nouvelle fusion, avec Thomson-Houston, cette fois, donnera naissance à Alsthom.

61. Jean Lenoble, *op. cit.* p. 217.

62. En 1956, la ligne du Semmering sera électrifiée et les trains rouleront à 60 km/h, ce qui ne laisse pas assez profiter du décor enchanteur.

63. La ligne du Semmering est inscrite au patrimoine mondial de l'Unesco.

64. Vincent Delvert, *Aspects du rôle des cinq grandes compagnies de chemins de fer pendant la guerre de 1870-71*, mémoire de maîtrise de l'Université de Paris IV, 1981-1982.

Troisième partie. Le monde du rail au XIXe siècle

65. Henri Vincenot, *La Vie quotidienne dans les chemins de fer au XIXe siècle*, Hachette, 1973, p. 65-67.

66. Victor Hugo, *Voyage en France et en Belgique, 1834-1837.*

67. André Le Bègue, cité dans *La Vie du Rail* n° 1567, du 14 novembre 1976, p. 51.

68. Journal de Juliette Drouet (fin du voyage de 1843) dans Victor Hugo, *Œuvres complètes*, Robert Laffont, Bouquins, 1987.

69. Alexandre Dumas, *Impressions de voyage*, 3 octobre 1846.

70. *L'Illustration* des 27 juillet et 16 août 1850.

71. *L'Illustration*, 30 novembre 1850.

72. L'Exposition universelle de 1876, qui s'est tenue à Philadelphie à l'occasion du centenaire de la Déclaration d'Indépendance des États-Unis, signée dans cette même ville le 4 juillet 1776. Cette exposition, la première exposition universelle organisée aux États-Unis, fut un très grand succès. Elle attira un Américain sur cinq.

73. Louis Rousselet, *L'Inde des Rajahs*, 1877.

74. Cité dans *Trains d'autrefois*, n° 1, Lugano, p. 27 et repris par *La Vie du Rail.*

75. Henri Vincenot, *op. cit.* p. 104.

76. Émile Zola, *La Bête humaine*, Le Livre de poche, p. 196-197.

77. Émile Zola, *op. cit.* p. 201.
78. Henri Vincenot, *op. cit.* p. 53.
79. Henri Vincenot, *op. cit.* p. 25.
80. Charles Cros, *Le Coffret de santal*, 1879.

Quatrième partie. L'Apogée

81. Sortie du fond de l'eau au bout de trois mois et réparée, reconstruite deux fois, cette locomotive a repris du service pendant quarante ans.

82. Gustave Eiffel, *Notice sur le viaduc de Garabit*, Paul Dupont, 1888, cité par Baillon, Brun, *Il était une fois Garabit*, Ostal del Libre, Aurillac, 1892.

83. Le père Albert Lacombe, 1827-1916, qui a un peu de sang amérindien, est très aimé des Indiens Cris et Pieds noirs, chez lesquels il est envoyé en mission. Ils l'appellent « l'homme au grand cœur ». Il est l'auteur d'une grammaire et d'un dictionnaire cris.

84. Louis Riel, indigné de l'inertie d'Ottawa, qui refusait d'envoyer aux cultivateurs des titres de propriété des terres qu'ils cultivaient, et qui, peu à peu, se prenait pour un prophète, avait organisé une rébellion armée qui tint longtemps en échec la police montée. Sa condamnation à mort et sa pendaison divisèrent profondément l'opinion canadienne.

85. Gertrude Bell papers, The Robinson Library, Newcastle University.

Cinquième partie. Le train en panne

86. *La Dépêche* des 15 et 19 décembre 1917, citée par *Rail Passion* n° 2.

87. Cité par Thierry Billard, *Paul Deschanel*, Belfond, 1991.

88. Propos rapportés par Pierre Mauroy, *Léo Lagrange*, Denoël, 1977, pp. 74-75.

89. Pantographe : bras conducteur positionné sur le toit d'une locomotive électrique pour transmettre le courant aux moteurs de traction par l'intermédiaire de l'archet qui frotte sur la caténaire.

90. En Angleterre, la Pacific Mallard atteint 203 km/h en 1938.

91. Rod Allanson, *The Lost Legion*, 1990. Voir aussi Fred Seiker, *Lest we forget* et Scott Murray, *The Death Railway*.

92. Léon Bronchart, *Ouvrier et soldat*, Meffre, Vaison-la-Romaine, 1969.

93. Louis Tessier du Cros, *Louis Armand, visionnaire de la modernité*, Odile Jacob, 1987.

94. Raymond Triais, *Rail contre fusées*, Nice, 1990.

Sixième partie. Le renouveau

95. L'entraxe est l'écartement, non plus entre les rails, mais entre les voies.

96. Voir Alain Frerejean, *Les Peugeot, deux siècles d'aventure*, Flammarion, 2006.

97. Voir ci-après.

Bibliographie

La Vie du Rail, Le Train, La Revue générale des Chemins de fer, Voies ferrées, Historail, Rail passion, Railway Gazette, Revue d'histoire des Chemins de fer, Transactions of the Newcomen Society (The Science Museum, Londres)

Frederick Lewis ALLEN, *The great Pierpont Morgan*, Harper, 1949.

William AMATO, *Bullet Trains*, Rosen Publishing.

Stephen AMBROSE, *Nothing Like it in the World, The Men that built the Transcontinental Railroad, 1863-1869*, Simon and Schuster, 2000.

Maryse ANGELIER, *Voyage en train au temps des compagnies*, La Vie du Rail, 1998.

Jean AUTIN, *Les frères Pereire*, Perrin, 1984.

Roger BAILLY, *Decauville, ce nom qui fit le tour du monde*, Amatteis, 1999.

Michael BAILEY, *Robert Stephenson, the Eminent Engineer*, Ashgate, 2003.

D.H. BAIN, *Empire Express, Building the first transcontinental railroad*, 1999.

Marc BAROLI, *Les Cheminots*, Atlas, 1987.

Henri BATAILLE, *Le Beau voyage*, Régine Deforges, 1978.

Jean-François BAZIN, *Le Défi du TGV*, Denoël, 1981.

Georges BEHREND, *Histoire des trains de luxe*, Office du Livre, 1982.

Jacques BENOIST-MÉCHIN, *Histoire de l'armée allemande*, Robert Laffont, 1984.
Louis BERGERON, *Les Rothschild et les autres*, Perrin, 1990.
Christian BERNADAC, *Le Train de la mort*, France Empire, 1970.
Maurice Edouard BERTHON, *Émile et Isaac Pereire*, *L'Esprit d'entreprise au XIXe siècle*, Tec et Doc, 2007.
Russel BONDS, *Stealing the General. The Great Locomotive Chase.* Westholme Publishing, 2006.
Daniel BOORSTIN, *Histoire des Américains*, Bouquins, Robert Laffont, 2003.
Jacques BORGE, Nicolas VIASNOFF, *Archives des métiers : les cheminots*, Michèle Trinckvel, 1995.
Jean BOUVIER, *Les Rothschild*, Fayard, 1967.
Josette BOZARE, *Louis Armand, le Savoyard du siècle*, La Salévienne.
Steven BRINDLE, *Brunel, the man who built the world*, Éditions du Phœnix, 2006.
Yves BRONCARD, *Les plus belles années des trains français*, Sélection du Reader's Digest, 2005.
David BROOKE, *William Mackenzie, international railway builder and civil engineer*, The Newcomen Society, 2004.
David BROOKE, *The Diary of William Mackenzie, the first international railway contractor*, Thomas Telford, 2000.
Pierre BROUE, *Trotski*, Fayard, 1988.
Anthony BURTON, *Richard Trevithick, Giant of steam*, Aurum Press, 2006.
Jérôme CAMAND, *Petits Trains de France*, Sélection du Reader's Digest, 2002.
Jean-Paul CARACALLA, *Les Fabuleuses Histoires des trains mythiques*, Rocher, 2007.
François CARON, *Histoire des Chemins de fer en France*, Fayard, 2005.
Jean des CARS, *Dictionnaire amoureux des trains*, Plon, 2006.
Jean des CARS et Jean-Paul CARACALLA, *L'Orient-Express*, Denoël, 1981.
Jean des CARS et Jean-Paul CARACALLA, *Le Transsibérien*, Denoël, 1985.

Jean des CARS et Jean-Paul CARACALLA, *Le Train Bleu*, Denoël, 1988.
E.F. CARTER, *Les Chemins de fer en guerre*, Les Presses de la Cité, 1965.
Blaise CENDRARS, *La Prose du Transsibérien et de la petite Jehanne de France*, Denoël 1913.
Agatha CHRISTIE, *Le Crime de l'Orient-Express*, Hachette, 2001.
Agatha CHRISTIE, *Le Train bleu*, Editions du Masque, 1991.
Pierre CHRISTIN, Jean-Claude DENIS, *Trains de plaisir*, 1987.
Roger COMMUAULT, *Georges Nagelmackers, un pionnier du confort sur rail*, La Capitelle, Uzès, 1966.
Olivier CONSTANT, *Le TGV*, Epa, 2007.
A. CONTE, *L'Epopée des chemins de fer français*, Plon, 1996.
Daniel COSTELLE, *Histoire des trains*, Larousse, 1981.
COURTELINE, *Le Train de 8 h 47*, Flammarion, 1947.
Hunter DAVIES, *George Stephenson : The remarkable life of the founder of railways*, Stroud Sutton Publishing, 2004.
Maurice DEKOBRA, *La Madone des sleepings*, Baudinière, 1925.
Charles DICKENS, *American notes*, 1842.
H.W.DICKINSON, *Richard Trevithick, The Engineer and the man*, Cambridge, 1934.
Charles DOLLFUS, *Histoire de la locomotion terrestre*, L'Illustration, 1935
Maxime DU CAMP, *Paris, ses organes, ses fonctions et sa vie*, Paris, 1869.
Guy FARGETTE, *Émile et Isaac Pereire, l'Esprit d'entreprise au* XIX*e siècle*, L'Harmattan, 2006.
Bernard FITZSIMONS, *150 years of North American Railroads*, Chartwell Books.
FRANC-NOHAIN, *Les Chemins des trains des gares*, SNCF, Paris, 1956.
Alain FREREJEAN, *Les Maîtres de Forges*, Albin Michel, 1996.
Alain FREREJEAN, *De Gutenberg à Bill Gates*, Tallandier, 2001.

François GET et Dominique LAJEUNESSE, *Encyclopédie des chemins de fer*, La Courtille, 1980.
L.J. GRAS, *Histoire des premiers chemins de fer français*, Théolier, 1924.
Alexis GREGORY, *L'Age d'or du voyage*, Chêne, 1990.
Graham GREENE, *Orient-Express*, Robert Laffont, 1997.
Charles HADFIELD, *Atmospheric Railways, A Victorian Venture in Silent Speed*, Alan Sutton Publishing, 1985.
Pierre HAMP, *Le Rail*, Gallimard, 1912.
Christopher HOOD, *Shinkansen, from Bullet Train to Symbol of Modern Japan*, Routledge, 2006.
Bill HOSOKAWA, *Old Man Thunder, Father of the Bullet Train*, 1997.
Robert West HOWARD, *The Great iron trail, the Story of the first Transcontinental railroad*, Putnam, 1962.
Oliver JENSEN, *The American history of railroads in America*, American Heritage Wings Books.
Joseph KESSEL, *Wagon-lit*, Gallimard, 1932.
Bernard LACHAUD, *Inde : l'ombre des gares*, France Delory, 2002.
Clive LAMMING, *La Grande aventure du TGV*, Larousse, 1987.
Clive LAMMING, *Les Trains de l'Extrême*, Éditions de Lodi, 2007.
Clive LAMMING, *Les Locomotives*, De Vecchi, 1981.
Clive LAMMING, *Les Grands Trains de 1830 à nos jours*, Larousse, 1989.
Clive LAMMING. *Le Temps des chemins de fer en France*, Nathan, 1986.
Clive LAMMING, *Paris ferroviaire*, Parigramme, 1999.
Clive LAMMING, *Des trains et des hommes*, Michel Lafon, 2007.
Clive LAMMING et Jacques MARSEILLE, *Le Temps des chemins de fer en France*, Nathan, 1986.
Jean LENOBLE, *Les frères Talabot*, Limoges CCSTI Lucien Souny, 1989.
Philippe LEVEQUE, Daniel TALLET, *Petits Trains pittoresques*, Godefroy, 1998.

Andy LOGAN, *The Man who robbed the Robber Barons. The Story of William d'Alton Mann, War hero, Profiteer, Inventor and Blackmailer extraordinary*, Norton, 1965.
Pierre MARBOTTE, *Un chemin de fer au Yunnan, l'aventure d'une famille française en Chine*, Alan Sutton, 2007.
Guy de MAUPASSANT, *La Maison Tellier*, Havard, 1881.
Philippe MELUL, *Le Tour du monde en train*, Le Cherche Midi, 1999.
Paul MORAND, *Le Voyage*, Le Rocher, 1994.
Charles R. MORRIS, *The Tycoons : How John Rockefeller, Jay Gould and J.P. Morgan invented the American Supereconomy*, Times books, 2005.
Claude MOSSE, *Le Transsibérien*, Plon, 2001.
Jacques NEYRINCK, *Swissmetro, l'avion sans ailes*, Favre, 2000.
Oswald Stevens NOCK, *Chemins de fer d'hier et d'aujourd'hui*, Albin Michel, 1976.
Joseph C. OGBURN, *Railroads : The Great American Adventure*, National Geographic, 1977
Boris PASTERNAK, *Le Docteur Jivago*, Gallimard, 1967.
Jacques PAYEN, *La Machine locomotive en France*, Éditions du CNRS, Presses Universitaires de Lyon, 1985.
Edward RENEHAM Jr, *The Dark Genius of Wall street : The Misunderstood Life of John Gould, King of the Robber Barons.*
Georges RIBEILL, *Les Cheminots*, La Découverte, 1984.
L.T.C. ROLT, *George and Robert Stephenson : The railway revolution*, Penguin, 1960.
Louis ROUSSELET, *L'Inde des rajahs*, Hachette, 1877.
Lawrence SAGLE, *B. and O. Power*, Alvin Staufer, 1964.
Samuel SMILES, *The Lives of George and Robert Stephenson*, John Murray, 1875.
Claude SOULIE, Jean TRICOIRE, *Le Grand Livre du TGV*, La Vie du Rail, 2002.
Tom STACEY, *Thomas Brassey*, Trafalgar square, 2006.
John F. STOVER, *American Railroads*, The University of Chicago Press, 1961.
Paul THEROUX, *Railway Bazaar*, Grasset, 1987.

Paul THEROUX, *Voyage excentrique et ferroviaire autour du Royaume Uni*, Grasset, 2001.
Jean-Louis THOMAS, *Jean-François Cail*, Association Cail, 2004.
Raymond TRIAI, *Rail contre fusées*, Nice, 1990.
Léon TROTSKI, *Ma Vie*, Gallimard, 1954.
Rosanna VAN GELDER de PINEDA, *Le Chemin de fer de Djibouti à Addis-Abeba*, L'Harmattan, 2000.
Claude VILLERS, Patrick DELANGE, *La France à toute vapeur*, Chêne, 1999.
Henri VINCENOT, *La Vie quotidienne en chemin de fer au XIXe siècle*, Hachette, 1975.
Henri VINCENOT, *Mémoires d'un enfant du rail*, Hachette, 1988.
Pierre WEIL, *Les Chemins de fer*, Larousse, 1964.
J. N. WESTWOOD, *Locomotive designers in the Age of Steam*, Sidgwick and Jackson, 1977.
John WHITE, *A history of the American locomotive ; its development, 1830-1880*, Dover Publications, 1968.
Serge WOLIKOW, *Pierre Sémard*, Le Cherche Midi, 2007.
Bill YENNE, *Southern Pacific*, Bonanza Books, 1985.
Émile ZOLA, *La Bête humaine*, Charpentier, 1890.

Table

Cet ouvrage a été imprimé par la
SOCIÉTÉ NOUVELLE FIRMIN-DIDOT
Mesnil-sur-l'Estrée
pour le compte des Éditions Flammarion
en juillet 2008

Mise en pages
PCA Rezé

Imprimé en France
Dépôt légal : octobre 2008
N° d'édition : L.01ELKN000134.N001 – N° d'impression : 91255